국제기구 지식정보원의
이해와 활용

국제기구 지식정보원의
이해와 활용

홍현진 · 노영희　共著

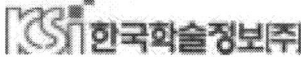한국학술정보㈜

이 저서는 2005년도 한국교육학술정보원 연구비 지원에 의해 이루어진 것임.

머 리 말

정보의 바다라는 말은 통상적으로 사용되고 있지만, 이 한마디가 내포하고 있는 의미는 매우 광범위하다고 할 수 있다. 그 중에서 지식정보원의 기하급수적 증가와 엄청난 정보원으로 인한 신속한 검색의 어려움 등이 문헌정보학분야에서 가장 관심을 갖는 문제일 것으로 여겨진다. 정보의 바다로부터 이용자가 원하는 정보원을 신속하고 정확하게 검색해서 제공해 주기 위해 수많은 정보원을 체계적으로 정리하려는 노력이 다각도로 이루어져 왔으며, 이 저서는 이러한 노력의 일환으로 이루어진 것이다.

이 저서에서는 특히 국제기구 정보원을 효율적으로 관리함으로써 이용자의 정보접근을 돕고자 하였다. 즉, 국제기구는 경제, 사회, 문화 등 각각의 분야에서 세계적인 문제들을 협력하여 해결해 나가면서, 그 과정에서 발생하는 모든 활동과 정책을 문서화 하고 있다. 각 기구의 활동에서 생산된 각종 법률과 수천 종의 간행물은 다양한 정보를 수록하고 있어서 지식정보자원으로 중요한 의미를 지닌다고 할 수 있다. 이 저서에서는 이러한 정보를 체계적으로 수집하고 유통시킬 수 있는 방안을 강구하고자 하였고, 이를 위해 각 국제기구가 생산하고 관리하고 있는 지식정보원에 대한 정보를 최대한 수집하여 정리하였다.

첫째, 조사대상 국제기구를 선정하였다. 현재 전 세계에는 크고 작은 국제기구가 20,000여개가 넘는 것으로 외교 통상부의 통계상에 나타나고 있다. 이러한 수많은 국제기구 중에서 UN 산하기구 및 전문기구는 기본적으로 포함시키고, 기타 비교적 규모가 큰 국제기구만을 선정하되, 각 국제기구의 주제 분야에 관계없이 조사하였다.

둘째, 선정된 국제기구 자체에 대한 조사를 함으로써 국제기구 정보원에 대한 자료를 제공할 뿐만 아니라 그러한 정보원을 제공하는 각 국제기구에 대한 이용자들의 이해를 돕고자 하였다. 각 국제기구의 소재지, 설립연혁, 설립목적, 국제기구의 회원, 주요사업, 한국과의 관계 등에 관한 정보를 조사하였으며, 주요 사업이나 국제기구 회원에 대한 정보는 국제기구 사이트나 관련 문헌에서 정보를 찾을 수 없는 경우 생략하였다.

셋째, 각 국제기구에 대한 현황 조사 및 정보서비스 분석을 하였다. 선정된 각 국제기구가 제공하고 있는 정보서비스 및 그 특성에 대해서 구체적으로 조사하였다.

1) 각 국제기구의 정보배포정책에 대해서 조사함으로써 향후 국내 특정 기관이 국제기구의 정보원을 수집하고자 할 경우 본 저서를 통해서 그 정보배포정책에 대한 정보를 얻을 수 있도록 하였다. 즉, 각 국제기구별 온·오프라인 정보배포정책을 조사하였다.

2) 각 국제기구가 보유하고 있는 데이터베이스에 대해 조사하였다. 각 국제기구는 기구에 따라 약간의 차이가 있으나 각 기관이 소장하고 있는 데이터를 데이터베이스로 구축하여 서비스하고 있는 경우가 있으며, 본 저서에서는 이러한 각 국제기구가 제공하고 있는 데이터베이스 및 각 데이터베이스의 서비스 방법에 대해서 조사하였다.

3) 각 국제기구가 보유하고 있는 다양한 종류의 간행물에 대해서 조사하였다. 대부분의 국제기구는 각 국제기구의 활동을 관련 국가 또는 관련분야 사람들에게 알리고자 하는 목적에서 정보자료를 생산하여 제공한다. 따라서 국제기구의 활동 결과는 회의보고서, 보고서, 단행본, 뉴스레터, 연속간행물 등 매우 다양한 정보자료 형태로 생산된다. 본 저서에서는 이러한 다양한 종류의 정보원이 관련 분야 전문가 및 이용자에게는 매우 유익한 지식정보원이 될 수 있기 때문에 모두 조사하였다.

넷째, 각 국제기구 정보원에 대한 국내 도서관/정보센터들의 활용 현황을 조사하였다. 즉, 각 국제기구별 국내 기탁도서관/정보센터 현황 및 자료 활용도를 조사하였다.

이를 위해 현재 기탁도서관으로 지정되어 있는 기관들을 대상으로 간략히 설문조사를 수행함으로써 각 국제기구로부터 자료를 기탁 받음으로써 나타나는 예산절감효과 및 자료 활용도를 조사하였으며, 이러한 설문결과를 바탕으로 한국교육학술정보원을 통한 통합적이고 일원화된 창구를 마련함으로써 국내 도서관/정보센터 및 국내 정보유통에 가져올 효과를 예측하도록 하였다.

끝으로 이 책을 출판하기까지 정보자료 수집 및 교정과 색인 작성 등 정성과 노고를 아끼지 않은 이화여대 국제대학원 류지원 및 건국대학교 문헌정보학과 신지연 연구원과 박지윤 연구보조원에게 깊은 감사를 드린다.

2006년 1월   홍현진·노영희

일러두기

1. 발간 목적

이 자료의 발간 목적은 세계적으로 유명한 국제기구에서 생산되는 정보자료를 국내 정보망을 통해 공식적으로 유통시키기 위함이며, 이를 위해 각 국제기구에서 생산되는 데이터베이스, 연속간행물 및 단행본에 대한 정보를 수록하고 있다.

2. 자료 수집

국제관련 기구 및 단체에서 발행한 안내서, 홈페이지, 연감 및 각종 보고서에 실린 자료들을 기초로 국제기구에 대한 간략한 정보와 각 기관에서 생산되는 자료에 대한 정보를 수집하였다. 추가적으로 보완이 필요한 경우 전화나 이메일을 이용하여 보다 구체적이고 정확한 정보를 수집하고자 하였다.

3. 기구 선정

현재 세계적으로 20,000여개가 넘는 국제기구가 있으며 본 서에는 비교적 규모가 큰 정부간 국제기구(IGO)를 대상으로 하되, UN 산하기구 및 전문기구는 그 수가 방대하기 때문에 따로 분류하여 수록하였다. 또한 정부간 국제기구는 다시 다자간(多者間) 국제기구와 지역기구로 분류하여 수록하였다.

4. 수록 내용

국제기구에서 생산되는 정보원을 주로 소개하는 자료이지만, 각 국제기구에 대한 일반적인 내용도 포함하고 있다. 즉, 국제기구의 소재지, 설립연혁, 설립목적 및 기능, 회원국, 한국과의 관계, 그리고 한국 내 기탁도서관 또는 정보배포기관 등에 대한 정보를 포함하였다. 또한 정보자료에 대한 내용을 주로 수록하고 있는데, 각 국제기구의 정보 배포정책, 정보원의 주제 분야, 정보원의 종류, 서비스의 특징, 소장하고 있는 데이터베이스, 산하 도서관의 유무, 그리고 정보획득방법에 관한 정보까지도 최대한 수록하고자 하였다.

5. 수록 순서

연구개요 부분에서는 연구의 필요성, 연구의 목적, 연구의 내용 및 범위, 그리고 국제 기구 정보원의 활용방안에 대해서 기술하고 있다. 제 2장에서는 국제기구 중 그 규모가 비교적 큰 UN관련 국제기구를 수록하고 있는데, 유엔 산하기구 및 전문기구라는 제목 아래 59개의 국제기구를 소개하고 있다. 제 3장에서는 정부간 국제기구를 다자간 국제 기구와 지역기구로 분류하여 각각 29개와 27개를 소개하였다.

6. 약어표 및 색인

본 자료에는 독자의 이해를 돕기 위해 약어표를 첨부하였으며, 본 서에 실린 모든 국제기구에 대한 약어만을 포함하였다. 또한 본 자료에 실린 국제기구를 보다 신속하게 접근할 수 있도록 국제기구명 국문·영문색인을 수록하였다.

목 차

Ⅰ. 국제기구의 개요

Ⅰ. 국제기구의 개요

국제기구는 국제사회의 도래로 등장하게 된 개념이라 할 수 있다. 국제사회란 국가를 기본적인 구성단위로 해서 그 상호간의 영속적인 교섭을 기초로 하여 성립하고 있는 광범위한 인류사회 전체를 일컫는다. 국제사회는 국경을 넘어서 상호의존관계에 놓여 있으며 전 세계 인류의 상호접촉과 상호의존도가 증대되어 왔다. 이러한 세계 인류의 상호의존도는 기술적·경제적인 요인에만 있지 않고 법률, 철학, 문학, 미술, 종교, 과학 등 모든 분야도 세계적 영향을 띠면서 국경을 넘어 활발하게 교류되었다. 이러한 현상은 한 나라의 외교정책이 그들의 국내정책의 영역에만 국한될 수 없는 정책의 변화와 어려움을 야기 시켰다[1]. 이러한 문제점을 극복하기 위해 나타난 것이 조약과 그 것에 의거한 상설 기관에 의하여 계속성을 지니는 국제기구이다.

그래서 오늘날의 국제관계는 단지 주권국가 상호간의 관계에 그치는 것이 아니고 일정한 목적과 원칙 하에 다수의 국가간에 맺어진 조약에 의해 국제적 조직으로서 국제기구를 설치해 놓고 있는 것이다[2]. 이러한 국제기구는 그 스스로 기관을 갖고 있으며 그 기관을 통해 독자적인 목적과 임무를 수행하고 있다. 그러므로 국제기구는 국제회의와 같은 단순한 국가의 집합체가 아니라 독자적인 존재와 기능과 실체를 가진 국제사회의 엄연한 조직체인 것이다. 그래서 오늘날의 국제사회는 이러한 국제기구의 활동과 그 조직을 통하여 국가간에 조직적으로 협력을 하고 있다.

본 장에서는 이러한 국제기구의 역사, 정의, 분류 등을 소개함으로써 국제기구에 대해 좀 더 깊이 있게 살펴보기로 하겠다.

---

1) 안용교. 1966. 국제기구론. 서울: 진명문화사, p. 22.
2) 김순규. 1992. 신국제기구론. 서울: 박영사, p. 5.

1. 국제기구의 역사

1. 1 국제기구의 발전

국제기구에 대한 구상이나 계획은 중세 말부터 근대 초기까지 많은 사람들에 의해 논의되었으나 실제적으로 초보적인 단계의 국제기구가 그 모습을 국제사회에 드러내기 시작한 것은 19세기부터였다[3]. 중세의 종교적 권위를 무너뜨리고 등장한 근대 국제체계는, 어떠한 권위에도 종속되지 않는 전제군주에 의해 지배되는 주권국가를 그 구성요소로 했으며 국가가 주권을 갖는다는 생각은 1648년 웨스트팔리아 조약(The Peace of Westphalia)으로 구체화되어 유럽정치의 초석이 되었다. 이 조약은 당사자와 조인(調印)의 시기 및 장소를 달리하는 세 개의 조약으로 구성되어 있다. 첫째, 1648년 1월 30일 뮌스터(Münster)에서 조인된 스페인과 홀란드간의 조약, 둘째는 동년 10월 24일 오스나브뤼크(Osnabrück)에서 조인된 신성로마황제와 스웨덴간의 조약, 셋째는 동년 10월 14일 뮌스터에서 조인된 신성로마황제, 프랑스 왕국, 신성로마황국 내의 각 왕공(王公)간의 조약이 그것이다. 이 조약에 의하여 신성로마제국은 사실상 붕괴되고, 독립과 평등을 주장하는 영토주권을 가진 근대국가가 출현했으며, 이 근대국가로써 구성되는 국제사회가 건설되게 된 것이다[4].

이렇게 하여 발생한 근대 국제사회는 주권국가를 유일한 행위의 주체로 하는 분권적 구조를 지속시켜 왔으며, 이러한 주권국가를 기본 단위로 하는 국제체계가 가능했던 것은, 국가가 대체적으로 국제적 교류가 빈번하지 않은 가운데 정치·경제·문화적으로 자기 충족적인 단위로서 기능할 수 있었기 때문이다. 이 시대에 있어 국가간의 관계는 쌍무적인 외교(bilateral diplomacy)를 그 특징으로 하고 있었다. 이러한 국제사회에서 기본적인 구조와 특징들이 19세기에 이르러 변화의 모습을 구체적으로 드러내기 시작했다. 이러한 변화의 하나로써 현대 국제기구의 뿌리가 형성되기 시작했다. 구체적으로 다음과 같은 세 방향에서 국제기구는 뿌리를 내리기 시작했다[5].

---

3) 박재영. 1998. 국제기구정치론. 서울: 법문사, p. 3.
4) 김종수. 1980. 국제기구론. 개정판. 서울: 법문사, pp. 41-42.

첫째, 1815년의 비인회의와 더불어 서유럽의 강대국들 즉, 프러시아, 러시아, 프랑스, 영국, 오스트리아는 공통의 문제를 해결하고 그들 사이의 행동을 조정하기 위해 전통적인 쌍무 외교의 틀에서 벗어나 국제회의를 통한 다변적인 외교(multilateral diplomacy)를 시작했다. 비록 이러한 국제회의는 제도화되지 않았으나 후일 국제기구가 따를 다변적인 협의, 집단적 외교, 강대국에의 특별한 지위 부여와 같은 중요한 관례들을 공고하게 했다. 회의 외교를 통한 문제의 해결이라는 특징을 지닌 당시의 유럽 국제체제를 구주협조체제라고 불렀으며, 이 체제는 상호의존과 이해 공동체에 대한 초보적이거나 점증하는 인식이 구체화된 것이었다. 이와 같은 공동의 이익은 현대 국제기구에 없어서는 안 될 필수적인 요건이 되었다.

둘째, 러시아의 니콜라스 황제는 1899년과 1907년 두 번에 걸쳐 네덜란드의 헤이그에서 국제평화회의를 개최했다. 이들 회의는 전쟁방지를 위한 방법을 논의하고 국제문제의 해결을 위한 중재와 협상, 그리고 법에 의한 해결을 논의하기 위한 국제회의로서, 국제분쟁의 평화적 해결을 위한 의정서(Convention for the Pacific Settlement of International Disputes), 임시 국제심의위원회(International Commissions of Inquiry), 그리고 상설 중재재판소(Permanent Court of Arbitration)의 수립을 가져왔다. 동 회의는 소국(小國) 등과 비유럽국가들 모두가 참여한 최초의 국제회의이며, 중남미 국가들에게도 동등한 역할을 부여함으로써 보편성의 원칙을 수립하고 법의 평등을 강화했다. 또한 다변적 외교를 통해 처음으로 의장이 선출되고 위원회가 조직되었으며 호명에 의한 투표(roll call vote)가 행해졌다. 이러한 특징들이 후일 20세기에 등장하는 국제기구의 지속적인 특징의 일부가 되었던 것이다.

셋째, 현대의 국제기구의 탄생에 보다 직접적인 영향을 미친 것은 바로 국제하천위원회와 국제행정연합의 수립이었다. 18세기부터 19세기에 걸쳐 영국과 프랑스를 중심으로 산업혁명과 시민혁명이 진행되어 타 국가에 급속히 파급되면서 유럽 국가들간의 교류가 비약적으로 확대되었다. 그 결과 국경선으로 둘러싸인 종래의 주권국가라는 것이 개개인의 정치적, 경제적, 문화적 욕구를 충족시켜 줄 수 있는 단위로서 적합한가에 대해 의문이 제기되었다. 19세기 전반부터 유럽 국가들은 국경을 초월한 인적, 그리고 물

---

5) Claude, Inis L. Jr. 1964. *Swords into Plowshares: The Problems and Progress of International Organization*. 3rd rev. ed. New York: Random House, pp. 21-40.

적 자원의 이동이 활발해지고 통신과 기술의 혁신이 이루어지면서 파생되는 공통의 문
제들을 해결하려는 방편으로써 국가간 조약에 의해 위원회 혹은 사무국을 설치했다. 이
러한 초기 단계의 국제기구는 국가간의 이해관계가 첨예하게 대립되지 않는 비정치적
인 분야로부터 출발했으며 가장 최초의 것으로 국제하천위원회가 수립되었고 각종 국
제행정연합이라는 것이 그 뒤를 이었다.

　위에서 언급한 처음 두 방향은 여전히 종래의 주권국가를 기본 단위로 한다는 점에
서 공통점을 가지나, 세 번째 방향은 국가간의 합의를 기초로 하여 국가와는 별개의
조직체를 창출해서 이것을 통해 국가의 행동에 일정한 정도의 제약을 가하고자 했다는
점에서 전통적인 국제체계의 구조면에서 하나의 커다란 변화였다.

　국제기구의 맹아(萌芽)는 사회생활과 밀접한 관련이 있는 경제·사회·문화 등의 분
야에서 먼저 나타났다. 18세기 후반에서 19세기에 걸친 산업혁명과 시민혁명의 영향으
로 민주적인 정치제도 및 시민적 법질서가 성립함과 동시에 경제적 사회생활은 활발하
게 되어 초기의 국제사회와는 달리 경제적·사회적·문화적 분야에서 국제적인 접촉과
교류가 성행하여 국제관계가 확대되고 밀접하게 되어 갔다. 이리하여 각국은 사회생활
의 필요를 국제적으로 처리함에 있어 관계국과의 이변적 계약체결이 활발하게 이루어
졌으며, 결국, 입법적 성격을 띤 일반조건을 체결하기에 이르렀다. 그리하여 일반적인
분야에서 입법적 성격의 국제적인 기구를 창설함에 있어서 기본적인 틀을 마련하게 되
었다.

1.2 초보적인 국제기구의 성립

　국가간의 조약에 의해 설립된 상설적인 기관을 통해 공통의 관심사항을 처리하려는
움직임이 최초로 현실화된 것이 바로 국제하천위원회이며, 이 위원회는 유럽의 국제하
천을 관리하기 위해 설치된 것이다.

　1814년 9월부터 1815년 6월에 걸쳐서 영국, 러시아, 프러시아, 오스트리아를 포함한
유럽의 군주와 정치가가 비엔나에서 혁명전쟁과 나폴레옹 전쟁으로 어지럽혀진 유럽의
국제질서를 재편성하기 위해 비엔나회의를 소집하였다. 이 회의에서 모든 국가의 선박
에게 라인강 항해의 자유를 평등하게 보장하고 항해상의 장애를 제거하며 규칙에 따른

항행을 감시하기 위한 '라인강 항해를 위한 중앙위원회(Central Commission for Navigation fo the Rhine)'를 창설하였으며, 이 기구가 최초의 근대적인 의미의 정부간 국제기구(Intergovernmental Organization: IGO)이다.

그 후 크리미아 전쟁을 마무리하기 위해 소집된 1856년 파리회의에서 파리조약이 체결되었는데, 이 조약은 다뉴브(Danube)강의 국제화를 규정하였으며, 그 관리와 감시를 위해 두 개의 국제위원회를 설치했다. 그 하나는 '유럽·다뉴브위원회'로서 다뉴브강 하류지역의 항해상태를 유지하는 것을 임무로 했으며 유역국(流域國) 이외에 비유역국인 유럽의 대국도 참가했다. 다른 하나는 '유역국 위원회'로서 다뉴브강 전체의 항해감시를 임무로 시작해서 얼마 후 '유럽·다뉴브위원회'의 직무를 계승할 예정이었다. 그러나 '유역국위원회'가 오히려 활동을 정지하고 잠정적인 기관으로 예정되었던 '유럽·다뉴브위원회' 쪽의 권한이 확대되면서 항구적인 기관이 되었다. 이 '유럽·다뉴브위원회'는 항해에 있어서의 장애를 제거하거나 항만건설을 위한 토목건설을 했으며 통행세를 징수하고 위반선에 대한 벌금을 부과했다. 동 위원회는 이와 같은 행정적·경찰적 기능 외에 항행규칙제정 등의 입법적 권한을 가졌으며 또한 일정한 사법적 권한도 행사했다. 또 고유의 재산을 소유했으며 특권과 면책을 향유했고 스스로의 기(旗)를 게양했으며 전쟁 시에 있어서는 중립의 지위가 보장되었다.

이 하천위원회는 그다지 발달한 국제기구라고는 할 수 없으나, 국가와는 별도로 조약을 기초로 해서 창출된 기관이며, 이 기구를 통해 여러 국가의 공통적인 문제를 처리한다고 하는 새로운 국가간 협력의 방식을 현실화한 최초의 기관이라는 점에서 큰 의의를 지닌다고 할 수 있다. 하천위원회는 회원국 정부의 대표들로 구성되어 정기적으로 회합을 갖는 위원회와 작은 규모의 사무국으로 구성되었다.

국제하천위원회에 이어 19세기 후반 이래 유럽의 여러 국가들을 중심으로 통신, 우편, 교통, 기술 등의 전문적·행정적인 분야의 공통문제를 국제회의를 개최해서 토의하고 처리하려는 움직임이 활발하게 전개되었다. 국제회의를 개최하여 처리할 이러한 행정사항 중에는 1회만의 회의로는 충분히 다룰 수 없는 계속성이 요구되는 문제도 있어 개개의 문제에 대해 정기적인 회합의 필요성이 대두되었다. 그리하여 회의와 회의 사이를 연결하는 기관으로서 소규모의 상설적인 사무국(permanent international secretariats)이 설립되었다. 이처럼 특정 문제를 다루기 위해 정기적으로 개최되는 국제회의와 이것을 돕는 사무국을 총칭해서 국제행정연합(International Administrative Union) 또는 공공국제연합(Public International Union)이라고 부르게 되었으며, 이러한 국제행정연합의 두드러진 특징은 국제하천위원회와 마찬가지로 국제적인 사무국이 제도화되었다는 점이다[6]. 최초의 국제행정연합은 1865년에 설립된 국제전신연합(International Telegraphic Union: ITU)이다. 그 후 1874년에 만국우편연합(Universal Postal Union: UPU), 1875년에 국제도량형연합, 1883년에 국제공업소유권보호연맹(International Union for the Protection of Works of Art and Literature), 1890년에 국제철도화물운송연합이 수립되는 등 19세기 후반에 다양한 국제행정연합이 설립되었다. 이러한 국제행정연합은 후일 전문적인 국제 문제를 다루는 국제기구 출현의 씨를 뿌려놓았다고 볼 수 있다.

이러한 행정연합은 여러 국가의 공통된 관심사를 조약에 의해 설치된 상설적인 기관을 통해 처리하고자 했던 기구라는 점에서 국제하천위원회와 더불어 종래의 국제사회의 구조를 기본적으로 변혁시키는 것이었지만, 전통적인 국제사회의 기본 구조로부터 오는 제약을 지니고 있었다. 즉 참가국이 일정하고 공통된 관심사항에 대한 정기적인 심의가 가능했으며, 상설적인 사무국을 운영하는 정도의 계속성을 확보할 수 있게 되었다는 점에서 획기적이었으나 고유의 권한과 임무를 전제로 하는 독립기구라고 하기에는 아직 불충분했으며 전통적인 외교회의의 특징이 다분히 남아 있었다. 이러한 의미에서 국제행정연합은 국제하천위원회와 함께 오늘날 국제기구의 맹아적 존재였던 것은 확실하나 그 자체를 국제기구라고 부르기에는 미진한 요소들을 많이 지니고 있었다.

1.3 발전적 국제기구의 성립

국제관계에 있어 보다 오래된 전통적인 분야이며 권력의 요소가 강하게 지배하는 정치적·군사적 분야, 그리고 전쟁과 평화에 관련된 국제기구가 성립된 것은 20세기에 들어와서, 특히 제 1차 세계대전 후의 일이다. 제 1차 세계대전으로 인한 국가간의 분쟁을 해결하고 집단안정보장원칙에 기초하여 세계평화를 유지하기 위한 보편적 국제기구로서 국제연맹이 1919년에 설립되었다[7]. 국제연맹은 19세기 후반에 출현한 맹아적인

---

6) 박재영. 국제기구정치론, pp. 6-10.

국제기구와는 달리 총회·이사회 등의 기관이 정치적·실질적 기능을 장악해, 기구로서 독립적인 활동을 수행하였다. 또한 전쟁방지와 평화유지라는 거대한 목적을 갖고 고도의 정치적인 조직으로 성립하였다. 아울러 경제·사회·문화 등의 제 분야에 있어서의 국제협력의 촉진도 그 목적으로 하고 임무로 하였다. 국제연맹과 동시에 상설적이고 고도화된 사법조직으로서 상설국제사법재판소가 성립되었으며, 이울러 노동문제를 처리하는 기구로서 상설적·실질적인 독립된 기능을 갖는 국제노동기구(ILO)도 탄생하였다.

1.4 국제연합과 각종 국제기구 및 지역기구의 등장

제 2차 세계대전의 발발은 국제연맹의 제도적 미비점을 보강하는 계기를 부여했으며 이러한 맥락에서 국제연합이 탄생되었다. 국제연합은 국제연맹과 비교할 때 정치적인 면에서 군사행동을 위시한 무력제재 수단까지도 포함하는 등 국제기구로서의 독립적인 기능이 강화되었다. 이러한 기능들이 강대국 간의 갈등으로 인해 비록 헌장상의 규정에 그치고 실제에 있어서 제대로 실현되지는 못했으나, 큰 변화의 하나로 간주될 수 있었다. 국제연합은 각종 보조기관을 탄생시켰으며 16개의 전문기구를 특별 협정을 통해 국제연합에 연결지었다. 또 국제연합은 국제원자력기구(IAEA) 및 관세·무역에 관한 일반협정(GATT) 등과 같은 국제기구를 그 영향권 안에 둠으로써 각종 국제기구를 포괄하는 국제연합체계(United Nations System)[8]를 구축하였다.

이러한 보편적인 국제기구들과 더불어 북대서양조약기구(NATO), 경제협력개발기구(OECD), 바르샤바조약기구(WTO), 석유수출국기구(OPEC) 등과 같은 각종 지역기구들이 탄생하였으며 유럽공동체(EC)와 같이 국가간 통합을 목적으로 하는 초국가적 통합기구도 등장했다.

1838년 영국노예사회(The British Anti-Slavery Society)의 설립과 더불어 시작된 비정부기구(Non-governmental Organizations: NGO)는 그 수가 점차적으로 증가했지만 제 2차 세계대전 전까지 그 수는 미미했으며 활동분야도 주로 인도적 원조분야에 국한

---

7) Mingst, Karen and A. Margaret. 1995. *The United Nations in the Post-Cold War Era: Dilemmas in World Politics*. Boulder, CO: Westview Press, p. 18.

8) 국제연합가족(United Nations Family)이라고도 부른다.

되었다. 제 2차 세계대전의 발발로 고통 받는 사람들을 돕기 위해 많은 NGO가 설립되었으며 일정한 요건을 충족시킬 경우 국제연합의 경제사회이사회(Economic and Social Council: ECOSOC)로부터 협의적 지위(consultative status)를 얻어 국제연합체계에서 제한적이기는 하나 일정한 발언권을 갖게 되었으며, 1960년대에 들어서 NGO의 활동이 다양한 분야로 확대되기 시작했다.

한편, 특정 지역에 한정된 지역적 국제기구의 이념은 구미연합(The Pan-American Union)으로 미주대륙에서 1890년에 처음으로 실천되었으며, 이는 1948년에 미주기구 (The Organization of American States: OAS)로 되었다. 이 분야에 있어서도 실제적인 발전은 제 2차 세계대전 이후에 이루어졌다. 따라서 아랍국가연맹(The League of Arab States: LAS)은 1945년에 창설되었고, 아프리카단결기구(The Organization of African Unity: OAU)는 1963년에, 동남아국가연맹(Association of South-East Asian Nations: ASEAN)은 1967년에 창설되었다. 이들 지역적 국제기구는 비정치적인 목적 뿐만 아니라 정치적인 목적도 지니고 있었다.

유럽지역에서의 지역적 기구는 단지 국제기구라는 성질을 떠나서 초국가적 유럽연합이라는 유럽합중국과 같은 형태의 정치적 통합까지도 지향하는 것으로서, 주목할 만한 요소를 지니고 있다9). 유럽통합을 위한 첫 기구적 제안은 1923년에 쿠덴호프 칼레르기 (Graf Coudenhove Kalergi)에 의하여 제시되었다. 프랑스 외무장관 브리앙(Aristide Briand)은 칼레르기가 제안한 테두리 내에서 완만한 유럽조직을 형성하고자 했으나, 이러한 유럽통합 계획은 영국의 반대에 부딪혀 1930년에 실패로 돌아갔다. 제 2차 세계대전으로 인한 유럽의 약화는 강력한 대중적 여론을 동반한 새로운 제안들을 낳게 하였으며, 프랑스, 독일연방공화국, 이탈리아, 벨기에, 네덜란드, 룩셈부르크 등 6개국은 전통적인 유형의 국제기구와 함께 초국가적기구라 할 수 있는 새로운 형태의 기구를 창설하게 되었다. 유럽에 형성된 국제기구 가운데, 전통적인 국제기구로는 1948년에 창설된 유럽경제협력기구(The Organization for European Economic Cooperation: OEEC, 후에 OECD로 개조), 1949년에 창설된 유럽심의회(Council of Europe), 1954년의 서구연합(Western European Union: WEU), 그리고 1966년의 유럽자유무역연합(European

---

9) 김종수, 국제기구론, p. 321.

Free Trade Association: EFTA) 등이 있다. 그리고 초국가적인 기구로는 1951년의 유럽석탄철강(European Coal and Steel Community: ECSC), 1957년의 유럽경제공동체 (European Economic Community: EEC), 유럽원자력공동체(European Atomic Energy Community: Euratom) 등이 있다. 1954년에 제안된 유럽방위공동체(European Defence Community)는 프랑스 의회의 반대로 이루어지지 못했으며, 이에 따라 일찍이 기초헌장이 마련되어 있었던 유럽정치공동체(European Political Community)도 무산되었다. 현재의 유럽기구들은 각각 상이한 회원국으로 구성되어 있다[10].

2. 국제기구의 정의

2.1 용어 정의

국제기구라는 용어는 영어로 'International Organization' 혹은 'International Government'라고 한다. 여기에서 'International'이라는 용어는 국제사회가 현재와 같은 모습을 지니기 오래 전부터 사용해 온 용어로서 원래 '국가간(interstate)' 또는 '정부간 (intergovernmental)' 이라는 의미를 지녔다. 이러한 의미의 국제기구는 국제연합(UN)이나 국제연합아동기금(UNICEF)과 같은 정부간 국제기구(Intergovernmental Organization: IGO)로서 이것만을 가리켜 협의의 국제기구라고 한다. 그러나 현재 우리가 'international'이라고 할 경우 '국가간' 혹은 '정부간' 이외에 일국의 개인과 집단, 그리고 다른 국가의 개인과 집단 사이라는 '국경을 넘은 비정부적 행위자(nongovernmental actors)간'이라는 의미 역시 포함하는 것이 일반적이다[11]. 요즈음 수적으로 그리고 질적으로 성장하고 있는 비정부간 국제기구(International Nongovernmental Organization: INGO)가 바로 이런 의미의 국제기구이며 국제사면위원회(Amnesty International: AI)

---

10) Bindschedler, Ludolf L. 1983. "International Organizations, Genral Aspects," in ed. Rudolf Bernhardt, *Encyclopedia of Public International Law*. Netherlands: Elsevier Science Publishers. Vol. 5, pp.123-124.

11) 박재영, 국제기구정치론, p. 14.

나 그린피스(Greenpeace)와 같은 민간단체가 이에 속한다.

'international'이라는 말은 '정부간' 혹은 '국경을 넘은 비정부적 행위자간'이라는 뜻 이외에 '초정부적(transgovernmental)'이라는 정상적인 외교정책결정의 채널을 거치지 않는 정부 부서간 관계를 일컫기도 한다. 즉 'international'은 '국경을 넘어 중앙 대외정책 기관의 통제를 받지 않는 정부 부서간'이라는 의미를 포함하기도 한다. 이런 초정부적 관계에 기초하여 설립된 국제기구를 '초정부적 기구(transgovernmental organization: TGO)'라고 부르며 국제경찰(INTERPOL)과 같은 국제기구가 여기에 속한다. 그러나 중앙 대외정책 기관의 통제를 받지 않는 정부 부서간의 관계는 비공식화 또는 비제도화하는 경향이 있다. 이와 같은 비정부간 국제기구(INGO)와 초정부적 기구(TGO)를 정부간 국제기구(IGO)와 더불어 광의의 국제기구라고도 부른다.

'organization'이라는 말은 우리말로 '기구'라고 번역하며 '명확하게 발전된 공식적 구조를 갖고 있는 고도로 제도화된 실체'라는 의미로 사용되어 왔다. 이러한 의미에서 국제기구란 '정부대표든 그렇지 않든 간에 최소한 두 개 이상의 주권국의 회원들이 공동의 이익을 추구할 목적으로 그들 간의 협정에 의해 설립한 공식적인 조직체'로 정의되어 왔다.

예를 들어 플라노와 올톤(Plan and Olton)[12]은 국제기구를 구체적인 구조물로서 '안보, 경제, 사회, 혹은 관련 분야에서 회원들 간의 협력을 촉진하기 위해 국경을 초월하여 형성된 공식적인 장치'로 정의했다. 아처(Clive Archer)와 같은 국제기구 전문학자도 기구란 말을 이러한 의미로 사용하며 국제기구를 '구성원의 공동이익을 추구할 목적으로 둘 또는 그 이상의 주권국가들로부터의 정부 그리고/또는 비정부회원들 간의 동의에 의해 설립된 공식적·지속적 구조'라고 정의하고 있다[13].

'organization'이란 말은 또한 구체적인 조직물이 아닌 추상적인 의미의 '조직' 혹은 '조직화'를 의미하는 말로도 종종 쓰인다. 'organization'이라는 말을 오래 전부터 우리말로 '기구'라고 번역해 왔으나 실상 이 말은 우리가 살펴 본 것처럼 두 가지 상이한 의미로 쓰인다. 'organization'이란 말이 이처럼 두 가지 의미를 갖기 때문에 클로드

---

12) Plano, Jack C. and Roy Olton. 1979. *The International Relation Dictionary*. 2nd ed. Kalamazoo: New Issues, p. 288.

13) Archer, Cliver. 1983. *International Organizations*. London: George Allen and Unwin, p.35.

(Claude)[14]는 1960년대 이미 'organization'과 'organizations'를 구별하여 각기 다른 의미를 부여했으며 최근의 학자들도 그의 이런 분류를 많이 따르고 있다. 구체적으로 그는 단수형인 'international organization'을 '국가들이 국제관계 행위를 보다 효율적으로 수행하기 위해 공식적이고 지속적인 제도적 구조를 수립하고 발전시키는 과정' 즉 '조직화의 과정(organizational process)'으로 정의했다. 국제사회의 조직화 즉, 제 국민 그리고 제 국가의 목적을 집중·통합시키는 과정을 총체적으로 지칭하는데 단수형을 사용했다. 클로드는 이와는 달리 복수형인 'organizations'를 단수로서의 'organization'이라는 추상명사를 보통 명사화한 말로 사용하고자 했으며 구체적으로 다자외교의 단계에 있어서 가장 정점을 나타내는 것으로서 조직화 과정의 구체적인 성과물인 조직체로 보고자 했다. 클로드에 있어서 국제관계 조직화의 궁극적인 것은 구체적인 구조물로서의 국제기구였다.

윌레츠(Peter Willetts)도 'international organization'과 'international organizations'를 구별하여 사용하고 있다[15]. 그는 직원, 예산, 그리고 시설 등을 지니고 있는 구체적인 구조를 지니고 있는 물질적인 실체로서의 국제기구를 영어로 'international organizations'라하여 복수형을 쓰고 있지만, 공식적으로 제도화되어 있는지 아닌지에 관계없이 상호작용의 규칙적인 구조는 단수형의 'international organization'으로 보았다. 이러한 구분에 따라 'international organization'을 '국제조직화', 그리고 'international organizations'를 '국제기구'로 구분하여 사용하는 것이 바람직할 것이다.

2.2 국제기구의 개념

국제기구에 대한 넓은 의미로는 '국경을 초월해서 설립된 상설 단체'를 지칭하는 것이고 좁은 의미로는 '조약에 의하여 설립된 국가간의 단체'를 지칭하는 것으로 이해한

---

14) Claude, Inis L. Jr. 1964. *Swords into Plowshares: The Problems and Progress of International Organization.* 3rd ed. New York: Random House, p. 4.

15) Willetts, Peter. 1990. "Transaction, Networks and Systems," In A. J. R. Groom and Paul Tayler, eds. 1990. Frameworks of International Co-operation. New York: St. Martin's Press, p. 255.

다[16]. 또 국제기구의 의미를 국제사회의 조직화, 즉 제 국민, 제 국가의 목적을 집중·통합시키는 과정을 총체적으로 지칭하는 경우 또는 통합의 대상이 되는 개개의 조직체를 지칭하는 경우에 사용한다. 전자의 경우는 국제조직이라고 번역해야 할 것이고 후자의 경우는 국제기구라 해야 할 것이다. 이러한 점을 전제로 국제기구를 정의하면, 국제기구란 복수의 국가가 국경을 초월하여 합의에 의해 성립시킨 국제조직으로서 구성 국가들의 공통사항, 즉 안보·경제·사회 및 기타 영역의 상호협력을 촉진하기 위하여 조약에 기초하여 결성한 기능적 조직이다. 이러한 국제기구는 정기적 또는 상설적으로 활동하는 기관을 구비하고 있으며, 이 경우 구성 국가의 주권적 존재는 인정되지만 그 국가의 의사와 행동은 조약 내용에 따라서 규율과 제한을 받게 된다.

국제기구의 개념 정의에 관한 의견이 다분한 가운데, 대체적으로 국제법상에서 국제기구라 할 때에는 정부간 국제기구(Intergovernmental Organizations: IGOs)를 의미하는 것으로 한정하고 있고 수많은 비정부간 국제기구(International Non-governmental Organizations: INGOs)를 배제하는 경향을 보여준다. 국제기구연감(Yearbook of International Organizations)에서는 국제기구란 제목 하에 포함될 수 있는 8가지 기준을 나열하고 있다[17]. 첫째, 그 목적은 최소한 3개국 이상을 포함하는 취지로 진정 국제적이어야 한다. 둘째, 회원자격은 완전한 투표권을 가진 최소한 3개국으로부터 개별적이거나 집단적인 참가가 있어야 하며 기구의 활동범위 내에서 적절히 자격을 갖춘 어떠한 개인이나 실체에 개방되어야 한다. 의결은 어떠한 국가집단도 기구를 통제할 수 없을 정도로 되어야 한다. 셋째, 헌장은 회원국들에게 정기적으로 통치조직과 직원을 선출하기 위한 권리를 부여하는 공식적 구조를 마련해야 한다. 규정은 항구적인 본부를 갖추어 운영의 계속성을 유지하도록 해야 한다. 넷째, 직원들은 모두 당해기간 이상으로 동일한 국적을 지녀서는 안 된다. 다섯째, 3개국 이상으로부터 운영예산에 관한 실질적인 기여가 있어야 하며 회원국들에 할당함에 있어 어떠한 이익을 얻으려는 시도도 없어야 한다. 여섯째, 다른 기구들과의 유기적인 관계에 있어서는 독립적으로 존재할 수 있어야 하며 그 자신의 직원을 선출할 수 있어야 한다. 일곱째, 현행 활동의 성과는

---

16) 大平善梧·橫川 新(편저). 1978. 國際關係論. 東京: 北樹出版. p. 89.

17) *Yearbook of International Organizations*. 16th eds. 1976. Brussels: Union of International Associations.

유용하여야 한다. 여덟째, 다소 부정적인 기준인 규모, 정책, 이념, 활동분야, 본부의 지리적 위치, 명명(命名) 등은 조직구성이 '국제기구'인가 아닌가를 결정하는 것과는 관계가 없다.

따라서, 국제기구란 '회원국들의 공통된 이익을 추구할 목적으로 셋 이상의 주권국가들 사이의 협정에 의하여 창설된 것으로서, 기구 내에 특별한 기능을 수행하기 위한 그 자신의 특정 기관을 지닌 공식적이고 계속적인 조직체'라고 종합적으로 정의해 볼 수 있다.

3. 국제기구의 성격과 목적

국제기구는 주권국가의 합의에 의거한 국가간의 기능적 조직체이기 때문에 국제기구 자체는 물론 그 기능까지 국가간의 조약에 의하여 생성 규율되는 국제법상의 산물이다. 따라서 국내법에 기초를 둔 조직과는 구별된다. 국내법에 기초를 둔 조직으로는 개인을 그 구성단위로 하는 회사, 기타 법인이 있으며, 그 중에서 그 규모나 활동에 있어 국내에만 한정되지 않고 국경을 넘어 국제적인 기능을 수행하는 것도 있으나 그것은 어디까지나 국내법에 기초를 둔 개인간의 협력관계이므로 국제법에 기초를 둔 주권국가간의 합의에 의해 성립되고 기능하는 국제기구와는 엄격한 의미에서 구별된다. 이러한 것의 대표적인 것은 사적인 민간단체인 비정부기구체로서 그 중에서는 국내적인 규모와 기능을 갖는 것 이외에 국제적인 규모나 기능을 갖는 것도 있다.

국제적인 규모나 기능을 갖는 민간단체는 국제적 민간단체, 즉 비정부간 국제기구라 하여 최근에는 이러한 개인 또는 민간의 사적 집단간에 형성된 비정부간단체도 그것이 국가의 범주를 벗어나서 직접 해외의 제 단체나 개인과 교류하며 관계를 맺어 국제관계에 지대한 영향을 미치고 있으므로 이를 국제기구에 포함시키는 경향도 나타나고 있다.

또한 국제기구는 국가와 같은 권력단체나 지배단체와도 구별된다. 어디까지나 국제법 사회의 기초 위에 성립되고 기능을 수행하는 것이지 그 구성원인 국가의 주권을 소멸시켜 그것을 흡수하고 자신이 주권적 요소를 갖는 국가적 단체로서 존재하고 기능하는 것은 아니다. 국제기구는 국제법 사회의 기초 위에 성립하여 거기서 기능하는 단체이다. 그러므로 국제기구는 주권적 성질을 가진 구성국가의 존재와 기능을 부정하고 스스로가 주권적 존재로서 행세할 수 없는 것이다.

그리고 이러한 국제기구가 일반적으로 추구하는 공통적 목적은 다음과 같다[18]. 첫째, 국가간의 분쟁을 평화적으로 해결하는 방법에 의한 국제관계의 규제를 위한 목적의 수행, 둘째, 전쟁과 같은 국제분쟁의 최소화 또는 통제목적의 수행, 셋째, 인류 일반 혹은 어느 특정 지역의 사회·경제적 발전을 위하여 국가간의 협력과 지원 증진의 목적 수행, 넷째, 외세의 위협에 대한 집단안전보장 조치의 수행 등이다.

4. 국제기구의 특징과 권한

국제기구가 갖는 공통적인 특징은 다음과 같다[19].

1) 회원자격은 통상 주권 국가로 제한되어 있고 여기에는 정치적 및 도덕적인 조건 없이 유자격국가에게는 문호가 개방되어 있다.

2) 국제기구는 다변적인 조약에 의하여 성립되고 이 조약은 회원국에 대한 특별한 의무와 구조, 기구의 목적 및 그것을 달성하기 위한 수단 등을 명기하고 있다.

3) 기본적인 정책수립기관으로서 회의가 있고, 그 회의는 전 회원국에 의해 성립된다.

4) 정책결정의 경우, 전 회원국은 평등의 원칙에 의하여 동등한 투표권을 갖는다.

5) 총회에 의해 설치되고 마련된 광범위한 정책결정을 관리하는 집행적인 성격의 이사회 등 정책결정기관을 가지고 있고 그 구성원은 제한되어 있다.

6) 사무국은 총회 및 이사회 등의 정책을 집행하기 위하여 설치되어 일상적인 업무를 수행하고 사무국은 국제적 수준의 직업공무원에 의해 운영된다.

7) 어떤 기구는 사법적 또는 준사법적 권한을 행사하는 경우가 있는가 하면 그들의 재산에 대하여 법적 인격을 부여하는 경우도 있다.

---

18) 이혁섭. 1987. 한국국제정치론. 서울: 일신사, p. 285.

19) Plano, Jack C. and Robert E. Riggers. 1967. *Foreign World Order*. New York: Macmillan, pp. 12-13

8) 기구의 재정문제는 회원국 정부의 기부금에 의하고 있으나 그 기부금의 지불능력과 관련하여 분담금 할당방식을 취하고 있다.

9) 기구의 능력은 보통 기능이 제한되어 있고 특별한 문제에 관해서는 규약에 그것이 명문화되어 있다.

10) 정책결정은 먼저 국제조약 초안에 의해 그것을 각 회원국에 비준을 위해 제출하는 것과, 다음으로 회원국 정부에 의해 권고 결의안을 채택하는 두 가지 방식이 있다.

한편, 국제기구가 갖는 권한에는 중요한 사항의 경우 회원국을 구속할 수 있는 강한 것이 있는가 하면, 회원국의 주권을 침범하지 않는 범위 내에서 제안과 권고만을 하는 약한 것이 있다. 이 경우 이는 회원국의 주권에 대한 간섭이나 협조로 간주된다. 오늘날 그 대부분의 국제기구는 권한 면에서 볼 때 후자의 범주에 속한다고 볼 수 있다. 국제기구의 권한을 좀 더 구체적으로 세분시켜 보면 다음과 같다[20].

1) 국제기구의 권한은 물질적 권한과 법률적 권한으로 구분할 수 있다. 대부분의 국제기구는 관련된 자료의 수집 및 연구, 정보의 전파 등 여러 권한이 있고 그러한 활동은 회원국을 구속할 수 있다. 그리고 기구의 대내적인 행정에 대하여 지배권을 가진다.

2) 국제기구 권한의 제한은 권한의 양도와 구분할 수 있다. 권한의 제한은 국가기관에 속하며 권한의 양도는 국제기구에 포함되어 있다. 대부분의 국가의 지출은 그 국가의 의회 심의가 끝나고 예산이 확정된 후에 허가된다. 권한의 제한과 양도간의 구분은 국제기구의 임무를 분명하게 하는 기준이 된다.

3) 권한의 질과 관련시켜서 볼 때, 국제기구는 협의할 수 있는 권한이 있다. 모든 주권국가는 입법·행정·사법의 3권이 분립되어 있으나 국제기구는 이러한 권한 면에서 상이하다. 사법기능의 경우 순수한 감독을 하는데 그치고 정치적 압력은 국제관계의 광범한 형태의 하나일 뿐 법적 형태로 성립된 것은 아니다.

---

20) 최종기. 1991. **현대국제관계론**. 서울: 박영사, pp. 478-479.

5. 국제기구의 분류

국제기구를 유형별로 분류하기 위해 수많은 시도가 있어 왔으며, 그러한 시도는 연구의 목적에 따라 결과가 달리 나타나기도 했다. 국제기구법의 비교연구에서 유용한 방법 중의 하나로 거론되는 것은 국제기구의 기능을 기준으로 구별하는 방법이다. 즉 국제기구의 기능에 초점을 맞추어 구별해 보면 다음과 같이 세 가지로 분류해 볼 수 있다. 첫째, 해당 국제기구가 수행해야 하는 협력의 범위에 관한 것으로 국제사회 전체에 개방되어 있느냐 아니면 일정한 회원에게만 개방되어 있느냐에 따라 보편적 국제기구와 폐쇄적 국제기구로 나눌 수 있다. 둘째, 국제적 협력으로 이루어지는 범위가 무엇인가 하는 점으로, 국제기구가 원하는 것은 모두 할 수 있는지 아니면 명백히 한정된 행동분야에만 국한되어 있는지에 따라 일반기구와 특별기구로 나눌 수 있다. 셋째, 그러한 협력에 효과를 부여하는데 사용된 수단은 어떠한 것인가 하는 점으로, 해당 국제기구와 회원국간에 어떠한 형태의 관계가 형성되느냐에 따라 정부간 기구와 초국가적 기구로 나눌 수 있다. 그 외에 국제기구는 어떠한 기준을 적용하는 가에 따라 여러 가지 분류가 가능하다. 즉, 회원자격 기준, 회원자격의 범위, 정치적 목적 여부, 목적의 단일성 여부, 주권의 제약 정도, 복합적인 기준의 적용 등으로 분류할 수 있다. 여기에서는 여섯 가지 기준에 따라 국제기구를 분류해서 설명하기로 하겠다.

5.1 회원자격 기준

회원의 자격을 기준으로 국제기구를 분류하면 정부간 국제기구, 비정부간 기구, 그리고 초정부적 기구로 분류할 수 있다. 정부간 국제기구(NGO)는 국가 또는 정부의 대표를 회원으로 하는 기구이고, 비정부간 기구(INGO)는 국가나 정부의 대표가 아닌 국가 내의 개인 또는 집단을 회원으로 하는 기구이다. 그리고 초정부적 기구(TGO)는 자신들이 소속되어 있는 정부의 중앙대외정책 기관의 통제를 받지 않는 정부 행위자를 회원으로 하는 기구이다[21]. 국제기구에 따라서는 여러 종류의 회원으로 구성되어 있는

---

21) Archer, Cliver. 1983. *International Organizations*, pp 36-43.

혼합적인 국제기구(hybrid international organizations)도 있다. 대표적인 경우로서 정부대표, 사용자 대표, 노동자 대표를 회원으로 하는 국제노동기구(ILO)를 들 수 있다. 그 밖에 비정부기구 대표, 정부대표, 그리고 정부기관을 회원으로 하는 국제자연보호연맹(IUCN-The World Conservation Union)과 정부대표, 학자, 그리고 민간기업의 대표들로 구성된 동북아경제협력민간협회(NEAEC) 등이 있다.

5.2 정치적 목적 여부

정치적 목적을 갖느냐 비정치적 목적, 즉 기능적 목적을 갖느냐에 따라 국제연합과 같은 정치적 국제기구와 국제연합 식량농업기구(FAO)와 같은 비정치적 국제기구로 구분할 수 있다.

5.3 목적의 단일성 여부

활동목적이 단일한가 아니면 복합적인가에 따라 국제기구를 구분할 수 있다. 지역적 집단 방위를 목적으로 하는 북대서양조약기구(NATO)와 보건문제만을 다루는 세계보건기구(WHO), 그리고 석유수출국기구(OPEC)와 아시아개발은행(ADB)과 같은 국제기구가 단일 목적의 국제기구에 해당한다.

다목적 국제기구의 대표적인 예로는 국제평화와 안전을 위시해 경제·사회·문화·인권 등 다면적인 목적을 추구하는 국제연합을 들 수 있으며, 그 밖에 아프리카단결기구(OAU)와 미주국가기구(OAS)와 같은 국제기구들도 여기에 속한다.

5.4 주권의 제약 정도

국제기구들은 또한 회원국가들의 독립을 전제로 하여 일정한 정도의 주권제약을 통해 국가 상호간의 협력을 추구하기 위해 설립되는 협력기구와 일정한 지역의 국가들에 있어 국가의 독립을 점차적으로 제한하면서 궁극적으로 통합을 목적으로 하는 통합기구로 분류할 수 있다. 거의 모든 국제기구가 전자에 해당되며 후자에 속하는 대표적인 국제기구로는 유럽연합(EU)이 있다.

5.5 회원자격의 범위

회원자격의 범위가 범세계적인 것인가 아니면 특정 지역 혹은 특정 이념과 같은 특정 자격을 지닌 국가에 한정된 것인가를 기준으로 국제기구를 분류할 수 있다. 이러한 기준에 따라서 국제연합, 16개의 국제연합 전문기구, 세계무역기구(WTO)나 국제원자력기구(IAEA)와 같은 범세계적인 보편적 국제기구(universal organizations), 그리고 유럽연합(EU), 미주국가기구(OAS), 아프리카단결기구(OAU), 경제개발협력기구(OECD), 석유수출국기구(OPEC) 및 동남아국가연합(ASEAN)과 같은 지역적 기구(regional organizations)로 구분할 수 있다.

5.6 복합적인 기준

어떤 한 기준을 가지고 국제기구를 분류할 수도 있지만 두 가지 기준을 가지고 보다 복합적인 분류를 하는 경우도 있다. 제이콥슨(Harold K. Jacobson)은 회원자격의 범위라는 변인과 국제기구가 추구하는 목적의 구체성 여부라는 변인을 가지고 국제기구를 분류하고 있다[22]. 보다 구체적으로 회원 자격이라는 변인을 '제한적(limited)'과 '일반적(universal)'이라는 두 변량으로, 그리고 목적이라는 변인을 '구체적(specific)'과 '일반적(general)'이라는 두 변량으로 구분하고 이러한 두 변인에 의거하여 다음과 같이 네 가지 국제기구 유형을 만들고 있다.

회원자격이 제한적이고 특정 목적을 추구하는 국제기구로는 범미보건기구(Pan American Health Organizations)와 아시아방송연합(Asian Broadcasting Union) 등이 있다. 회원자격이 제한적이고 일반적인 목적을 추구하는 국제기구로는 아프리카단결기

---

22) Jacobson, Harold K. 1984. *Newworks of Interdependence: International Organizations and the Global Political System*. New York: Alfred A. Knopf, pp. 12-14.

구(Organization of African Unity)나 유럽운동(European Movement) 등이 있다. 회원 자격이 보편적이고 특정 목적을 추구하는 기구로는 세계보건기구(World Health Organization)와 국제방송가협회(International Broadcasters Society) 등이 있으며, 회원 자격이 보편적이고 일반적인 목적을 추구하는 국제기구로 국제연합(United Nations)과 국제연합협회세계연맹(World Federation of United Nations Association) 등을 예로 들 수 있다.

Ⅱ. 국제기구 정보원의 이해

Ⅱ. 국제기구 정보원의 이해

세계 각지에서 발생하고 있는 식량부족과 기아, 질병의 확산, 지구환경의 파괴나 핵무기 개발과 같은 문제들은 한 나라의 노력만으로는 해결할 수 없는 국제적인 문제이다. 또한 탈냉전, 세계화 시대의 도래는 그 동안 국가의 안보문제에 치중했던 국제사회의 협력이 환경, 인권, 빈곤퇴치, 마약, 아동문제 등 비안보적인 영역에서도 활발하게 이루어지는 계기를 마련해 주었고, 이러한 국제사회의 변화는 국제연합을 위시한 국제기구들 특히, 경제, 사회, 문화, 교육, 보건 및 관련분야의 문제들을 효율적이며 전문적으로 다룰 수 있는 전문기구의 역할을 강조하게 된 것이다[23].

이처럼 국제기구는 관련분야에서 각각 세계적인 문제들을 협력하여 해결해 나가면서 그 과정에서 발생하는 모든 활동과 정책들을 문서화하고 있으며, 각 기구의 활동에서 생산된 각종 법률과 수천 종의 정기간행물과 단행본 등은 다양한 정보를 수록하고 있어서 지식정보자원으로서 중요한 의미를 지닌다고 할 수 있다. 이러한 자료는 각 기구의 회원국은 물론 전 세계의 이용자층을 확보하고 있다.

그럼에도 불구하고 국제기구 정보원에 대한 관리가 미비하여 1991년 국제도서관연맹(IFLA)에서 국제기구 출판물에 대한 체계적인 관리가 필요하다는 주제로 논의가 있었고, 그 이후 국외에서는 국제기구 정보원의 효과적인 활용을 위한 논의가 활발하게 이루어져 왔다. 그러나 국내에서는 이에 대한 연구가 거의 없는 실정이다.

또한 국내에서는 국제기구 정보원에 대한 수요의 증가 대비 자료의 효율적 이용 정책 및 시스템이 구현되지 못한 상황이고, 국제기구 및 발간 자료에 대한 검색방법은 현재, 이용자 혹은 정보전문가에 의한 개별 기구 접속 방법만 존재하며, 국제기구 정보원 및 간행물 역시 개별 도서관에서 각각의 기구와 접촉하여 구비하거나 이용자가 직접 획득하는 방법 밖에 없는 실정이다. 따라서 국제기구 발간 고급 학술정보에 대한 이용자의 통합서비스 요구가 지속적으로 요구되어 왔다.

이러한 필요성에 따라 이 책에서는 국제기구 정보원을 체계적으로 수집하고 유통시

---

23) 박재영. 1998. 국제기구정치론. 서울: 법문사.

킬 수 있는 방안을 강구하고자 하였고, 이를 위해 각 국제기구가 생산하고 관리하고 있는 지식정보원에 대한 정보를 최대한 수집하여 정리하였다.

1. 국제기구 정보자료의 이해

1.1 국제기구 정보원의 특징

국제기구 자료는 특정 기구의 다양한 공식 활동을 지원하는 대내용 자료가 주종이며 관련된 많은 사람들의 공동 저작물이 대부분이다. 흔히 '저자부서(author departments)' 라는 용어가 쓰인다. 국제기구 정보원의 특징을 간단하게 기술하면 다음과 같다.

첫째, 하나의 자료는 행정직 요원, 편집자, 번역자 등을 거쳐 작성 된다[24].

둘째, 국제기구가 생산하는 자료의 주제는 활동 계획의 범위만큼 다양하며 특수한 연구보고서류는 질적 수준이 높이 평가되고 있어 연구 자료의 부족 현상을 완화시키는 역할도 한다.

셋째, 국제기구 정보자료는 일반적으로 각 기구의 정관과 내규집을 포함하는 기초자료, 각종 단위의 회의에 관한 공식기록, 정규보고서, 연구개발 보고서, 통계집, 결의안, 홍보자료, 서지자료, 참고도서 등을 포함한다.

넷째, 여러 언어로 동시에 생산되기도 하며 단행본과 더불어 정기간행물 형식으로 계속되어지는 경우가 허다하다.

다섯째, 물리적 형식에 있어서도 인쇄본, 마이크로 형태, 슬라이드, 필름, 비디오테이프, CD-ROM, 전자출판 형태 등 매우 다양하다.

구자영[25]은 국제기구가 생산하는 자료의 특징을 다음과 같이 제시하였다. 첫째, 의무적인 규정에 의해 생산된 것으로 특정 기구의 다양한 공식 활동을 지원하는 대내용 자

---

24) Hinds, T. S. 1985. "The United Nations as a Publisher." *Government Publications Review*, 12: 298.

25) 구자영. 1989. 국제기구자료의 활용을 조정하는 지적접근과 물리적 가용성. 창립 30주년 기념 논문집. 서울: 이화여자대학교 도서관학과, 3-37.

료가 주종을 이룬다. 둘째, 개인저작보다 기관 및 관련부서가 저자가 되는 공동저작물이 대부분이다. 셋째, 여러 언어로 생산되기 때문에 자료의 양은 아주 방대하다. 넷째, 한 기구에서도 출판기관, 부서의 특성에 따라 자료의 성격 및 형식이 다양하고 복잡하다. 다섯째, 자료의 형태도 단행본, 정기간행물과 같은 인쇄본, 마이크로 형태, 슬라이드, 비디오, CD-ROM과 온라인으로 이용할 수 있는 다양한 형태가 생산된다.

1.2 국제기구 정보자료의 유형

현존하는 다양한 성격의 국제기구에서 생산하는 정보자료는 대체로 문서류(documents)와 출판물(publications)의 두 가지 부류로 구분할 수 있다[26].

문서류는 해당기구의 공식적인 기능과 업무를 수행하는 과정에서 자연 발생적으로 생성되기도 하고, 필요에 따라 의도적으로 기획되기도 한다. 이들 자료의 생산목적이 한 기구 내의 여러 특수단위 조직이 이행하는 임무와 활동을 지원하는데 있으므로 한정된 부수만을 임시인쇄물 형식으로 생산해 내지만 외부수요에 따라 정식 출판물로 재생산되는 경우도 상당하다. 문서류는 한 기구 소속의 여러 부서와 관련기구, 회원국의 정부, 다른 국제기구 등과의 커뮤니케이션 수단으로써 이들 기관에 무상 배포된다.

국제기구가 생산하는 대량의 문서류는 행정문서, 기관문서, 정책문서, 그리고 입법문서 등 네 가지로 분류해 볼 수 있다[27]. 첫째, 행정문서(administrative documents)는 기구내부의 업무 진행과 관련된 순수한 내수용으로 외부 배포가 제한되고 있으며 실제로 외부 수요가 거의 없다. 둘째, 기관문서(institutional documents)는 해당기구의 기능이행에 관한 공식기록으로서 활동과 업적에 관한 정보를 제공하므로 외부 수요가 상당하다. 셋째, 정책문서(policy documents)는 정책결정, 요강, 제의, 토의내용, 결의를 지원하는 보고서 등을 포함한다. 이들 자료는 회원국의 정부부서, 의회, 무역 업계에게 주요 관심사가 되고 있다. 넷째, 입법문서(legislative documents)는 해당 기구의 활동영역

26) 구자영. 1989, 3-37.

27) Hopkins, M. 1980. "Documentation of Intergovernmental Organizations: A Critical Survey of Supply and Demand Situations in the United Kingdom." *International Social Science Journal*, 32: 371-372.

에 관련된 권고사항, 결의안, 회원국이 준수할 원칙, 법규 및 최소한의 기준, 무역에 관련된 국제규정, 국제조약 및 협정 등을 다룬다.

국제기구의 출판물은 기구의 설립과 존속이 폭넓은 국제적 이해와 협력에 의존한다는 전제하에 그 활동과 업적을 일반에게 홍보시키는데 그 목적이 있다. 실제로 다수의 국제기구는 전문적인 연구를 지원하는 수준 높은 연구 자료를 생산하므로 그 혜택을 국제사회에 환원한다는 의미에 있어서도 광범위한 보급이 요청된다. 처음부터 판매를 목표로 생산된 것과 외부 수요에 따라 판매용으로 간행한 것이 있는데 어느 것이든지 적절한 판매망을 통하여 보급되며 일반 상업출판사의 자료에 비하여 상대적으로 저렴하다.

출판물의 종류는 홍보자료, 전문 연구보고서(해당 기구의 주요관심 분야), 통계자료, 각종 회의록, 다양한 주제와 수준의 정기간행물, 각종 명감과 연감류, 서지류 등을 포함한다. 출판물은 대개의 경우 판매가격이 정해져 있으나 홍보자료는 무상으로 입수할 수 있다.

1.3 국제기구 정보자료의 이용자

국제기구의 활동내용이 다양해짐에 따라 생산되는 정보의 양과 종류가 다양해졌으며, 국제기구 정보자료의 이용자층도 다양해졌다. 그러나 국제기구 정보자료는 국제기구 자체에 대한 정보나 그 활용 내용을 수록하여 발간하기 때문에 주요 이용자는 어느 정도 제한을 갖게 된다.

먼저, 국제기구 자료의 일차적인 이용자는 회의에 참석한 대표단, 관계직원, 회원국 정부 부서가 된다. 다양한 분야의 운영위원회의 토의 문서나 회의 보고서는 상당히 계몽적이어서 기능 수행을 위한 전달매체로서 뿐만 아니라 역사자료로서의 가치도 갖는다. 다수의 범세계적 기구가 생산하는 개발계획서는 적용성이 풍부하여 수요의 폭이 상당하다. 국제기구의 정책 제안과 권고사항 같은 자료는 회원국 정부의 정책결정 과정에 중요한 자료가 된다.

이차적인 이용자 그룹은 국제기구 자료 내에 포함된 특정 정보를 필요로 하는 수요자로 구성된다. 이들은 크게 무역 및 경영, 그리고 산업계와 학계로 구분된다. 최근 국제교역이 활발해 짐에 따라 무역협정, 상거래 규정, 상품규격, 수출입 관세, 생산과 시장동향, 해외사업개발 가능성, 국제통계와 같은 실질적 문제와 관련하여 IMF, IBRD, GATT, EC, OECD 등의 자료가 중요한 정보원이 되고 있다. 학계에서의 이용은 주로 경제, 정치, 국제법과 같은 사회과학 연구에 집중되고 있다. 그러나 국제기구의 관심분야와 활동이 다양하므로 모든 학문 분야가 궁극적인 잠재 이용자 그룹이 된다.

1.4 국제기구 정보자료의 유통

대부분의 국제기구는 그 활동과 업적을 널리 알리기 위해 다양한 유통경로를 통해 각종 정보자료를 유통시키고 있다. 예를 들어 유엔과 같은 국제기구는 보급의 수준을 사전에 규정하는 4종의 배포물 기준이 있다.

즉 "일반적 배포(general distribution)"는 가장 포괄적인 자료군으로 기존 문서류, 최종회의 기록, 주요 기구의 결의안과 기타 결정 사항, 보고서류를 포함한다. 일반 공개보급이 가능한 자료이다.

"제한적 배포(limited distribution)"에는 초안, 임시보고서, 회의 일정 관련 자료 등의 임시 문서류가 속하는데 시일이 흐름에 따라 "일반적 배포"로 변하는 경우가 허다하다.

"한정적 배포(restricted distribution)"는 일반에게 공개되지 않는 순수한 내수용 자료로 구성되는데 이들 역시 시일이 경과되면 공개가능하게 된다.

"참석자로 제한 배포(participants only)"군은 회의참석자에게만 전달되는 비공식 임시자료로 구성된다.

또한, 국제기구 자료의 유통경로는 무상배포와 판매 및 교환으로 구분된다. 무상배포는 정해진 규정에 따라 공식적으로 계속 배포되는 경우가 대다수이거나 외부 요청에 따라 홍보용과 기증용 자료를 제공하는 경우가 적지 않다. 일반적으로 공식적 무상배포는 기탁제도를 활용하는데 기탁제도는 기구의 목표와 활동을 알림과 동시에 일반인의 알 권리를 동시에 만족시키는 제도이다. 기탁도서관(depository library)제도는 미국이 정부간행물의 보급과 보존을 위해 1850년대부터 실시하였고, 1937년 국제연맹(League of Nations)이 연맹의 목적, 조직, 활동을 널리 보급하고 국제적 이해를 증진시킬 수 있는 수단으로 137개의 기탁도서관을 운영하게 되었다. 이처럼 기탁도서관 제도는 오랜

역사를 가지고 있으며 또한 가장 많이 이용되고 있는 제도라고 할 수 있다. 현재 UN 이 운영하고 있는 기탁 프로그램은 출판 초기부터 전 세계적으로 실행해 온 기탁도서 관, UN 정보센터 등이 다양하게 존재한다.

국제기구의 문서들은 내부 수요를 위한 것이나 외부의 수요가 높은 많은 문서들이 외부 배포와 판매를 위해 출판물로 재생산되는 경우가 많다. 출판물은 기구의 활동과 업적을 일반에게 홍보시키려는 것이 주요 목적이다. 따라서 판매 목적은 이익보다 다양 한 배포 경로를 통한 자료 홍보에 있기 때문에 상업출판사보다 가격이 저렴하며 기구 내에서도 판매금액은 크게 문제되지 않는다. 이러한 출판물의 형식은 보고서나 연구평 가서, 관련분야에서 고도의 학술적 가치를 지닌 총서류, 정책결정이나 수행에 필요한 통계시리즈, 각종 회의보고서, 비전문가와 일반인들에게 홍보하기 위해 무료로 배포하 는 정보출판물 등으로 생산된다.

국제기구자료는 90% 이상이 자신이 속한 국가를 벗어나 일반 대중에게 전달되는데, 일차적 이용자는 주로 회의에 참석한 대표단, 관계직원, 회원국 정부부서가 되며, 이차 적 이용자는 국제기구 자료 안에 포함된 특정 정보를 필요로 하는 경제, 무역, 산업계, 학계로 구분된다. 특히 국제문제에 대한 국제기구의 역할 증대와 세계질서 및 평화, 안 보에 대한 국가간 정치적 문제들은 사회과학자들의 특수한 정보요구에 유용한 자원으 로 활용되고 있다.

1.5 국제기구 정보원의 가치

국제기구는 경제, 사회, 문화, 교육, 보건 및 관련 분야의 문제들을 효율적이고 전문 적으로 다룰 수 있는 있는 전문기구이다. 국제화시대를 맞이하여 국제기구가 우리의 삶 에 미치는 영향은 점점 더 커지고 있으며 그 역할과 기능도 강조되고 있다. 이에 따라 국제기구에 대한 관심이 높아지고 국제기구에 대한 연구도 활발해 지고 있으며, 이러한 연구의 기초가 될 각 국제기구에서 생산되는 정보원에 대한 관심과 요구도 증가하고 있다고 할 수 있다.

이러한 국제기구 정보자원의 이용 가치는 다음과 같이 두 가지로 나누어 볼 수 있다. 첫째, 국제기구 자료는 국제적으로 협의 중이거나 협의된 정책수행 및 활동내용을 문서로 발간하기 때문에 이와 관련된 학문연구에 미치는 학술정보원으로서 가치를 갖는다고 할 수 있다. 둘째, 국제외교 연구에 있어서 연구자들이 공통적으로 겪고 있는 어려움 중 하나는 외교 정책 결정 과정에 요구되는 정보자료나 그 자료의 접근방법의 빈곤 때문인데, 국제기구자료는 이러한 요구를 충족시킬 수 있을 것으로 보인다. 그 외에 세부적으로 각 국제기구의 활동 분야별로 학계, 산업계 등에서 유일무이한 정보자료로서의 가치를 가질 것으로 보인다.

이용자들의 이러한 요구를 충족시키고 국제기구에 대한 연구지원을 위해 각각의 국제기구에서 생산되는 정보자료는 하나의 채널을 통해 서비스될 필요가 있으며, 주제 분야별 또는 자료 형태별로 체계적으로 수집되고 정리되어 검색되고 이용될 수 있도록 하여야 한다. 실제로 국제외교 연구에 있어서 연구자들이 공통적으로 겪는 어려움 중 하나는 외교 정책 결정 과정에 요구되는 정보자료나 그 자료의 접근 방법의 빈곤인 것으로 지적되고 있다[28]. 각 국제기구에서 생산되는 자료는 해당 분야의 매우 중요한, 그리고 때로는 유일한 정보원이 될 수도 있기 때문에 국제기구 정보원들이 제대로 활용될 수 있도록 하기 위한 방안이 모색되어야 한다.

2. 국제기구 출판의 특징

국제기구들의 방대한 자료들이 어느 정도까지 출판을 구성하는가-보다 넓은 의미로 그 원산지(originating base)를 벗어나 제한적, 혹은 일반적인 범주에서 정보를 조달하는 작업-는 출판물의 개념을 정의하기 나름이다. 출판사로서의 국제기구의 역할은, 국제기구 자체가 그들의 사업을 알리고 지원하기 위해 생산하는 '문서류'와 기구 조직의 틀을 벗어나 그들의 사명과 프로그램을 증진하기 위한 목적으로 특수 제작된 '출판물' 간에 명확한 경계를 긋지 못하는 현실 때문에 더욱 복잡해진다.

그러나, 국제기구가 '출판물'이라고 언급할 때에는 일반적으로 특정 출판 기구가 주관

---

28) Deibert, R. J. 1998. "Virtual Resources: International Relations Research Resources on the Web." *International Organization*, 52(1): 213.

하여 자료의 제작, 마케팅, 혹은 배포가 이루어진 것을 의미한다. 이것은 국제기구가 출판한 전체 자료 중 매우 적은 비중을 차지한다. 루치아나 마룰리 쾨닉(Luciana Marulli-Koenig)은 가장 대규모의 국제기구 출판단체인 유엔 조직의 경우 1년에 약 7,500 여개의 출판물이 발행되며 이는 180,000여개인 전체 발행 문서의 약 25분의 1에 해당한다고 밝혔다[29]. 또 하나의 용어상의 혼란은 출판물을 단행본/팜플렛, 연구/참고문헌, 유료/무료 등의 형태로 구분하는 국제기구의 관례에서 비롯된다. 즉, 출판물의 핵심이 내부적 분류나 제작 과정과는 관계없이 대중 유통 여부만을 놓고 결정된다는 것이다.

문서류와 출판물의 구분은 출판을 두 가지 차원으로 나누는 것과 관계가 있다. 먼저 문서 차원에서, 국제기구는 대중이 접근 가능한 기탁도서관을 포함한 다양한 이용자들과 언론에게 정기적이고 체계적인 배포를 한다는 면에서 출판자로 정의된다. 이것은 비록 형식면에서 수동적으로 보여 질수도 있지만, 모든 자료 출판의 실제적인 목적이다. 이 때 자료는 외부의 특정 독자층을 상대로 하지 않는다. 두 번째 출판 차원에서, 자료는 표면상 특정 독자층이나 일반적인 대중의 관심사를 겨냥해 제작되며, 배포(유료 배포의 경우)는 우편주문이나 국제기구가 자체적으로 운영하는 서점, 혹은 자체적으로 선정한 서적판매업자 등의 상업적인 수단과 통로를 거쳐 이루어진다. 한편 무료 출판물은 상업적인 유통망 이용이 불가능하고, 상시 목록(standing list)으로 보급된다. 많은 문서들이 출판물로서 재발행되는데, 그들 중 일부는 상업적으로 유통되거나 상업적인 출판사들과 연계해 제작된다.

국제기구들의 우선순위는 무엇보다 설립 목적과 사명의 실현이므로, 출판 활동으로서의 문서화 작업과 기록된 정보 결과물들이 가지는 중요도는 평가 절하되는 경우가 있다. 1945년 이전의 국제연맹(League of Nations) 산하기관처럼 긴 역사를 가진 국제기구들도 문서화와 출판 분야에서의 조직화 및 결과물 분류법에 일관성이 없다. 국제기구는 연구자들에게 자료 제공 목적으로 자신들이 설립된 것이 아니라는 점을 강조함에도 불구하고, 그들이 대량의 결과물 기록들을 생산 및 보급할 경우, 이들 자료는 대중의

---

29) Marulli-Koenig, Luciana. 1982. "Documents of International Organizations: A Bibliographic Control and Coordination." In *International Documents for the 80's: Their Role and Use.* ed. Theodore D. Dimitrov and Luciana Marulli-Koenig. Pleasantville, NY: UNIFO Publishers.

관심과 연구의 대상이 되기 마련이다. 국제기구 자체의 성격과 마찬가지로, 이들은 국제적인 공공문서로서의 효력을 발휘한다.

또한, 빠르게 증가하는 결과물들의 형태와 처리능력에 대한 문제는 국제적인 수준의 조직화가 이루어지기까지 어느 정도 시간이 걸릴 것이 분명하다. 1970년대 초 이래 이러한 우려가 국제 포럼들에서 나타나기 시작했다. 1972년의 국제 문서화에 대한 국제 심포지엄(World Symposium of International Documentation), 1980년 두 번째 심포지엄, 그리고 국제서지제어(UBC: Universal Bibliographic Control)의 회의 및 발의에 이어 1982년 개최된 세계출판물입수계획에 관한 국제회의(International Congress on Universal Availability of Publications)는 회의 결과물을 기록하면서 방대한 정보와 국제적 경험과 의견들을 보고했다. 이들 회의는 문제점들을 분석했고, 긍정적인 행동 강령을 제시했다. 이에 따라, 국제기구의 기록과 출판에 관한 지식의 양이 조직적으로 점점 증가하게 되었다. 테어도어 디미트로프(Theodore Dimitrov)는 이와 관련하여 서지학적이고 조직적인 출판 사업에 관한 자료를 집대성했다[30]. 그들은 학술지와 회의 등에서 전문적으로 논의되고 있으며, 피터 헤이날(Peter Hajnal)의 유엔과 유네스코에 관한 집필서 등에서 종합적인 연구의 주제로 쓰여 왔다[31].

그러나 이러한 논의는 행동으로 이어지지 않았다. 1980년 심포지엄의 보고자들은 1972년 심포지엄에서 제기된 문제 처리에 별다른 진척이 없는 것으로 보인다고 밝혔다. 이는 일부 문제가 이용자가 아닌 국제기구의 관점으로는 해결할 수 없기 때문일 수도 있다. 복잡한 정황들이 포괄적인 접근법을 방해하고 있다면, 상황에 맞춰 여러 전략들을 세우는 것이 더 나은 결과를 보여줄 수도 있다. 일부 문제들이 해결은 커녕 완화되기도 어렵다고 포기하는 것은 논리적이지 못하다.

많은 국제기구들이 국제 문제 중 정치적 사안을 주요 관심사로 다룬다. 국제기구가 출판한 결과물들이 도서관 업계에서 가지는 의의는 그런 자료들이, 타 기관에서는 전혀 찾아볼 수 없는 그들 모기관의 의사록과 사업 결과들을 매우 정확하게 반영하고 있다는 것이다. 국제기구 자료들의 수집과 체계화 작업은 제한적인 전문 업무에 속하지만,

30) Dimitrov, Theodore D. 1981. *World Bibliography of International Document.* Pleasantville, NY: UNIFO Publishers.

31) Hajnal, Peter I. 1983. *Guide to Unesco.* New York: Oceana.

보다 포괄적인 차원을 가지고 있기도 하다. 결과물들의 방대한 양뿐만 아니라, 가치에
도 주의를 모으기 때문이다.

국제기구를 출판사로 보기 위해서는 국제기구가 출판사로서의 임무 완성을 위해 그
역할을 어떻게 인식하고 그로 인하여 어떻게 자신을 조직하는지(혹은, 어떻게 자신을
조직해야 하는지)를 이해해야만 한다. 이것은 활동으로서의 출판업을 보다 포괄적으로
보는 시각을 필요로 한다.

2.1 국제기구 출판활동의 구조

국제기구와 마찬가지로, 출판업자와 출판은 다양한 활동과 목적을 포괄하는 어휘들이
다. 출판의 형태와 조직은 출판업자의 목표와 관계가 있다. 넓은 의미의 출판을 볼 때,
우선 상업적인 출판업자를 생각할 수 있다. 이들은 출판 활동을 위해 출판물이 가장
많이 보급될 수 있는 구조와 목표를 설정하는데, 이것은 다른 종류의 출판업자와 구분
할 때 기준이 된다.

상업적 출판업자는 재정적인 구조 내에서 기업가적 과정을 수행한다. 그의 활동은
원칙적으로 소비자 중심이며, 기록정보 상품을 구입하려는 특정 소비자들(시장)의 역량
과 상품을 선별하고 이익을 창출하는 가격대에서 시장을 만족시키기 위해 그 상품의
생산 및 배포를 결정짓는다. 상업적 출판업자의 시장 우선주의는 어느 정도 편집 상의
통제력을 요구하는데, 그 편집 수준은 다양하며, 상품 자체의 선택과 연관지어 매우 초
창기에 마련되어야만 한다. 최근에는 상업적 출판업자가 시장을 분석하여 소비자들의
요구와 관심사(예를 들면, 기간 호(Back issues)들이나 절판된 자료의 마이크로폼 개정
판 발행 등)를 충족시키기 위한 작업을 추진하거나, 주문하는 경향이 증가 추세에 있
다. 출판 전문화 과정이 활발히 진행되고 있긴 하지만, 상업적인 이해관계는 수용/주문
및 제작 과정을 걸쳐 확장되는데, 이 때 배포는 형태와 내용 면에서 소비자들에게 어
필하는 제품을 제공하기 위한 판촉 활동을 동반한다. 이것은 꼭 화려한 표지와 삽화를
의미하는 것이 아니라, 판형(크기), 매체(예를 들어 마이크로폼), 제본(루스리프형 개정
판), 그리고 후속 자료에 대한 판매 후 서비스 등을 포괄한다. 즉, 상업적 출판업자는
자신의 선택과 도전으로 이익의 극대화를 추구하고, 비용과 상관없는 한계수요를 충족

시킬 의무가 전혀 없는 하나의 상품 매매업자이다.

배포는 마케팅의 생명이다. 하나의 활동으로서 현대 상업출판의 역사를 관찰해 보면, 주문과 편집, 제작만큼이나 배포를 중시하며, 서적상이나 최종소비자들의 자격요건을 파악하여 그들의 요구에 부응하기 위해 적절한 목록과 서지정보 자료들을 준비하고 있는 것을 알 수 있다. 어느 정도의 재정확보를 위해 저자 등 법적으로 의무화된 기탁 대상에게 제공되는 무료 배포량을 제한하고 여타의 판촉 효과 등을 검열하는 등의 압력을 행사한다. 구매될 가능성이 있는 부수를 무료로 제공하는 것은 상업적으로 중죄에 해당되며, 판매될 수 없는 부수를 무료로 제공하는 것은 제품의 가치를 평가절하하고 시장의 흐름을 저해한다. 출판업자들은 가끔씩 팔다 남은 책들을 싼 값에 처리하기도 하지만, 곧 다시 정상적인 출판 통상 질서 내에 합류한다.

출판의 또 다른 형태는 상업적 목표를 조정하면서 상업적인 구조를 유지하는 것이다. 대부분의 학술연구자들은 연구결과를 기업 형태의 출판업체를 통해 출판하지 못하는 경우가 많다. 대신 그들은 정보 배포가 우선순위인 대학 출판사들을 통해, 필요하면 비상업적인 재정 보조나 별도의 수입을 창출해서 출판을 한다. 개인 출판(vanity로도 알려져 있다)은 저자들이 출판업자들 보다 자신의 연구결과에 대해 자신이 있기 때문에 직접 비용을 부담하고자 하는 경우 사용되는 방식이다. 큰 기관에 의한 특별 출판(prestige publishing)은 비록 상업적인 수지가 맞는 사업으로 발전되는 사례도 있지만, 대부분의 경우 판촉 비용의 하나로 인식된다(영국의 예로, "Shell" 안내서나 "기네스 북"이 있다).

상업적인 형태의 출판 역시 일반적인 출판 규칙을 엄격히 준수한다. 모든 출판물에는 출판사의 출판사항과 ISBN 번호 등의 국제표준분류기호를 싣고 있고, 판매가격이 인쇄되어 있으며, 명확한 입수 출처 및 경로를 밝히고 있다. 상업적 출판업자들은 판매 계획이 없는 출판물을 생산하지 않으며, 출판업과 서적 판매업계도 무료 배급에는 관심이 없다. 출판업자는 예전과는 달리 서적 판매 네트워크에 의존하지는 않는다. 우편주문이나 예약 구독(독서 모임 등), 그 외 특정 시장의 흐름을 파악하고 소매업자들의 매매 차익금을 차단하는 판촉 수단들이 흔히 사용되고 있다. 특히 산발적인 소매 서적판매망은 급증하는 새로운 출판매체의 종류와 범주를 충분히 수용할 수 없다. 결국, 수익성이 없는 주문이나 참고문헌 작업, 또는 수요와 자금회전율이 매우 제한적이거나 입수가 어려운 자료 등과 관련된 복잡한 종류의 출판을 꺼려하는 상품화 전략의 심화라는 결말이 강요되는 것이다.

정부나 국제기구에 의한 출판 등 공공기관에 의한 출판은, 만약 그것이 상업적인 형식을 취하더라도, 상업적 기준과 상관없는 목적을 추구하는 보급의 성격을 띤다. 그 목적은 '분배(distribution)'보다는 '배포(dissemination)'에 가까우며, 다른 판단 요소들을 차치하는 일종의 사명과도 같이 인식되는 경향이 있다.

정부는 특정 인구에 대한 영토권과 권위, 그리고 책임을 지니고 있다. 그들이 생산하는 출판물들은 복잡하고 광범위하며 관료적이고 정치적이다. 우선 규칙 준수에 관한 결과물이 있다. 법이 실행되고 지켜지기 위해서는 그 내용이 통용되고 사람들이 그 내용을 숙지해야 한다. 또한 정부의 책임이 명확히 정의되기 위해서는 정기적으로 관련 정보가 출판되어야 한다. 관료적, 혹은 여타 지침서나 정보 역시 통용되고 있다. 의회 기관의 출판물도 공공 기록물로서 참고용으로 요긴하게 쓰인다.

이러한 형태의 공공 출판은 절대 선택의 문제가 아니다. 많은 부분이 법령이나 관례로 의무화되어 있다. 유포 목적을 위해, 무료 배포, 판매, 혹은 미디어를 통한 확대 재생산 등의 절차를 거친다. 통상적인 서적 판매 절차(bookselling trade)가 사용되기도 하나, 소비자들의 산발적인 수요와 이들 출판물의 다양성 및 서지학적 까다로움으로 인해 대부분의 발전된 형식의 정부 출판물은 직접 우편 주문방식을 선호한다.

흩어져 있는 각 부문별 정보원과 일관성 있는 통제의 부재로 인해, 하나의 정부 부서나 기능에 속하지 않는 서지학적으로 불명확한 이른바 '회색' 자료들이 늘고 있다. 상대적으로 더 체계적인 정부 출판 부서에서도 전문적인 조정 기능을 찾아볼 수 없다. 그러나 체계적인 출판을 추구하는 정부 출판의 경우 그 가치가 정부의 업무집행에 반영되어 특별한 역할을 수행한다. 이 때 정부 출판은 일종의 시장을 상정하는데, 재정적 이득이 아닌 정보 보급을 위한 시장이다. 더욱이 정부는 내부 행정문서와 출판된 정보를 분명하게 구분 짓고 법적인 제재로 그 구분을 강화한다.

국제기구는 정부와 어느 정도 유사성을 가지고 있지만, 정부가 행사하는 영토권이 없고, 권위보다는 회원국들의 동의에 의해 기능한다. 또 대부분의 국제기구는 부서화된 복잡하고 계급적인 관료체제로 구성되어 있으며, 회원국에 대한 의무는 제한적이다. 국제기구는 자체적으로 운영하며 내부 문서를 발행한다. 국제기구를 구성하는 조직인 총회나 임시 위원회, 상임 위원회, 협의체 등의 의사록을 정리하여 발간하며, 이들 회의의 결의안이나 결정 사항에 대한 내용을 문서화하여 기록해 두고 기관 활동계획에 반영한다.

만약 국제기구가 회원국 정부가 아닌 일반 대중을 대상으로 내부 문서가 아닌 출판물을 제작하는 경우에는 그 대상이 명확하지 않다(세계보건기구의 경우 광범위하긴 하지만 명확히 정의할 수 있는 정도의 주제범위를 가지고 있다. 유엔이나 유네스코는 사실상 다룰 수 없는 주제가 없다고 할 수 있다. EC의 초기 지역적 제한은 지역적 연합과 그에 따른 관심 범위의 확대에 의해 점차 확장되었다). 비록 국제기구가 출판 활동의 측면에서 정부와 많이 유사하다고는 하나, 정부가 영토권을 행사하는 경계가 분명한데 비해 국제기구는 정해진 한계가 없다는 점이 다르다. 일례로 유엔은 창설 이래 정보를 전 세계에 제공하고자 노력해 왔다.

국제기구의 규모가 클수록, 그 관료체제는 더욱 방대하다. 현상으로서의 관료제는 정부 조직 내에서 잘 정립되어 있지만, 국제적으로 구성된 관료체제의 경직성이나 정체를 설명할 만한 관료주의 이론은 거의 알려진 바가 없다. 흔히 국제기구의 관료체제는 계급적이고 권위주의적으로 여겨져 왔는데, 이러한 특징이 문서 양식에도 영향을 미친다.

UN 기구 등의 국제적 회원제는 회원국간에 존재하는 개발수준의 격차와 다양한 정치적 조직과 방침들 때문에 그 기구의 결과물과 서비스의 배포 및 언어 등에 대해 상이한 요구들을 발생시킨다. 이러한 차이점들은 출판물의 내용, 목적, 출판의 질, 그리고 분량이나 생산 방식까지 핵심적인 사항 전반에 걸쳐 출판물 발행 과정에 영향을 미친다.

정부와 마찬가지로, 국제기구의 출판물은 다양한 부서에서 그들 각각의 특성에 따라 만들어진다. 그러므로 출판에 대한 통제권은 철저히 분화되어 있는데 이것은 정부 출판도 마찬가지다. 대부분의 정부 출판물들은 행정적, 정치적, 혹은 공적 필요에 의해 제작된다. 단, 정부 업무는 그 특성상 대중과 소통할 수 있는 기재가 많이 있다. 여기에는 대중의 피드백도 포함된다. 그러므로, 대중의 관심사와 동떨어진 자료를 출판해서 재정과 자원을 낭비한다면 국민의 지지 하락으로 이어진다. 그러므로, 어떤 정부든 비효율성과 여러 문제들을 안고 있긴 하지만 어느 정도 국민의 입장에서 정부사업의 가치와 활용성에 대한 고려는 반드시 하게 되어 있다. 이것이 정부가 기술 지원이나 인쇄, 배포 계획을 제외한 출판 사업의 중앙집중적인 관리 주체를 임명하지 않는 이유다.

한편, 국제기구는 정부 출판의 경우보다 그들의 출판물의 궁극적인 이용자(조직 내부와 공식 회원국의 테두리를 벗어난 일반 이용자들)와 훨씬 더 격리되어 있다. 중요한 것은 이러한 일반 '대중'들이 국제기구 문서와 출판물을 직접 이용할 때 우선적으로 보는 것이 자료의 내용이 아닌 소장 문헌의 체계화와 입수 상태를 본다는 것이다. 즉, 내용적인 가치 보다 외형적인 분류법이나 양을 먼저 고려한다는 것이다. 국제기구 출판물의 90% 정도가 4가지 종류의 도서관 - 국제, 국가, 국회, 연구 도서관 - 에 소장되어 있는데, 이들 도서관은 사실 일반 이용자들이 쉽게 접근하지 않는다는 공통점이 있다. 다시 말하면, 이들 도서관에 소장된 국제기구 자료들은 제한된 특수 목적 하에 이용된다는 것이다. 결과적으로 국제기구 자료들은 비전문가들에게 검색이나 접근, 이용이 모두 어려운 상태이다. 일반 대중들이 국제 심포지엄 등의 발행물들을 찾아서 이용할 수 있는 체계가 없기 때문이다. 이 문제는 국제기구의 자료 공급 상의 문제일 뿐 아니라, 도서관을 통한 체계적인 자료 이용상의 문제이기도 한다.

2.2 국제기구 출판의 조직

대다수의 소규모 국제기구는 출판 활동의 범주가 회의 문서 요약이나 전문 보고서, 통계 자료 제작 및 발간 정도로서, 복잡한 조직화 작업이 필요 없다. 출판물의 보급은 회원국과 기탁도서관 및 국회도서관, 여타 국제기구와 언론 등의 기본 수신인 목록으로 충분하다. 일부 국제기구는 유료 출판물을 담당하는 판매업자를 두고 있다. 이러한 출판물은 도서관에서 국제기구 항목으로 구분되지 않고 주제나 형태에 따라 배가된다. 이러한 자료에 대한 수요는 대부분 해당 분야와 검색 방법, 그리고 입수 절차에 대한 지식이 있는 이용자들로부터 나온다. 일반 이용자들은 국제기구 자료에 접근하는데 어려움을 겪고 있으므로, 만약 국제기구 자료를 어디에서 찾아볼 수 있고, 특정 자료의 이용 비용을 확인할 수 있으며, 그 비용을 어떤 방식으로 지불할 수 있을지 등에 대한 정보가 제공된다면 서지학적으로나 실제 이용 측면에서 매우 유용할 것이다. 특히 개발도상국간의 국제기구 출판물 유통의 경우, 상이한 행정 절차와 금융 체계가 문제를 유발할 수 있으므로 아프리카나 남미 등 인접한 지역에 서지학적 체계와 출판물 구입 절차를 제공하는 정보센터를 설립하거나 인터넷 온라인 정보원 구축과 그 현황 정보 제공이 이루어질 수 있도록 하는 것도 바람직한 방안이다.

UN이나 OECD 등 규모가 큰 국제기구의 경우 대량의 문서와 출판물이 또 다른 문제를 낳는다. 이들 출판물의 특징은 그 막대한 양과 광범위한 다양성, 불특정 다수 대상, 그리고 소장도서관이 처리해야 하는 방대한 서지학적인 문제들이다. 일례로 국제기구 자료의 85%가 열람되지 않은 것으로 나타났다. 단, 그 중 대부분은 문서 기록과 참고문헌 자료들이고 아직 열람의 기준도 일관성이 없다.

문서 자료의 과다한 제작과 초안 작성상의 결함, 그리고 분류와 배포상의 복잡함은 국제기구 자체 내에서 오랫동안 문제시되어 왔다. 지나치게 방대한 문서량은 UN 내부적으로도 문서 사용에 방해가 된다고 지적된 바 있다[32]. 한 가지 대안은 국제기구 관계자들의 효율적인 회의 운영과 신중한 자료 요청 노력을 통해 문서량을 점진적으로 축소한다는 것이다. 그러나 이들 관계자들의 이면에는 각국 정부들과 그들의 첨예한 정치적 이해관계가 존재한다. 흔히 국제회의에서 장시간 발언하는 것과 그것이 공식 문서에 기록되는 것이 한 나라의 국제위상과 직결되기 때문이다. 이것은 국제기구의 자체적인 노력에 의해서만 해결될 수 있는 문제이며, 개선 노력은 임의적인 재정적 압박을 통해서 실효를 거둘 수 있을 것으로 보인다. 파킨슨의 법칙에 의하면 사업 활동과 문서화 작업은 할당된 기금이 증액될수록 확대되기 때문이다.

그러나, 일단 보급된 출판물들은 각각의 소장 도서관들에게 닥친 문제이지 국제기구들의 우선적인 고려 대상이 아니다. 대부분의 도서관들이 등사판 인쇄물 처리와 문서 전문의 형태, 불완전한 서지목록, 공급 지연, 그리고 쉽게 절판되는 결호 입수의 어려움 등 국제기구 자료들의 복잡한 특성들 때문에 골치를 앓고 있다. 거의 모든 도서관은 국제기구 자료 이용의 편의를 위해 소장자료를 목록화하는 자체적인 시스템을 갖추고 있는데, 정기적인 방문자를 제외한 일반적인 이용자들은 그 목록 시스템을 파악하기 위해 전문 사서의 안내 서비스를 받아야만 한다. 그만큼 도서관이 자료 입수와 통제, 서지 목록 정리를 더욱 체계화하여 누구나 쉽게 이용할 수 있는 도서 환경을 제공하는 것이 절실하다 할 수 있다.

이제 국제기구의 출판물은 행정적인 부산물이 아닌 공공 정보의 주요 기능 중 하나

---

32) Joint Inspection Unit. 1971. *Report on United Nations Documentation and on the Organization of the Proceedings of the General Assembly and Its Main Bodies.* Geneva: JIU.

로 인식되고 있다. 출판 프로그램의 경우 기존의 문서 자료를 수동적인 문서 배포의
형태가 아닌 더 적극적인 유통을 위해 출판물의 형태로 전환하는 사례가 많이 있으며
조직적인 연계도 있다.

　출판자로서의 국제기구를 이해하기 위해서는 먼저 국제기구 스스로 출판자로서의 자
신을 어떻게 파악하고 있는지, 그리고 어떤 활동을 하고 있는지를 파악해야 한다. 이것
은 특히 UN 기구의 출판 활동을 관찰해 보면 알 수 있다. 물론 모든 국제기구의 출판
활동은 아니지만, UN의 출판 활동을 분석하여 여타 국제기구들의 경우에 적용할 수
있다. 뉴욕에 위치한 UN 본부의 판매 부서장은 *Government Publications Review*라는
학술지에 '출판자로서의 유엔(The United Nations as a Publisher)'라는 논문을 기고했
다[33]. 또한 1984년까지의 출판 현황을 조사한 보고서(Inspection Report) '유엔 시스템
의 출판 정책, 실행(Publications Policy and Practice in the United Nations System)'
도 좋은 참고자료이다[34]. 이 자료는 출판활동이 활발한 세계식량기구(FAO), 세계보건
기구(WHO), 세계노동기구(ILO), 그리고 유네스코(UNESCO)를 포함하여 세계 본부
및 14개의 주요 기관 등을 거느린 거대한 UN 조직의 출판 활동을 소개하고 있다. 이
보고서는 출판되지 않은 문서의 형태인데, 전체적인 그림을 파악하기 위해서는 다음의
세　문서도　함께　훑어봐야　한다. '사무총장의　발언(Comments　of　the
Secretary-General)[35]', '정오표(Corrigendum)[36]', '조정 행정 위원회의 발언(Comments
of the Administrative Committee on Co-ordination)[37]'이 그것이다(이 문서들은 UN
출판 체계에서 가장 광범위한 배포 유형인 '일반' 배포에 해당된다). 위의 UN 문서들

---

33) Hinds, Thomas S. 1985. "The United Nations as s Publishers." *Government Publications
　　Review, 12(July/August): 297-303.

34) Joint Inspection Unit. 1984. *Publications Policy and Practice in the United Nations System*.
　　Geneva: JIU.

35) United Nations. General Assembly, 39th sess. 1984a. P*ublication Policy and Practice in the
　　United Nations System: Comments of the Secretary-General*. New York: UN.

36) United Nations. General Assembly, 39th sess. 1984b. *Publication Policy and Practice in the
　　United Nations System: Comments of the Secretary-General; Corrigendum*. New York:
　　UN.

37) United Nations. General Assembly, 39th sess. 1984c. *Publication Policy and Practice in the
　　United Nations System: Comments of the Administrative Committee on Co-ordination*.
　　New York: UN.

은 편의상 각각 'Insp', 'Sec-Gen', 'Admin-Cttee'의 명칭으로 구분한다. 맨 먼저 소개한 '정부 출판물 비평' 기고문은 'Hinds'로 통칭한다.

매년 UN이 발행하는 4백여 건의 신간 출판물 중에서는 사실 정식으로 출판된 도서의 형태를 가지고 있지 않은 자료도 많다. 즉, 수많은 회의와 국제 컨퍼런스, 개발 프로젝트, 그리고 UN 조직 내 여러 부서의 프로그램과 경과들에 대한 막대한 양의 정보 자료들이 쏟아져 나오는 것들이다. 이들 중 상당수는 이미 문서 분류법에 따라 다양하게 분류되어 등사판 인쇄물이나 다른 문서 형태로 배포되었다. 이것은 정식 출판물과 출판 문서에 대한 엄격한 구분이 정립되지 않았고 '출판'이라는 개념이 아직도 불명확하다는 것을 뜻한다.

UN 문서에서 이와 비슷한 모호성이 발견된다. 열 두개의 국제기구가 영어로 발행한 출판물을 구분 짓는 10개의 카테고리 중 세 개의 카테고리('공식', '대표자 회의, 규정 및 조약 문서', 그리고 '의사록, 회의 보고서와 초록')는 대개 '단행본'의 범주에서 제외되며, 판매 가능성이 없는 한 '문서'로 분류된다. 즉, 문서가 정식으로 발간된 출판물로 인식되는 기준 중 하나가 일정 수준의 판매 잠재력인데, 그 수준이 약 500부 이상으로 놀라울 정도로 매우 낮다. 이 기준을 통과하지 못한 문서들은 비판매용 출판물로 발간될 수 있다. 이것은 일반 대중이 구입하거나 쉽게 접근할 수 없다는 뜻이기도 하다. 이러한 유형의 출판물을 목표 이용자에게 노출하는 것은 일차적으로 저자부서(Authority Department)의 책임이다. '판매 실적이 저조할 것으로 예상되는 출판물은 수천 부의 인쇄본을 제작해야 되는 단행본보다는 문서의 형태로 발행하는 것이 좋다'는 생각에서 나온 것인데, 이것은 출판 목적과 형태 사이의 혼동이 초래한 것이다. 또한 실제적으로 문서의 인쇄비가 보통 출판물의 인쇄 비용보다 높다는 사실이 밝혀졌다. 문서의 특징인 무료 배포의 가능성이 "단순히 어떤 활동을 수행했다는 것에 대한 증거 기능을 담당하는" 출판물과 관련된 결정에 영향을 미친다는 주장은 일부 실제 사례의 관찰에 근거하여 내린 추측이다.

국제기구의 명목상 출판물과 문서의 구분은 명확하다. 이들은 각각 다른 목적을 가지고 있다. 그러나 위에서 언급한 'Insp', 'Sec-Gen', 'Admin-Cttee' 자료들에 의하면 이 구분은 상당한 모호성을 포함하고 있다. 일반적인 출판물들에 대한 분석은 목적보다는 제작 형식과 판매 가능성에 초점을 맞추고 있다. 국제적으로 페이지 수에 따라 정의되는 단행본이란 용어는 자주 출판물과 혼동하여 사용된다.

이러한 용어의 모호성은 주요 국제기구들, 특히 UN 기관들에 깊이 내재되어 있다. 'Hinds'에 따르면, UN은 전 세계에 정보를 제공하고자 하지만 정작 출판 부서는 회의 서비스 부서의 분과에 불과하다. 그리고 출판 활동의 역할은 UN 사무국이나 다른 UN 기관들의 인쇄 작업을 실행하는데 그치고 있다. 그러므로 UN은 일반적인 의미의 출판자로서의 역할을 수행하고 있지 않다는 것이다. 특히 이 인쇄 작업은 지나치게 문서 제작에만 편중되었다. 문서 제작과 출판물 제작과 관련된 인력과 재정은 종종 그 구분이 어려웠고, 대부분의 출판 팀은 주제 선정과 내용의 질과 형식, 혹은 출판 가능성이나 시장성에 관여할 수가 없었다. 국제기구들이 훌륭한 출판 위원회를 갖추고 있을 수는 있다. 그러나 이들은 오직 일정한 운영 예산과 방침의 규정 안에서만 기능할 수 있다. 그들은 전체적인 조정 및 관리와 상부 보고의 역할을 담당하며 출판 활동이 기관의 사명에 부합하는지를 확인한다. 하지만 각각의 출판물에 대한 세부사항에는 관여하지 않는다. UN 출판 위원회의 역할 역시 UN 사무국을 대신하여 UN 문서와 출판물의 준비, 제작, 배포, 그리고 판매와 관련된 정책을 결정하고 출판 프로그램의 집행을 실행하는 것이다. UN 전문기구의 출판물은 UN 전체의 사업보다 그 기구의 특화된 프로그램과 보다 깊이 연관되어 있고 관리 부서의 더욱 엄격한 편집 절차를 거친다. 어떤 기구들은 출판 내용의 제 3자의 심사나 동료 평가를 실시하기도 한다. 사업이 출판 프로그램에 민감하게 반영되는 유네스코는 문서와 출판물 제작 부서를 제도적으로 분리하여 출판물은 유네스코 출판(UNESCO Press)에서 담당하도록 했다. 하지만 유네스코 출판 역시 부서별 프로그램에서 파생된 소규모 출판에서 완전히 해방된 것은 아니며, 일관성 있는 편집 정책 또한 부재한 상태다.

유엔 기구 외에, OECD는 다른 국제기구들보다 기구의 목적과 더욱 긴밀히 연결된 출판물들을 많이 보유하고 있다. 거의 모든 경우, 주요 국제기구들은 문서와 출판물에 동일한 통제권을 적용하고 있으며, 주요 관리 기구가 일반적인 원칙을 정립하지만 편집권은 행사하지 않는 형식의 분권화된 출판 사업을 실시하고 있다. 유엔의 경우 출판 부서는 조직의 정책에 대해 발언권이 주어지지 않고, 관료체제의 위계질서 상에서 영향력이 별로 없다. 출판 부장은 출판과 관련된 결정을 내릴 만한 권한이 없는 것이다. 또한, 출판 부서는 출판 내용에 관해 관여할 수 있는 부분이 극히 제한적이다. 출판 기획서에 대한 발언은 허용되지만 기본적인 개념이나 주제를 변경하기란 쉽지 않다. 특히 출판 프로젝트를 처음 착수하는 시작 단계에서 더욱 그렇다.

조직의 분화가 출판의 질에 항상 결정적인 영향을 미치는 것은 아니다. 또 주요 국제기구들은 문서의 질과 특정 독자층과의 관계가 분명히 존재한다고 생각하고 있지만, 그럼에도 불구하고, 유엔 출판물의 질은 낮은 것으로 평가되고 있다. 이들 중 상당수는 처음에 문서와 출판물의 구분 없이 업무를 수행하는 직원에 의해 문서 형태로 발간되었다. 편집부서의 기능은 문체상의 통일성과 참고문헌의 정확성, 그리고 편집 지침서(Editorial Manual)의 규정 준수 여부에 대해 확인하는 수준이다.

문서 및 출판물의 제작은 내부적으로 이루어지며, 많은 출판물들이 회의나 사업 활동 등에 맞게 조정된 문서 제작에 밀려 제작이 늦춰지고 있는 실정이다. 출판 활동이 가장 활발한 기구인 유네스코의 경우에도 하나의 출판물을 하나의 언어로 처음 출판할 때까지 걸리는 기간을 25개월로 계산하는데, ILO의 평가에 따르면 이것은 실제로 필요한 기간보다 3.4배가 많다고 했다. 다시 말하면, 많은 출판물들의 시의적인 효과가 대중에 공개될 무렵에는 많이 퇴색된다는 뜻이다.

2.3 국제기구 출판활동의 특징

유엔 기관의 출판물 운영은 그 규모가 매우 크다. 1981년 유엔은 단행본과 정기간행물을 포함하여 총 3,747여개의 출판물을 약 1억 4천만부 출판했다. 단, 이것은 유네스코가 외부에 의뢰한 상업적 제작과 일부 기관의 내부 출판은 고려하지 않은 수치다. 총 출판비용은 조사되어 있지 않다. 조사단은 기타 예산 재정까지 포함한 직접 비용으로 약 1억 5천만 달러가 소요되었을 것으로 예측한다. 정확한 출판 비용이 측정되지 않았다는 사실은 유엔이 출판 활동의 재정 사항을 파악하지 못하고 있다는 것을 단적으로 보여준다. 또한 내부 제작 비용은 문서와 출판물을 구분하지 않는다.

국제기구 출판 활동의 특징은 첫째, 일반 대중을 대상으로 하기에는 상당히 특화된 자료들이라는 점을 들 수 있다. 1981년 12개 국제기구가 발행한 572건의 영어, 혹은 다른 언어로 된 자료들 중 54%인 310건이 단행본과 연구자료, 핸드북, 훈련자료였다. 나머지 262건 중 144건(25%)은 문서 자료였다. 통계 자료와 연보는 63건으로 11%를 차

지했다. 이 중 39건은 유엔, 10건은 FAO가 발행했다. 나머지 10%는 41건의 자료목록, 규정집, 서지목록(7%), 그리고 약 3%가 일반 연구와 공공정보자료였다[38]. 이 출판물의 양은 다양한 언어판으로 인해 기하급수적으로 증가하지만, 상업적 출판자에 의한 국제기구 자료들이나 정기간행물은 포함하지 않는다. 그러나 일반적인 구성은 참고문헌과, 일반 대중의 시선을 끌지 못하는 전문적인 자료들로 이루어져 있다. 그들 중 많은 수가 출판물이 아닌 문서로 제작된 것들이다. 그 가운데 통계자료나 연보는 참고문헌으로서 그 위치를 확립했다. 원자료, 내용과 편집의 수준, 그리고 신속한 출판은 출판물의 가치를 결정짓는 기준들이다. 통계 자료의 신뢰성과 타당성에 대한 의문이 제기되었긴 하나, 여전히 국제기구의 통계 출판물들은 특별한 가치를 가지고 있다.

국제기구 출판의 두 번째 특징은 출판물이 매우 전문적이라는 것인데, 이러한 특성은 유엔의 기본적인 출판 방침이기도 하다. 'Hinds'와 'Sec-Gen' 자료에 따르면, 출판 여부에 대한 논의는 보통 연구와 보고서의 경우에 발생하는데, 대부분의 국제기구 출판은 대중에게 전파할 목적으로 이루어지지 않는다고 밝히고 있다.

판매는 자료의 질과 배포 면에서 출판의 효율성을 증가시키기 위한 수단이다. 1981년 유엔 조직의 판매 이익은 1억 4천만 달러에 달했지만, 이것을 직접 생산비용과 연계하여 분석하는 것은 불가능하다. 공식적인 직접 생산비용 수치가 없기 때문이다. 하지만 예측된 생산비용과 비교하더라도 판매 이익금은 배포의 주변적인 요소임에 분명하다. 예를 들어, 유네스코의 판매이익금은 대부분 유네스코 안내(UNESCO Courier) 판매에서 비롯하는데, 이 중 70-90%가 선진국에서 판매되고 있다. 최소한 60%의 유네스코 판매가 유네스코 본부가 위치한 프랑스를 포함한 선진국에서 판매되고 있다는 것은 유네스코 스스로 어느 정도의 목표 소비자층을 설정하고 있다는 뜻이다. 하지만 이 수치로 더 이상의 소비자층 분류는 불가능하다. 'Hinds'는 대부분의 출판물이 도서관에 의해 구입된다고 한다. 일반적인 출판물이 대중을 대상으로 하고 상업적은 통로를 통해 유통된다는 점을 고려할 때, 무료 배포되는 문서보다 유료로 판매되는 출판물이－특히 공공 정보 자료의 경우－더욱 광범위한 대중에게 접근할 수 있다는 것은 자명한 일이

---

38) Fletcher, J. 1982. "International Comparative Statistics Produced by International Organizations." In *International Documents for the 80's: Their Role and Use.* ed. Theodore D. Dimitrov and Luciana Marulli-Koenig. Pleasantville, NY: UNIFO Publishers.

다. 일반적으로 핸드북이나 훈련 자료 등은 제도적 기관에 전달되고, 나머지는 도서관 체계를 따라 학교, 공공 조직이나 비기탁도서관 등에 유입되게 된다.

기술적인 출판물은 판매율이 더 높다. 통계와 참고문헌 자료들은 일년에 약 5,000부에서 18,000부 정도의 판매고를 올린다. 그러나 전체 판매본의 양은 놀랄 정도로 적다. 전 세계적으로 1,500부에서 3,000부 정도에 그치고 있는 것이다.

판매의 재정적인 목표는 일부 제작비용을 만회하고 재판 인쇄를 위한 비용을 마련하는 것이다. 이윤창출의 목적은 차후의 문제다. 상업적인 형태를 띠고 있지만 상업적으로 수익성이 있는 운영이라고는 보기 힘들다. 예를 들어 1983년 유엔의 출판 총 판매액은 주문 인쇄의 비용만 상쇄했을 뿐 더 이상은 없었다. 판매 수익금은 서점, 우편 주문 기관, 홍보 등 판매 기관의 유지비로 충당된다. 이들 출판 프로그램에 일반적인 상업적 평가를 내리는 것은 힘들며, 예전 호와 재판본의 판매액까지 포함하므로 연간 출판 판매를 조사하기란 어려운 일이다.

그러나 출판 프로그램이 모든 자료의 배포를 담당하고 있는 것은 절대로 아니다. 국제기구의 기본 목표는 무엇보다 보급이기 때문에 개발도상국 등 회원국에 대한 의무나 그들의 요청에 의해 출판물도 문서 자료와 같이 무료 배포가 시행되기도 한다. 유네스코의 예를 보면, 1981년 450,000권의 도서를 무료로 배포했고, 160,000권을 유료 판매했다(대부분의 정기간행물은 판매되었으나 이 수치에 포함되지 않았다). FAO, ILO와 WHO는 절반 이상의 출판물을 무료로 배포하고 있다. 전문화된 기구일수록 출판물 중 판매물의 비중이 높아진다. 세계지적재산권기구(WIPO)의 경우 6,000권을 판매하고 1,000권을 무료 배포하는 것으로 나타났다. 유엔은 1981년에 2,238,000건의 출판물을 생산했으며, 이 중 740,000건만이 판매되었고, 나머지 15,000,000만 건이 무료 배포되었다.

만약 외부 출판사에 의뢰한 출판물이라면 무료 배포의 가능성은 현저히 떨어진다. 판매 가능성이 없는 많은 양의 출판물들은 결국 재활용지 신세로 전락한다. 판매 출판물들을 무료 배포하는 것은 판매 가능성 외에도 일반적인 배포 기능을 저해한다. 판매 자체가 훌륭한 배포의 수단이기 때문이다. 또한 예상 판매량보다 두 세배 많은 양의 부수를 인쇄하는 것도 적절한 가격 책정을 저해한다.

가격과 시장 보급을 적절히 조율하는 것은 상업, 혹은 학술 출판업체들이 훨씬 정확하게 수행한다. 이 과정에서 이용자들에게 자료의 실제 가치를 반영하는 배포가 가능하다. 만약 한 자료가 배포가치가 있다면, 판매할 수 있는 시장이 분명히 존재하고, 그 시장은 국제기구 보다 상업적 출판업체가 더욱 밀접한 관련이 있다는 것이다(그러나 이것과는 별도로, 국제기구 자료 중에서는 개발도상국의 경우처럼, 지불능력과 상관없이 대중 접근성이 확보되어야 하는 자료들이 있다). 상업적 출판업체의 다양한 업계 네트워크는 국제기구에 비하여 재정뿐 아니라 배포 상의 이점이 있음을 의미한다. 이에 따라 유네스코 등의 기구들이 상업적 출판업체를 활용하고 있지만 충분하지 않다는 비판을 받는다.

유엔 기구의 출판 정책 및 실행과 관련하여, 관료주의적 관습이 남아있다는 분석도 있다. 자료 복제나 겹치는 내용, 국제기구간의 협력과 조정의 부재 등의 측면에서 그렇다. 또한 국제기구 출판물 운영에 관한 포괄적이고 검증된 통계자료가 없다는 것 역시 문제다. 재정적인 목적이 중요치 않은 국제기구 출판물의 재정적 성과를 분석하는 것도 별 의미가 없다. 재정적 틀의 진정한 역할은 국제기구 출판물의 기초를 다지는 것이다.

위에서 언급한 유엔 출판물들에 대한 조사 보고서 자료들은 출판 운영 조직이 더 만족스러운 결과를 낼 때까지 출판 예산을 일정 수준 미만으로 제한해야 한다고 권고한다. 하지만 이러한 보고서 내용이 실제 유엔 운영에 반영될 수 있을지는 미지수다.

2.4 외적인 측면과 제안들

어떤 기본적인 조직 문제(예를 들어, 모든 국제기구들이 겪고 있는 편집과 기타 출판 업무의 분리)들은 외부적으로 해결될 수 없다. 목표 이용자층에 접근하는 등의 출판 역량도 개개 국제기구마다 다르다.

판매는 선진국들을 대상으로 상대적으로 적은 비중의 출판물을 배포하는 상업적 틀이다. 이들 중 상당수는 정기구독 형식의 연속간행물이나 비기탁도서관 및 기관의 구입으로 이루어져 있다. 이러한 도서관은 판매 증진보다는 서지학적인 정보 구축의 일환으로 국제기구 출판물을 구입한다. 개발도상국에서의 판매는 기구나 조직을 대상으로 하지만, 지방이나 외진 곳의 수요까지 만족시키기 어렵다.

국제기구가 출판한 자료의 방대한 양을 볼 때, 그 정보가 편리하고 경제적이고 신속하게 배포되고, 보관되고, 이용될 수 있을지에 의문이 생긴다. 특히, 배포는 국제기구의 저자와 독자 사이의 연결 중에서 가장 취약한 부분이라고 지적되곤 한다. 도서관으로 배포되는 국제기구 자료는 육상 우편을 통해 우송된다. 위탁 화물은 도착이 느리고 운송 중 분실되는 경우도 적지 않다. 또한 이들이 도착한다 해도, 도서관이 입수 확인에 필요한 서지학적인 정보가 전달되지 못하는 일도 많다. 출판업체에서 독자에게 자료를 제공하는 과정은 주요 국제기구간의 실무협력으로 개선될 수 있다. 기탁도서관마다 입수 목록은 다르지만 주요 국제기구들이 출판물을 싣는 화물컨테이너를 공동 사용함으로써 항공우송비를 경감할 수 있다. 항공 우송은 국제기구 출판업체로부터 장거리 배포 시간을 획기적으로 단축하는 방법이다. 상업적인 출판업체들도 최근 이러한 화물칸 공동이용 방안을 활용하고 있다.

도서관이 소위 '공공' 배포에 주안점을 두고 있다는 사실은 국제기구의 목표와 상응하는 출판물의 효과성을 측정하는 데 장애물로 작용한다. 이용자들과 직접적인 접촉이 거의 없으므로 이용자 파악에도 어려움이 많다. 정부 출판 역시 통일된 출판 관리가 부재한다는 점에서 비슷하다. 다른 점은 정부 출판은 더욱 광범위하게 우리 사회에 유통이 되며 도서관 소장 목록은 지속적인 문서 저장고의 역할을 한다는 점이다. 즉, 도서관이 자료 이용의 주요 통로는 아니다. 그러나 국제기구의 출판 자료들은 일차적으로 주요 도서관들과 자료 센터들을 통해서 유포되고 있다. 대중들의 접근이 그나마 용이한 공공도서관의 경우 국제기구 자료들을 매우 제한적으로 수용하고 있으며 기본적인 참고문헌 소개 정도에 그치고 있다.

도서관의 국제기구 자료 전문서가는 소수의 학술 연구자, 전문가나 공무원만이 이용하고 있다. 사실 도서관의 기능은 소장 목록을 유지하고 전문적 안내를 제공하는 것이다. 하지만 국제기구의 빠르게 증가하는 막대한 양의 자료를 계속적으로 입수한다는 것은 상당한 재정적 부담이다. 이러한 재정적 부담은 자료의 제작과 배급을 담당하는 국제기구나 지속적인 자료 유지비용을 감당하는 도서관이나 마찬가지이다. 그리고 결국 소수의 전문가들에 의해 매우 저가의 가격으로 이용된다. 어딘가에 이 자료들의 존재조차 모르는 광범위한 잠재 이용자층이 분명히 있는 것이다.

또한 제작, 포장, 운송, 처리 비용 등을 고려한다면, 인쇄본이 아닌 마이크로폼이나 인터넷 문서 등 신기술을 이용한 매체를 활용하는 것이 훨씬 효율적인 경우가 많다. 특히 최근 국제기구들이 전산화한 정보 목록 및 검색시스템을 빠르게 도입하고 있는 추세다. 하지만 기구마다 상이한 문서 체계를 통일하여 하나의 국제적인 시스템을 구축함으로써 외부 이용자들이 편리하게 접근할 수 있도록 하는 노력이 필요하다. 유엔 내에서는 전산화 기술을 응용한 UNBIS 시스템 등의 예가 있다. 이러한 정보 시스템은 대규모의 국제기구 정보를 관리하는데 필수적이며, 특히 국제기구나 도서관의 입장에서 인쇄본 제작 및 배포 비용을 크게 경감할 수 있다는 이점이 있다.

더욱이, 일부 강대국만이 국제기구의 방대한 자료들을 모두 입수할 수 있는 역량을 갖추고 있다. 개발도상국은 상대적으로 불완전하고 제한적인 입수 목록을 갖추게 된다. 상호대차서비스나 상업적 출판업체의 개입만으로는 이 격차를 해결할 수 없다. 그 결과 개발도상국의 연구자들은 자료 수집을 위해 해외 출장을 떠나거나 원하는 자료의 마이크로폼이나 원문을 요청하는 절차를 겪어야 하는 것이다. 이들에게도 전산화된 국제기구의 정보원은 큰 편리성을 제공할 수 있을 것이다.

또한 이용자가 원문 인쇄본을 주문할 경우 신속한 자료 조달을 위해 지역별로 통합적인 정보센터를 설립하여 국제기구의 자료들이 현지 이용자들에게 손쉽게 제공될 수 있도록 하는 것도 중요하다.

3. 국내 기탁도서관 현황

위에서 살펴 보았듯이 국제기구에서 출판하는 정보자료를 유통시키는 하나의 방안으로 기탁도서관 제도가 활용되고 있다. 본 절에서는 국제기구 지식정보원을 구축하기 위해 자료를 수집하는 과정에서 조사된 국내 기탁도서관 현황을 살펴보았다. 이 저서에서는 UN 산하기구 및 전문기구로 59개 기관과 정부간 국제기구 중 다자간 기구 29개 기구, 지역기구 27개 기구 등 총 115개 기구에 대하여 조사하였으며, 위 기구 중에 국내에 기탁도서관을 두고 있는 경우에 그 기탁도서관을 대상으로 정보자료 기탁현황을 조사하였다. 그 결과 조사대상 국제기구들로부터 기탁을 받고 있는 국내 기탁도서관은 총 9개 기관이며, 총 21개의 국제기구로부터 기탁을 받고 있는 것으로 나타났다. 그 구체적인 내용을 보면 아래와 같다.

<표 II-1> 국내 기탁도서관 현황

기탁도서관명	국제기구명
경희대학교	ILO(국제노동기구) IMF(국제통화기금) WTO(세계관광기구)
고려대학교	ECA(아프리카 경제위원회) ECE(유럽경제위원회) ECLAC-CEPAL(유엔중남미경제위원회) ESCAP(아·태경제사회 이사회) ESCWA(서아시아 경제사회위원회) FAO(유엔식량농업기구) IAEA(국제원자력기구) ICJ(국제사법재판소) ILO(국제노동기구) IMF(국제통화기금) UNCTAD(유엔무역개발협의회) UNDP(유엔개발계획) UNEP(유엔환경계획) UNIDO(유엔공업개발기구) WHO(세계보건기구)
국립중앙도서관	ABD(아시아개발은행) FAO(유엔식량농업기구) ICAO(국제민간항공기구) ILO(국제노동기구)
국회도서관	UNIDROIT(국제통일국제연구소) FAO(유엔식량농업기구) WTO(세계무역기구)
서울대학교(농업도서관)	FAO(유엔식량농업기구)
서울대학교(중앙도서관)	WB(세계은행그룹)
세종대학교	WTO(세계무역기구)
이화여자대학교	ABD(아시아개발은행)
한국개발연구원	WB(세계은행그룹)

위 표에서 보면, 경희대학교 3개 기관, 고려대학교 15개 기관, 국립중앙도서관 4개 기

관, 국회도서관 3개 기관, 서울대학교 2개 기관, 그리고 세종대학교, 이화여자대학교, 한
국개발연구원이 각각 1개 기관으로부터 기탁도서관으로 지정되어 있음을 알 수 있다.
기탁도서관으로 지정된 도서관들은 각 국제기구로부터 많은 양의 정보자료를 기증받고
있었는데, 그 현황을 분석하면 아래 표와 같다.

<표 II-2> 기탁도서관의 기증자료 유형

국제기구	기탁도서관	기증 자료유형					
		단행본	연속 간행물	데이터 베이스	CD-ROM	웹 정보원	기타 자료
ABD (아시아개발은행)	이화여자대학교	186	10		45		50
	국립중앙도서관	457	10			3	
ECA (아프리카경제위원회)	고려대학교	42	36				
ECE (유럽경제위원회)	고려대학교	559	600				
ECLAC-CEPAL (유엔중남미경제위원회)	고려대학교	87	172				
ESCAP (아·태경제사회이사회)	고려대학교	704	670				
ESCWA (서아시아경제사회위원회)	고려대학교	103	75				
FAO (유엔식량농업기구)	고려대학교	3,219	1107		2		
	국립중앙도서관	171	20	1		1	
	국회도서관	345	13				
	서울대학교 (농업도서관)	2,100	5		8		
IAEA (국제원자력기구)	고려대학교	1,942	682				
ICAO (국제민간항공기구)	국립중앙도서관		1			4	
ICJ (국제사법재판소)	고려대학교	12	186				

국제기구	기탁도서관	기증 자료유형					
		단행본	연속 간행물	데이터 베이스	CD- ROM	웹 정보원	기타 자료
ILO (국제노동기구)	경희대학교	47	4	4	2		1
	고려대학교	623	1374		4		
	국립중앙도서관	43	10			1	
IMF (국제통화기금)	경희대학교	229	6	13	5		
	고려대학교	243	687				
UNCTAD (유엔무역개발협의회)	고려대학교	517	198				
UNDP (유엔개발계획)	고려대학교	21	59		1		
UNIDROIT (국제통일국제연구소)	국회도서관	15	1				
UNEP (유엔환경계획)	고려대학교	347	129				
UNIDO (유엔공업개발기구)	고려대학교	549	136				
WB (세계은행그룹)	서울대학교 (중앙도서관)	3,603	6	4			
	한국개발연구원	393	11		8		
WHO (세계보건기구)	고려대학교	1,603	781		8		
WTO (세계무역기구)	국회도서관	129	1		1		
	세종대학교	229	11				
WTO (세계관광기구)	경희대학교	19	3	2	1		4
합 계		18,537	7,004	24	85	9	55

Ⅲ. 국제기구 소개 및 정보원

III. 국제기구 소개 및 정보원

1. 유엔 산하 國際機構 및 專門機構

ECA
United Nations Economic Commission for Africa
아프리카경제위원회

1) 소재지

주　　소　Menelik II Ave. P.O. Box 3001, Addis Ababa, Ethiopia

전　　화　251 1 51 72 00

팩　　스　251 1 51 4416 (Addis Ababa)

　　　　　1 212 963 4957 (New York)

전자우편　ecainfo@uneca.org

홈페이지　http://www.uneca.org/

2) 설립연혁

ECA는 1958년, UN 본부 행정 직속의 다섯 개 지역위원회 중 하나로 설립되었다.

3) 설립목적

아프리카에 위치한 유엔 지역기구로서, 53개 회원국의 경제 사회 발달을 도모하고 지역 통합을 추진하며 아프리카 개발을 위한 국제 협력을 촉진할 목적으로 설립되었다.

4) 주요 사업

ECA는 다음의 6개 프로그램 부서로 구성되어 있다; Development Policy and Management; Economic and Social Policy; Gender and Development; Information for Development; Sustainable Development; Trade and Regional Integration.

ECA는 또한 회원국 지원을 위해 다음과 같은 전략을 사용 한다; Policy Analysis and Advocacy; Enhancing Partnerships; Technical Assistance; Communication and Knowledge Sharing; Supporting Subregional Activities.

5) 정보원

(1) 정보배포정책

ECA 홈페이지는 "Resources"라는 카테고리 아래 다양한 정보원을 제공하고 있는데, News Front Archive; Documents and Conference Materials; Speeches and Statements; Publications; Press Releases; Meetings and Events; ECA Databases; ECA Library로 구분되어 있다. 대부분의 정보원이 온라인상에서 무료로 제공되며 연도별, 혹은 프로그램별로 검색할 수 있는 편리한 검색서비스를 제공하고 있다.

(2) 정보자료

① News Front Archive

1999년부터 ECA의 소식들을 연도별로 정리해 놓았다.

② Documents and Conference Materials

ECA의 문헌과 회의 자료들을 제공하고 있다. 발행년도뿐만 아니라 해당 프로그램별로 검색이 가능하다. 1998년도 이전의 자료들은 아래와 같이 크게 세 가지로 분류되었다.

- 정보와 통신기술에 대한 문헌(Documents on Information and Communications Technology(1993-1998))

- 지리정보시스템에 대한 문헌(Documents on Geo-information Systems)

- 통계 문헌(Documents on Statistics)

③ Publications

'Publications' 페이지에는 ECA가 발행하는 최근 문헌들의 목록과 이전 문헌들을 프로그램별로 검색할 수 있는 기능이 제공되고 있다. ECA의 대표적인 발행물로는 Economic Report on Africa 시리즈가 있는데 현재 1998년판부터 2004년판까지 PDF 파일로 온라인 무료 구독이 가능하다. 대부분의 문헌이 영어, 혹은 불어로 씌어졌으며, 인쇄본을 원한다면 ecapubs@uneca.org로 문의하면 된다.

④ Press Releases

1997년부터 현재까지의 ECA 보도자료를 연도별로 제공하고 있다.

⑤ Meetings and Events

각 연도마다 ECA의 주요 행사 및 회의 일정을 소개하고 있다.

⑥ ECA Databases

- ECA Database는 CD-ROM, 비디오, 인쇄물, 그리고 인터넷 등을 통해 아프리카의 개발에 관한 정보원을 조직화하기 위해 만들어졌다. 데이터베이스는 ECA의 각 프로그램별로 구성, 보급되며 아프리카 지역의 경제, 사회, 인구, 그리고 환경 문제에 대한 정보서비스를 총괄한다. 또한, 각 나라별 정보 처리 기술은 물론, 나라간의 정보 교류를 도모하고 아프리카 지역을 포괄하는 데이터베이스를 구축하는 것을 목표로 한다.

- 현재 ECA Database 페이지는 두 개의 데이터베이스의 링크를 제공하고 있다. 하나는 주요 행사 및 회의 일정에 대한 온라인 데이터베이스이고, 다른 하나는 'Africa on the Internet'이라는 아프리카 홈페이지에 대한 오프라인 데이터베이스의 결과물 목록이다. 자세한 목록은 아래와 같다.

- Major Meetings and Events Database [Online Database]
- Africa on the Internet: An Annotated Guide to African Web Sites [Output from an Offline Database]
- PADDEV(Bibliographic Database on Social and Economic Development on Africa) [Web Version]
- PADINS(Database of African Development Institutions) [Web Version]
- PADEXP(Database of African Experts) [Web Version]

⑦ ECA Library

ECA 도서관은 1959년 ECA와 아프리카 지역의 행정·연구 방면의 정보에 대한 필요성 때문에 설립되었다. 단행본, 연속간행물, 팸플릿, 지도, CD-ROM 데이터베이스, 비디오테이프, 서지학 데이터베이스, 그리고 온라인 데이터베이스 서비스 등을 제공하고 있다. ECA 도서관은 ECA 직원 뿐 아니라 아프리카 전체의 학자 및 연구단체를 대상으로 하고 있다.

ECE
United Nations Economic Commission for Europe
유럽경제위원회

1) 소재지

주　　소　UN Economic Commission for Europe, Information Service,
　　　　　Palais des Nations, CH - 1211 Geneva 10, Switzerland
전　　화　+ 41 0 22 917 1234
팩　　스　+ 41 0 22 917 0505
전자우편　info.ece@unece.org
홈페이지　http://www.unece.org

2) 설립연혁

유럽경제위원회(UNECE, 또는 ECE)는 1947년에 회원국간 경제협력을 강화하기 위해 설립되었다. 유엔 산하에 있는 다섯 개의 지역 위원회 중 하나이다. ECE는 55개의 회원국이 있으며 유엔 경제사회이사회(ECOSOC)에 보고하도록 되어있다. 회원국은 유럽뿐 아니라 미국, 캐나다, 이스라엘, 그리고 중앙아시아 공화국까지 포함한다. ECE 본부는 스위스 제네바에 있다.

3) 설립목적

ECE는 회원국의 지속가능한 경제적 성장을 장려함을 목적으로 한다. 이를 위해 회원국간 교류의 장을 마련하고, 통상, 수송, 그리고 환경에 관한 국제법적 장치의 중개를 담당하며, 관련 통계와 경제, 환경 분석을 수행한다.

4) 조 직

ECE의 주요 산하 기구는 환경정책 위원회(Committee on Environmental Policy), 내륙 수송 위원회(Committee on Inland Transport), 통상, 산업 및 기업 발전 위원회(Committee for Trade, Industry and Enterprise Development), 목재 위원회(Timber Committee), 인구정착 위원회(Committee on Human Settlements), 지속가능한 에너지 위원회(Committee on Sustainable Energy), 그리고 유럽 통계 회의(Conference of European Statisticians)이다. 각 위원회는 상임 본부와 특별(ad hoc) 부서가 있다.

5) 주요 사업

* 유럽의 경제 재건과 경제활동의 수준 향상, 그리고 ECE 회원국간 외부와의 경제관계를 유지ㆍ강화하기 위한 공동 활동을 이끈다.
* ECE 내부, 그리고 유럽 전반의 경제, 기술적인 문제들에 대한 조사 및 연구를 지원ㆍ수행한다.

- 경제, 기술 및 통계 정보들의 수집, 평가 및 배포를 수행한다.

- ECE는 위의 사업 개요에 따라 다음과 같은 분야의 프로그램을 수행하고 있다.
  - Economic Analysis
  - Environment
  - Human Settlements
  - Industrial Restructuring and Enterprise Development
  - Statistics
  - Sustainable Energy
  - Technical Cooperation
  - Timber
  - Trade Development
  - Transport

6) 정보원

(1) 정보배포정책

ECE는 다양한 프로그램영역 만큼이나 방대한 정보원을 가지고 있다. 특히 프로그램별 정보원 정리가 잘 되어 있어 'Information Resources'란에서 전체 정보원에 대한 정보를 얻을 수 있을 뿐 아니라, 각 프로그램 항목마다 해당하는 'Publications'를 소개하고 있어 편리하다. 일주일마다 갱신되는 *UNECE Weekly Report*를 통해 ECE의 근황을 알 수 있고, 'Press Releases'에서 언론에 비춰진 ECE의 모습을 확인할 수 있으며 다양한 'Publications'와 'Legal Instruments' 개론은 관심분야에 심도 깊은 접근을 할 때 용이한 정보원들이다. 사진이나 게임도 준비되어 있다.

(2) 정보자료

① Press Releases

1998년부터 현재까지의 보도 자료들이 날짜별로 정리되어 있다. 전문이 무료로 제공된다.

② Publications

다음의 항목구분에 따라 정리되어 있다. 첫 번째 'The Commission'은 ECE 자체에 대한 정보원이고 나머지는 각 프로그램별 정보원 및 기타로 구분되어 있다.

- The Commission

  ECE에 대한 간행물로서 다음과 같은 정보원을 제공하고 있다.
- Reports

  Annual Reports 등의 보고서를 발행한다.
- Newsletter

  *ECE Highlights*라는 이름으로 뉴스레터를 발행했으나 2002년 이후로 중단된 상태이다.
- Public Information

  ECE 소개 책자, ECE 법적 장치, 기준, 용어 개괄집, 보도자료 모음 등이 있으며 법적 장치개괄집 외에는 온라인 보기 기능이 없다.
- Youth Corner

  어린이들을 위한 ECE에 대한 안내 CD-ROM 등으로 이루어져 있다.

  위의 정보원 중 'Public Information'을 제외하고는 거의 모든 자료가 온라인 보기가 가능하다.

- Economic Analysis and Population
- ECE의 Economic Analysis Division(EAD)에서 출판하는 정보원 목록이다. 이 프로그램은 크게 경제 분석(Economic Analysis)과 인구분석(Population Analysis)으로 나뉘며 정보원 역시 마찬가지다. 'Economic Analysis'의 대표적인 출판물은 *Economic Survey of Europe*인데, 연 2회 발행되며 ECE 지역과 회원국의 거시경제학적이고 구조적인 발전에 대한 단기적이고 포괄적인 안목을 제시하는 연속간행물이다. 통계자료도 많이 포함하고 있다. 인쇄본의 가격은 US 달러로 $70이다. 하지만 1998년부터 2005년 현재까지 원문이 PDF 형태로 홈페이지에 제공되고 있다. *Economic Bulletin of Europe*는 1949년부터 1997년까지 발행되었던

*Economic Survey of Europe*의 후속저록이다. 1997년 호가 'EAD Publications'란
에 제공되어 있다.

- 'Occasional Paper'들은 홈페이지에 제목과 ISBN 번호, 가격 등이 제시되어 있
으며 온라인상으로는 볼 수 없다.

- 'Population Analysis'의 정보원은 대부분 온라인상의 원문보기가 제공되고 있지
않다. PDF 원문파일이 제공되는 출판물은 다음의 단행본이다.
The New Demographic Regime: Population Challenges and Policy Responses
Sales # E.05.II.E.10, ISBN 92-1-116925-9, US$ 50

- 그 외에는 'Reports on Fertility and the Family', 'Generations and Gender
Programme', 'International Migration', 'Population Ageing and the Status of
older Persons', 'Regional Population Meeting' (Budapest, Hungary, 7-9 December
1998) 등으로 나뉘어 각 출판물의 제목, ISBN 번호, 가격 등의 정보를 제공하고
있다.

• Enterprise Development

- 기업발전에 관한 출판물 목록이다. 다음의 주제에 따라 출판물의 서지정보를 정리
해 놓았다. 'Benchmarking Governmental SME Policies', 'Best Practices in
Business Support Infrastructure', 'Entrepreneurship and SME Development',
'Investment Promotion', 'Public Private Partnership', 'Women Entrepreneurship'
등의 주제들로 주로 중소기업 육성이나 공공부분과 사기업의 관계, 여성 기업가
등에 대한 내용이다. 'About ECE'의 'Publications'에서 찾아보는 것 보다,
'Programs' 중 'Industrial Restructuring', 'Energy and Enterprise Development
Division'의 'Publications'란에 더욱 자세히 소개가 되어 있으며 초록과 서지정보,
구입방법 등이 보기 쉽게 정리되어 있다. 대부분의 정보원이 초록 하단의 'more..'
를 클릭하면 PDF 형식의 원문을 볼 수 있다.

• Environment

- 환경 분야에 따라 정보원은 다음과 같이 나뉘어 진다.

General(환경 전반), Air Pollution, Environmental Impact Assessment, Environmental Performance Reviews, Industrial Accidents, Public Participation, Water.

- 각 항목을 클릭하면 해당 프로그램 페이지로 이동하여 더 자세한 안내를 받을 수 있다. 서지정보가 제공되지만 원문 보기는 지원되지 않으며, 몇몇 정보원은 원문보기가 가능한 홈페이지 URL 주소가 링크되어 있다.

• Human Settlements

역시 세부 주제분야별로 출판물에 대한 서지정보를 제공하고 있으며, 'Country Profiles on the Housing Sector', 'Implementation of Human Settlements', 'Policies on Urban Renewal and Housing Modernization', 'Statistical Bulletin'의 항목으로 나뉘어 있다. 이 중 'Statistical Bulletin'이 원문보기가 제공된다.

• Information and Communication Technologies

이 프로그램의 출판물들은 유럽의 정보화사회 진입에 대해 다루고 있다. 'Programs' 중 'Industrial Restructuring', 'Energy and Enterprise Development Division'의 'Publications'란에 더욱 자세히 소개가 되어 있는데, 대표 서적인 『Towards a Knowledge-Based Economy』는 원문보기가 가능하다. 정보화사회 진입의 나라별 준비도를 평가하는 『Country Readiness Assessment Reports』는 요약문이 제공되어 있다.

• Statistics

- 통계작업은 ECE 사업의 중요한 부분이며, 'Statistics' 프로그램란 (http://www.unece.org/stats/stats_e.htm)에 자세한 정보원이 소개되어 있다. 특히 'Document Library'에는 주제/회의날짜/유엔코드 별로 회의 자료를 검색할 수 있다. 'Publications'는 'Recurrent Publications', 'Non-Recurrent Publications', 'Methodological Material', 'Occasional Papers' 등으로 구분되어 있다. 'Recurrent Publications'는 연속간행물을 뜻하고 'Non-Recurrent Publications'은 단행본을 말하며 각각에 속하는 출판물 목록이 나와 있다. 출판물들을 클릭하면 서지정보와 구입절차가 설명되어 있다. 각 출판물마다 구입절차가 다르므로 원하는 출판

물을 클릭하여 확인해야 한다. 출판물 목록과 온라인 원문의 유무는 아래의 표를 참고한다.

<표 III-1> 'Statistics' 정보원의 온라인 원문 유무

제 목	분 류	원문 유무
Statistical Journal of the United Nations Economic Commission for Europe	Recurrent Publications	없음
World Robotics 2003	Recurrent Publications	없음
Trends in Europe and North America 2003	Recurrent Publications	있음
Trends in Europe and North America 2005	Recurrent Publications	있음
Women and Men in Europe and North America 2000	Non-Recurrent Publications	없음
50 years of the Conference of European Statisticians	Non-Recurrent Publications	없음
Non-Observed Economy in National Accounts - Survey of National Practices	Non-Recurrent Publications	있음
Statistical Confidentiality and Access to Microdata - Proceedings of the Seminar Session of the 2003 CES Plenary Session	Non-Recurrent Publications	있음
Communicating with the Media Guide for Statistical Organisations (in Progress)	Non-Recurrent Publications	있음

- 『Methodological Material』은 통계학 방법론에 대한 자료인데, *Statistical Standards and Studies*라는 학술저널에서 발췌한 자료와 용어 소개로 이루어져 있다. 대부분 원문이 제공된다. *Occasional Papers*는 특정 통계자료에 대한 워크숍, 연구, 프로젝트에 대한 정보원으로 원문이 제공되고 있다.
- 'Statistics'의 'Data Online'란은 ECE의 통계 데이터베이스에 대해 소개하고 있

다. *UNECE Common Statistical Database*는 ECE 지역의 경제학적 지표에 대한 통계 데이터베이스로서 *Economic Survey of Europe*나 ECE의 다른 연구 프로젝트의 기본 데이터로서 활용된다. 이 외에도 ECE 주요 프로그램 성격에 맞는 다양한 데이터베이스가 개발되었는데, 현재 홈페이지에서 소개되고 있는 데이터베이스는 다음과 같다.

Demographic Database
중앙 및 동유럽 국가들의 인구통계학 관련 데이터를 모은 것이다.

Gas Centre Database
시장경제의 가스 산업에 대한 데이터베이스이다.

－ 마지막으로 'Link'란에 ECE 회원국의 통계기구 및 국제통계기구에 대한 링크를 제공하고 있다.

Gender Statistics Database
ECE 지역의 성별통계학 정보를 제공한다.

Human Settlements Database
ECE 회원국의 주택과 건축에 관련된 데이터베이스이다.

Robotics
산업로봇에 대한 통계, 세계적·지역적 통계지수를 제공한다.

Trends in Europe and North America 2005
ECE 회원국의 통계정보를 모은 것이다. MS Excel과 PDF 형식으로 제공된다.

• Sustainable Energy
'Programs' 중 'Industrial Restructuring', 'Energy and Enterprise Development Division'의 'Publications'란에 'Sustainable Energy' 항목에 자세히 소개가 되어 있다. 각 정보원의 서지정보와 초록을 볼 수 있으며 초록 하단의 'more..'를 클릭하면 원문을 다운받을 수 있다. 다음의 항목으로 세부 분류되어 있다.

－ Coal

- Energy Efficiency
- Energy Reserves & Unfc
- Energy Security
- Working Party on Gas

• Timber

'Timber Committee' 홈페이지의 'Publications'란에 보면, 목재에 관한 ECE의 다양한 출판물에 대한 서지정보와 초록, PDF 형태의 원문을 볼 수 있다. 다음의 출판물이 있다.

Geneva Timber and Forest Discussion Papers
Geneva Timber and Forest Study Papers
International Forest Fire News
Timber and Forest Information Series
Timber Bulletin

• Trade

'Standardization of Perishable Produce and Quality Development', 'Trade and Investment Promotion', 'Trade Facilitation'의 분야로 나뉘어져 있다. 몇몇 자료는 원문을 볼 수 있는 URL 주소가 링크되어 있다. 나머지는 서지정보만 확인할 수 있다.

• Transport

'Transport Division'의 'Publications'란에 보면, *Terminology On Combined Transport Yellow Book on European Agreement on Important International Combined Transport Lines and Related Installations(AGTC)*와 *European Agreement on Main International Railway Lines(AGC)*라는 두 출판물이 소개되어 있는데 책 이미지를 클릭하면 원본을 다운받을 수 있다. 그 외에 'About OHCHR'의 'Publications'의 'Transport'는 'Combined Transport', 'Customs Conventions and TIR Inland Navigation', 'Transport of Dangerous Goods', 'Statistical Publications', 'Glossary for Transport Statistics', 'Other Publications'

등의 분류에 따른 출판물 목록을 제공하고 있다. 하이퍼링크가 되어 있는 출판물의 경우 원문보기가 제공되어 있는 경우도 있다.

- Order Form

  구입신청양식 등이 제공된다. 인쇄본을 주문할 때는 선불이 원칙이며 포장, 우표 등의 요금으로 US $12이 추가된다. 신청서를 보내는 주소도 나와 있다.

- Agents and Booksellers

  ECE 출판물은 United Nations Publications나 유엔 제네바 사무국의 Sales Section이 담당하고 있다.

③ UNECE Weekly

2003년부터 현재까지 매주 갱신되는 *UNECE Weekly*는 ECE의 최신 근황을 전해주는 정보원이다. 온라인상으로 전문이 제공되며 PDF, HTML 등의 형식이다.

④ Legal Instruments

국제적으로 통용되는 법적 제재, 공동 규정, 문헌, 그리고 절차는 생산자와 소비자들에게 나라마다 다른 법제나 규정들이 주는 혼란을 막고 더욱 효율적인 경제활동을 가능하게 한다. 이러한 근거로 ECE는 기술 규정, 기준들의 통합을 추구해 왔으며 많은 국제협약과 협의안들을 만들어왔다. 'ECE Publications'란의 'Legal Instruments'는 다음의 분류에 따라 오랜 시간동안 협상과 논의의 결과 만들어진 ECE의 협약, 회의 문헌 등의 목록을 제공하고 있다. 단순한 문헌 목록이 아닌, 각 분야에 걸쳐 ECE의 주력영역, 협약, 협정 등에 대한 간단한 소개가 나와 있다.

- Agriculture
- Environment
- Human Settlements
- International Legal and Commercial Practice
- Standardization Policies
- Statistics
- Sustainable Energy

- Timber
- Trade Facilitation
- Transport

⑤ The UNECE in Your Daily Life

UN 사무총장의 서문으로 시작하는 ECE의 역할과 사업영역에 대한 대중을 대상으로 한 알기 쉬운 문헌 형식의 온라인 정보원이다.

⑥ Photo Gallery

⑦ Youth Corner

어린이 및 청소년을 대상으로 한 유엔과 ECE에 대한 가이드이다. 아래의 프로그램이 있으며 게임이나 PDF형식의 안내서로 이루어져 있다.
- A Teen Guide to the Internet(영어, 불어, 스페인어, 러시아어)
- Discover the UN and Have Fun!(영어, 불어)
- Discover the UN Family and Have Fun!(영어, 불어, 스페인어)
- Mission Seagulls(영어, 불어, 스페인어, 러시아어, 독일어)

ECLAC
Economic Commission for Latin America and the Caribbean/
Comision Economica para America Latinay ElCaribe(CEPAL)(스페인어)
유엔중남미 경제위원회

1) 소재지

홈페이지 http://www.eclac.cl/ (스페인어)

http://www.eclac.cl/default.asp?idioma=IN (영어)

2) 설립연혁

1948년 UN 경제사회이사회 'Resolution, 제 06호'에 의해 The Economic Commission for Latin America(ECLA)를 설립했다. 이후 지중해 연안국까지 포함하기로 결정했다.

1984년 Resolution 1984/67에 의해 지금의 Economic Commission for Latin America and the Caribbean(ECLAC)으로 개명했다.

3) 설립목적

- 중남미지역 주민의 생활수준 향상과 경제 및 통계 정보 제공
- ALADI, OAS, SELA, ACS 등과 밀접한 협력관계
- 중남미 경제관련 연구, 세미나 개최, 자료 출판

4) 주요 사업

- ECLAC와 그 부속기관에 사무기관의 서비스와 문헌자료 제공
- ECLAC에 관련한 연구 및 조사 담당
- 지역별 협력과 통합을 통한 환경 및 사회 개발 촉진
- 지역의 환경 및 사회 개발 촉진을 위한 정보 수집과 조직 및 홍보
- 정부 계획에 대한 고문 역할 및 기술적 협력에 대한 계획과 조직
- 지역적 개발협력 활동
- 정부간 전문가 회의 주최
- 지역 차원의 국제문제에 대한 조망
- 정보교환의 중복을 방지하기 위해 UN의 타 부서들과 ECLAC의 활동 조정

5) 회 원

중남미지역 정회원국 41개국 및 7개 준회원국

6) 한국과의 관계

제 29차 회의(2002년)에 옵서버 자격으로 참가

7) 정보원

(1) 정보배포정책

출판물이 각 부서별로 정리되어 있다. 영어와 스페인어로 원문보기가 제공되며 세부적인 항목 분류도 체계적으로 되어 있다.

(2) 정보자료

① Analysis & Research

ECLAC의 연구보고서들에 대한 서지정보와 원문보기가 제공되어 있다. 단, 대부분의 문헌과 관련 정보의 언어가 스페인어로 설정되어 있다. 'Analysis & Research'란에는 세부적인 항목 분류가 되어 있어 관심 있는 분야의 해당 문헌들을 쉽게 찾을수 있다. 대분류 항목은 다음과 같다. 각 항목을 클릭하면 세부 분류된 하위 항목을볼 수 있고 계속적으로 분류를 따라가면 각 세부 항목의 문헌 목록이 나온다. 관심문헌을 클릭하면 주문 가격을 포함한 서지 정보와 원문보기 페이지로 이동한다.

- Environment and Development
- Human Settlements
- Natural Resources and the Environment
- Governance
- Organizational Questions

- International Insertion
- International Trade

- Macroeconomics
- Economic Development and Development Finance

- Productive and Managerial Development
- Agriculture, Forestry and Fishing Industry
- Science and Technology
- Transport and Communications

- Social Aspects of Development
- Culture
- Education
- Employment
- Health
- Humanitarian Assistance
- Political and Legal Questions
- Population
- Social Conditions and Equity

위의 분류는 『UNBIS Thesaurus』에 근거한 ECLAC Library 분류 체계에 따른 것이다.

② Statistical Information

- The Region in Figures

  우선 왼쪽 상단에 'The Region in Figures'라는 링크를 따라가면 중남미 지역의 다양한 통계 자료를 접할 수 있다. 'Gender Statistics' 위주의 통계 자료가 아래의 항목으로 구분되어 전문이 제공된다. 통계 그래픽도 볼 수 있다.

- Country Profiles

  'The Caribbean', 'Latin America'로 나뉘어져 'Gender Statistics' 이외에도 다양

한 나라별 기본 정보가 실려 있음

- Regional Indicators

  Population / Fertility, Household, Family / Education / Work & Income / Poverty / Health / Participation 등의 지수로 살펴본 지역 정보

- Millennium Summit Indicators

  UN Millennium Summit의 여섯 가지 목표에 관한 통계 지수

- Beijing Indicator

- Inventory of Gender Indicators

  유엔의 Inter-Agency Network on Women and Gender Equality(IANWGE)가 개발한 Gender Indicators 및 유엔 시스템 내의 Gender Statistics 관련 데이터베이스 소개

- Related Information

  Gender Statistics에 관한 ECLAC 문헌 자료 및 외부 홈페이지 링크

- Women and Development Unit

  ECLAC의 Women and Development Unit 홈페이지로 이동

- Economic and Social Statistics Series

  ECLAC이 제공하는 경제 사회 통계 연속간행물이다. *Statistical Yearbook for Latin America and the Caribbean* 시리즈가 2000년부터 2003년까지 간행되었다. 모두 원문이 제공된다.

- Statistics and Economic Projections

  중남미 지역 통계 자료의 경제적 분석

- Population

  인구 통계 자료이다. 각 자료의 간단한 소개는 제공되지만 전문을 보려면 구입을 해야 한다.

- Transport

  Maritime Profile of Latin America and the Caribbean 이라는 자료가 제공되어 있다. 역시 전문을 보려면 구입 주문을 해야 한다.

③ Publications

'Publications'란은 문헌 종류와 주제에 따라 ECLAC 간행물을 정리해 놓았다. ECLAC이 출판한 보고서나 정기간행물 등은 대부분 무료로 온라인 보기가 가능하지만 공동 출판물이나 일부 단행본은 초록 등 서지 정보만 확인이 가능하고 온라인 주문을 통해 구입해야 한다. 'Publications'란의 정보자료 구분은 다음과 같다.

- Institutional Periodicals Reports
  (ECLAC의 연속간행물)

- Books and Catalogues
  (ECLAC의 단행본들과 도서 카탈로그)
  『Catalogues of Publications』는 현재 2004년도 판까지 만들어졌고 중남미 지역의 현안을 밀도 있게 분석하는 ECLAC의 정보자료를 정리해 놓았다. 최근에는 영어 자료의 비중을 늘려 중남미 지역 이외의 이용자들에게도 열람이 가능하도록 하고 있다. 1998년부터 2004년까지의 카탈로그 원문이 제공되고 있다.

- Journals and Bulletins
  (ECLAC의 저널과 회보)

- Cauldrons

- ECLAC Series
  (ECLAC의 연속간행물)
  각 항목에 해당되는 ECLAC 간행물 목록은 'Publications' 홈페이지에 제공되어 있다. 간행물의 링크를 따라가면 자세한 설명과 부분적인 원문보기 서비스를 이용할 수 있다.

'Publications' 오른쪽에 'Highlights'로 소개된 주요 출판물의 목록을 소개하면 다음과 같다.

- *Financing for Development in the New International Context (updated version)*

- *Growth with Stability*

- *Investment and Economic Reform in Latin America*

- *Meeting the Millennium Poverty Reduction Targets in Latin America and the Caribbean*

- *Structural Reforms, Productivity and Technological Change in Latin America*

- *The Income Distribution Problem in Latin America and the Caribbean*

④ ECLAC Library

ECLAC 도서관은 칠레의 산티아고에 위치해 있는 UN 빌딩에 위치해 있다. 위원회 사업 프로그램에 맞춰 설립된 이 도서관은 1948년 남미와 카리브해 지역의 경제 및 사회개발에 대한 전문 지식을 제공하기 위하여 설립되었다.

- Collections
- 내용: ECLAC 문헌, 정부 출판물, UN 출판물, 단행본, 연속간행물, 전자출판물
- 주제 범위: 경제 및 사회관련 정보, 농업, 경제사회 계획, 경제 개발, 환경 및 자연자원, 국제 무역, 인구, 사회적 개발, 기술 및 비즈니스 개발, 교통, 여성, 아동 및 청소년
- 지리적 범위: 남미 및 카리브해
- 사용언어: 스페인어, 영어, 불어, 포르투갈어

- Services
  주로 ECLAC 직원을 위한 목적이었으나, UN전문 기관, 지역 기구 및 대사관, 등록된 대학 산하 연구원 및 학생들에게도 개방되어 있다.
  (a) Reference Services(참고 서비스)
  (b) On-line Bibliographic Searches(온라인 도서목록 탐색 서비스)
  (c) Loan and Inter-library Loan Services(대출 및 상호대차 서비스)
  (d) Current Awareness Services(현행주지서비스)

(e) Bibliographies(서지목록)

- Databases

  1978년부터 몇몇 도서목록 데이터베이스에 정보가 기록되고 유지되어 왔다. 이러한 데이터베이스는 140,000개의 기록으로 구성되어 있으며 도서관에서 직접 열람하거나 ECLAC의 홈페이지에서 접속할 수 있다.

- ECLAC Documentation

  ECLAC 도서관이 ECLAC의 문헌을 유지, 보호하기 위해 개발한 데이터베이스는 칠레에 위치한 ECLAC의 세계본부나 혹은 지역본부 및 각국 사무소에 의해 출판된 문헌들을 참조하고 있다.

- How to Obtain Publications

  산티아고에 위치한 세계본부에서 나온 출판물은 각 지역의 ECLAC 출판 배포 부서에서 요청할 수 있다. ECLAC의 산하 지역본부에서 나온 출판물 역시 각 지역의 ECLAC 출판 배포 부서에 요청할 수 있다. UN 출판물은 UN출판 판매 부서(United Nations Publications Sales)에서 구할 수 있으며, 전 세계의 UN 출판 도서관에서도 찾을 수 있다. 도서목록 데이터베이스의 외부 출판물들은 각각의 출판사로 직접 요청하여야 한다.

⑤ Software and Systems

ECLAC에서는 남미와 카리브해 지역의 사회 및 경제적인 개발에 대한 정보시스템을 다수 개발하였다. 이러한 시스템은 정부 및 정부산하기관의 요청에 따라 이용가능하다. 다음에서는 CAN 2000 시스템 및 PADI 시스템과 REDATAM 프로그램을 살펴보겠다.

- REDATAM

  REDATAM 시스템은 인구조사, 설문조사 및 인구동태 통계에 기초한 데이터베이스, 기타 여러 지역적 분석자료, 주제 지도를 생성하고 처리한다. 네 번째 버전인 Redatam+SP의 무료 다운로드가 제공된다.

- TRADECAN 2002

  CAN 2000은 1990년대부터 생산된 Competitive Analysis of Nations(CAN) 데이

터베이스와 ECLAC이 1990년대에 개발된 분석적 소프트웨어들의 최신 버전이다.

- PADI

  Program for the Analysis of Industrial Dynamics

- MAGIC

  Module to Analyse the Growth of International Commerce

ESCAP
United Nations Economic and Social Commission for Asia and the Pacific
아 · 태경제사회이사회

1) 소재지

주   소   United Nations Building, Rajadamnern Avenue, Bangkok 10200, Thailand

전   화   66 2 288 1234

홈페이지 http://unescap.org/

2) 설립연혁

1946년 12월 11일, 유엔총회결의 46(I)에서 전쟁으로 황폐화 된 국가들에게 효과적인 원조를 하기 위하여 유엔경제사회이사회(ECOSOC)가 아시아 · 극동경제위원회의 설립을 즉각적이고도, 호의적으로 고려할 것을 건의하였다.

1947년 3월 28일, 국제연합 아시아 · 극동위원회(UN Economic Commission for Asia and the Far East: EAAFE)를 설립하였고, 1947년 6월 16-25일, 제 1차 총회를 개최(중국; 상해)하였다. 참가국은 10개국(미국, 영국, 호주, 중국, 프랑스, 인도, 네덜란드, 독일, 태국, 소련)이다.

3) 설립목적 및 기능

- 아시아·태평양지역의 경제재건, 개발촉진, 경제활동 증대 및 경제관계 강화
- 아시아·태평양지역의 경제·기술 및 개발에 관한 문제연구
- 경제·기술 정보 및 통계자료 수집, 평가 및 전파
- 여타 유엔전문기구 혹은 유엔기술 지원 관리와 중복되지 않는 범위 내에서 회원국에 대한 자문기능 수행
- 기술지원을 포함한 역내 경제문제와 관련된 유엔 경제사회이사회 기능 보좌
- 경제개발에 따른 사회문제와 경제·사회적 요소간의 상호 연관성에 대한 연구

4) 회 원

정회원국 46개국, 준회원국 10개국

5) 한국과의 관계

1949년 3월 준회원국으로 가입 후 1954년 10월 20일에 정회원국으로 가입하였다. 북한은 1991년 11월에 정회원국으로 가입하였다.

6) 정보원

(1) 정보배포정책

경제·기술 정보와 통계자료의 수집, 평가 및 전파를 목적으로 하고 있으며, 이를 UN 직원 및 회원국들에게 제공하고 있다.

(2) 정보원의 주제

주제 분야(정보자료 수)
Economic Development (15)

Energy (21)

Enterprise Development (10)

Environment (56)

Gender (17)

Health (0)

ICT (12)

Investment (22)

Population (53)

Poverty Reduction (1)

Social Development (39)

Space Technology (60)

Statistics (85)

Tourism (37)

Trade (25)

Transport (64)

Water (4)

Older Classification Used

Bibliographies (3)

Development Studies (74)

General (12)

Human Resources Development (4)

Industry and Technology (39)

Information and Communication Technology (4)

Mineral Resources (33)

Poverty Alleviation (27)

Rural Development (8)

Trade and Investment (97)

Urban Development (15)

Water Resources (16)

Women in Development (55)

(3) 정보원의 종류

Briefs and Summaries (8)

Key Publication (7)

Manuals (42)

Maps/Atlas (2)

Periodicals (42)

Public Information (3)

Report or Study (94)

Research Papers (19)

Statistical Publications (73)

Older Classification Used

Conference Papers and Proceedings (17)

Economic Paper Series (53)

Guidelines, Handbooks, and Manuals (138)

Information Brochures and other Publications (27)

Reports (236)

Social Paper Series (30)

Briefing Notes (0)

Statistical Report Series (0)

Statutory Reports and Official Records (0)

Video and CD-ROM Productions (0)

(4) 서비스의 특징

① 363종의 출판물을 온라인상에서 무료로 이용할 수 있다.

② 100종의 출판물은 판매하고 있으나, 역시 온라인에서 무료로 이용할 수 있다.

③ 키워드 검색 및 주제 분야별 검색이 가능하다.

④ 정보자료를 다양한 방식으로 분류해 놓음으로써 브라우즈를 용이하게 하고 있다
(저자별, 자료형태별, 나라별, 경제 각 분야별, 주제별, UNESCAP의 각 부서별,
경제학의 각 영역별 분류).

(5) 데이터베이스(총 3개의 데이터베이스)

① 검색기능

저자명, 공저자명, 서명, 키워드, 출판년도로 검색이 가능하다.

② EBISNET

• 웹 기반 EBIS 데이터베이스는 UNECAP 도서관이 소장하고 있는 목록으로 웹
상에서 무료로 접근할 수 있으며 1998년부터 수집된 자료이다.

• UN의 직원은 2주간 대출가능하다.

• 도서관간 상호대차도 가능하다.

③ EBIS-ODS

• ODS 데이터베이스는 1992년부터 수집된 UN 관련 문헌의 전문이며, 온라인으로
접근할 수 있다.

• ODS는 UN 총회(General Assembly), UN 안전보장이사회(Security Council),
UN 경제사회이사회(Economic and Social Council), UN 신탁통치이사회
(Trusteeship Council)의 결의안에 대한 자료를 제공한다.

④ IMAGE

1995년부터 수집된 이미지들을 따로 분류하여 제공하고 있다.

(6) 도서관

ESCAP 도서관은 경제 및 사회 분야 중에서 아시아·태평양 지역이 직면해 있는 문제에 초점을 맞춘 자료를 수집하는 것을 목적으로 하고 있다.

ESCAP/APCTT
Asia Pacific Center for Technology Transfer
아·태기술이전센터

1) 소재지

주 소 APCTT Building, C-2 Qutab Institutional Area, P.O.Box - 4575, New Delhi - 110 016, India

전 화 + 91 11 2696 6509, 2685 6276, 269 6619, 269 6629

팩 스 + 91 11 2685 6274

전자우편 postmaster@apctt.org

홈페이지 http://www.apctt.org/

2) 설립배경

ESCAP 제 31차 총회(1975) 및 제 32차 총회(1976) 결의에 의하여 1977년 7월에 기술이전에 대한 ESCAP 산하기구로 RCTT(Regional Center for Transfer of Technology)를 인도의 방갈로(Bangalore)에 설립하였고, 1985년에 RCTT를 APCTT로 개칭하였다.

3) 설립목적

- 기술개발, 이전 및 응용을 위한 역량 강화
- 아·태지역의 기술이전 조건 개선 (관련기술 개발 및 이전 촉진)
- 관련기술 개발 및 이전촉진과 지역간 협력강화

4) 주요 기능

- 기술개발, 이전 및 활용과 관련된 국제협력 촉진
- 회원국 연구소 등의 설립 촉진 및 네트워크 구성
- 기술정보체제 강화, 정보지원 및 기술인력 훈련
- 기술개발 능력제고, 기술이전 및 이용방법 개발
- 각종 워크숍 및 세미나 개최 등

5) Focal Point

방글라데시, 중국, 인디아, 인도네시아, 이란, 말레이시아, 몽골, 네팔, 파키스탄, 필리핀, 한국, 러시아, 스리랑카, 타이, 베트남 등 15개국

6) 한국과의 관계

- 자금 지원: 1981-1989년까지 매년 $20,000씩 지원, 1992년 이후 $10,000 지원
- 전문가 파견: 1985-1994년까지 2년 단위로 전문가 3명 파견
- 워크숍 개최 지원
- 개도국간 기술이전 워크숍 2회 개최(산업연구원)
- 기술인력 개발정책 워크숍 개최(1987. 10. 19 - 11. 6, 한국과학기술원)
- APCTT 각 프로그램에 한국 참여 지원

7) 정보원

(1) 정보배포정책

• Online

홈페이지(http://www.techmonitor.net/)를 통해 APCTT이 간행하는 출판물에 대한 기본 정보와 원문을 제공하며 온라인 구독 신청 또한 가능하다.

• Offline

중소기업 실업가들을 주 대상으로 하는 정보센터(Information Center)를 운영하고 있다.

(2) 정보자료

① 정기간행물

• *Asia Pacific Tech Monitor*

아시아·태평양 지역의 최신 기술 발전과 활동 동향에 대한 정보를 제공하는 정기간행물로 2000년부터 2개월을 주기로 간행되고 있다. 홈페이지(http://www.techmonitor.net)를 통해 원문과 구독정보, 저자를 위한 안내, 광고 신청, 의견 교환에 이르는 다양한 서비스를 접할 수 있다.

• *VATIS Updates*

VATIS(Value Added Technology Information Service)는 1993년부터 아래의 분야에 관한 최신 기술 발전 상황, 시장 현황에 대한 정보를 전달하는 서비스이다.

- Biotechnology
- Non-conventional Energy
- Waste Management
- Food Processing
- Ozone Layer Protecting

VATIS는 www.techmonitor.net을 통해 접속하거나, 2개월에 한 번 발행되는

VATIS Update를 구독하면 이용할 수 있다. VATIS는 매년 2,000여건에 달하는 신기술 발전과 일정들에 대한 인쇄물과 온라인 정보원을 보유하고 있다. VATIS Update는 아시아·태평양 지역의 17,500여개의 중소기업, R&D 기관, 기술교육기관, 기술 컨설턴트 등이 현재 구독 중이다.

- Asia Pacific Business e-Coach (매년 제작되는 CD-ROM 버전)
  Asia Pacific Business e-Coach는 아시아 태평양 지역의 다음 네 가 지 분야에 대한 지침서, 슬라이드 자료, 사례연구, 발표, 연구보고서의 모음이다.
- Green Productivity
- IT Business
- Innovation Management
- Technology Transfer
- Tech-entrepreneurship

요약 버전이 무료로 온라인상에서 제공되며 전문을 보고 싶다면 매년 갱신되는 Business e-Coach의 CD-ROM을 구독 신청하면 된다.

② 단행본

온라인 구매가 가능하다(http://www.apctt.org/publications.htm).

Managing Innovation for the New Economy: Training Manual, 2002
Volume 1: How to Guide & Quick Reference Materials
Volume 2: Articles & Lectures

Regional Cooperative Policy Mechanism for the Transfer, Financing & Management of Environmentally Sound Technology, 2000

Regional Capacity-building for the Adoption of ISO-14000 and Transfer of Environmentally Sound Technology: Training Manual, 2000

Small Rural Industries in the Asia Pacific Region: Enhancement of Competitiveness of Small Rural Industries in a Liberalized Economic

Environment and the Impact on Poverty Alleviation, 2000

Technology Transfer and Technological Capability-building in Asia and the Pacific
Volume 1: Big Countries and Developed Economies, 1999
Volume 2: ASEAN, NIEs, SAARC and the Islamic Republic of Iran, 1999
Volume 3: Least Developed and Pacific Island Countries and Economies in
        Transition, 1999
Volume 4: Emerging Issues in Regional Technological Capability-building and
        Technology Transfer, 1999

Rural Industrialization as a Means of Poverty Alleviation: Report of the Regional Seminar on the Enhancement of Partnerships among Governmental, Non - Governmental and Private Sector Entities for the Promotion of Rural Industrialization for Poverty Alleviation, 1999

Institutional Development for Investment Promotion and Technology Transfer, 1999

Ozone Depletion Substances Phase-out Technologies: Problems & Issues on Technology Transfer, Absorption and Generation, 1998

Development and Utilization of S&T Indicators: Emerging Issues in Developing Countries of the ESCAP Region, 1998

Rural Industrialization and Introduction of Science & Technology into the Rural Areas, 1981

ODS Phase-Out: A Guide for Industry, 1998

Proceedings of the Consultative Meeting on Technology Management Education and Training for Developing Countries, 1997

On-line Instrumentation in Pulp, Paper, Leather & Food Processing

Industries, 1997

Renewable Energy Applications - PV, Wind and Small Hydro: Proceedings of the International Workshop, 1996

Application and Extension of the Technology Atlas: Reports of the National Seminar and Advisory Missions on Application and Extension of the Technology Atlas, 1996

Transfer of Environmentally Sound Technologies, Cooperation & Capacity-building: A Study Report, 1996

Regional Cooperation on the Adoption of ISO 9000 Series, 1996

Women Entrepreneurs of Sri Lanka - A Case Study Book, 1995

Proceedings of the Workshops to Assist the Small Scale Industry in Technology Acquisition and Modernization, 1994

101 Environmental Friendly Technologies, 1993

Poverty Alleviation through Technological Capacity Building, 1996

Technology Transfer Contracts based on FIDIC Standards, 1991

Technology for Development: Can you Afford to be a By-stander, 1989

A Guide to Technology Information Service, 1986

③ 정보센터

- APCTT는 중소규모의 기업들에게 기술정보서비스를 제공하기 위해 정보센터를 설립하였으며, 이 센터는 다음과 같은 서비스를 제공한다.
- 전문적인 관리 하에 운용되는 인터넷 접속
- APCTT 기술 데이터베이스를 비롯하여 여타 관계국 및 국제적 온라인 데이터 베이스 접속
- 국가 및 국제 정보서비스 검색 지원

- 참고문헌서비스(Reference Service)
- 참조서비스(Referral Service)
- 회원들을 위한 정보 패키지

- APCTT 정보센터는 자료의 시의성과 사용자 편의를 위해 아래와 같은 노력을 전개하고 있다.
- 세계적으로 우수한 데이터베이스와 도서관 수준으로 현재의 데이터베이스를 확대·재편성한다.
- 방대한 데이터베이스의 자료를 분류·선별하여 잠재적인 이용자층에게 유용하고 편리한 서비스를 제공한다.
- 최신 정보통신시스템을 사용하여 신속하고 정확한 정보를 제공한다.
- 최고의 컴퓨터 소프트웨어를 사용하여 손쉽고 빠른 검색서비스를 제공한다.

- APCTT 정보센터는 정보 교환의 효율성 증진을 위해 아래와 같은 노력을 전개하고 있다.
- 다른 국제적인 데이터베이스 및 정보서비스 단체와 온라인상의 협력 관계를 유지한다.
- 인터넷, 전자우편 등을 통해 정기적으로 환경 정보를 공유한다.
- 정기간행물의 규모와 접근성을 강화한다.
- 지역 네트워크를 강화한다.
- 다른 기술이전 단체나 네트워크, 정보서비스와 협력 관계를 쌓는다.

ESCAP/CAPSA
Centre for Alleviation of Poverty through Secondary Crops'
Development in Asia and the Pacific of the Economic and Social
Commission for Asia and the Pacific (이전명: CGPRT)
잡곡류연구개발센터

1) 소재지

주　　소　Jl. Merdeka 145, Bogor 16111, Indonesia

전　　화　62 251 35 6813, 34 3277

팩　　스　62 251 33 6290

전자우편　capsa@uncapsa.org

홈페이지　http://www.uncapsa.org/Default.asp

2) 설립연혁

CAPSA는 UNESCAP의 산하기구다. CAPSA의 전신은 CGPRT Centre(Regional Co-ordination Centre for Research and Development of Coarse Grains, Pulses, Roots and Tuber Crops in the Humid Tropics of Asia and the Pacific)로서 1981년에 세워졌으며 2004년에 CAPSA로 개명되었다.

인도네시아 공화국의 전 농산부 장관 Bungaran Saragih 박사가 2004년 인도네시아 보고르에서 개최된 농업기술혁신의 주(Agricultural Technology Innovation Week)에서 CAPSA의 개명을 인증하는 대표 서명을 했다.

3) 설립목적

CAPSA는 회원국들의 농촌 빈민층의 생활수준을 향상시키고 아시아·태평양 지역 농민들의 빈곤 퇴치를 위한 정책 결정을 촉진하기 위해 설립되었다.

4) 주요 사업

- 이모작을 위한 사회경제 정책 연구 수행
- 다른 국제기구의 관계자들과 협력 관계 구축
- 농촌 빈민층의 경제여건에 대한 경향 분석
- 빈곤 퇴치를 위한 성공사례와 관련 정보 제작, 배포
- 정책 분석가, 과학자, 국가 정보 인력 등 훈련

5) 정보원

(1) 정보배포정책

CAPSA는 회원국과 관련 기관을 위해 CGPRT 곡식에 대한 사회·경제적 정보자료를 제작·배포하고 있다.

(2) 정보자료

① 도서관

도서관은 6,000여건의 단행본, 연구보고서, 통계자료, 정보원목록, 서지목록, 그리고 400여건의 연속간행물을 보유하고 있다. 원문복사서비스가 제공되며 온라인 카탈로그를 통해 정보원을 검색할 수 있다. 또한 도서관간 대출과 교류 프로그램도 있다.

② 출판물

CAPSA는 단행본, 보고서, 프로젝트 보고서, 월간 회보(CGPRT Flash)는 물론 연구기관, 도서관, 대학, 그리고 개인에게 배포되는 소식지(Palawija News, 계간) 등의 출판물을 갖추고 있다. 신청하면 출판물 카탈로그를 받아볼 수 있다.

③ 데이터베이스

CAPSA는 아시아·태평양 지역의 전문적이고 광범위한 농업 관련 데이터베이스를 제공하고 있다.

④ 온라인 통계 데이터베이스는 최근 개설된 정보서비스로서 나라별, 시도별 정보
자료의 원문을 무료로 다운로드 받을 수 있다.

ESCWA

United Nations Economic & Social Commission for Western Asia

서아시아경제사회위원회

---

1) 소재지

주　　소　ESCWA P.O. Box 11-8575, Riad el-Solh Square, Beirut, Lebanon

전　　화　+ 961 1 98 1301

팩　　스　+ 961 1 98 1510

전자우편　webmaster-escwa@un.org

홈페이지　http://www.escwa.org.lb/about/main.htm

Satellite Tel via NY HQ 1 212 963 9731

Satellite Fax via NY HQ 1 212 963 9732

2) 설립연혁

1973년까지 서아시아지역은 ECAFE(국제연합 극동경제위원회; ESCAP의 전신) ·
ECA(국제연합 아프리카경제위원회) 등 모든 경제위원회의 대상이 아니었으나(국
제연합 사무국의 경제사회국 베이루트 사무소가 필요한 여러 사업을 운영), 1973년
8월 경제사회이사회의 결의로 서아시아 · 경제위원회의 설립이 이루어지게 되었다.

3) 설립목적

ESCWA는 UN 사무국의 산하기구로 경제사회이사회에 보고하는 다섯 개의 지역
기구 중 하나다. ESCWA는 지역 협력을 통한 경제 사회 발전을 목표로 하고 있다.

4) 주요 사업

- 역내의 경제 협력을 조장하고, 경제활동 수준을 높이며, 여러 국가 사이의 경제 관계를 강화하기 위한 조치를 발의(發議)하고 참가한다.

- 구역 내의 경제적·기술적 문제 해결 및 개발을 위한 조사연구를 실행하고 원조한다.

- 경제상·기술상·통계상의 정보 수집·정리·보급을 시행하고 원조한다.

5) 정보원

(1) 정보배포정책

ESCWA는 분석, 조사 및 설문 등의 연구를 수행하는 한편, 회의나 전문가그룹 회의, 훈련 워크숍, 심포지엄, 세미나 등을 진행한다. 이 과정에서 정부기관이나 NGO, 일반 대중에게 이러한 활동에 대한 보도 자료나 출판물, 회의록 등을 배포한다. ESCWA 도서관은 도서관 이용자에게 연구지원, 서지제공, 그리고 참고문헌서비스를 제공한다.

(2) 정보자료

① 보도자료(Press Releases)

사무총장의 활동, United Nations Common System, ESCWA 등에 대한 소식을 정기적으로 전해 주는 보도자료 목록이다. 2003년부터 현재까지 연도별로 검색해 볼 수 있다.

② 출판물

ESCWA는 유·무료 출판물을 온라인 주문 서비스와 함께 제공한다. 사업 부서별로 분류되어 있어서, 각 부서를 클릭하면 해당 출판물 목록을 볼 수 있다. 사용 언어, 페이지 수, 가격, 다운로드 가능 여부 등을 알기 쉽게 표시해 놓았으며, 출판물

고유 번호가 있어 주문할 때 그 번호를 기입하면 된다. 또한, 1974년부터 현재까지의 ESCWA 출판물을 목록화한 *Publications Catalogue*도 이용할 수 있다. 무료로 제공되는 출판물도 인쇄본 주문시 발송료가 추가된다.

③ ESCWA 도서관

ESCWA 도서관은 영어와 아랍어 카탈로그 검색 기능을 제공한다. 도서관이 소장하고 있는 정기간행물 목록도 볼 수 있다. 정기간행물은 알파벳순으로 분류되어 있다. 만약 ESCWA 도서관 정보자료의 원문을 보고 싶다면, ESCWA Library 페이지에 있는 'ESCWA Library Catalogue Database'에 들어가서(아랍어와 영어 중 선택할 수 있다) 검색한 다음, 원문이 필요한 자료의 고유번호를 기억해서 documents.un.org로 가서 고유번호를 검색해 보면 원문을 볼 수 있다. ESCWA 도서관은 또한 아랍 지역과 관련된 유용한 외부 링크도 제공하고 있다.

④ Meetings and Events

ESCWA의 향후 일정과 최근 회의, 워크숍, 세미나, 심포지엄 등에 대한 소식을 볼 수 있다.

⑤ Conference Services

용어 데이터베이스(Terminology Database), ESCWA 결의안, 출판물 목록, 언어 관련 홈페이지 등을 볼 수 있다. Terminology Database는 ESCWA 출판물에서 발췌한 기술 용어 등을 포함하고 있다. 영어, 아랍어, 불어로 용어를 검색해 볼 수 있다.

FAO
United Nations Food and Agriculture Organization
유엔식량농업기구

1) 소재지

주   소 Viale Delle Terme Di Caracalla, Rome, Italy

전   화 39 6 52251

홈페이지 http://www.fao.org

Director General: Jacques Diouf, Senegal (1994~2005) 1999년 11월 총회시 재선

2) 설립연혁

- 1943년 7월: 식량농업을 위한 유엔임시위원회를 설립하고 FAO 헌장 제정

- 1945년 10월: 34개 서명국 제 1차 총회 개최

- 1946년 12월: 최초의 UN 상설전문기구로 등장

3) 설립목적

- 모든 국민의 영양상태 및 생활수준의 향상

- 식량(농산물)의 생산 및 분배 능률 증진

4) 사업 내용

- 영양상태, 식량 및 농업(임업, 수산업 포함)에 관한 정보의 수집, 분석, 판단과 보급

- 영양, 식량 및 농업에 관한 과학적, 기술적, 사회적, 경제적 연구

- 농산물 상품협정에 관한 국제정책의 채택

- 각국 정부가 요청하는 기술원조의 제공

5) 조 직

- 회원국: 184개국

- 총회(격년 개최), 이사회(연 1-3회) 및 각종 위원회(농업, 수산, 산림, 식량안보,

상품문제 등) 등으로 구성

- 사무국(Secretariat)
- 사무총장(Director General: 임기 6년), 사무차장 및 국제공무원으로 구성
- 산하 8부, 5개 지역사무소 및 4개 연락사무소

6) 한국과의 관계

- 한국은 1949년 11월 25일 FAO 제 5차 총회 시 가입서를 제출
- 매년 이사회, 농업·수산·산림 위원회, 식량안보위원회 등 다수 회의에 참가하며 국제농업 현황 및 각국의 농업정책에 대한 정보를 교환
- 1966년 9월 14-24일: 서울에서 FAO 지역총회 개최
- FAO 주재 상주대표부 설치(주이탈리아 대사관 겸임)
- 이사국 피선: 1965-1967년, 1989-1991년, 1992-1994년, 1995-1997년, 1998-2000년, 2002-2004년
- 우리나라 분담율: 1.877%(2002년, 회원국 중 10위)
- 2002년도 의무분담금 605만불 납부
- 사무국내 한국인 직원: 3명

7) 정보원

(1) 정보배포정책

FAO는 UN 기구 중에서 규모가 큰 조직 중의 하나로서, 그 정보자료의 양과 종류 또한 방대하다. FAO 정보자료의 배포 정책은 Procurement Services Division(AFSP)에서 주관하며 홈페이지를 통해 'Statistical Database', 'Virtual Library', 'Publications' 등의 섹션으로 구분하여 정보자료를 배포하고 있다.

(2) 정보자료

① Statistical Database

FAO는 농업 등의 기초 산업과 자연 자원, 식자원에 대해 각 영역에 따라 13개의 통계 데이터베이스를 구비하고 있다. 각 데이터베이스에 관한 설명은 아래와 같다.

- AQUASTAT

  AQUASTAT은 FAO의 토지·수자원 개발 부서에서 개발한 수자원과 농업에 대한 범세계적 정보시스템이다. 개발도상국의 농업수 관리에 대한 포괄적인 통계 자료를 제시한다.

- FAOSTAT

  FAOSTAT은 210여국의 농업, 영양, 어업, 산림업, 식량 원조, 토지 사용 및 인구 등에 대한 장기(長期) 연구 자료를 보유하고 있는 온라인데이터베이스이다. FAOSTAT-Agriculture, FAOSTAT-Nutrition, FAOSTAT-Fisheries, FAOSTAT-Forestry, FAOSTAT-FoodQuality 등의 데이터베이스로 구분된다.

- FISHERS

  1981년부터 나라별 연간 평균 어업 종사자 통계 데이터베이스로서, 1990년부터는 성별 농업·어업 종사자 분포 자료도 제공하고 있다.

- FISHSTAT

  어업에 대한 다양한 통계를 제공하고 있다.

- FORIS

  FORIS는 산림면적, 임업, 산불 등 산림에 관한 통계자료를 나라별로 제공한다.

- GLIPHA

  Global Livestock Production and Health Atlas(GLIPHA)는 쌍방향의 온라인 지도로서 FAO의 Key Indicator Display System(KIDS)을 이용했다. 지도와 표, 차트를 이용해 동물 생산과 건강에 대한 지리적·시간적 분포를 보여준다.

- PAAT Information System

PAAT은 트리파노소마병(trypanosomiasis) 예방을 위해 FAO, WHO, IAEA와 OAU/IBAR가 협력하여 구축한 정보시스템이다. 식품 안전성과 지속가능한 농업 및 지역 발달을 목표로 한다.

- TERRASTAT
  지역 및 국가의 토지자원에 대한 통계자료이다.

② Country Information

FAO 정보자료서비스의 훌륭한 점은 각 서비스마다 정보 포털을 갖추고 전문적인 체계를 갖추었다는 점이다. 농업과 음식에 대한 나라별 정보 역시 FAO Country Profiles and Mapping Information System이라는 명칭 아래 독립적인 포털 홈페이지를 가지고 있다.

이 홈페이지에서 FAO는 정보야말로 기아 퇴치와 식자원의 안전한 확보를 위해 필수적이라고 강조하고, 국가별 정보 및 위치추적 시스템(Country Profiles and Mapping Information System)은 세계적인 농업과 개발 관련 활동에 대한 FAO의 방대한 정보를 나라별로 알기 쉽게 정리해 주는 정보검색서비스라고 소개하고 있다. 메인화면의 세계지도에서 관심국가를 선택하면 해당 국가의 정보자료를 볼 수 있다. 물론 이 기본 서비스 외에도 많은 정보자료가 제공된다.

- Specialized Country Profiles and Information Systems
  이 정보시스템의 첫 번째 특징은 위의 통계 데이터베이스에서 소개되었던 FAO의 여러 데이터베이스로부터 특정 국가별 정보자료를 한 눈에 볼 수 있도록 정리해 놓았다는 점이다. FAO 뿐만 아니라 파트너 기관의 정보자료까지 포함하여 더욱 편리하다.

- Featured Profiles
  농업과 개발 측면에서 FAO가 특별 관심 지역으로 선정한 나라 및 지역에 관한 정보자료로서 크게 두 가지가 있다.
- Water and Food Security Country Profiles
  국가별 수자원과 식품 안전에 대한 범세계적인 정보원을 목록으로 정리했다.

- Small Island Developing States(SIDS)

 FAO는 작은 섬으로 이루어진 개발도상국의 농업 개발에 대한 논의를 지속가능
 성에 초점을 맞추는데 큰 역할을 했다. 이런 섬나라의 다른 일반 지역들과는 차
 별화된 조건을 인식해야 한다. SIDS는 AOSIS(Alliance of Small Island States)
 를 포함한 41개 섬나라 개발도상국들에 대한 정보를 제공한다.

③ 가상도서관(Virtual Library)

FAO의 'Virtual Library'는 FAO 발행 출판물과 문헌 검색 및 이용에 대해 다음의
네 가지 접근법을 제공하고 있다.

• The FAO Corporate Document Repository

 FAO의 대규모 출판물 소장목록과 온라인상에서 원문으로 제공하는 회의 문헌
 을 포함한 온라인 도서관이다. 1998년 이후 6,000여건의 문헌들을 HTML 형식
 으로 변환하여 이용자들로 하여금 누구나 농업 관련 정보들을 무료로 온라인상
 에서 접할 수 있도록 했다. 제목, 언어, 출판년도, 주제어 등의 항목으로 검색가
 능하다. 원하는 출판물은 PDF 형식의 원문으로 무료로 보거나 인쇄본을 구입할
 수 있다.

• FAO Library Catalogue On-line

 FAO On-line Catalogue(FAOBIB)는 1945년부터의 FAO 출판물에 대한 다언어
 온라인 카탈로그이다. FAO 관련 문헌목록인 'Corporate Document Repository'
 의 모든 문헌은 원문이 무료로 링크되어 있다. 인쇄본은 별도로 주문해야 한다.
 상세 검색 기능이 제공되어 주제, 저자, 언어, 출판년도 등의 검색 항목을 이용
 할 수 있다.

• The FAO Sales Catalogue

 FAO Sales Catalogue는 FAO 출판물과 CD-ROM 목록이며, 온라인이나 우편,
 팩스, 혹은 공식 배급업체를 통해 구입할 수 있다. 원하는 출판물을 클릭하면
 온라인 주문양식을 포함한 주문 방법에 대한 상세한 소개가 나와 있다.

• David Lubin Memorial Library on-line.

1953년에 개관한 식량, 농업, 국제 개발 관련 정보 등을 갖추고 있는 세계적인 규모의 도서관이다. 홈페이지 상에서는 전체 정보원 목록과 FAO 데이터베이스, 온라인 정기간행물 등을 제공하고 있다.

④ 출판물

출판물 온라인 카탈로그와 FAO의 문헌작성법 소개 책자, 그리고 FAO 공식 문헌으로 이루어져 있다.

- Publications Catalogue

  가상도서관에서 소개되었던 'The FAO Sales Catalogue'와 동일하다. FAO가 출판, 혹은 공동 출판한 모든 서적, 온라인 정보, 정기간행물, CD-ROM 등의 정보와 구입 관련 사항을 설명하고 있다. 카탈로그 전체를 보고 싶거나 온라인으로 구입하려면 위의 'Publications Catalogue' 홈페이지 주소로 접속하여 'Interactive Catalogue'를 클릭하고, 최신 목록을 보려면 'FAO-Book Info'를 클릭 한다. 출판 관련 행사나 전시회 등의 정보도 'Bookfair and Events'란에 소개되어 있다.

- FAO House Style

  FAO에서 통용되는 문헌작성법과 기호사용법을 알려준다. 비상업적인 정보자료를 취급하는 'The FAO Corporate Document Repository'를 통해 제공된다.

- "State of…" Publications

  FAO 공식 정책이나 국제회의 관련 문헌들이다. FAO의 주력 분야인 Food and Agriculture, World Fisheries and Aquaculture, World's Forests, Food Insecurity in the World, Agricultural Commodity Markets로 나뉘어져 있다.
  - Food and Agriculture

    The State of Food and Agriculture(SOFA) 관련 문헌 제공
  - World Fisheries and Aquaculture

    The State of World Fisheries and Aquaculture(SOFIA) 관련 문헌 제공
  - World's Forests

    The State of World's Forests 관련 문헌 제공

- Food Insecurity in the World

  The State of Food Insecurity in the World(SOFI) 관련 문헌 제공
- Agricultural Commodity Markets

  The State of Agricultural Commodity Markets(SOCO) 관련 문헌 제공

(3) 한국 내 기탁도서관

① 국립중앙도서관

1964년부터 FAO 기탁도서관

주　　소　san 60-1 Banpo-dong, Secho-ku, Seoul 137-702

전　　화　82 02 535 4142

팩　　스　82 02 590 0530

자료유형	기증자료 및 기증액	
단행본	171종	–
정기간행물	20종	–
온라인 DB	1종	무료
웹 정보원	1종	무료

② 서울대학교

농업 및 생명공학부, 농업 도서관

1979년부터 FAO 기탁도서관

주　　소　서울특별시 관악구 신림 9동 산 56-1번지

　　　　　서울대학교 농업생명과학대학 내(202동 복지관 1층)

전　　화　02 880 4774

팩　　스　02 884 0182

전자우편　huynjoon@snu.ac.kr

홈페이지　http://www.aglib.snu.ac.kr

자료유형	기증자료 및 기증액	
단행본	2,100책	21,000,000원
정기간행물	5종	6,660,000원
CD-ROM	8종	160,000원

③ 고려대학교

1957년부터 FAO 기탁도서관

주   소 Korea University Librart, Anam-dong, Seongbuk-ku, Korea. 136-701

홈페이지 http://www.Library.korea.ac.kr/index.jsp

자료유형	기증자료	
단행본	2895종	3219책
연속간행물	63종	1107책
CD-ROM	2종	2책

④ 국회도서관

주   소 서울시 영등포구 여의도동 1번지

전   화 02 788 4256

전자우편 seokh@nanet.go.kr

홈페이지 http://www.nanet.go.kr/

자료유형	기증자료 및 기증액	
단행본	345종	1,092,000원
정기간행물	13종	-

GA
General Assembly
유엔총회

1) 소재지

주　　소　General Assembly United Nations, New York, NY, 10017

전　　화　212 963 7555

팩　　스　212 963 3301

홈페이지　http://www.un.org/ga/59/index.html

2) 설립연혁

유엔총회는 1945년 UN 헌장에 근거하여 설립되었다.

3) 설립목적

1945년 유엔헌장에 따라 유엔의 주요 기관으로 설립되었다. 다국간 교류의 장인 동시에 국제 문제들을 의논하는 장소로서 역할을 한다. 191개국이 회원국으로 가입해 있다. 총회는 헌장 범위 안에서 모든 문제를 토의하고 이를 회원국이나 안전보장이사회에 권고하며, 신규가입 심의를 하는 것이 주요 임무이다.

4) 조　직

UN의 전체 가맹국으로 구성되는 최고의사결정기관이다. 유엔총회는 전 회원국으로 구성되며, 각 나라는 5명 이하의 대표를 파견할 수 있으나 투표권은 1국 1표 주의를 택하고 있다. 주요 위원회는 전 회원국 대표로 구성되는데 정치·안전보장·군축·경제·사회·인권·문화·신탁통치·비자치지역·행정·재정·법률·특별정치위원회 등 7개로 구성되며, 운영위원회 가운데 일반위원회는 총회 의장과 21명의 부의장 및 7개 주요위원회 위원장 등 총 29명으로 구성되어 가의제를 채택하여 총

회에 상정하며, 신탁위원회는 총회 의장이 임명하는 위원들로 구성되어 회원국 대
표의 신임장을 심사한다. 상설위원회는 총회에서 임명되는 16명의 전문가로 구성되
며 임기는 3년인데, 그 밖의 위원회는 필요에 따라 총회에 의해 설치된다.

5) 주요 사업

중요 안건 사항으로는 국제평화 및 안전에 관한 권고, 안전보장이사회 비상임이사
국 선출, 경제사회이사회와 신탁통치이사회 이사국 선출, 유엔 신규가입, 회원국의
권리·특권 정지, 회원국 제명, 신탁통치제도 운영문제 및 예산문제 등이다. 정기총
회는 매년 9월 셋째 화요일에 열린다. 총회 의장은 회기마다 선출하고 특별총회나
긴급총회는 필요에 따라 안전보장이사회나 총회 과반수 이상의 요청으로 사무총장
이 소집한다. 총회의 보조기구로는 주요위원회·운영위원회·상설위원회·중간위원
회·특별위원회·보조위원회 등이 있다.

6) 정보원

(1) 정보배포정책

유엔 총회가 발행하는 대표 정보원인 결의안을 비롯하여 보도 자료, 회의 문헌 등
의 다양하고 방대한 양의 정보원을 체계적으로 정리하여 무료로 제공하고 있다.

(2) 정보자료

① 결의안(Resolutions)

GA 홈페이지의 'Resolutions'란, 또는 'Documentation'란의 'Resolutions'란을 보면
1946년 첫 총회부터 현재까지 정기 총회 결의안의 PDF 파일 원문과 주제, 일자 등
의 정보를 찾을 수 있다. 현재 'Resolutions' 첫 페이지는 59회 정기총회에서 통과된
결의안 목록이 결의안 번호 역순(최근 순서)으로 정렬되어 있으며, 이전 결의안들
은 'Other General Assembly Sessions'를 클릭하면 정기총회별로 결의안을 검색하
여 볼 수 있다.

② Documentations

- Daily List

  그 날 그 날의 UN 총회 공식 일정, 발간되는 문헌, 회의 경과 등을 알려주는 안내서이다. PDF 파일로 되어 있으며 매일 갱신된다.

- Session Documents

  정기총회 회의록으로, 주요 관심분야 동향 분석, 산하 조직의 보고, 인사, 평가 등 정기적으로 총회가 발행하는 회의 문헌이다. 정기총회 별로 분류되어 있으며, 회의 순서에 따라 부분적으로 클릭 하여 원하는 명제를 찾아볼 수 있다. 현재 55회 정기총회부터 60회까지 홈페이지에 'Session Documents'가 제공되고 있다.

- Verbatim Records

  축어적 보고, 즉 회의 내용을 그대로 전사한 문헌이다. 홈페이지에는 55회부터 59회 정기총회에서 이루어진 회의들의 축어적 보고가 제공 되고 있다.

- Resolutions

  위에서 언급한 바와 같다.

- Landmark Documents

  1946년 제 1회 정기총회부터 현재까지 기념비적인 선언, 결의안 채택 등 역사적 순간들을 정리해 놓았다. 영어, 불어, 스페인어, 중국어 등 네 가지 언어로 제공된다.

- Search Press Releases

  UN 총회의 보도 자료들을 검색할 수 있다. 당일이나 최신 보도 자료는 기사별로 클릭 하여 바로 볼 수 있으며, 이전 보도 자료는 키워드, 일자, 주제 등으로 검색하여 찾아 볼 수 있다.

③ Library Tools

- Document Alert

  United Nations Dag Hammarskjld Library가 최근 발행된 중요한 문헌에 알기 쉬운 주석을 달아 제공하는 목록 서비스이다. 발행일이나 UN 문헌번호별로 구분해서 목록을 볼 수 있다. 이 목록과 주석을 통해 방대한 UN 총회 문헌에 더 효율적으로 접근할 수 있을 것이다. 단, 최근 문헌 위주라는 점을 기억해야 한다.

- Research Guide

이 연구가이드는 UN 문헌에 관심 있는 정보학 전문가 및 연구자들을 위해 고안되었다. UN에 의해 출판되는 다양한 정보원에 대한 소개와 사용 방법에 대한 안내가 나와 있다. UN의 주요 사업부문인 인권과 국제법, 평화 유지에 대한 내용도 소개되어 있다.

- Quick Links

정기총회, 안전보장이사회, 경제사회이사회 문헌의 원문뿐만 아니라 개요 등도 바로 클릭해서 볼 수 있어 편리하다. What's New?(최근 정보), Training Guides(UN 문헌정보시스템에 대한 안내) 등의 순서로 이루어져 있으며, UN 문헌번호, UN 문헌 기본 조사 방법, UN 총회에 대한 FAQ, 보도자료, 주요 토픽 등에 대한 설명이 제공된다.

- UNBISnet: UN Bibliographic Information System
- Bibliographic Records

United Nations Dag Hammarskjld Library가 목록화한 UN 문헌과 출판물 카탈로그이다. Dag Hammarskjld Library가 소장하고 있는 UN 출판물이 아닌 상업적 출판물도 포함되어 있다. UNBISnet은 1979년부터의 자료를 보유하고 있는데 그 이전의 자료들도 계속해서 목록 작업이 진행 중이다. 1946년 이후 총회와 경제사회이사회, 안전보장이사회 결의안에 대한 UN의 공식 언어로 된 원문서비스의 규모도 증가하고 있다. 'New Keyword Search'와 'New Browse List Search'가 제공되고 있다.

- Voting Records

총회(1983년 이후)와 안전보장이사회(1946년 이후)에 의해 수용된 모든 결의안에 대한 투표 기록 목록이다. 결의안의 원문 링크가 제공된다. 역시 'New Keyword Search'와 'New Browse List Search'가 있다.

- Index to Speeches

1983년 이후 UN 총회와 안전보장이사회, 1982년 이후 신탁통치이사회에서 진행되었던 연설 기록 목록으로 연설문의 전문이 제공된다. 'New Keyword Search'와 'New Browse List Search'가 있다.

- UN-I-QUE: United Nations Info Quest
UN-I-QUE(UN Info Quest)는 FAQ에 반응하기 위해 Dag Hammarskjld Library가 개발한 참조파일 서비스이다. 1946년 이후 UN 문헌에 대한 문헌 기호, 판매 번호를 빠르게 검색하여 원하는 자료를 찾아낸다. 물론 세부적인 서지정보를 불러오지는 못하기 때문에 UNBISnet, UNBIS Plus on CD-ROM과 같은 종래의 서지 데이터베이스 역할을 대신 하지는 못한다. UN-I-QUE는 연간/회별 위원회 보고서, 연간 출판물, 정기/부정기 보고서, 주요 회의보고서 등의 자료 위주의 서비스이다.

IAEA
International Atomic Energy Agency
국제원자력기구

1) 소재지

주   소   Vienna International Centre, Wagramerstrasse 5, P.O. Box 100
           A-1400 Vienna, Austria
전   화   43 1 20600
홈페이지 http://www.iaea.org
Director General: Dr. Mohamed ElBaradei, Egypt(1997~2005)

2) 설립연혁

IAEA는 원자력의 평화적 이용을 촉진하고 군사적 목적으로의 전용을 방지하자는 취지의 1953년 12월 8일 제 8차 UN 총회에서 아이젠하워 미대통령의 제안으로 비롯되어, 1956년 80개국의 서명을 받아 1957년 7월 29일 발족하였다. IAEA는 국제연합의 전문기구는 아니나 실질적으로는 이에 준하는 기능을 수행하고 있다. 회원국은 현재 총 137개국이다.

3) 설립목적

IAEA의 궁극적인 목적은 세계의 평화·보건·번영의 촉진이며, 특히 군사적 목적으로 쓰이는 것을 막고 있다. 이와 같은 목적을 위하여 평화적 원자력 에너지의 이용 촉진, 보건안전상 기준 제시, 저개발국에 대한 기술원조 모색, 과학기술정보와 전문가의 교환, 방사능 보호시설의 설치·관리 등을 담당한다.

4) 주요 사업

- UN 정책사업의 촉진
- 원자력의 평화적 이용을 위한 관리
- 자원의 효율적 배분
- UN에 대한 사업보고 제출

5) 조 직

총회와 35개국 대표로 구성된 이사회(이사회 지정 13개국, 총회선출 22개국) 및 과학자문위원회·사무국으로 조직·운영되고 있다. 총회에서 예산과 사업을 결정하고 이사회에서는 협약된 법령을 집행한다. 본부는 오스트리아 빈에 있다.

6) 한국과의 관계

1956년 10월 26일 유엔 본부에서 개최된 IAEA 창립총회에 참석한 한국은 IAEA 원당사국이 되었다(1957년 8월 8일). 한국은 1999년-2001년간 이사국으로 활동하였고, 2003-2005년간 윤번이사국으로 활동하고 있으며, 세계 주요 원자력국가로서 제반 IAEA 활동에 적극 참여하고 있다. 한국의 2005년도 정규 회원국 분담률은 1.733%로, IAEA 의무분담금 682,567달러 및 2,733,190유로가 채택되었다.

7) 정보원

(1) 정보배포정책

IAEA의 홈페이지에는 방대한 양의 정보원이 제공되고 있다. 다섯 개의 주요메뉴 중 정보관련 메뉴가 'News Centre', 'Publications', 'Data Centre'로 세 개를 차지한다. 각 메뉴마다 다양한 온라인 정보원을 구비하고 자세한 설명을 달아 놓았다.

(2) 정보자료

① News Centre

News Centre의 첫 페이지에는 각 항목의 최신 정보원들이 정리되어 있다. IAEA가 발행한 보도자료들, 세계 언론에 보도된 IAEA 관련 기사들, IAEA의 근황 및 일정 등이 분야별로 소개되어 있다. 최근 소식에만 관심이 있다면 첫 페이지를 훑어보면 된다. 각 항목들의 세부사항은 다음과 같다.

- Top Stories

    IAEA가 선정한 가장 중요한 소식들이 날짜순으로 올라와 있다. 제일 하단에 'Top Stories Archive' 링크를 통해 2000년부터 현재까지의 전체 목록을 볼 수 있다. 각 소식의 'Full Story'를 클릭하면 전문을 볼 수 있다.

- Feature Stories

    IAEA 사업과 원자력과 관련된 기획기사들이 다음의 주제별로 정리되어 있다.
- Science & Technology
- Safety & Security
- Safeguards & Verification
- IAEA Overviews

각 기사의 'Read More'를 클릭하면 전문을 볼 수 있다.

- In Focus

  IAEA의 주요 관심 지역별 현황과 관련 자료들을 한 눈에 볼 수 있도록 분류, 정
  리해 놓았다. 이란이나 북한 등의 관심지역은 물론, 핵연료주기(Fuel Cycle), 원자
  력의 미래 등 관심분야에 대한 심도 깊고 다각적인 접근을 만나볼 수 있다. 각 관심
  항목은 해당 분야에 맞게 최근 소식 갱신 및 스케줄(Latest Briefings/Timeline),
  언론 자료(In the Press), 통계 등 개괄적인 정보(Facts and Figures), 사진(Photo
  Gallery), 관련 홈페이지 링크(Web Resources) 및 주요 문헌 및 보고서
  (Documents and Reports) 등의 부문으로 이루어져 있다. 'IAEA In Focus' 항목
  은 다음과 같다.

- IAEA and Iran
- IAEA and Libya
- IAEA and Iraq
- IAEA and DPRK
- IAEA and the NPT
- Chernobyl's Challenge
- Nuclear Power's Changing Future
- Multilateral Approaches to the Fuel Cycle

- Press Releases

  1995년 이후의 보도자료들이 등록되어 있다. 'Press Releases' 첫 페이지 하단의
  'More Press Releases'를 클릭하면 특정 단어나 구절을 입력하여 원하는 보도자
  료를 검색할 수 있는 기능이 제공된다. 상세검색을 위해 1995년부터 현재까지
  특정 연도를 선택해 검색 목록을 제한할 수도 있다. 모든 자료에 대한 원문보기
  가 가능하다.

- Media Advisories

  다가오는 국제회의나 심포지엄 일정, 회의 결과나 협의 사항 등의 IAEA 소식
  을 언론에게 공지하는 공간이다. 2001년부터 현재까지의 목록이 온라인상에 등

재되어 있으며 연도별로 선택해서 볼 수 있다. 역시 전문이 제공된다.

- Daily Press Review

  DPR은 IAEA이나 핵문제에 대한 국제적인 보도에 대한 기록이다. 'IAEA in the News', 'Other Nuclear News', 'Opinion and Analysis' 등의 항목에 따라 분류해 놓았으며, 간단한 요약문이 제공되어 있다. 출처를 클릭하면 원출처의 홈페이지로 이동하는데, 경우에 따라 전문이 바로 제공될 수도 있고 가입 등의 절차를 거쳐야 되거나 전문을 볼 수 없는 경우도 있다.

- Statements

  IAEA 사무총장의 성명 목록이다. 최근 목록은 첫 페이지에, 전체 목록은 하단의 'More Statements'를 클릭하면 볼 수 있다. 'Press Releases Archive'와 동일한 검색 기능이 제공된다.

- Events Calendar

  각종 일정 소개란이다.

- Multimedia

  IAEA 본부 건물의 사이버 투어나 IAEA와 핵 기술에 관한 사진과 동영상 자료를 만나볼 수 있다.

- IAEA Image Bank

  IAEA의 이미지 정보원 데이터베이스이다.

- IAEA Films and Video Clips

  1928년부터 현재까지 IAEA의 방대한 시청각 자료를 이용할 수 있다. 'IAEA Film and Video Collection Library'로 이동하여 전체 목록을 볼 수도 있다.

- Transcript

  *IAEA Press Briefings*이나 *Media Interviews*의 인터뷰 필기록이다.

② Publications

IAEA 출판물은 아래와 같이 나뉘어져 있다.

- Scientific & Technical Publications

  IAEA의 핵관련 과학기술 서적은 15개의 세부 주제를 다루고 있다. 국제회의의 결과, 국제 안내서, 지침서, 규정 등을 포함하고 있다. 출판페이지로 이동하면 각 출판물들의 세부정보와 온라인 원문이 제공된다.

- International Standards, Guides & Codes

  방사능 피해로부터 사람과 환경을 보호하기 위한 국제 기준에 대한 정보들이다. 해당 페이지로 이동하면 관련 규약들에 대한 설명을 볼 수 있다.

- IAEA Reports & Reviews

  IAEA가 매년 발간하는 IAEA 사업 관련 핵분야에 대한 보고서이다. 해당 페이지로 이동하면 IAEA Annual Report와 주제별 보고서들을 볼 수 있다. 물론 원문보기도 제공된다.

- IAEA Documents & Conventions

  대중 배포를 목적으로 한 정보원으로 IAEA의 공식 문헌의 대다수를 차지한다. 국제회의나 법 관련 문헌, 회원국간 교류, IAEA 총회나 정책 문헌 등을 포함한다.

- Magazines, Journals & Newsletters

  IAEA는 다양한 인쇄본과 온라인 연속간행물을 출판하고 있다. 핵문제나 개발, 그리고 IAEA가 진행하거나 지원하는 프로젝트, 프로그램에 대한 내용을 다루고 있다. *IAEA Bulletin*을 비롯해 다양한 분야에 대한 많은 소식지, 학술지 등이 있으며 최근호의 경우 대부분 온라인상으로 원문을 볼 수 있다.

- Booklets & Topical Articles

  주제별 소책자 목록으로 위의 'News Centre'의 'Feature Stories'와 동일한 분야로 분류되어 있다. 각 분야를 클릭하면 해당 소책자들의 목록을 볼 수 있으며 PDF 형식의 원문도 제공되고 있다.

- Factsheets & FAQs

  IAEA 정보책자, 전단지, FAQs 등을 통해 IAEA의 사업, 주제별 사안 등에 대한 개괄적인 정보를 얻을 수 있다. 주제 분야는 다음과 같다.

- Science & Technology
- Safety & Security
- Safeguards & Verification

• Education, Training & Related Resources

방사능으로 인한 부상을 식별하는 법에서부터 IAEA가 운영하는 훈련 프로그램, 참가 방법 등의 정보가 있다. IAEA 지침서, 용어집, 온라인 교육자료, 팸플릿, 교육 및 훈련 홈페이지 등의 링크가 제공되어 있다.

③ Data Centre

전 세계의 핵에 관한 정보를 망라하는 데이터베이스와 정보서비스를 제공하고 있다.

• Statistics & Forecasts

IAEA 회원국의 보고를 취합한 통계 정보는 원자력 에너지의 국가별, 지역별, 국제적 위치와 흐름을 파악할 수 있게 도와주며 IAEA의 분석과 보고서에 중요한 근거 자료가 된다. 해당 페이지로 이동하면 다양한 정보서비스와 데이터베이스가 링크되어 있다.

• IAEA Databases

세계에서 가장 대규모의 핵 관련 디지털 참고문헌센터를 비롯한 다양한 핵 과학기술 분야의 기술정보, 참고문헌, 서지정보 등을 보유하고 있다. 해당 페이지로 이동하면 'Nuclear Bibliographies & Data', 'Technical Topics, A-Z'의 항목에 따라 많은 데이터베이스들이 링크되어 있다.

• Scientific Networks & Services

IAEA는 과학도서관 및 연구기관과 협력하여 주요 관심지역에 적절한 핵과 방사능 관련 기술을 보급할 수 있도록 한다. 해당 페이지에는 각 협력 프로그램이나 네트워크, 정보서비스에 대한 설명이 자세히 나와 있다.

• Programme Sites

IAEA의 사업들도 개별 홈페이지를 구축하고 있으며 특화된 정보서비스를 제공한다. Science & Technology, Safety & Security, Verification 등의 사업 분야에 따라 세부 사업별 홈페이지와 정보서비스를 연결해 놓았다.

IBE
International Bureau of Education
국제교육국

1) 소재지

주　　소　15 route des Morillons, 1218 Le Grand-Saconnex, Switzerland C.P. 199, 1211 Geneva 20, Switzerland

전　　화　+ 41 22 917 7800

팩　　스　+ 41 22 917 7801

홈페이지　http://www.ibe.unesco.org

2) 설립배경

국제교육국(IBE)은 1925년 12월 비정부간 기구로 발족하였으며, 1929년 7월 25일 IBE규약에 의하여 교육 분야에 관한 최초의 정부간 기구가 되었다. 그 후 교육에 관한 보다 일반적 기구인 UNESCO가 발족함에 따라 두 기구간의 업무 중복이 나타나게 되었으며, 이를 피하고 보다 효율적인 교육 분야의 국제협력을 도모하기 위하여 1967년 12월 13일 제네바에서 IBE 특별이사회를 개최, IBE 규약개정문제를 협의한 끝에 IBE기구 자체는 현 상태로 존속시키되 IBE의 지위는 UNESCO의 한 기관으로 통합하기로 결정하였다. 1968년 제 17차 UNESCO총회의 결정에 따라 1969년 1월 1일자로 IBE는 UNESCO에 통합되었다.

3) 설립목적

공·사교육에 관한 문헌을 통합하고, 교육 분야에 관한 과학적인 연구를 실행하며,

교육에 초점을 둔 협회나 단체들을 통합시키는 핵심기관이 되는 것을 목적으로 하고 있다.

4) 기 능

① 국제교육회의(International Conference on Education)를 준비, 개최

② 교육과 관련된 문헌이나 정보(특히 교육과정이나 교육방침 방안 도입) 수집, 분석, 배포

③ 비교교육 분야에 대한 조사와 연구

5) 회 원

1969년 UNESCO와 통합 이후 별도의 회원국이 없다.

6) 한국과의 관계

한국은 국제교육국에 1962년 2월 27일 정식 가입하였다.

7) 정보원

(1) 정보배포정책

국제교육국에서는 교육과 관련된 여러 가지 주제의 도서를 간행한다. 간행물은 유료와 무료로 제공되고 있으며 무료로 제공되는 간행물의 경우 요청을 통하여 구할 수 있다. 각 간행물의 서지정보와 함께 유·무료의 상태가 명시되어 있다. 다음은 주요 간행물 목록이다.

① IBE Collaborative Projects

② Audio-visual Products on "Good Practices" BRIDGE

③ Educational INNOVATION and Information

④ Educational Practices Series

⑤ Global Curriculum Bank for HIV/AIDS Preventive Education

⑥ Innodata Monograph Series

⑦ Prospects

⑧ Reports of Regional Workshop and Seminars for Curriculum Specialists

⑨ Studies in Comparative Education

⑩ Thesaurus

⑪ Thinkers on Education

⑫ World Data on Education

(2) 주요 간행물목록 설명

① *IBE Collaborative Projects*

IBE는 *IBE Collaborative Projects*라는 새로운 연속간행물을 출판했다. 이것은 기술적으로나 학문적으로 IBE로부터 원조를 받은 여러 나라들의 지방 혹은 전체적인 국가 수준에서 시작되거나 다루어진 프로젝트로 주로 이루어진 것이며, 첫 두 간행물은 인도와 아르헨티나를 중점으로 한다.

- *No. 1: Bupinder Zutshi. Seeking to Bridge the Divide: Linking formal and Non-formal Education in Uttar Pradesh, India.*

- *No. 2: Laura Fumagalli; Andrea Brito. La Red de Escuelas de la Ciudad de Campana: Una Estrategia de Desarrollo Curricular de Base Local.*

② Audio-visual Products on "Good Practices" BRIDGE

멀티미디어 프로젝트 BIRDGE on Good Practices는 IBED의 46번째 국제 교육 회담의 단기 프로젝트로 시작되었다. ICE 참가자들의 발표를 위해 멀티미디어 제품

준비를 하는 것이 주목적이다. 46번째 ICE부터 BIRDGE on Good Practices는 IBE 의 Innovations and Good Practices 데이터베이스에 통합되었다.

③ Educational INNOVATION and Information

IBE에서 수행하는 현 교육연구와 활동에 관한 간략한 기사와 상대 교육 분야의 뉴 스를 제공한다. 정규 뉴스가 다루는 것은 다음과 같다.

- IBE의 INNODATA 프로젝트
- 상대 교육 사회 세계 회의
- 국제 교육 회담

④ IBE CD-ROM on Curriculum for HIV/AIDS Preventive Education

이것은 초·중·고등학교 학생을 대상으로 하는 전 세계적인 HIV/AIDS 예방교육 과 관련된 교육 자료와 관련 문헌 목록을 담은 CD-ROM이다.

⑤ Educational Practices Series

IBE와 International Academy of Education의 합작으로 출판되는 이 책자들은 연 구 대상이 되는 교육의 특정 부분에 관한 전 세계적인 이론을 10-12여 개의 언어 로 설명하고 있다.

⑥ Innodata Monograph Series

1998년에 출간된 *INNODATA Monographs*는 초기에 IBE's INNODATA 데이터뱅 크로부터 엄선된 교육 혁신 사례연구 간행물로 계획되었다. 2003년 이후로 *Monographs*는 지리정치, 환경 범위 내에서 광범위한 교육 개혁을 완수하기 위해 혁신 변화에 초점을 둔 교육 변화를 상세히 기록하는 간행물로 존속해 왔다.

⑦ *Prospects*

*Prospects*는 비교교육의 논평을 다루는 정기간행물로 3개월 마다 간행된다. *Prospects*는 UNESCO의 교육 저널로 1971년부터 간행되어 왔다. 1994년부터 2001 년까지 국제교육국에서 간행을 담당하여 왔다. 2002년부터는 Kluwer Academic

Publishers에서 영문으로 된 PROSPECTS를 동시 간행하고 있다. 이 저널은 국제 교육자, 대학원생, 교육에 관심을 갖는 독자들간의 직·간접적 전달 매개체로서의 역할을 해오고 있다.

⑧ *The Reports of Regional Workshops and Seminars for Curriculum Specialists*

이것은 교과 과정 발달을 다루는 여러 지역과 소구역의 공동연구회와 세미나 회보를 포함한다. 또한 지역 전문가 및 세계 전문가와 교육부 전문가가 함께 모이는 자리를 제공한다. 지역적인 인식과 전 세계적으로 용인된 규범을 결합한 교과 과정 발달 주제에 관한 전문적 기술의 개요를 이루고 있다.

(3) 문헌센터

• IBE 홈페이지를 통해 교육 전략과 개혁에 도움을 주기 위한 정보서비스가 제공되고 있다. 문헌 센터에서 보관하고 있는 기존 자료들은 기구의 활동과 연구에 도움을 주고 있다. 문헌센터의 주요 목적은 기구의 자료를 디지털화 하는데 있다.

• 문헌센터는 1925년 국제교육국의 창립부터 20세기 초의 교육 견해와 역사적 교육 제도에 관한 자료를 보관하고 있다. 현재는 UNESCO 회원국의 교육제도와 교육과정개발, 교육방법 등에 관한 정책 자료에 초점을 두고 있다. 또한 교육에 관련된 문제점 등 혁신적인 해결방법에 대한 자세한 설명과 평가에 관심을 두고 있다. 센터는 비교교육과 공교육 교육 발전 현황에 관한 저널을 수집한다.

• 홈페이지에서 센터의 총 자료 목록과 교육정보 백과사전, 정기간행물 컬렉션 목록 등을 이용할 수 있다.

(4) 데이터베이스

다음 데이터베이스는 국제교육국 홈페이지를 통하여 접속할 수 있으며 교육에 관한 최대한의 정보를 제공한다.

① INNODATA

교육 혁신에 관한 국제 데이터베이스이다. 이 데이터베이스의 초점은 초·중·고 교육 방안과 방법의 혁신이다.

② World Data on Education(WIDE)

WIDE는 공교육제도의 구성과 기능의 주요 성격에 대해 설명하고 있다.

③ Country Dossiers

이것은 교육에 관한 각종 정보를 통합하기 위하여 만들어졌다. 이것은 이용자를 각 나라에 신속히 접속할 수 있도록 허용한다.

④ Global Curriculum Bank for HIV/AIDS Preventive Education

전 세계 초·중·고등학생을 상대로 HIV/AIDS 예방 교육자료를 수집, 분석, 배포 하는데 중점을 두고 있다.

⑤ RelatED

새로운 데이터베이스로, 전 세계에서 선택된 학교가 중심이 되어 만든 방안을 다룬다.

⑥ IBEDOCS(IBE Bibliographic Catalogue)

1971년 이후 발행된 문헌, 간행물, 저널 제목과 기사, 리포트, 도서의 참고목록이다. IBE 간행물 내용 전체와 국제교육회의 문헌을 볼 수 있다.

ICAO
International Civil Aviation Organization
국제민간항공기구

1) 소재지

주   소 1000 Sherbrooke Street West, Montreal, Canada, H3A 2R2

전   화 1 514 285 8221

홈페이지 http://www.icao.org

Executive Secretary(사무총장) : Mr. Costa Pereira, Brazil

President of the Council(이사회 의장) : Dr. Assad Kotaite, Lebanon

2) 설립연혁

1944년 12월 7일 시카고 국제민간항공회의에서 국제민간항공협약(시카고협약)이 서명되었으며, 이후 잠정적으로 운영되다가 1947년 4월 4일 26개국이 동 협약을 비준함에 따라 정식 발족하였다.

3) 설립목적

- 세계전역을 통하여 국제민간항공의 안전하고 정연한 발전을 보장
- 평화적 목적을 위한 항공기의 설계와 운송기술을 장려
- 국제민간항공을 위한 항공로, 공항 및 항공시설 발전 촉진
- 안전하고 정확하며 능률적이고 경제적인 항공운송에 대한 세계 각국 국민의 요구에 부응
- 불합리한 경쟁으로 발생하는 경제적 낭비 정지
- 체약국의 권리가 충분히 존중되도록 하고 체약국이 모든 국제 항공기업을 운영할 수 있는 공정한 기회를 갖도록 보장
- 체약국간의 차별대우 금지
- 국제항공상의 비행의 안전 증진
- 국제민간항공의 모든 부문의 전반적 발전 촉진

4) 주요 사업

- 국제민간항공의 질서유지와 발전을 위한 정보교환 및 협력

- 평화적 목적을 위한 항공기의 설계 및 운송기술 장려

- 부속서에 반영할 국제표준과 권고사항을 채택

- 정기·부정기 항공운송에 관한 국제협정, 국제항공운송의 간편화, 과세정책, 국제항공우편, 공항과 항로시설 관리, 통계, 경제 분석, 계획수립을 위한 예측, 항공운송과 운임의 규제, 항공운송에 관한 간행물 발간 등

- 시카고협약 해석과 개정, 국제항공법, 국제민간항공에 영향을 미치는 사법 관련 제반 문제를 검토하고 권고사항을 입안

- 항공기 사고 조사 및 방지, 항공통신과 정비, 항공기상업무, 공항기술, 정비, 구조 및 소방, 항공보안, 언어 등

- 국제민간항공에 대한 불법간섭 방지

- 기타 중요한 국제민항정책 토의

5) 조 직

- 총회: 3년마다 개최

- 이사회: 33개국(임기 3년)으로 구성
- 이사회 의장: Dr. Assad Kotaite(레바논), 1976년부터 6차 연임 중
- 연간 2-3개월간 지속되는 정기이사회 3차례 개최

- 전문위원회: 이사회의 보조기구로서 불법납치방지위원회 등 8개

- 사무국: Mr. Renato Claudio Costa Pereira(브라질) 사무총장(1997년 8월 취임, 임기 3년)

- 지역사무소: 역내 항공문제를 다루기 위하여 7개 지역에 사무소를 설치 운영

6) 한국과의 관계

- 가 입: 1952년 12월 11일

- 분담금: 2000년 801,570불(전체의 1.65%)

- 주요 활동 사항
- 1953년 제 7차 총회 때부터 대표단 파견
- 1993년 주 몬트리올 총영사를 ICAO 상주대표 겸직 임명
- 이후 각종 관련회의에 참석 중, KAL 007기 격추 사건을 ICAO 측에서 재조사

- 1993년 6월 14일, ICAO 이사회에서 최종 보고서를 채택

7) 정보원

(1) 정보배포정책

ICAO의 정보원은 크게 온라인상에서 유료로 제공되는 정보원과 무료로 배포되는
정보원으로 나뉘어 진다. 유료 정보원은 'e-Commerce' 섹션에서 다뤄지며, 무료 정
보원은 'Free Publications'에 별도로 정리되어 있다.

(2) 정보자료

ICAO 홈페이지의 정보원은 유료와 무료로 나뉘어 있으므로 ICAO 출판물에 대한
일반적인 정보를 찾기가 어렵다. 우선 ICAO 출판물에 대한 간략한 소개와 검색기
능 등을 원한다면 'Publications'를 클릭해서 'eCommerce'의 'Online Ordering'을 클
릭하면 된다.

① eCOMMERCE

위에서 언급했던 유료 온라인 정보원을 다루는 섹션이다. 아래의 항목으로 분류되
어 있다.

- Catalogue of ICAO Publications and Audio-visual Training Aids
  ICAO 출판물과 시청각 훈련 자료들의 전체 목록이다. 매달 갱신되며 원하는 언
  어를 선택하여 PDF 형식으로 볼 수 있다.

- CD-ROMs

  CD-ROM은 상단의 스크롤바 메뉴를 통해 원하는 제목을 클릭하면 해당 자료로 이동하게 된다. CD-ROM 제목, 연도, ISBN 번호, 사용언어, 크기, 가격, 출판사, 저작권 등의 관련 정보와 함께 'Order Now'를 클릭하면 쇼핑카트를 이용해 주문할 수 있다. 주문하기 전에 'Online Ordering' 섹션을 통해 주문방법을 숙지한다.

- Directory of National Civil Aviation Administrations

  데이터베이스를 이용하기 위해서는 구독신청이 필요하다. 우편이나 dgca@icao.int 를 통해 신청을 해야 하며 구독신청 방법과 신청양식이 PDF 형식으로 제공되어 있다.

- ICAO eSHOP

  ICAO eSHOP은 온라인 정보서비스로서 희망자는 'Subscribe'를 클릭해서 온라인 신청양식을 기입하고 연간 사용료를 지불하면 아래의 출판물을 이용할 수 있다.

- International Conventions and Protocols
- Annexes to the Convention on International Civil Aviation
- Air Traffic Management
- Annual Reports of the Council

각 자료마다 책정된 사용료가 다르기 때문에, 원하는 자료만 선택해서 구독신청 하도록 한다.

- ICAODATA Website

  이 홈페이지는 항공수송산업에 대한 통계자료를 담은 데이터베이스이다. 상업적인 항공운송업자들을 위해 선박, 교통 운임, 인사, 재정 등의 정보와 Traffic by Flight Stage(TFS) 정보도 제공한다. 이용하려면 무료 이용 신청을 하면 된다. ICAODATA Website의 왼쪽 메뉴에 'Free Trial'을 클릭하면 신청서를 작성할 수 있다.

- ICAO Publications ISBN/ISSN Codes

ICAO 전체 출판물 목록은 물론, 출판 번호와 ISSN, ISBN 번호에 따른 목록이 제공된다. ISBN 번호를 클릭하면 초록 등의 자세한 서지정보를 얻을 수 있다.

- Online Ordering

  ICAO 출판물에 대한 소개부터 온라인 주문 방법과 신청양식, 검색과 훑어보기, 저작권, 배송상태, 현지 구입처 등의 정보를 담고 있다. 주문관련 정보뿐 아니라 ICAO 출판물에 대한 전반적인 소개와 자세한 검색기능이 제공되어 편리하다. 검색은 출판 번호나 제목, 주제어 검색을 통해 필요한 출판물에 접근할 수 있으며 원하는 언어를 선택한 다음 'Shopping Cart'에 담으면 된다. 'Browsing'를 클릭하면 아래의 분류에 따라 출판물에 접근할 수 있다.

- Agreements and Arrangements
- Air Navigation
- Air Transport
- Annexes to the Convention(SARPs)
- Assembly
- Audio-visual Training Aids
- Conventions and Related Acts
- Council
- ICAO Rules of Procedure and Administration
- Legal
- Miscellaneous Publications
- Procedures/Air Navigation Services(PANS)
- List All Documents and Subcategories

- Sales Agents

  ICAO 본부의 문헌판매 담당 연락처를 비롯하여 지역 사무소, 각 나라의 배급업자 연락처를 알 수 있다.

- Shipping and Handling Charges

  배송비와 취급수수료에 대한 설명이 나와 있다. 최소 운송비는 US $20이다. 주문 후 4일 후부터는 주문을 취소할 수 없다.

② Free Publications

아래와 같이 무료로 제공되는 출판물이 있다.

- Aviation Training Directory

  전 세계 470여개의 민간 항공 훈련기관이 목록으로 정리되어 있다. 검색 기능을
  이용해 원하는 기관을 찾아볼 수도 있고, 팩스나 우편으로 신청서를 작성해 보
  내면 자신의 기관을 등록시킬 수도 있다.

- Aircraft Type Designators

  항공 서비스로 가장 흔하게 사용되는 항공기들에 대한 정보를 정리한 무료 데
  이터베이스이다. 제작업체, 모델명, 엔진종류 등으로 검색할 수 있다.

- ICAO Doc Series

  ICAO의 회의, 정책문헌, 지침서 등의 문헌목록이다.

- ICAO Journal

  1985년부터 현재까지 두 달에 한 번씩 발행되고 있는 ICAO 연속간행물이다.
  ICAO의 근황과 회원국 및 세계 항공업계의 최근 소식을 전해준다.

- Miscellaneous Publications

  기타 ICAO에 관한 정보책자 및 규정집 등의 목록이다.

③ Depository Libraries

ICAO 기탁도서관 목록이 각 나라의 알파벳순으로 나와 있다. 우리나라에도 기탁도
서관이 있다.

④ Forms

- Statistical Air Transport Reporting Forms

  최근 개정된 보고방식 안내를 포함한 Air Transport Reporting(ATR) 양식 목
  록이다. ICAO는 회원국과 기타 보고기관들에게 온라인 보고 방식을 권장하고
  있다.

(3) 한국 내 기탁도서관

① 국립중앙도서관

주　　소　서울 서초구 반포동 산 60-1 (137-702)

전　　화　02 535 4132

팩　　스　02 590 0530

전자우편　webadmin@mail.nl.go.kr

홈페이지　http://www.nl.go.kr/

자료유형	기증자료 및 기증액	
정기간행물	1종	-
웹 정보원	4종	free publications

ICJ
International Court of Justices
국제사법재판소

---

1) 소재지

주　　소　Peace Palace, 2517 KJ The Hague, The Netherlands

전　　화　31 0 70 302 2323

팩　　스　31 0 70 364 9928

전자우편　information@icj-cij.org

홈페이지　http://www.icj-cij.org/

2) 설립연혁

ICJ는 UN의 주요 법적 기관으로 1946년 상설 국제사법재판소(Permanent Court of

International Justice)를 그대로 계승하여 설립되었다. 국제재판소로서는 가장 완비된 것이며, 국제성과 상설성을 갖는다.

3) 설립목적

ICJ의 목적은 각 나라가 제출한 법적 분쟁을 국제법에 따라 해결하고 국제적 기관에 의해 제기된 법적 질문에 권고안을 제공하는 것이다.

4) 주요 사업

재판소의 구성·권한·재판절차·국제법규·조약에 관한 자문과 국가간의 분쟁을 처리하며, 판결은 구속력을 가진다. 사건마다 당사국간에 개별적으로 행해지는 중재재판과는 다르다. 재판소의 관할권은 당사국이 재판소에 부탁하는 모든 사건 및 국제연합헌장과 기타의 조약에 규정된 모든 사항에 미친다. 그러나 모든 분쟁에 대한 의무적 관할권(강제 관할권)을 갖는 것이 아니라 임의적 관할권을 가질 뿐이다. 재판의 준칙은 조약·국제관습·법의 일반원칙 및 법규 결정의 보조수단으로써의 판결과 학설이며, 당사자의 합의가 있는 경우에는 형평성을 적용할 수 있다. 판결은 재판관의 다수결에 의하며, 당사국을 법적으로 구속한다. 상소는 인정되지 않으나, 재심제도가 있다. 판결이 이행되지 않는 경우에는 안전보장이사회가 개입할 수 있게 되어 있다. 국제사법재판소는 본래의 재판 이외에 권고적 의견을 부여할 권위를 갖는다. 권고적 의견에는 법적 구속력이 없으나, 그 절차는 재판절차가 준용되며, 실제에 있어서 권고적 의견은 존중되고 있다.

5) 조 직

재판관은 15명, 임기는 9년, 판사 전원의 출석으로 개정되며 정족수는 9명이다. 3년마다 총회와 안전보장이사회에서의 선거에 의하여 5명씩 갱신(更新)되며, 재선(再選)도 가능하다. 재판관 중에 사건당사국의 국적을 가진 재판관이 없는 경우에는 그 당사국은 자국의 국적을 가진 자를 재판관으로 선정할 수 있다. 이것을 국적재판관(또는 임시재판관)이라고 한다. 국제연합 가맹국은 당연히 재판소 규정의 당사국이 되며, 기타의 국가도 안전보장이사회의 권고에 의거하여 총회가 각각의 경우에 결정하는 조건에 따라서 당사국이 될 수 있다.

6) 정보원

(1) 정보배포정책

ICJ의 정보자료는 ICJ가 담당하는 국제 분쟁 사례에 관한 각종 문헌이나 연간보고서 등으로 이루어져 있으며, 아직 온라인 데이터베이스나 검색서비스(준비 중)는 제공되고 있지 않다. 'Dockets', 'Decisions', 'Basic Documents', 'Publications' 메뉴를 통해 정보자료의 서지 정보와 원문을 찾아 볼 수 있다.

(2) 정보자료

① Dockets

진행 중이거나 미결 재판에 대한 재판경과기록을 담고 있으며 원문 보기가 가능하다.

② Decisions

소송 사례(Contentious Case), 권고 사례(Advisory Case)의 판결 요약문이나 원문을 제공한다.

③ Basic Documents

- 기초 법률 문헌(Constitutive Instruments)
- 기초 법률 문헌(Constitutive Instruments)
- 유엔 헌장(Charter of the United Nations)
- ICJ의 법령(Statute of the Court)
- ICJ의 규정(Rules of Court)
- 실무 요령(Practice Directions)
- 기타 문헌

- ICJ의 재판권에 대한 기초 문헌(Bases for Jurisdiction of the Court)

④ 출판물

ICJ 출판물은 5가지로 나뉘어 진다. 주문은 United Nations Publications나 Distribution and Sales Section으로 신청하면 된다.

- Judgements, Advisory Opinions and Orders

  1. Contentious Cases

  2. Advisory Cases

  이 시리즈에는 법원의 판례가 영어와 불어로 수록되어 있다. 매 판결은 실시되는 즉시 분책으로 출판된다. 매해 1월에 전해의 판례들의 색인집이 출판되며 개별적으로 판매된다. 색인집과 판결을 담은 분철 또한 구입 가능하다. 조사 당시 색인집과 한 해 동안의 판례의 모음집도 출판 준비 중이다.

- Pleadings, Oral Arguments, Documents

  1. Contentious Cases

  2. Advisory Cases

  각 사례가 종료됨에 따라 출판물에는 영어 혹은 불어의 원어에 따른 문헌을 포함시켜 출판이 된다. 여기에는 진술과 구술 자료를 비롯하여 판례의 종결 이전에 제출된 모든 자료가 포함된다.

- Acts and Documents

  조사 당시 5호가 가장 최근 발행되었으며 UN헌장과 현재의 법령이 포함되어 있다.

- Yearbook

  매해 8월 1일부터 다음 해 7월 31일까지의 법원의 업무를 담은 연감이 영어와 불어로 발행된다.

- Bibliography

  법원 업무와 관련된 서지정보를 담은 출판물 목록이 정기적으로 발행 된다.

ICSC
International Civil Service Commission
국제공무원위원회

1) 소재지

주   소   Two United Nations Plaza, 10th Floor, New York, N.Y. 10017, U.S.A.

전   화   1 212 963 5465

팩   스   1 212 963 0159

홈페이지   http://icsc.un.org

2) 설립목적

유엔공동시스템 직원의 근무 조건을 규정, 조정하는 반면에 높은 수준의 국제 시민 근무조건 장려와 유지를 위해 유엔 총회에 의해 설립된 유엔 전문기구이다.

3) 주요 사업

모든 직원의 고용조건에 관여하나, 어느 한 분야에서 ICSC가 가지는 권한은 제한적이다. 직위 적응 일정이나, 생활비 책정 등에 대해서는 ICSC가 결정을 내릴 수 있다. 전문직 연봉, 교육비 지원 등의 문제에 있어서는 유엔 총회 등에 건의를 하기도 한다.

4) 정보원

(1) 정보배포정책

ICSC의 정보원은 유엔 직원들의 근로 조건들에 대한 내용 위주로 구성되어 있다. 따라서 학술적인 접근이라든지, 대규모 출판물은 없는 대신, 실제적인 정보가 많다. 특히 'UN Common System Data'란을 통해 일괄적인 정보서비스를 제공하고 있다.

(2) 정보자료

'Information Resources'란에 ICSC의 정보원이 정리되어 있기는 하나, 정보원 항목 모두 'UN Common System Data' 페이지로 이동된다. 즉, 'UN Common System Data'란에서 ICSC의 정보원 목록을 한 눈에 볼 수 있다.

① UN Common System Data

- General

  ICSC 소책자나, 행동 규정, 절차 규정, 봉급과 혜택 등 기본적인 유엔 직원 근로 조건에 대한 정보원들의 목록이다. 각 항목을 클릭하면 PDF 형식의 새창이 뜬다.

- Booklets

  인적 자원 관리, 직위 적응 일정 등의 소책자 목록이다.

- Annual Reports

  1990년부터 현재까지 ICSC의 연간보고서 목록이다.

- Cost of Living

  UN 파견지역의 통화율 정보를 담은 Retail Price Index 등이 있다.

- Salaries, Allowances and Benefits

  연봉 범위에 대한 정보원이 있다.

② Newsroom

2003년부터의 보도자료 목록이다.

IDA
International Development Association
국제개발협회

1) 소재지

주   소   The World Bank 1818 H Street, N.W.Washington, DC 20433, U.S.A.

전   화   202 473 1000

팩   스   202 477 6391

홈페이지   http://web.worldbank.org/WBSITE/EXTERNAL/EXTABOUTUS/IDA
/0,,contentMDK:20051270-menuPK:83991-pagePK:51236175-piPK:4373
94-theSitePK:73154,00.html
(World Back Group 홈페이지의 'About Us'의 한 섹션이다)

2) 설립연혁

국제부흥개발은행(IBRD)의 자매기구로서 IBRD보다 더 신축적인 조건으로 차관을
공여하기 위해 1960년 9월에 설립되었다. 회원국이 되려면 먼저 세계은행에 가입해
야 하며 임원진도 세계은행의 임원이 겸임한다. 재원은 부유한 회원국들의 기부금
과 세계은행의 수익금을 전환하여 충당한다.

3) 설립목적

저소득 국가의 경제개발과 생산성 향상을 목적으로 설립되었다.

4) 주요 사업

저소득 국가의 경제 발전을 위한 융자 발급이 주요 사업이며 상환기간은 35년에서
40년으로 10년 거치 후, 다음 10년간은 매년 원금의 1%, 나머지 30년간은 3%씩 갚

으며, 무이자에 매년 0.75%의 수수료만 지불하면 된다. 또한 차입국 국제수지에 미치는 영향을 고려하여 차입국 통화로 상환할 수도 있다. 융자대상국은 2000년도 기준으로 1인당 국민총소득(GNI)이 885달러 이하의 국가로서 현재 앙골라·캄보디아·네팔·알바니아·온두라스 등 전 세계 약 79개국이 수혜하고 있다.

5) 정보원

(1) 정보배포정책

IDA는 세계은행의 산하기구로서 세계은행의 홈페이지와 정보서비스를 공유한다. IDA 독자적인 정보원은 거의 찾아보기 힘들다. 홈페이지 상에서 제공되는 정보원은 IDA 설립 협정 문헌이나 몇몇 보고서들 정도이다.

(2) 정보자료

① 세계은행 홈페이지의 IDA 섹션 중에서 'Background'란의 'Articles of Agreement'는 IDA 설립협정서 전문을 제공하고 있다. PDF 형식의 원문은 물론 목차별로 원하는 항목의 링크를 따라가도 원문을 볼 수 있다.

② 'IDA Replenishment'란은 IDA 재원 확충에 관한 설명이 나와 있으며 내용 중에 관련 회의록이나 보고서도 게재되어 있어서 해당 항목을 클릭하면 PDF 형식의 원문으로 연결된다.

③ 'Reports'란에는 IDA 기금 분배나 재원 확충에 관한 보고서들이 목록으로 정리되어 있다. 해당 보고서를 클릭하면 PDF 형식의 원문으로 연결된다.

IFAD
International Fund for Agricultural Development
국제농업개발기구

1) 소재지

주   소 Via Del Serafico 107, 00142 Rome, Italy

전   화 39 6 54591

홈페이지 http://www.ifad.org

President   Mr. Lenart Bage(스웨덴, 2001년 2월 재임)

2) 설립연혁

1974년 세계식량회의(WFC)의 결의에 의거하여 1977년 12월 11일 창립되었다.

3) 설립목적

유엔 전문기구로서 개도국의 농업개발 계획에 대한 재정 지원이 목적이다.

4) 조 직

- 회원국: 약 162개국. IFAD 회원국은 3부류로 구분
  ① 선진국 23개국 ② 산유국 12개국 ③ 기타 개발도상국 127개국
- 총회(Governing Council): 매년 1월 개최(1998, 1999년은 2월 개최)
- 집행이사회(Executive Board): 18개 정이사국 및 18개 교체이사국으로 구성(이사국 임기: 3년)
- 사무국

5) 주요 사업

회원국 중 선진국과 산유국은 IFAD 기금의 재원을 충당할 의무를 갖는 한편, 세 번째 부류인 피 원조국들은 IFAD 회원국이긴 하나, 재원 충당에 기여는 할 수 있어도 이를 의무로 하지는 않는다. IFAD의 기금은 개도국의 농업개발 재원대출, 기술지원 보조프로그램 지원 등의 사업을 통해 개발도상국의 식량생산을 높이고, 가난하거나 땅이 없는 농부들에게는 일감을 주고, 세계적으로 영양실조에 걸린 사람의 수를 줄이기 위해 사용된다.

6) 한국과의 관계

- 1978년 1월 창설 회원국으로 가입

- 한국은 정이사국(1987-1989년, 1994년)과 교체이사국(1981-1983년, 1995-1996년)을 역임

- 한국 기여금 규모
- 창립 기금: 1977. 11. 20만불 (0.02%)
- 1차 기금: 1981-1983, 29만불 (0.02%)
- 2차 기금: 1984-1986, 30만불 (0.06%)
- 3차 기금: 1987-1990, 200만불 (0.35%)
- 4차 기금: 1995-1997, 250만불 (0.58%)
- 5차 기금: 조성계획에 따라 2001-2003년간 250만불 기여 예정
※ 한국은 IFAD로부터 대출실적 전무

- IFAD의 대북지원
- 양잠업개발사업(1995년 승인), 축산 및 곡물개발사업(1997년 승인) 등 시행
- 현재 북한 고지대 식량안보사업 시행중

7) 정보원

(1) 정보배포정책

IFAD의 정보원은 'Documents and Publications'라는 항목을 통해 소개되어 있다. 출판물과 공식문헌으로 나뉘어져 있으며 대부분의 원문 자료가 PDF 형식으로 무료로 제공된다.

(2) 정보자료

① Publications

IFAD 출판물은 다음과 같은 항목으로 이루어져 있다.

- New Titles
  신간 출판물 목록이다. 각 출판물이 제공하는 언어 옵션 중 원하는 언어를 클릭하면 PDF 원문으로 이동한다.

- Fact Sheets
  IFAD의 주요 주제나 IFAD 기금이 운용되는 나라들에 관한 정보책자 목록이다. 역시 PDF 원문이 제공된다. 아래와 같은 주제 분야에 대해 Fact Sheet가 제공되고 있다.
  - Conflict
  - Fighting Rural Poverty: The Role of ICTs
  - Indigenous Peoples
  - Linking Land and Water Governance
  - Livestock Services
  - Microfinance: Macro Benefit
  - Remittances
  - Women

IFAD Fact Sheet가 간행된 나라들은 방글라데시, 중국, 이집트, 가나, 인도, 요르단, 세네갈, 시리아, 탄자니아, 터키 등이다.

- Annual Reports

  1997년부터 현재까지 IFAD 사업 전반에 관한 연간 평가보고서 목록이다. 영어, 불어, 스페인어로 제공된다.

- Rural Poverty Report

  질병퇴치 프로그램이 성공하기 위해서는 시골 농촌 지역에 대한 연구가 선행되어야 한다는 IFAD의 신념에 따라 간행되고 있다. 시골 지역 빈곤층의 기술, 자연자원, 제도적 장치, 시장 등에 대한 포괄적인 분석과 지역별 평가를 싣고 있다. 현재 2001년도 판이 온라인상에서 제공되고 있다.

- IFAD Update

  빈곤과 개발에 관련된 정책과 실무에 대한 대화의 장 역할을 하며, 불규칙적인 연속간행물이다. 1997년부터 2002년에 발행된 11호까지 온라인상에서 볼 수 있다.

② Public Documents

1996년 정책결정에 의해 공개된 IFAD 운영 조직들이 발행한 공식 문헌들이다. 아래와 같은 항목으로 구성된다.

- Governing Council

  1998년부터 현재까지 공개된 총회 회의록 목록이며, 영어, 아랍어, 불어, 스페인어로 원문이 제공된다.

- Executive Board

  1998년부터 현재까지 공개된 집행이사회 회의 목록이며 영어, 불어, 스페인어로 원문이 제공된다.

- Replenishment

  2002년, 2005년에 각각 있었던 6회, 7회 IFAD 기금 확충에 관한 회의 문헌 목록이다. 영어, 아랍어, 불어, 스페인어로 원문이 제공된다.

- Evaluation Committee

  2000년부터 2004년까지 평가위원회의 회의 문서가 제공되고 있다.

- Country Strategic Opportunities Paper(COSOP)

  각 나라에서 IFAD 기금운용에 대한 전략과 IFAD 기금 마련 기회를 분석하는 보고서이다. IFAD가 대상으로 하는 각 나라별로 주요 보고서와 집행이사회의 요약문이 PDF 형식으로 제공되고 있다.

- Policy Documents

  농업과 농촌 개발, 농촌 산업, 농촌 투자를 통한 영양 보충, 대출기간 설정 등 다양한 IFAD 정책에 관한 보고서 목록이며 역시 PDF 형식의 원문을 볼 수 있다.

- Basic Documents

  IFAD 설립협정서부터 재원대출 원칙, 프로젝트 감사 지침서 등 IFAD 기본 문헌들이다. 영어, 불어, 스페인어 등 여러 언어로 원문이 제공된다.

③ Restricted Documents

위의 문헌들 중 내부 공개용 문헌들이다. 외부인은 목록은 볼 수 있지만 원문에 접근할 수 없다.

IIEP
International Institute for Education Planning
세계교육계획기구

1) 소재지

주   소 International Institute for Educational Planning 7-9,
         rue Eugène-Delacroix 75116 Paris, France

전   화 + 33 1 45 03 7700

팩   스 + 33 1 40 72 8366

홈페이지 http://www.unesco.org/iiep

2) 설립연혁

1962년 12월 유네스코 총회는 결의문을 채택하여 교육계획 분야에서의 진보적인 훈련과 연구를 위하여 세계교육계획기구(IIEP)를 발족시켰다. IIEP는 행정상으로는 유네스코의 부속기구에 불과하지만 독자적인 집행위원회에서 정책과 계획을 규제·통합한다.

3) 설립목적

IIEP의 설립목적은 각 나라의 교육 계획과 관리 역량을 강화하는 것이다.

4) 주요 사업

- 교육 전문가들과 교육 관료들 교육
- 정책입안자들을 기술적, 방법적으로 지원하기 위한 연구 활동
- 국가별 특수 상황에 맞춰 회원국에게 봉사

5) 정보원

(1) 정보배포정책

IIEP는 교육기관답게 정보원 생산이 큰 비중을 차지하고 있다. 1963년부터 연구보고서, 사례집, 세미나, 단기 훈련 코스, 워크숍 보고서 등 1,400여건의 정보원을 출판한 바 있다. 또한 소식지 등 국제적 협력관계 구축을 위한 정보원도 발간하고 있다.

(2) 정보자료

① Publications

- Search

  IIEP 출판물 검색서비스로서 단어 검색이나 주제어, 저자, 출판년도 등의 상세 검

색을 이용할 수 있다. 모기구인 UNESCO 문헌까지 확대해서 검색할 수도 있다.

• Catalogue

IIEP 출판물의 전체 목록을 원한다면 신청 양식을 기입해서 보내면 우편으로 받아볼 수 있다.

• Recent Titles and Top Downloads

최근 출판물 목록이다. 상당수는 무료로 온라인 원문보기가 제공된다. 무료 온라인 원문이 제공되는 출판물 중 일부는 UNESCO에서 인쇄본을 구입할 수 있으며 구매를 위해 서지정보 및 ISBN 번호가 각 출판물마다 제시되어 있다.

왼쪽 메뉴에는 출판물의 주제 분야가 다음과 같이 정리되어 있어 주제별 접근이 가능하다.

- Global Issues
  ◦ General Studies
  ◦ Development Issues
  ◦ HIV/AIDS and Education
  ◦ Education in Emergencies
  ◦ Ethics and Corruption
- Administration and Management
  ◦ Administration of Education
  ◦ Distance Education
  ◦ Information and Communication Technologies
  ◦ Information and Statistics
  ◦ School Mapping and School Building
  ◦ Teachers
- Economics of Education
  ◦ Economics of Education
  ◦ Education & Employment
  ◦ International Co-operation

- Quality of Education
  - ◦ Quality of Education
  - ◦ Supervision
- Levels of Formal Education
  - ◦ Pre-school, Primary and Basic Education
  - ◦ Secondary Education
  - ◦ Science Education
  - ◦ Technical and Vocational
  - ◦ Higher Education
- Alternative Strategies
  - ◦ Adult and Lifelong Education
  - ◦ Disadvantaged Groups
  - ◦ Education in Rural Development

- How to Order

  위의 'Recent Titles'에서 유료 출판물의 경우는 IIEP에 전자우편을 보내서 직접 주문하거나 UNESCO에서 온라인 구매가 가능한 출판물의 경우 UNESCO 홈페이지에서 주문하는 것이 더 편리할 수 있다. 'How to order'란에 주문 방법 및 지불 방법에 대한 자세한 설명이 나와 있다.

- Depository Libraries

  전 세계에 190개의 기탁도서관이 무료로 IIEP의 출판물을 제공받고 있다.

② Newsletter

1997년부터 현재까지의 IIEP 소식지를 PDF 형식으로 다운로드 받을 수 있다.

③ Documentation Centre

1963년에 지어진 IIEP의 'Document Centre'는 EPIDOC 데이터베이스를 바탕으로 28,000여건의 문헌정보원을 보유하고 있다. 소위 '회색문헌'이라고 하는 미 출판된 전문가를 위한 서적들이 많이 있다. 교육 평등, 교육과 고용, 교육평가, 직업 훈련 등에 관련된 주제들을 다루고 있다. 온라인상에서는 'EPIDOC Search'란에서 EPIDOC 데이터베이스를 이용해 IIEP의 정보자료들을 검색해 볼 수 있다. 또한 'Journals'란에서 IIEP가 구독하고 있는 정기간행물 목록도 볼 수 있으며 각 간행물의 홈페이지로 연결되어 있다. 그러나 대부분 구독 신청을 해야만 접근할 수 있다.

ILO
International Labour Organization
국제노동기구

1) 소재지

주　　소   4 Route Des Morillons, 1211 Geneva 22, Switzerland

전　　화   + 41 22 799 6111

홈페이지   http://www.ilo.org

Diretor General: Juan Somavia, Chile (1999-2004, 2004-2009)

2) 설립연혁

1919년 베르사이유 평화회의에서 국제연맹산하 독립기구로 설립되어, 1946년 UN 전문기구로 편입되었다.

3) 설립목적

세계노동자의 노동조건을 개선함으로써 사회발전과 세계평화에 기여하는 것이 본 기구의 설립목적이다.

4) 주요 사업

- 기본 인권 향상, 생활수준 향상, 근로조건 개선 등을 위한 국제 정책과 프로그

램 개발

- 국제 노동 기준 마련과 적용 감독

- 국제 기술협력을 위한 포괄적인 프로그램 개발

- 위의 사업 추진을 돕는 훈련, 교육, 연구, 출판 활동

5) 조 직

- 회원국: 177개국(2004년 10월 현재)

- 총 회: 노·사·정 3자 대표로 구성, 협약 및 권고 심의·채택, 회원국 가입 승인, 예산 및 분담금 결정

- 이사회: 노·사·정 대표 56명(임기 3년)으로 구성, 총회 및 기구운영에 관한 사항 토의

6) 한국과의 관계

한국은 1991년 12월 9일 ILO에 가입하였다. ILO 가입 이전에도 제 68차(1982년) ILO 총회부터 공식 옵서버로 참가하여 왔다.

7) 정보원

(1) 정보배포정책

ILO의 홈페이지는 메뉴들을 한 눈에 파악하기 어려운 구조로 되어 있으므로 'Site Map'을 이용해 필요한 항목으로 이동하는 것이 편리하다. 'Site Map'을 보면, 'Information Resources' 섹션을 통해 정보원을 소개하고 있는데, 'Public Information', 'Publications', 그리고 'Information Services Network and ILO Databases' 등의 항목으로 이루어져 있다. 출판물의 경우 대부분 유료로 원문을 제공한다.

(2) 정보자료

① Public Information

Public Information은 'Department of Communications'의 페이지에 나와 있으며 보도자료, 연설문, 행사 일정 등의 일반 대중을 위한 정보원들이 제공되어 있다. 세부항목은 다음과 같다.

- Press Releases
  1995년부터 현재까지의 보도자료, 2003년부터 현재까지의 기획 기사(Featured Articles), 2004년부터 현재까지의 i-News, 1999년부터 현재까지 각종 행사에서의 사무총장 연설, 성명을 모은 Director-General's Statements 등으로 이루어져 있다. 각 기사를 클릭하면 원문이 제공된다.

- Fact Sheets
  아프리카의 빈곤, 청소년 고용, 이주민 노동, 소규모 광업, 사회 보장 등 ILO 관련 이슈들에 대한 객관적인 정보 책자이다. 각 주제를 클릭하면 PDF 형식의 원문이 나타난다.

- World of Work Magazine
  Department of Communications는 일년에 세 번 발행하는 연속간행물로, ILO의 공식 문헌은 아니다. 'Articles On-line'란에서 현재 홈페이지에 게재되어 있는 기사들을 보거나, 'Print Edition'란에서 PDF 형식의 원문을 볼 수도 있다. 지난 호도 검색해서 볼 수 있다. 독일, 핀란드, 스웨덴, 일본, 덴마크 등의 지역판도 'Regional Edition'에 제공되어 있다.

- 그 외의 항목으로, 'ILO on the Air'는 지난 2001년부터 현재까지 *CNN*이나 *Euronews* 등이 방송한 ILO 관련 비디오 영상의 목록이고, 'Events & Campaigns'는 최근 ILO 행사 일정 란이며, 'Photo Gallery'는 사무총장의 사진 목록을 보거나, 어디에(where), 무엇을 하는(what), 누구(who)의 항목에 따라 원하는 사진을 검색할 수 있다. ILO 관련 출판물이나 기사를 작성하는 언론인, 방송국, 기관이 전자우편을 통해 이용허가를 요청하면 이들 사진을 이용할 수 있다.

② Publications

ILO 출판물은 단행본, 보고서, e-book, 훈련교재, CD-ROM, 비디오 등의 다양한 형태를 통해 노동과 고용 관련 주제들에 대한 대중의 인식을 높이기 위해 제작된다. 'Sitemap'을 통해 'Publications' 페이지로 이동하면, 신간 정보와 함께, 다양한 출판물 검색 방법과 주문 방법, 출판물 목록과 지역별 출판물 등의 항목이 나타난다. 'How to Order' 항목에 자세히 나와 있듯이 대부분의 출판물이 유료로 제공되며 'Shopping Cart' 시스템을 이용하여 구입 신청을 할 수 있다. 구체적인 항목은 다음과 같다.

- How to Order
  쇼핑카트를 이용한 구입방법, ILO 출판물을 취급하는 서점 및 배급기관에 대한 문의처, 출판물 세일 문의처, 그리고 통상관련 출판물이나 학술지의 검토를 위한 복사 신청 문의처, 인용 및 재생산 관련 규정 등의 정보가 나와 있다.

- Titles Alphabetically & Titles by Subject
  먼저 출판물 목록을 보고 싶으면 'Titles Alphabetically' 항목을 클릭하면 된다. 'Titles by Subject'는 주제별 출판물 목록을 제공하는데 주제 분류는 다음과 같다.
- Child Labour
- Employment
- Gender Issues and Women at Work
- International Institute for Labour Studies
- Labour Issues
  ∘ Director General Reports
  ∘ Migration
- Labour Statistics
- Management and Training
  ∘ Microfinance
- Social Protection
- Occupational Safety & Health and Working Conditions
  ∘ Construction

- ◦ Crisis and Reconstruction
- ◦ Maritime
- Reference
- Sectoral Activities
- International Labor Conference Reports

각 주제를 클릭하면 해당하는 출판물 목록이 나타난다.

- Online Catalogue in PDF Format & ILO Insight

전체 목록이 보고 싶다면, 'Online Catalogue in PDF Format'을 클릭하면 된다. 만약에 더욱 자세하고 체계적인 목록 서비스를 원한다면 'ILO Insight'를 이용하면 된다. 천권이 넘는 ILO 정보원을 보유하고 있는 'E-collection' 서비스로서 유료이며, 30일 무료 시험 서비스를 이용할 수 있다.

- Publications Available Online

온라인 원문이 제공되는 출판물 목록이며 역시 가격이 부과된다.

- Subscriptions

Bulletin of Labor Statistics 등의 ILO의 연속간행물을 구독하고 싶다면, 'Subscriptions'를 선택하여 원하는 연속간행물을 'cart'에 추가하면 된다.

- Reproduction and Translation Rights(How to Order 항목의 하위 메뉴)

ILO 출판물의 인용과 재생산에 대해서는 ILO 홈페이지에서 배포하는 허가 요청 양식을 기입하여 다음의 주소로 보내야 한다.

Bureau of Publications, Rights and Permissions, International Labour Office, CH-1211 Geneva 22, Switzerland

구체적인 신청양식 항목과 규정에 대해서는 아래의 홈페이지를 참고하면 된다.

URL: http://www.ilo.org/public/english/disclaim/reqpubl.htm

- Special Offers

할인가로 제공하는 출판물 목록이다.

③ Information Services Network and ILO Databases

'Sitemap'에서 'Information Services Network and ILO Databases' 항목을 클릭하면 'ILO Library'로 이동한다. ILO 도서관은 다양한 데이터베이스를 보유하고 있다. 그 중 대표적인 데이터베이스는 다음과 같다.

- CISDOC

  법률과 규정, 화학물 안전에 대한 데이터, 훈련자료, 학술지 기사, 단행본, ILO 회의 문헌 등 근로건강과 안전에 대한 약 50,000건의 서지정보를 갖추고 있다.

- ILOLEX

  75,000 여건의 ILO 문헌 원문을 보유하고 있는 국제노동기준에 대한 데이터베이스이다.

- KILM

  노동시장의 주요 지표에 대한 데이터베이스이다.

- Labordoc

  고용 및 근로에 대한 정보원 목록이다. 350,000 여건의 단행본, 학술지 기사, 보고서, 그리고 ILO 출판물 원문도 상당수 제공된다.

- Laborsta

  경제활동인구, 고용, 실업, 임금 등의 지표를 포함하고 있는 노동통계 데이터베이스이다.

- NATLEX

  노동, 사회보장 등의 국가법에 대한 정보를 볼 수 있다. 일부 원문도 제공한다.

전체 데이터베이스는 아래와 같은 주제 분야로 분류되어 있다. 각 주제를 클릭하면 해당 데이터베이스 목록이 나타난다. 이들 중 상당수는 외부 데이터베이스이므로 사용할 수 없는 것도 있다.

- Country and Regional Information
- Labour Legislation
- Labour Statistics
- Occupational Safety

- Social Security
- Terminology
- Vocational Training and Rehabilitation
- World of Work

- Library's Electronic Resources
  ILO 도서관이 제공하는 데이터베이스나 정보서비스의 링크 목록인데 대부분 ILO 직원이나 ILO 본부 건물 내에서만 접근이 가능하다.

- ILO Information Around the World
  전 세계 국가의 ILO 기탁도서관 목록이다. 알파벳순에 따라 국가명을 클릭하면 기탁도서관에 대한 정보와 홈페이지 링크가 제공된다. 우리나라에도 기탁도서관이 있다.

(3) 한국 내 기탁도서관

① 국립중앙도서관(National Library of Korea)

주   소 서울 서초구 반포동 산 60-1 (137-702)

전   화 02 535 4132

팩   스 02 590 0530

전자우편 webadmin@mail.nl.go.kr

홈페이지 http://www.nl.go.kr/

자료유형	기증자료 및 기증액	
단행본	43종	약 1백만원
정기간행물	10종	-
웹 정보원	1종	무료

② 경희대학교 수원캠퍼스 중앙도서관

주   소 경기도 용인시 기흥읍 서천리 1번지
          경희대학교 수원캠퍼스 중앙도서관

전　　화　031 201 3217, 3174

팩　　스　031 204 8111

전자우편　library@khu.ac.kr

홈페이지　http://library.khu.ac.kr

자료유형	기증자료 및 기증액	
단행본	47종	-
정기간행물	4종	-
온라인 DB	4종	-
전자저널	1종	-
CD-ROM	2종	-
웹 정보원	1종	-

③ 고려대학교

주　　소　서울시 성북구 안암동 고려대학교 도서관 (136-701)

전　　화　02 3290 1490

전자우편　libweb@korea.ac.kr

홈페이지　http://library.korea.ac.kr/index.jsp

자료유형	기증자료	
단행본	556종	623책
연간물	22종	1,374책
CD-ROM	2종	4책

IMF
International Monetary Fund
국제통화기금

1) 소재지

주   소 International Monetary Fund, 700 19th Street, N.W., Washington, D.C. 20431

전   화 202 623 7000

팩   스 202 623 4661

홈페이지 http://www.imf.org

2) 설립연혁

제 2차 세계대전 이후 전쟁의 주요 원인이었던 1930년대의 경제공황의 재발을 방지하기 위해 44개 정부 대표들이 1944년 미국 뉴햄프셔 주의 브레턴우즈에 모여 각종 경제협력 방안을 논의했고 이 결과 IMF가 설립되었다.

3) 설립목적

IMF는 세계무역 안정을 목적으로 설립한 국제금융기구이다. 이를 위해 국제적인 통화협력을 보장하고 환율을 안정시키며 현금 전환(轉換) 가능성, 즉 국제유동성을 확대시키기 위한 노력을 전개하고 있다.

4) 주요 사업

IMF의 주요 사업으로는 외환시세안정, 외환이동제한의 제거, 자금공여 등이 있다. 또한, 회원국의 금융당국들 사이에 지속적인 연락사무기능을 담당하여 자문협력 기구가 되었으며, 국제통화 전문 연구기관이자 통계정보센터의 역할을 하고 있다.

운영자금은 각국의 국제무역 규모, 국민소득액, 국제준비금보유량 등에 따라 회원
국 정부의 출자로 형성된다. 회원국은 일시적인 국제수지 불균형에 직면할 경우 그
들이 필요로 하는 외환을 IMF로부터 자국통화로 구입할 수 있다. 이러한 인출로
인해 발생하는 국제유동성 확대는 인출액을 상환할 때 다시 사라진다.

이 밖에도 회원국들의 일시적인 국제수지 불균형을 지원하기 위한 방편들이 추가
로 마련되었다. 첫째, 1952년 도입된 대기성차관협정(待機性借款協定: Standby
Arrangements)은 회원국이 실질적 필요를 예상해서 미리 대출한도액을 협상할 수
있도록 하는 내용이었다. 둘째, 1961년에는 10개국이 대기성 차관(Standby Credit)
을 제공하는 일반차입협정(General Arrangements to Borrow/GAB)을 맺었다. 셋
째, 1963년에 도입되어 1966년에 보편화된 장치로서 수출변동에 대한 보상금융
(Compensatory Financing of Export Fluctuations)제도가 있다. 이 제도는 개발도
상국이 갑작스런 수출액 감소에 직면했을 때, 외환을 통제하거나 극심한 불황을 겪
지 않고도 이에 대처할 수 있도록 해주는 방편이다.

국제거래의 규모가 확대되고 금융위기가 잇따라 발생함에 따라 국제수지 안정을 위한
준비금의 수요가 일어났다. 이와 같은 배경에서 1969년 10월 IMF 연례회의는 국제유
동성 공급을 영구적으로 확대시키는 특별 인출권(Special Drawing Rights: SDR) 창
설을 승인했다. SDR은 금이나 회원국들의 자국통화를 추가로 출자하지 않고도 사실
상 회원국들의 할당액(quota)을 증가시키는 효과를 가져왔다. 1986년 IMF는 세계은
행(IBRD)과 함께 세계에서 가장 빈곤한 나라들을 원조하기 위한 수십억 달러의 공
동대출자금(Lending Pool)을 새롭게 조성해 운영하기 시작했다.

5) 정보원

(1) 정보배포정책

IMF의 홈페이지는 'Publications'와 'News'의 정보원 섹션을 갖추고 있다. 최근
IMF의 정책이나 사업 현황을 알고 싶다면 'News', IMF의 사업 운영 및 통계 정보
를 얻고 싶다면 'Publications'로 이동하면 된다. 대부분의 자료가 온라인상에서 무
료 원문보기가 가능하다.

(2) 정보자료

① Publications

'Publications' 첫 페이지에는 제목, 저자, 주제별 검색 기능이 제공되어 원하는 자료를 검색할 수 있도록 했다. 좌우 메뉴에는 다양한 출판물 관련 항목이 구비되어 있는데 자세한 사항은 다음과 같다.

- Recent Titles
  최근 세 달간 간행된 출판물들이 날짜순으로 소개되어 있다. 제목을 클릭하면 간단한 서지정보와 PDF 형식의 전문, 그리고 인쇄본 가격 정보가 나와 있다.

- Periodicals
  뉴스레터, 학술지, 통계 간행물 등 30개에 가까운 다양한 연속간행물 목록이 나와 있다. 각 항목을 클릭하면 호별로 원문을 볼 수 있다.

- Research at the IMF
  회의록, 연구보고서, 정책보고서 등 IMF의 분석력을 향상시키고, 회원국에게 더 도움이 될 수 있도록 도와주는 연구 관련 간행물 목록이다. 대부분 원문이 제공된다.

- IMF Author Information
  알파벳 순서로 저자 목록이 제시되어 있다.

- Work in Progress
  현재 진행 중인 IMF 사업 경과에 대한 정보를 얻을 수 있는 곳이다. 곧 출간될 출판물의 내용을 미리 확인할 수 있다. 저자, 제목, 관련 분야별 검색이 가능하고 나라별, 지역별 선택적 검색도 가능하다.

- Country Policy Intentions Documents
  IMF 회원국의 경제, 재정 정책에 관한 정보를 얻을 수 있다. 회원국별로 Policy Framework Papers, Letter of Intent, Memoranda of Economic and Financial Policies, Poverty Reduction Strategy Papers, Interim Poverty Reduction

Strategy Papers 등의 자료가 제공되며, 각 간행물에 대한 소개는 왼쪽 메뉴에 나와 있다. 특히 'Letters of Intent' 섹션은 특정 국가가 IMF로부터 자금을 대출해 간 경제·재정적인 목적을 설명하고 있어 많이 이용된다. 위의 자료를 간행물별, 혹은 날짜별로 구분해서 보거나, 왼쪽 하단에 검색 기능을 통해 원하는 문헌을 검색할 수도 있고, 알파벳순으로 회원국명을 정리해 놓은 전체목록을 참고할 수도 있다.

- IFS Online Service

'International Financial Statistics Online Service'는 1948년부터 200개국이 넘는 지역에 대한 'Time Series'를 보유하고 있다. 이 서비스를 이용하기 위해서는 일정한 사용료를 지불하고 구독을 신청해야 하는데, 국적, 직업 등에 따라 가격이 다르게 책정된다. IFS 첫 페이지에는 이러한 가격 책정표가 상세하게 나와 있다.

- Publications Catalog for 2004-2005

2004년-2005년 동안의 IMF 출판물 목록이다.

- IMF Depository Library Program

전 세계에 걸친 IMF 기탁도서관 목록과 자격요건, 신청서 등의 정보를 담고 있다. 우리나라에도 두 개의 기탁도서관이 있다.

- Featured Titles

'Publications'의 오른쪽 상단에는 'Featured Titles'란에 IMF의 대표적인 서적을 링크해 놓았다. 그 중 첫 번째인 World Economic Outlook은 각 나라는 물론 주요 국가그룹, 그리고 국제적인 수준의 경제정책, 경제발전 및 전망 등 종합적인 IMF의 분석을 싣는 서적으로 연 2회 발간된다. World Economic Outlook을 클릭 하여 해당 페이지로 이동하면 목차와 PDF 파일의 원문, 인쇄본 구입 정보뿐 아니라, 동영상으로 보는 'Video Presentations', 최근 있었던 'World Economic Outlook Conference'의 필기록, 이전 WEO, 그리고 WEO Database까지 제공된다. 개별국, 국가그룹이나 총 집단(WEO Aggregates)으로 검색할 수 있다.

그 외에 'Featured Titles'에는 Annual Report, Global Financial Stability Report

등이 있다.

- Series Titles

  'Featured Titles' 바로 밑에 위치한 'Series Titles'는 위에서 소개한 'Periodicals' 중 주요 연속간행물의 직접 링크를 제공한다. 각각의 특징을 간단히 정리하면 다음과 같다.

  - *IMF Survey, Finance & Development, and Economic Issues*

    일반 독자를 대상으로 한다.

  - *Working Papers*

    IMF 직원들에 의해 작성되며 IMF의 최근 연구현황을 다룬다.

  - *Staff Country Reports*

    회원국 각자의 경제정책과 상황에 대한 정보를 담은 중요한 정보원이다.

  - *Policy Discussion Papers*

    경제정책발전에 대한 포괄적인 시각을 제공한다.

- IMF의 출판물 주문방법은 'Publications' 첫 페이지의 'How to Order Publications'을 통해 자세히 알려주고 있다. 주문양식, 구독신청, 지불, 배송까지 설명되어 있으며 양식에 맞추어 US 달러로 선불을 보내면 된다. IMF 출판물의 재생산에 대해서는 'Copyright and Permissions' 항목을 통해 몇 가지 제한을 알려주고 있다. 일반적으로 비상업적인 이용에 대해서는 허용하고 있다.

② News

IMF의 최근 소식과 행사 일정을 알려주는 곳이다. 크게 다음과 같은 항목으로 이루어져 있다.

- Communiqués

  IMF 회의의 공식 성명서이며 날짜순으로 정리되어 있다. 각 항목을 클릭하면 원문을 볼 수 있다.

- Concluding Remarks of Article IV Missions

  제 4조항 사업의 결론

- Press Releases
  자금공여 등 IMF 회원국과의 관계에 대한 보도자료

- Public Information Notices
  IMF 이사회의 회원국 경제에 대한 요약문(회원국 경제에 대한 세계금융계의 의견)

- Speeches
  IMF 고위 운영진의 연설문

- Transcripts
  보도자료의 필기록

- 'Event'란에는 다음과 같은 항목이 있다.
- IMF Executive Board Calendar
  이사회의 공식 회의 및 세미나 일정
- IMF Seminars, Conferences, and Economic Forums
  IMF 세미나, 회의 및 경제포럼의 일정

(3) 한국 내 기탁도서관

① 고려대학교 도서관

주　　소　서울시 성북구 안암동 고려대학교 도서관 (136-701)
전　　화　02 3290 1490
전자우편　libweb@korea.ac.kr
홈페이지　http://library.korea.ac.kr/index.jsp

자료유형	기증자료	
단행본	224종	243책
연속간행물	26종	687책
CD-ROM	3종	28책

② 경희대학교 수원캠퍼스 중앙도서관

주　　소　경기도 용인시 기흥읍 서천리 1번지
　　　　　경희대학교 수원캠퍼스 중앙도서관

전　　화　031 201 3217,3174

팩　　스　031 204 8111

전자우편　library@khu.ac.kr

홈페이지　http://library.khu.ac.kr/

자료유형	기증자료 및 기증액	
단행본	229종	-
연속간행물	6종	-
온라인 DB	13종	-
CD-ROM	5종	-

IMO
International Maritime Organization
국제해사기구

1) 소재지

주　　소　4 Albert Embankment London SE1 7SR, United Kingdom

전　　화　+ 44 0 20 7735 7611

팩　　스　+ 44 0 20 7587 3210

홈페이지　http://www.imo.or

2) 설립배경

1948년 제네바에서 개최된 국제회의에서 IMO 발족 협정이 채택되었다(본 명칭은 정부간해사자문기구 - Intergovernmental Maritime Consultative Organization (IMCO), 1982년에 현재의 IMO로 명칭이 개정되었다). IMO협정은 1958년부터 발효하였으며 1959년 처음으로 회의를 개최하였다.

3) 설립목적

① 국제해상안전 확보 및 해양오염 방지

② 국제해운의 차별행위 및 불필요한 제한 철폐

③ 해사분야 기술협력 증진 및 정보교환

4) 회 원

2003년도를 기점으로 164 정회원국, 3 준회원국, 36 정부간기구, 64 비정부기구가 회원으로 활동하고 있다.

5) 한국과의 관계

① 1962년 4월 정회원국으로 가입(1992-1993년, 1994-1995년 및 1996-1997년 임기 이사국)

② 주영 대사관에서 한국 IMO 상주대표부 역할 수행

③ 북한은 1986년 4월 16일 가입(1991년 5월 IMO 상주대표부 설치)

④ 1991년 이후 이사국 지위 보유

⑤ 한국의 의무분담금 기여현황: 2000년 32만불, 2001년 31만불, 2002년 34만불

6) 정보원

(1) 정보배포정책

① IMO는 현재 250개가 넘는 영문 출판물이 있다. 그 중 다수는 불어나 스페인어로

번역되었으며 아랍어, 중국어, 러시아어로 번역되는 출판물의 수도 늘고 있다.

② IMO 출판물 목록(홈페이지에서 이용가능하다)에는 인쇄가 된 출판물과 전자형식이 있다.

③ 모든 출판물은 온라인상에서 구매가 가능하다. 출판물 구매만을 위한 사이트를 운영하고 있다.

④ 각 지역에 출판물 배급소가 있다(아프리카, 중동, 동아시아 및 오세아니아, 미주, 유럽).

(2) 한국 배급처

한국해양개발(주)

Korea Ocean Development Co. Ltd.

주   소 서울특별시 용산구 서계동 99-15 태호빌딩 501호 (140-140)

전   화 +82 2 701 9981

팩   스 +82 2 701 9861

전자우편 yhson@chartkorea.com

홈페이지 http://www.chartkorea.com

(3) 출판목록

다음과 같은 주제 아래 관련된 출판물들이 정리되어 있다.

① Basic Documents and Resolution(기본문헌 및 결의)

② Maritime Safety(해상안전)

③ Cargoes(선하)

④ Legal Matters(법률상 문제)

⑤ Maritime Environment Protection(해상환경보호)

⑥ Navigation(항해)

⑦ IMO Model Courses(IMO 모델 코스)

⑧ Electronic Publication Video(전자 출판물 및 비디오)

⑨ Facilitation of Travel and Transport(여행 및 운반 촉진)

(4) 신간 출판물(2005)

IMDG Code, 2004 Spanish Edition IE200S
Price £95.00
ISBN 92-801-0092-0
Published: 10 March 2005

IMDG Code, 2004 French Edition IE200F
Price £95.00
ISBN 92-801-4137-6
Published: 10 March 2005

Code of Safety for High-Speed Craft, 2000 Spanish Edition I185S
Price £18.00
ISBN 92-801-0087-4
Published: 3 March 2005

Collision Regulations, 2003 Spanish Edition IB904S
Price £10.00
ISBN 92-801-0097-1
Published: 25 February 2005

The IMO-Vega Database, Version 10.0 D10A
Price £590.00
Published: 23 February 2005

IMDG Code Supplement, 2004 Edition IE210E

Price £45.00

ISBN 92-801-4189-9

Published : 23 February 2005

Ballast Water Management Convention, 2004 Edition I620M

Price £6.00

ISBN 92-801-0033-5

Published : 16 February 2005

Civil Liability for Oil Pollution Damage, 1996 Edition I474F

Price £9.00

ISBN 92-801-4135-X

Published : 8 February 2005

Basic Documents : Volume I, 2004 Edition IA001E

Price £10.00

ISBN 92-801-4562-2

Published : 3 February 2005

IAMSAR Manual : Volume I, 2004 Edition IC960E

Price £18.00

ISBN 92-801-4169-4

Published : 3 February 2005

Survey of Fire Appliances and Provisions, 2004 Edition TA305E

Price £60.00

ISBN 92-801-0037-8

Published : 3 February 2005

Index of IMO Resolutions, 2004 Edition IB126E

Price £18.00

ISBN 92-801-4190-2

Published: 24 January 2005

Bioremediation on Marine Oil Spills, 2004 Edition I584E
Price £9.00
ISBN 92-801-4187-2
Published: 14 January 2005

SOLAS on CD-ROM(Version 4.0), 2004 DD110E
Price £65.00
Published: 12 January 2005

SOLAS-Consolidated Spanish Edition, 2004 ID110S
Price £65.00
ISBN 92-801-0091-2
Published: 5 January 2005

Personal Survival Techniques, 2000 Spanish Edition TA119S
Price £16.00
ISBN 92-801-3546-5
Published: 5 January 2005

Survey of Life-Saving Appliances, 2003 Edition TA306E
Price £40.00
ISBN 92-801-0038-6
Published: 5 January 2005

Chief and Second Engineer Officer, 1999 Spanish Edition TA702S
Price £60.00
ISBN 92-801-0093-9
Published: 5 January 2005

23rd Session 2003(Resolutions 936-965), French Edition I023F

Price £24.00

ISBN 92-801-4134-1

Published: 5 January 2005

23rd Session 2003(Resolutions 936-965), Russian Edition I023R

Price £24.00

ISBN 92-801-4105-8

Published: 5 January 2005

(5) 주 문

주   소 International Maritime Organization 4 Albert Embankment
London SE1 7SR United Kingdom

전   화 + 44 0 20 7735 7611

팩   스 + 44 0 20 7587 3241

전자우편 publications-sale@imo.org

INIA
International Institute on Ageing
국제노화기구

1) 소재지

주   소 International Institute on Ageing, United Nations - Malta
117, St. Paul Street, Valletta, VLT07, Malta

전   화 + 356 21 24 30 44 5 6

팩   스 + 356 21 23 0 248

전자우편 info@inia.org.mt

홈페이지   http://www.inia.org.mt

2) 설립연혁

1968년 UN에서 Malta가 처음 노화에 대한 논의의 필요성을 제기하자 1982년 UN 총회는 세계회의를 소집했고, 이후 안전보장이사회가 국제노화기구의 창설을 제안 했다. 1987년 INIA은 유엔의 독립기구로 설립되었다.

3) 설립목적

개도국의 노년층 인구의 급속한 증가의 필연적 결과에 대한 준비를 돕기 위해 설 립되었다.

4) 주요 사업

- 최빈국의 고령화 사회 진입에 따른 문제 해결 능력 강화
- 의료와 장수, 노화에 따른 경제 문제 등에 대한 훈련 프로그램 수행
- 정보기술을 활용하여 노인들 지원 프로그램 수행
- 위 사업들의 원활한 운영을 위한 협력 체제 구축

5) 정보원

(1) 정보배포정책

INIA는 국제교류의 수단으로 BOLD라는 노인학 정기간행물을 발간 중이며 전문가 그룹의 보고서들도 유료로 제공하고 있다.

(2) 정보자료

① BOLD

INIA의 대표적인 출판물인 BOLD는 1990년 처음 발간을 시작했으며 1년에 4회 발간된다. 노인학 전문가들의 학술적인 논문이 실리는 학술지의 성격이며 최근호는 홈페이지에서 PDF 형식의 원문을 무료로 다운로드받을 수 있지만 이전 호들은 주문해야 한다. 온라인 구독이 가능하다.

② Expert Group Meeting

전문가들의 회의록이나 보고서 목록이며 각각 가격이 책정되어 있다. 하단에 신청 양식을 기입해서 주문할 수 있다.

ISDR
International Strategy for Disaster Reduction
유엔재난억제국제전략

1) 소재지

주　　소　UN/ISDR Palais des Nations CH 1211 Geneva 10, Switzerland

전　　화　+ 41 22 917 2529

팩　　스　+ 41 22 917 0563

전자우편　isdr@un.org

홈페이지　http://www.unisdr.org

2) 설립목적

ISDR은 지속가능한 개발을 위한 재난 억제의 중요성을 상기시킴으로써 재난 극복 능력을 증진시키고자 한다.

3) 주요 사업

- 재난 위험, 취약성, 재난 억제에 대한 인식 고양
- 재난억제책을 실행할 수 있도록 정부기관 독려
- 재난위험 방지와 관련된 협력 체제 구축
- 재난 억제에 대한 과학적 지식 증진

4) 정보원

(1) 정보배포정책

ISDR의 정보원은 'About IDSR'의 'Basic Documents'와 'Disaster Statistics', 'Library'로 이루어져 있다. ISDR의 목표가 재난억제의 중요성에 대한 일반대중의 인식을 높이는 것이므로 정보원의 성격도 정보 전달 위주이며 일반 공개를 원칙으로 한다.

(2) 정보자료

① Basic Documents

- *Living with Risk Version 2004*
  세계적인 재난억제책에 대한 보고서이다. 온라인상에서 원문이 무료로 제공된다. 인쇄본 구입은 'UN Sales Publications'에서 가능하다.

- *Reports of the Secretary-General*
  ISDR 사무총장(Director-General)의 보고문 목록이며 PDF 형식의 원문이 제공된다.

- *General Assembly Resolutions and Decisions on ISDR*
  1999년부터 현재까지 ISDR의 사업과 관련된 유엔 총회의 결의안 목록이다. 역시 PDF 형식의 원문이 제공된다.

- *Geneva Mandate*

  1999년에 있었던 자연방제국제연구 10년 계획(International Decade of Natural Disaster Reduction)의 Geneva Mandate 중 의향서(Declaration of Intent)의 전문이다.

- *A Safer World in the 21st Century*

  1999년에 있었던 자연방제국제연구 10년 계획(International Decade of Natural Disaster Reduction)의 Geneva Mandate 중 재난과 재난위험에 대한 보고서 전문이다.

- *Yokohama Strategy and Plan of Action for a Safer World*

  1994년에 일본 요코하마에서 있었던 재난방지국제회의(World Conference on Disaster Reduction)의 결과 채택되었던 요코하마 전략에 대한 설명서이다.

② Disaster Statistics

1994년부터 현재까지, 전 세계에서 발생한 재난에 대한 통계자료이다. 세부 항목은 다음과 같다. 더욱 자세한 자료는 EM-DAT 홈페이지(http://www.em-dat.net)에서 찾을 수 있다.

- Disaster Occurrence

  재난 기간, 재난의 종류 등에 따라 재난 발생에 관한 다양한 통계자료가 표나 그래프로 제시되어 있다. PDF 형식으로도 볼 수 있다.

- Disaster Impact

  사망자, 부상자, 경제적 손실 등 재난의 파급효과에 대한 통계 자료이다. 역시 PDF 형식의 원문이 제공된다.

- Top 25 Countries

  재난 발생, 경제적 손실, 사상자 수 등의 항목에 따라 국가별 순위를 나타낸 통계이다.

③ Library

온라인 카탈로그는 준비 중으로 아직 제공되지 못한 상태이다. 이용할 수 있는 정보서비스로 다음과 같은 항목이 있다.

- Terminology

  재난, 재난 위험, 재난 억제 등 ISDR 사업과 관련된 용어 중에는 일반인에게 생소한 용어가 많다. 그래서 'Terminology'에 알파벳순으로 기본적인 용어를 정리해 놓았으며 왼쪽 메뉴에 위치한 'Glossaries'나 'Thesaurus'를 클릭하면 다양한 용어 관련 사전이나 온라인 용어집 링크를 발견할 수 있다.

- Selected Bibliographies

  대기 오염, 수질 오염, 지진, 환경 등 ISDR과 관련된 주제의 문헌 정보를 제공하는 홈페이지 목록이다. 각 항목을 클릭하면 해당 페이지로 이동한다.

ITU
International Telecommunication Union
국제전기통신연합

1) 소재지

주　　소　Place Des Nations Ch-1211, Geneva 20

전　　화　+ 41 22 730 5111

홈페이지　http://www.itu.int

2) 설립연혁

ITU는 1865년 파리에서 조인된 협정에 따라 설립된 국제전신연합(International Telegraph Union)에서 발전했다. 1932년 국제전기통신협정에 따라 국제전신협정과 국제무선전신협정이 통합되었고, 협정의 효력이 발생하는 1934년부터 국제전기통신연합이 국제전신연합을 계승하게 되었다. 1947년 유엔의 전문기관이 되었으며 협정

내용도 몇 차례 개정되었다.

3) 설립목적

당초 유럽 국가들의 전신전화서비스를 위한 주파수 할당 및 표준 제정을 위해 설립되었으나 전기통신의 모든 분야에서 국제협력을 도모하는 국제기구로 변모하였다. 구체적인 목표는 무선 주파수 사용시의 질서유지, 기술·조작상의 문제에 대한 연구 및 개선책 마련, 각 나라들의 전기통신체계의 개발지원이다.

4) 조 직

- 189개 회원국과 600여개의 민간회원이 있다.

- 전권위원회의(Plenipotentiary Conference)

- 이사회(Council): 지역별로 안배된 46개 이사국으로 구성
- 미주지역(8개국): 캐나다, 미국, 브라질, 멕시코, 쿠바, 아르헨티나, 베네수엘라, 수리남
- 서구지역(8개국): 독일, 포르투갈, 스위스, 스페인, 프랑스, 벨기에, 터키, 이탈리아,
- 동구지역(5개국): 러시아, 루마니아, 불가리아, 폴란드, 체코
- 아프리카지역(13개국): 모로코, 카메룬, 남아공, 알제리, 케냐, 이집트, 세네갈, 튀니지, 말리, 나이지리아, 부르키나파소, 우간다, 가나
- 아주/호주지역(12개국): 인도, 중국, 태국, 한국, 말레이시아, 사우디아라비아, 일본, 파키스탄, 호주, 인도네시아, 베트남, 이란

- 전파통신, 전기통신표준화, 전기통신개발의 3개 부문

- 사무국(General Secretariat)

5) 주요 사업

- 범세계적으로 모든 종류의 전기통신 개선과 합리적 이용을 촉진하고 이를 위해

회원국간에 국제협력을 증진

- 개발도상국에 대한 기술 지원

- 범세계적인 전기통신표준화 촉진

- 각국 무선국간 유해한 혼신방지를 위하여 효율적인 주파수 스펙트럼의 관리 및 이용도 제고

- 이를 위한 다음과 같은 사업부서가 있다.
- General Secretariat and Telecom
- Radiocommunication(ITU-R)
- Standardization(ITU-T)
- Development(ITU-D)

6) 한국과의 관계

- 가 입: 1952년(북한은 1975년 가입)

- 분담금: 5단위(2002년: 328,000SFr x 5 = 1,640,000SFr)

- 주요 활동 사항: 1989년 이래 2002년 제 16차 전권위원회의까지 이사국 4선 당선

7) 정보원

(1) 정보배포정책

ITU는 세계의 정보통신 분야를 총괄하는 가장 역사가 긴 국제기구답게 방대한 정보원을 보유하고 있다. 약 4,500개의 출판물과 점점 늘어나는 CD-ROM, 온라인 정보원으로 이루어져 있다. 출판물 한정의 상세 검색 엔진, 보도 자료, 홍보 자료 등에 대한 다양한 정보 등을 제공하고 있다. 특히 상세 검색 기능 외에도 정보원의 형태별, 소속 부서별 등으로 편리하게 정리되어 있어서 이용이 편리하다. 단, 일부를 제외하고 온라인 원문, 인쇄본, CD-ROM, DVD 등 제공되는 정보원이 모두 유료이다.

(2) 정보자료

① Publications

'Publications'는 위에서 언급한 바와 같이 정보원 형태별, 소속 부서별로 출판물이 목록으로 정리되어 있으며, 개개의 출판물을 클릭하면 간단한 소개와 함께 제공되는 형태와 가격이 명시되어 있다. 'Annual Report' 등의 일부 자료를 제외하면 모두 유료이다. 원하는 출판물을 'Shopping Cart'에 넣고 주문하면 받아볼 수 있다. 우선 'Publications' 첫 페이지에 나와 있는 정보원 형태별 구분은 다음과 같다.

• Hard Copy
  인쇄본이 제공되는 출판물 목록이 나타난다.

• Annual Online Subscriptions
  일정 가격을 지불하고 계정을 제공받아서 ITU 출판물의 온라인 원문을 직접 받아보는 연간구독 서비스이다. 'Publication Notice'를 다운로드하면 구체적인 가격을 알 수 있는데, 개인/단체에 따라 가격이 다르며, 회원국, 최빈국(最貧國) 정부, 대학교 도서관의 경우 할인된다(우리나라의 경우 회원국 할인이 가능하다). 하단에는 이 서비스를 통해 볼 수 있는 출판물 목록이 제시되어 있다.

• CD-ROM/DVD
  CD-ROM/DVD 형식으로 제공되는 출판물 목록이 나타난다.

• Direct Purchase and Download
  ITU의 온라인 서점(Electronic Bookshop)이다. 각 ITU 출판물의 Acrobat PDF, MS Word 형식의 온라인 원문을 신용카드 결제를 통해 바로 받아 보거나, 온라인 입금이나 수표 결제를 통해 지불하고 승인 후에 다운로드 받아 볼 수 있으며, 회원국 할인은 제공되지 않는다. 출판물 당 기본가격은 20 스위스 프랑이다. 가입하면 ITU가 추천하는 세 개의 자료를 무료로 다운로드 받을 수 있는 기회가 제공된다.

• Browsing

정보원 형태뿐 아니라 'Publications' 첫 페이지 메뉴의 'Browsing'을 보면, 사업 부서별 'Publications'을 확인할 수도 있는데, 각 사업 부서를 클릭하면 하단에 세부 메뉴가 등장하며 'Conference Publications', 'Policy Publications', 'Service Publications' 등의 출판물 항목을 클릭하면 된다. 'Browsing' 메뉴의 최하단의 'Resources'를 클릭하면 출판물 목록을 볼 수 있다. 오른쪽 메뉴에 'Catalogue of Publications', 'List of ITU-T Recommendations', 'List of ITU-R Recommendations & Reports', 'Catalogue of Souvenirs' 등을 클릭하면 PDF 형식의 출판물 목록이 나타난다.

- Search

  'Browsing' 메뉴 옆에 'Search'를 클릭하면 검색어를 입력하여 원하는 출판물을 검색할 수 있으며, 사업부서, 언어, 그리고 정보원 형태, 출판년도 등을 지정하여 검색결과를 제한할 수 있다.

② News

News는 출판물과는 달리 원문이 제공된다. 다음의 하위항목이 있다.

- Press Releases

  보도자료는 1995년부터 현재까지 연도별로 정리되어 있으며, 날짜별 검색도 가능하다.

- ITU News Magazine

  매달 간행되며 누구나 가입하면 무료로 구독이 가능하다. *Official Announcements*와 *Diary*는 가입 없이 볼 수 있다.

- 그 외에도 'Events Calendar Press and PR Contacts', 'Photo Library', 'Media Archives' 등의 항목이 있다.

JIU
Joint Inspection Unit
유엔합동감사단

1) 소재지

주   소   Joint Inspection Unit Room D-507 Palais des Nations CH 1211,
Genève 10

전   화   + 41 22 917 3044

팩   스   + 41 22 917 0627

전자우편   jiu@unog.ch

홈페이지   http://www.unsystem.org/jiu/en/index.htm

2) 설립연혁

JIU는 1966년 UN 총회 결의문에 의해 시험적으로 창설되었다가 1970년의 UN 총회 결의문에 의해 연장되었다. 1978년 총회는 최종적으로 JIU를 상설 UN 산하 기구로 인정하였다.

3) 설립목적

UN 조직의 행정과 재정 운영의 효율성을 증진시키기 위해 설립되었다.

4) 주요 사업

총회는 행정과 재정에 관련된 경력을 고려하여 임명하는 11명의 감사로 이루어진다. 감사들은 유엔 조직들의 사업 효율성, 기금 운용의 적절성 등에 대한 조사를 수행하며, 필요하면 현장 조사나 심문을 할 수 있다. 감사단은 보고서, 노트, 기밀 서신 등을 발행하며 총회에 연간보고서를 제출한다.

5) 정보원

(1) 정보배포정책

JIU의 주된 임무 중 하나가 감사 내용의 보고이므로 보고서가 JIU 정보원 중에서 큰 비중을 차지한다. 모든 보고서의 원문이 공개되어 있다.

(2) 정보자료

① JIU Reports

1990년부터 현재까지의 보고서 목록이다. 연도별로 구분되어 있으며 원문 다운로드 기능이 있다.

② Annual Reports and Programmes of Work

JIU가 유엔 총회에 제출한 연간보고서와 사업보고서 목록이 날짜순으로 정렬되어 있다. 각 항목을 클릭하면 원문보기가 가능하다.

③ Reports on Implementation of JIU Recommendations

JIU의 권고안이 어떻게 실천되었는지 알 수 있는 보고서 목록으로서 유엔총회, WHO UNESCO, FAO, WFP 등의 실천 상황에 대한 JIU의 보고를 볼 수 있다.

OPCW
Organization for the Prohibition of Chemical Weapons
화학무기금지기구

1) 소재지

주   소 Johan de Wittlaan 322517 JR - The Hague, The Netherlands
전   화 + 31 70 416 3300

팩   스 + 31 70 306 3535

홈페이지 http://www.opcw.org

2) 설립연혁

1997년 화학무기금지조약(CWC)의 효과적인 수행을 위해 조약 서명국들이 설립하였다.

3) 설립목적

화학무기로부터 자유로운 세상을 건설하고 평화로운 목적의 화학 분야의 협력을 증진하기 위해 화학무기금지조약(Chemical Weapons Convention: CWC)의 협의사항을 실행함을 목적으로 한다.

4) 주요 사업

- 화학무기금지조약의 미 서명국에게 조약 참여를 설득한다.

- 현존하는 화학무기 폐기처분을 감시 및 확인한다.

- 상업 화학물질이 무기화되는 것을 막기 위해 화학 산업의 동향을 파악한다.

- 서명국이 화학무기에 의해 위협 당했을 때 지원과 보호를 제공한다.

- 화학의 평화로운 사용을 위한 국제협력을 증진한다.

5) 정보원

(1) 정보배포정책

OPCW는 CWC에 대한 대중의 인식을 높이기 위한 정보 전달물들을 많이 배포하고 있으며, 현재까지 CWC의 실행 경과에 주목하는 회의 문서나 보고서 등의 정보원도 체계적으로 갖추고 있다. 거의 모든 원문이 무료로 제공된다.

(2) 정보자료

① Official Documents

1993년 OPCW 준비위원회 이래 CWC와 관련해서 많은 중요한 문서가 발간되었다. 우선 아래와 같이 크게 네 종류로 나뉘어 진다. 모든 원문이 제공된다.

- 나라간의 회의 문헌(Conference of the States Parties)
- 기술적인 회의록(Technical Secretariat)
- 준비위원회 문헌(Preparatory Commission)
- 사무총장의 연설문 목록

② Annual Reports

CWC 준수에 대한 OPCW의 연간보고서 목록이다. 1997년부터 현재까지 PDF 또는 HTML 형식으로 전문이 게재되어 있다. 연도별로 구분되어 있다.

③ News & Publications

- 우선 'News'에 속하는 정보원으로 행사 일정을 알려주는 'Calendar of Events', 'Upcoming Events', 1997년부터 현재까지 보도자료가 연도별로 정리되어 있는 'Press Releases', 사무총장의 성명 목록인 'Statement of Director-General' 등이 있다.

- 'Publications'에는 우선 'Publications Catalogue'에서 전체 정보원 목록을 한눈에 확인할 수 있는데 각각의 출판물로 바로 이동할 수 있도록 링크가 되어 있어서 이용하기 편리하다. CWC와 OPCW에 대한 기초적인 지식과 정보가 담겨있는 'Basic Facts', 'Profiles', 'Facts & Figures'를 비롯하여 아시아, 아프리카, 남미 등 지역별 연구 상황에 대한 정보 페이지도 별도로 제공하고 있으며, *Chemical Disarmament Quarterly*, *Synthesis* 등의 연속간행물도 발간호별로 링크가 되어 있어서 바로 원문이 연결된다.

UN Document Centre
유엔문헌센터

1) 정보원

(1) 정보배포정책

UN Document Centre는 UN의 주요 조직의 정보원을 보유하고 배포하는 UN 심장부의 정보서비스 제공기관이다. UN 총회(GA)를 다루면서 상당 부분 다루었기에, 여기서는 그 나머지 부분에 대해서 설명하도록 한다.

(2) 정보자료

UN Document Centre의 첫 페이지에는 총회, 안전보장 이사회, 사무국, 신탁통치이사회, 경제사회이사회 등 UN 주요 조직별 정보원들이 소개되어 있다.

① General Assembly

- Session Documents

- Verbatim Records

- Resolutions

- Landmark Documents

- Search Press Releases

② Security Council

- Resolutions

- SG Reports

- Search / Press Releases

- Presidential Statements

- Exchange of Letters

- Meeting Records

- Mission Reports

- Sanctions Committees

- Notes by the President

- Selected Documents

- Repertoire

③ Economic and Social Council

- All Documents(current year)

- Resolutions

- Decisions

- Documents

- Archives(back to 1982)

- Subsidiary Bodies

- Bodies by Thematic Area

- Full-text Search

- Press Releases

④ Secretariat

- Selected Documents

⑤ Official Document System of the United Nations(ODS)

UN의 공식 문헌을 검색할 수 있는 검색서비스로 특히 'Global Search'에는 원문 검색 기능이 있다. 이 정보서비스에는 보도 자료나 UN Sales Publications, UN 조약 시리즈나 정보 소책자 등의 정보원은 포함되지 않는다.

⑥ Document Alert

상단의 메뉴 중 'Document Alert'는 2005년에 새로 개설된 서비스로서 새로운 UN 문헌이나 출판물 등의 정보원이 들어왔을 때 알려주는 역할을 한다. 대표적으로 'UN Pulse'가 있다.

- UN Pulse

  선택한 UN 온라인 정보, 출판물, 보고서, 문헌들이 새로 들어올 때마다 알려주며, 해당 홈페이지에 가면 'Recent Entries'란에 최근 문헌들이 있고 이전 문헌들도 월별·주제별 목록으로 볼 수 있다.

⑦ 그 외에 'Maps and Geographic Information'은 일반적인 지도 및 주제별로 UN 사업별 다양한 지도와 지리적 정보서비스를 제공하고 있고, *UN Journal*은 매일 발행되는 PDF형식의 UN 소식지로 연결된다.

UNAIDS
United Nations Programme on HIV/AIDS
유엔에이즈계획

1) 소재지

주　　소　UNAIDS20, avenue AppiaCH-1211 Geneva 27, Switzerland

전　　화　+ 41 22 791 3666

팩　　스　+ 41 22 791 4187

전자우편　General enquiries: unaids@unaids.org

Publications and Library: unaids@unaids.org

Press information: communications@unaids.org

or go to list of Media contacts.

Human resources: hrm@unaids.org

Webmaster: webmaster@unaids.org

홈페이지 http://www.unaids.org/en/default.asp

2) 설립연혁

UNAIDS는 각 국가들의 에이즈 관리 및 예방사업을 돕기 위해 1996년 1월 창설된 유엔 산하 에이즈 전담기구이다. 1990년 중반에 이르러 에이즈의 확산이 심각해지면서 전문적인 유엔 기구의 필요성이 대두되었다. 이에 6개 유엔기구가 함께 에이즈 프로그램을 실시하게 되었는데, 초기에 참여한 6개 기구는 UNICEF, UNDP, UNFPA, UNESCO, WHO, WB였으며 최근에 UNDCP가 새롭게 참여하여 총 7개 기구가 함께 하는 프로그램이 되었다. 전 세계적으로 약 155개국을 상대로 활동하며, 132개의 UNAIDS 담당 사무소가 있다.

3) 설립목적

UNAIDS는 HIV와 AIDS에 대한 대응책을 강화하고, 지원하는 사명을 가지고 있다. 여기에는 HIV의 확산을 막는 한편, 보균자들의 생활을 보호·지원하고, 개개인과 집단의 HIV에 대한 방어능력을 키우는 등의 임무가 포함되어 있다.

4) 주요 사업

UNAIDS는 각 국가에 에이즈에 대한 신속한 정보를 제공하고 있으며 HIV 확산 방지와 감염이나 그로 인한 피해자를 위한 지원활동 등을 한다. 더욱 효과적이며 조직적인 국제적 대응책 마련을 위한 UNAIDS의 주요 사업은 다음과 같다.

① AIDS의 효과적인 대응책에 대한 인식 고취(Leadership and Advocacy for

Effective Action on the Epidemic)

② AIDS 예방을 위한 전략 정보 및 기술 지원(Strategic Information and Technical Support to Guide Efforts Against AIDS Worldwide)

③ AIDS 발생과 대응 상황 추적, 감시 및 평가(Tracking, Monitoring and Evaluation of the Epidemic and of Responses to it)

④ 시민 사회의 참여와 전략적 파트너십 개발(Civil Society Engagement and the Development of Strategic Partnerships)

⑤ 효과적인 대응책 수립을 위한 재원 마련(Mobilization of Resources to Support an Effective Response)

5) 정보원

(1) 정보배포정책

UNAIDS의 정보원은 HIV/AIDS에 관한 다양한 주제를 다루고 있다. 거의 모든 정보원이 온라인상으로 이용 가능하며 검색방법은 다음과 같다.

① 주제 분야별 훑어보기: 페이지 오른쪽 상단에 있는 키워드 검색 기능을 통해 주제, 나라/지역, 출판

② 기관별 검색: 오른쪽 상단에 위치한 상세 검색기능('How to Order UNAIDS Publications' 란에 나와 있는 전체 출판물 목록 참고).

(2) 정보자료

① Resource

메인 메뉴 중 'Resources'를 클릭하면 'Epidemiology', 'Publications', 'Fast Facts about AIDS', 'Questions & Answers', 'Terminology'의 항목이 나타난다.

- Epistemology

  유행/전염병학이라는 뜻의 항목명처럼 HIV/AIDS에 대한 전반적인 정보를 다루고 있으며 다양한 정보원을 보유하고 있다.

- *AIDS Epidemic Update*는 HIV/AIDS에 대한 최신 정보를 알려주는 연속간행물이다. 현재 2004년판이 홈페이지에 제공되어 있다.

- *Global Summary of the HIV and AIDS Epidemic in 2004*은 HIV/AIDS의 세계 분포 등 통계 수치를 명료하게 정리해 놓은 DPT 형식의 정보원이다.

- *Report on the Global AIDS Epidemic*은 연 2회 간행되는 나라별 HIV/AIDS 현황 자료이다.

- *Epidemiological Fact Sheets on HIV/AIDS and Sexually Transmitted Infections*는 최신 HIV/AIDS 발생 사례 및 빈발 지역 등에 대한 자료를 정리해 놓았다. 제목을 클릭하면, 원문뿐 아니라 2004년에 갱신된 'Epidemiological Fact Sheet'를 나라별로 선택하여 볼 수 있다.

이 외에도 화면 오른쪽의 'In This Section' 메뉴를 보면, 다양한 정보원이 나와 있다.

- '*Epidemiological Databases*'는 HIV/AIDS와 관련된 데이터베이스를 소개하고 있다. Global HIV/AIDS Online Database(UNAIDS/ World Health Organization); World Population Prospects; The 2004 Revision Population Database(United Nations Population Division); HIV/AIDS Surveillance Data Base(United States Bureau of the Census); HIV/AIDS Survey Indicators Database (MEASURE DHS+ MACRO International); Global HIV/AIDS Training Materials Database(Centers for Disease Control and Prevention) 등의 데이터베이스가 링크되어 있다. 특히 첫 번째 Global HIV/AIDS Online Database는 'Interactive Mapping' 같은 시각장치가 잘 구비되어 있어서 세계지도를 보며 한눈에 HIV/AIDS 현황을 파악할 수 있다. 'Data Query' 등 정보검색 기능도 세세하게 준비되어 있다.

- 'Epistemology Slide Search'는 PPT 슬라이드 형식의 정보원 검색 기능을 제공한다. 지도, 통계표 등의 자료가 많이 있다. 키워드, 출판날짜, 나라, 지역별로

검색이 가능하다.

- 'Recent Epidemiological Publications'는 최근 'Epistemology' 관련 출판물 목록이다. 제목과 간단한 소개말이 나와 있으며, 제목을 클릭하면 원문을 볼 수 있다.
- 'In This Section' 하단에 Links 메뉴에는 'Epidemiological Fact Sheet by Country'라는 항목이 있다. WHO와 UNAIDS가 공동 제공하는 나라별 HIV/AIDS 현황 자료이다. 역시 제목을 클릭하면 나라별로 선별해서 'Fact Sheets'를 볼 수 있게 링크되어 있다.

• Publications

UNAIDS 출판물의 검색 방법은 위의 정보정책에서 언급했다. 화면 오른쪽 'In This Section' 메뉴에 나와 있듯이 UNAIDS 출판물은 다음과 같이 분류된다.

- Latest Publications

2005년 현재 최근 출판물 목록이다. 2004년 목록은 별도로 링크되어 있다. 전체 목록은 'How to Order UNAIDS Publications'란에 나와 있다.

- Corporate Publications

UNAIDS의 법인출판물 목록이다. 제목을 클릭하면 전문보기 창이 나타난다.

- Best Practice Collection

Best Practice Collection은 UNAIDS가 효과성, 윤리적 타당성, 관련성, 효율성, 그리고 지속성의 기준에 따라 성공적인 AIDS 대응책을 선정하여 문헌화한 100여권 규모의 'Best Practice' 출판물을 말한다. 여기에는 AIDS 교육을 장려하고, 경험을 나누고, HIV/AIDS 예방을 위해 노력하는 사람들을 지원하는 내용의 정보원들이 포함된다. 'Best Practice Collection'란의 'In This Section' 메뉴에 보면, 'Best Practice Publications'가 있다. 해당 페이지에 'Browse the Complete List of Titles in the Best Practice Collection'를 클릭하면 'Best Practice Collection'의 전 목록을 확인할 수 있으며 원문을 다운받을 수 있다.

- Publications on the Follow up to the UN Special Session on HIV/AIDS

'실천선언(Declaration of Commitment)' 이후 국제사회의 AIDS 확산을 막고 현존하는 감염인구를 보호하려는 구체적인 실천 노력에 대한 정보자료들을 모아 놓았다. 현재까지 간행된 연속간행물목록이 나와 있으며, 제목을 클릭하면 전문 보기 창이 나타난다.

- How to Order UNAIDS Publications

  'Best Practice Collection'을 포함한 UNAIDS 출판물의 전체 목록과 무료 원문 다 운로드가 제공되며, 인쇄본 주문 시에는 unaids@unaids.org의 주소로 'Information Centre'에 연락하면 된다. 자세한 주문 방법과 우편주소 역시 게재되어 있다.

- Fast Facts about UNAIDS

  아래의 다섯 분야에 대한 정보가 Q&A의 형식으로 제공되어 있다.

- General Information about HIV and AIDS

- Transmission

- Prevention

- Care

- Testing

- Myths

- Questions & Answers

  위의 'Fast Facts about UNAIDS'가 일반대중을 위한 알기 쉽고 개괄적인 정보 제공란이라면, 'Questions & Answers'은 HIV/AIDS의 정의, 파급력, UNAIDS 의 역할과 사명 등에 대한 더욱 자세하고 전문적인 정보를 제공한다. 아래의 세 항목으로 나뉘어져 있다.

- Q&A I: International Programmes, Initiatives and Funding Issues

- Q&A II: Basic Facts about the HIV/AIDS Epidemic and its Impact

- Q&A III: Selected Issues: Prevention and Care

각 항목을 클릭하면 새 창을 통해 자세한 내용을 볼 수 있으며 전문을 다운로드 받을 수도 있다.

- Terminology

- Glossary of HIV/AIDS-related Terms

  일부 HIV/AIDS 관련 용어들은 HIV 감염자들에게 부정적인 의미를 내포하는 경우가 있다. 이 용어집은 HIV/AIDS 관련 용어들을 총 정리해 놓았으며 부정적 의미를 내포한 용어들을 알려주고 대체 용어를 제시하고 있다.

- UNAIDS Terminology Database

  UNAIDS Terminology Database는 영어, 불어, 러시아어, 스페인어로 제공되며 현재 사용 여부나 선호도에 근거해 HIV/AIDS 용어와 관련된 혼란을 해소하고 자 만들어졌다. UNAIDS 구조와 관련된 용어, UN 기관이나 프로그램명, 국제회의 등의 관련 용어, 그리고 HIV/AIDS 관련 의학용어, 기관명 등을 실었다. 지금도 계속 갱신되고 있다.

- 각 메뉴를 클릭하면 이용할 수 있다. 'Glossary of HIV/AIDS-related Terms'는 알파벳 순서로 정리되어 있으며, 'UNAIDS Terminology Database'는 전체목록 보기나 용어 검색이 가능하다.

② Media

메인메뉴 중 'Resource' 밑에 위치한 'Media'에는 언론관련 정보원들이 있다. Media 중에서 정보원이 담긴 항목들을 소개하면 아래와 같다.

- Press Releases

  날짜순으로 나열된 보도자료 목록이 제공되어 있다. 제목을 클릭하면 원문을 볼 수 있다.

- Fact Sheets

  Q&A, 표, 그래프, 각국의 HIV/AIDS 관련 지표 등을 담은 'Fact Sheet' 들이 날짜순으로 정리되어 있다. 제목을 클릭하면 원문을 볼 수 있다.

- Recent News

  최근 소식들을 간단히 요약해 놓았다. 'Press Release'를 클릭하면 해당 보도 자료로 이동한다.

UNCC
United Nations Compensation Commission
유엔보상위원회

1) 소재지

주   소 Villa La Pelouse Palais des Nations CH-1211 Geneva 10, Switzerland

전   화 + 41 22 917 3600

팩   스 + 41 22 917 0069

전자우편 unccwebmaster@uncc.ch

홈페이지 http://www2.unog.ch/uncc/

2) 설립연혁

UNCC는 유엔안전보장이사회의 하위기구로서, 1991년 이라크의 쿠웨이트 침공으로 인한 피해배상액을 결정하고 집행하기 위해 설립되었다.

3) 설립목적

UNCC는 이라크의 쿠웨이트 침공으로 인한 피해와 손실에 대한 배상액을 결정하고 집행함을 목적으로 한다.

4) 주요 사업

UNCC는 쿠웨이트와 사우디아라비아, 요르단, 이란, 시리아, 터키 등 주변국 정부와 주민들로부터 피해 신청을 받아 이를 심사한 뒤 배상액을 결정해왔다. UNCC 집행 이사회는 2005년 6월 30일 폐막된 56차 총회를 끝으로 배상액 결정 절차가 모두 끝났으며 이후 배상금 지불과 잔무 처리를 위해 소수 인원의 사무국만을 두기로 했다.

5) 정보원

(1) 정보배포정책

UNCC는 배상액 심의 및 책정이 본래 의무이므로 제공되는 정보원의 양과 범위가 매우 제한적이다. 이라크의 쿠웨이트 침공 후의 배상 절차에 관심이 있는 이용자의 경우, UNCC의 홈페이지에서 UNCC의 보고서와 안전보장이사회의 결의안 원문이나 관련 서적의 문헌 정보를 얻어갈 수 있다. 하지만 공식 문서 외 출판물의 원문이나 데이터베이스 등의 정보서비스는 제공되지 않는다.

(2) 정보자료

① Security Council Resolutions

1990년 이라크군의 쿠웨이트 침공 이후 생성된 안전보장이사회의 결의안 목록이다. 각각을 클릭하면 원문을 볼 수 있다.

② Decisions of the Governing Council

UNCC 집행위원회의 결정사항 목록으로 역시 원문보기가 제공된다.

③ Reports and Recommendations of the Panels of Commissioners

이라크 및 쿠웨이트와 그 주변국 관계자들의 보고서와 권고안 목록이다. 원문보기가 제공된다.

④ Reports of the Executive Secretary Pursuant to Article 41 of the Provisional Rules for Claims Procedure

배상절차 가조약 41조항 준수에 대한 사무총장의 보고서 목록이다.

⑤ Selected Publications

UNCC 사업과 관련된 출판물 목록이다. 서지정보는 제공되지만 원문보기는 없다. 대표적인 단행본은 다음과 같다.

United Nations Department of Public Information, *the United Nations and the Iraq-Kuwait Conflict*, 1990-1996, The United Nations Blue Book Series, Volume IX.

Freedman, L. and Karsh, E., *The Gulf Conflict 1990-1991: Diplomacy and War in the New World Order*, Princeton University Press, Princeton, New Jersey, 1992, 1-504.

Lillich, R. B., (ed.) *The United Nations Compensation Commission* [Thirteenth Sokol Colloquium] (1995).

Khadduri, M. and Ghareeb, E., *War in the Gulf, 1990-1991: The Iraq-Kuwait Conflict and its Implications*, Oxford University Press, 1997.

Frigessi di Rattalma, Marco and Treves, Tullio, *The United Nations Compensation Commission a Handbook Kluwer Law International*, (The Hague/London/Boston) 1999.

⑥ Index of Jurisprudence

법원의 판결기록 목록이다. 검색기능을 사용해 자료를 찾아 볼 수 있다. PDF 형식의 원문이 제공된다.

UNCCD
United Nations Convention to Combat Desertification
유엔사막화방지협약

1) 소재지

주   소   UNCCD Secretariat P.O. Box 260129 Haus CarstanjenD-53153
            Bonn, Germany

전   화 + 49 228 / 815 2800

팩   스 + 49 228 / 815 2898 / 99

전자우편 secretariat@unccd.int

홈페이지 http://www.unccd.int/

2) 설립연혁

1977년 케냐의 나이로비에서 개최된 유엔사막화대책협의회(United Nations Conference on Desertification: UNCOD)는 사막화를 막기 위한 대책으로서 사막화 퇴치 행동계획(Plan of Action to Combat Desertification: PACD)을 마련하였다. 그러나 이후 1991년 유엔환경계획(UNEP)은 이러한 노력이 가시적인 성과를 거두지 못하였다고 평가했고, 1992년 리우에서 개최된 유엔환경개발회의에서 아프리카 국가들의 발제에 따라 국제 사회적 차원에서 사막화현상을 방지하고자 지속력이고 새로운 통합적 접근방법의 필요성에 대한 합의가 이루어졌다. 리우 회의의 요청에 따라 1992년 12월 유엔 총회에서 결의안 47/188(Resolution 47/188)이 채택되었고, 사막화방지협약을 준비하기 위한 국제교섭위원회(Intergovernmental Negotiating Committee: INCD)가 조직되어 협상작업을 계속하였다. 다섯 차례에 걸친 협상 결과 1994년 6월 17일 파리에서 사막화방지협약이 채택되었고, 1996년 12월 26일에 발효되었다. 이 협약은 당사국회의와 사무국을 설립하였다.

3) 설립목적

UNCCD는 일종의 국제적인 협약 기구로서 심각한 사막화의 영향을 받는 국가(특히 아프리카 국가)들과 개발도상국(중국, 북한 등)의 사막화 대응능력을 향상시키기 위해 설립되었다. 사막화 피해국가에 대한 적절한 고려 및 이들 국가의 사막화 방지를 위한 지식 및 기술의 제공과 재정적 지원을 목표로 하고 있다.

4) 조 직

사막화방지협약의 최고집행기구는 당사국회의(The Conference of the Parties:

COP)로서, 1997년 10월 로마에서 첫 번째 회의를 개최하였으며 2년마다 정기회의
가 열리고 있다. 사무국은 협약이행을 위한 업무 수행을 총괄하는 상설기구로 설치
되었다.

5) 회 원

사막화방지협약은 1994년 10월부터 1995년 10월까지 모두 115개국이 서명을 하였
으며, 이들 국가 중 멕시코, 네덜란드, 이집트, 세네갈 등 50개 국가가 먼저 비준을
함에 따라 1996년 12월 26일에 발효가 되었다(50개국이 비준한 때로부터 90일 후
에 발효). 2003년 5월 29일 가입한 러시아 연합을 포함하여 회원국 수는 모두 약
187개국이다(회원국 현황: http://www.unccd.int/convention/ratif/doeif.php).
우리나라는 1994년 10월 14일 사막화방지협약에 서명을 하고 1999년 8월 17일 비
준을 하였으며, 1999년 11월 15일부터 협약이 국내에서 발효되고 있다.

6) 주요 사업

협약 기구로서 UNCCD는 협약이행을 총괄한다. 국가실천계획(National Action
Programmes: NAP)은 협약이행의 중요한 수단으로서 소지역 실천계획(Action
Programmes on Sub-regional: SRAP)과 지역실천계획(Action Programmes on
Regional: RAP)에 의해 강화되고 있다. 사막화 피해당사국은 포괄적인 국가실천계
획을 세우도록 되어 있는데, 이 국가실천계획의 목적은 사막화를 초래하는 요인을 파
악하고 사막화 방지에 필요한 실질적 대책을 찾는데 있다. 피해당사국은 사막화 방지
를 위해 취해진 실질적 단계와 조치를 국가실천계획에 상세하게 기술하고 있다.
국가실천계획은 사막화방지를 위한 장기적 전략을 구체화하고 그 이행을 강조하며,
지속가능한 개발을 위해 국가정책과 통합되어야 한다. 현재 아프리카, 아시아, 라틴
아메리카 및 카리브해 지역, 중앙 및 동유럽, 북지중해 지역에서 실시되고 있다.

7) 정보원

(1) 정보배포정책

UNCCD의 정보원은 'Official Documents', 'Reports', 'Newsroom', 'Publications', 그리고 'Library'로 나뉘어져 있다. 각각의 페이지마다 정보원의 성격에 대한 개괄적인 소개와 함께, 필요한 정보를 손쉽게 찾을 수 있도록 검색과 브라우징 기능을 갖추고 있다. 대부분의 정보자료가 무료로 제공되며 온라인상의 원문보기가 가능하다.

(2) 정보자료

① Official Documents

당사국회의와 그 산하 기구의 공식 문헌목록이다. 또한 1993년부터 1997년까지의 국제교섭위원회의 공식 문헌 역시 등록되어 있다. 오른쪽에 위치한 스크롤바 메뉴에서 회기를 선택하면 원문을 볼 수 있다.

② Reports

당사국회의와 협약이행감시위원회(Review of the Implementation of the Convention)의 회의에 제출된 보고서들의 목록이다. 이 보고서들은 당사국회의가 어떻게 협약이행의 의무를 준수하고 있는지를 보여주며, 피해당사국, 선진국, 유엔 기구들이 작성한다. 지역에 따라 선택할 수 있으며, 각 지역 또는 타국가나 기관이 그 지역에 대해 작성한 보고서로 항목화되어 있으며, 하단에는 전체목록이 있어 항목을 클릭하면 해당 부분에 링크된다. 목록 중 다수가 원문보기가 가능하다.

③ Newsroom

1999년부터 현재까지의 보도자료 목록이 있다.

④ Publications

UNCCD 출판물은 UNCCD에 대한 소개나 Q&A, 용어집, 교사를 위한 교육자료 등과 사막화 현상에 대한 단행본들로 이루어져 있다. 구체적인 항목은 다음과 같다.

- Fact Sheets

- Basic Facts about Desertification and the Convention

- Frequently Asked Questions

- Explanatory Leaflet

- UNCCD Ten Years on 2004 Anniversary Magazine

- UNESCO Teacher's Kit

- Down to Earth: A Simplified Guide to the Convention to Combat Desertification

- Extractive Industries in Arid and Semi-Arid Zones

- Global Alarm: Dust and Sandstorms from the World's Dry Lands

- Prevention and Control of Dust and Sandstorms in Northeast Asia

- Important Dates

- Glossary of Frequently Used Terms and Acronyms

- Comic Strip

⑤ Library

UNCCD 도서관은 10권이 넘는 단행본, 연속간행물, 보고서, 비디오, CD-ROM 등의 정보원을 보유하고 있다. 현재 'Online Library' 서비스는 제공하고 있지 않으나, 오른쪽 메뉴에 UNCCD의 사업과 관련된 다양한 정보검색서비스와 UN 도서관 데이터베이스, UN 정보서비스 등의 링크를 제공하고 있다.

UNCDF
United Nations Capital Development Fund
유엔자본개발기금

1) 소재지

주   소 United Nations Capital Development Fund, Two UN Plaza,
26th Floor New York, NY 10017

팩   스 212 906 6479

전자우편 info@uncdf.org

홈페이지 http://www.uncdf.org/

2) 설립연혁

1966년 유엔총회에 의하여 UNDP(United Nations Development Program: 국제연합개발계획)의 관리 아래 특별한 목적을 가진 기금으로 설립되었다. 내부적으로는 집행위원회에 의해 운영되고, 외부적으로는 이 기금의 관리기관인 UNDP에 의해 운영되는 반자치적 기구이다. 1997년에 유엔은 UNDP와 UNCDF를 연결하는 SUM(Special Unit for Microfinance: 소자본을 위한 특별기구)을 설립했는데, SUM은 1999년에 UNCDF로 완전히 통합되어 활동한다.

3) 설립목적

UNCDF의 사명은 현지 개발프로그램과 소자본(microfinance)지원 프로그램을 통한 빈곤 퇴치이다. 소자본을 저개발국의 지방자치단체에 증여 또는 저리의 차관으로 제공하며, 자금지원이 끝난 뒤에도 지속적인 변화와 성장을 가능하게 하고, 지역발전을 통한 국가 자원의 이용에 중점을 둔다. 자금의 규모는 연간 약 4,000만 달러이며 한 프로젝트 당 지원 규모는 50만~500만 달러인데, 대부분 NGO(Nongovernmental Organization: 비정부기구)나 지방자치단체에 지원된다. 기금은 유엔총회에서 지정한 저개발국을 우선한다는 원칙 아래, 1973년부터 1999년까지 아프리카 지역의 32개국을 포함하여 56개국에 지원되었다. 1998년부터는 대상을 15개국에 한정하여 집중적인 지원을 하고 있다.

4) 조 직

집행위원은 국제연합총회에서 선출되는 24명의 위원으로 구성된다. 본부는 미국 뉴욕에 있다.

5) 주요 사업

- Local Development

  UNCDF Local Development 부문은 지속가능한 발달과 빈곤 퇴치를 위해 지방자치단체의 기반시설 확충과 빈곤층을 위한 공공 서비스 강화를 장려하고 정부, 시민과 지역사회, 사기업간의 교류를 증진하기 위한 사업을 전개하고 있다. 지방정부의 보다 효과적인 운영을 위한 정책적인 제도 개선도 추진한다.

  원조는 농업, 농업관련 산업, 식수공급, 의료·보건 및 영양, 저소득자에 대한 주택공급, 도로와 농촌학교 건설 등에까지 미친다.

- Microfinance

  UNCDF Microfinance는 아직도 예금저축, 보험, 금융거래 등의 재정서비스를 제공받지 못하는 많은 개발도상국 국민들을 위해 증여 또는 저리의 차관 형태로 재정 지원을 시행하고, 기술 정책적 지침을 UNDP와 협력 정부에게 전달하며, 능률적인 소자본 지원 프로그램의 원칙과 실무에 관한 현장지식을 UNDP와 다른 관계자들에게 훈련 및 정보서비스를 통해 제공한다.

- Evaluations

  사업 평가도 UNCDF의 주요 사업 중 하나이다. 외부 전문가가 프로젝트 디자인, 실행 결과 및 효과 등의 면에서 UNCDF 사업을 평가한다.

- Technical Advisory

UNCDF Local Governance Unit(LGU)는 탈집중화와 지방자치 육성을 위한 기술고문 역할을 담당한다. 유엔기관과 다자간, 양자간 기구 및 각국 정부를 대상으로 이루어진다.

6) 정보원

(1) 정보배포정책

UNCDF의 정보원은 크게 'Publications', 'News', 'Learning'으로 나뉘어 진다. 거의 모든 정보원이 온라인상에서 무료로 이용 가능하다.

(2) 정보자료

① Publications

Corporate Policy Papers, Evaluations, Local Governance, Microfinance 등 네 가지 항목으로 분류되어 있다.

- Corporate Policy Papers

  UNCDF의 정책과 사명, 사업계획, 제도적 구성 등에 관한 문헌들과 연차보고서 등의 UNCDF 조직 전반에 관한 자료들이 있다. 다음의 항목으로 구성되어 있으며, 각각의 자료가 제공되는 형식을 클릭하면 (PDF, HTML 등) 원문을 볼 수 있다.

  - Policy and Mission
  - Business Plans
  - Mandate and Legislative Framework
  - Strategic Results Framework
  - Annual Reports
  - Other Reports from the Executive Board of the United Nations Development Programme and of the United Nations Population Fund
  - Organizational Evaluations

- Evaluations

  1992년 이후 UNCDF 사업평가 요약문들이 온라인상에 구축되어 있다. 'Evaluations'란의 'List by Country'와 'List by Year' 메뉴를 사용해 검색할 수 있다. 'Full Evaluation Available'이라는 표시가 없는 자료들은 평가 요약문의 형태로 제공된다.

- Local Governance
- Policy Papers

  Local Governance에 대한 UNCDF의 정책관련 문헌들 모음이다. PDF나 HTML 형태로 전문이 제공된다.

- Thematic Papers

  Poverty and Local Governments / Fiscal Decentralization / Natural Resource Management / Decentralized Planning and Financing / Policy Impact and Replication / Post-conflict Countries 등의 세부 주제별로 UNCDF의 문헌자료가 정리되어 있다. 역시 원문이 제공된다.

- Project Documents

  나라별로 각국 소개와 현지에서 진행되는 'Local Governance' 프로젝트의 계획부터 관리, 평가까지의 과정을 설명하는 문헌자료가 제공되어 있다. 역시 전문을 무료로 볼 수 있다.

- Concept Papers

  나라별로 각국 소개와 논의 중인 'Local Governance' 프로젝트의 자세한 계획서가 소개되고 있다. 전문을 무료로 볼 수 있다.

- Technical Review Reports

  나라별로 각국 소개와 기술적인 검토 보고서가 역시 PDF나 HTML의 형태로 제공되어 있다.

- Other Project Related Reports

  기타 프로젝트 관련 보고서들이다. 위와 마찬가지로 원문을 볼 수 있다.

- Microfinance

- Policy Papers

  Microfinance 프로젝트들의 성공사례 보고(Best Practice), UNCDF/SUM의 사업계획, 평가보고서 등의 자료 목록이 원문 링크와 함께 제공되어 있다.

- Thematic Papers

  2001년 유엔본부에서 개최되었던 Global Microfinance Meeting on Young and Promising Microfinance Institutions의 자료, 회의 요약문 등으로 이루어진 자료들 외에, Microfinance 주제분야의 UNCDF 간행물들이 실려 있다. 모두 원문보기가 가능하다.

- Technical Reviews & Institutional Appraisals

  나라별로 기술적 검토 보고서와 제도적 견적서가 정리되어 있다. 역시 원문보기가 가능하다.

- Country Feasibility Studies

  각 나라별로 소자본 산업을 진단한 보고서들 목록이다. 1997년 이후 자료가 온라인상에 게재되어 있다. 국가명을 클릭하면 자세한 서지정보 및 원문을 볼 수 있다.

- Project Documents

  형식은 위의 'Local Governance'의 'Project Documents'란과 동일하다.

② News

- Current News

  최근 뉴스 목록이다. 각 뉴스를 클릭하면 전문을 볼 수 있다.

- Photos and Interviews(Countries)

  나라별로 사진과 인터뷰 자료를 볼 수 있다.

- News Archive

  예전 뉴스 목록이다. 2003년부터 게재되어 있다.

③ Learning

UNCDF는 다양한 교육 및 훈련 프로그램을 전개하고 있으며 그들 중 일부는 온라

인상으로 등록이 가능하다. 그 중에서 e-Learning 프로그램이 있어서 온라인 정보
원을 소개한다. Online Microfinance Distant Learning Program은 UNCDF가 제공
하는 온라인 계정을 만들면 누구나 이용할 수 있다. CD-ROM이나 단행본의 구입
방법, 교재 및 참고서적 목록도 나와 있다.

UNCITRAL
United Nations Commission on International Trade Law
유엔국제무역법위원회

1) 소재지

주   소 UNCITRAL Secretariat P.O. Box 500 Vienna International
          Centre A-1400 Vienna, Austria
전   화 43 1 26060 4060 or 4061
팩   스 43 1 26060 5813
전자우편 uncitral@uncitral.org
홈페이지 http://www.uncitral.org

2) 설립연혁

1966년 UN 제 21차 총회의 결의에 의해 국제 상거래법의 전진적인 조화와 통일을
목적으로 하여 설립되었다. 설립 당시에는 UN 총회의 선거에 의하여 아프리카 7개
국, 아시아 5개국, 동유럽 4개국, 라틴아메리카 5개국, 서유럽 및 기타 8개국 등 29
개국으로 구성되었다.

3) 설립목적

세계 무역관련 법규의 통일을 목적으로 설립되었다.

4) 조 직

UNCITRAL은 유엔총회가 선정한 60개 회원국으로 구성되어 있으며 세계 각 지역과 주요 경제 및 법체계를 빠짐없이 대표하도록 만들어졌다. 6년의 임기를 가지고 선정되며 회원국 절반의 임기가 매 3년마다 끝난다.

5) 주요 사업

현재 UNCITRAL이 진행하고 있는 사업과 주요 성과는 다음과 같이 정리된다.
- International Sale of Goods and Related Transactions
- International Transport of Goods
- International Commercial Arbitration and Conciliation
- Public Procurement and Infrastructure Development
- Construction Contracts
- International Payments
- Electronic Commerce
- Insolvency
- Other Products of Work of UNCITRAL

6) 정보원

(1) 정보배포정책

UNCITRAL의 홈페이지는 정보원 제공에 초점이 맞추어져 있다. 기본 메뉴 중 'Research Guide'에는 UNCITRAL의 온라인 정보원의 편리한 이용을 위한 안내가 제공되어 있다. 언어, 문헌 형식, 그리고 문헌 기호 등에 대한 설명이 나와 있어, 기호화되어 있는 법문헌 제목을 읽는데 도움을 주고 있다. UNCITRAL의 회의 결과, 법문, 법 제정 및 집행에 대한 가이드, 정책 제안 등 다양한 관련 문헌 자료를 제공하고 있으며, 그 중 일부는 'UN Publications'를 통해 온라인 판매 중이다. 이 정보원의 특징은 사업과 관련된 문헌의 서지 정보 목록을 작성해 'Bibliography'란에 갱신하고 있다는 것이다. 관련 분야 종사자라면 유익한 정보가 될 것이다.

(2) 정보자료

UNCITRAL은 홈페이지의 정보원을 다음과 같이 정리하고 있다.

① UNCITRAL Documents

UNCITRAL 문헌은 홈페이지 항목마다 다양하게 제공되고 있는데 자세한 사항은 아래와 같다.

- Adopted Texts

  UNCITRAL의 각 사업에 따른 문헌들이다. 회의록, 시범 법률, 집행 지침, 법규 지침서, 법적 권고 등이 포함된다. 각 사업 프로그램으로 자료가 구분되어 있다.

- Travaux Preparatoires

  배경 문헌과 준비 문헌들, 회의 보고서, 요약 기록들이다.

- Commission Sessions

  최근 UNCITRAL 회의 문헌과 회의에 제출된 문헌 자료들 목록이다. 회의 일자 에 따라 분류되어 있다.

- Case Law on UNCITRAL Texts (CLOUT)

  CLOUT는 UNCITRAL이 다루는 관습과 모범법(Conventions and Model Laws)에 관한 법원의 결정, 중재 판정에 관한 정보를 모아서 제공하는 정보시 스템이다. CLOUT 초록은 물론, UNCITRAL의 통상 중재 모범법(UNCITRAL Model Law on International Commercial Arbitration) 검색엔진과 모범 중재 사 례에 대한 UNCITRAL 다이제스트, 관련어집(THESAURI) 등 다양한 정보서비 스가 제공되고 있다. 초보 이용자를 위한 'CLOUT User's Guide'도 제공된다.

- 이외에도 'Working Groups'나, 'Technical Assistance' 등에서도 해당 문헌 자료 를 볼 수 있다.

② UNCITRAL Yearbook

UNCITRAL Yearbook은 UN 기탁도서관에 소장된 UNCITRAL 사업과 관련된 모든 문헌의 모음이다.

③ Legal Guides

UNCITRAL이 제공하는 국제통상관련법 안내서이다.

UNCITRAL Legal Guide on International Countertrade Transactions (A/CN.9/SER.B/3, Sales No. E.93.V.7)

UNCITRAL Legal Guide on Drawing up International Contracts for the Construction of Industrial Works (A/CN.9/SER.B/2, Sales No. E.87.V.10)

UNCITRAL Legislative Guide on Privately Financed Infrastructure Projects (A/CN.9/SER.B/4, Sales No. E.01.V.4)

④ Brochures

국제통상 전반에 관련된 UNCITRAL 혹은 UN의 관습이나 모범법들에 대한 설명서이다.

Convention on the Limitation Period in the International Sale of Goods (New York, 1974)

United Nations Convention on Contracts for the International Sale of Goods (Vienna, 1980)

United Nations Convention on the Carriage of Goods by Sea, 1978 (Hamburg Rules)

United Nations Convention on the Liability of Operators of Transport Terminals in International Trade (1991)

United Nations Convention on International Bills of Exchange and International Promissory Notes (New York, 1988)

United Nations Convention on Independent Guarantees and Stand-by Letters of Credit (New York, 1995)

UNCITRAL Model Law on International Commercial Arbitration (1985)

UNCITRAL Model Law on International Credit Transfers (1992)

UNCITRAL Model Law on Procurement of Goods, Construction and Services, with Guide to Enactment (1994)

UNCITRAL Model Law on Cross-Border Insolvency (1997)

UNCITRAL Model Law on Electronic Commerce (1996)

UNCITRAL Model Law on Electronic Signatures (2001)

UNCITRAL Arbitration Rules (1976)

UNCITRAL Conciliation Rules (1980)

UNCITRAL Notes on Organizing Arbitral Proceedings (1996)

위에서 언급했듯이, *Yearbook*과 *Legal Guides*는 판매 출판물로, 뉴욕이나 제네바에 있는 UN Sales Office에서 구입할 수 있다.

- 뉴욕 연락처

　주　　소　United Nations Publications

　　　　　　　Sales Section 2 United Nations Plaza Room DC2-853, Dept. I001 New York, N.Y. 10017, U.S.A.

　전　　화　(212) 963-8302, 1(800) 253-9646

　팩　　스　(212) 963-3489

　전자우편　publications@un.org

- 제네바 연락처

　주　　소　United Nations Publications

　　　　　　　Sales Office and Bookshop CH-1211 Geneva Switzerland

　전　　화　(41 22) 917 2613 / 917 2614

(Orders and Inquiries)

(41 22) 917 2615

(Subscriptions and Standing Orders)

(41 22) 917 2606

(Accounts, Trade Inquiries, Orders)

팩   스 (4122) 917 0027

전자우편 unpubli@unog.ch

- Bibliography

  정보배포정책에서도 언급했듯이, UNCITRAL과 관련된 문헌들의 서지정보를 모아놓은 'Bibliography'이며, UNCITRAL 문헌만 정리해 놓은 목록과 관련 문헌을 포괄한 목록 두 가지가 있다. 1993년부터 현재까지의 자료를 포함하고 있으며 최근 자료에만 접근 가능하다.

- Search UNCITRAL

  UNCITRAL 홈페이지에서 제공하는 정보원을 검색할 수 있는 엔진이다. 문헌 길이나 일자, 제목 등으로 검색할 수 있다.

- Online Resources

  국제 상법에 관한 온라인 정보서비스의 링크를 제공하고 있다. UN International Law Portal, UN Business Portal 외에도 정부간 국제기구, 비정부기구, CISG 등 다양한 외부 정보서비스로 접속할 수 있다.

UNCTAD
The United Nations Conference on Trade and Development
유엔무역개발협의회

1) 소재지

주　　소　Palais des Nations, 8-14, Av. de la Paix, 1211 Geneva 10, Switzerland
전　　화　+ 41 22 917 5809
팩　　스　+ 41 22 917 0051
전자우편　info@unctad.org
홈페이지　http://www.unctad.org/

2) 설립연혁

- 1962년 7월 카이로 개도국 회의
- 무역 및 경제개발을 위한 국제회의 개최를 권고하는 선언문 채택

- 1963년 7월 제 34차 유엔 경제사회이사회(ECOSOC)
- 제 1차 UNCTAD 총회(UNCTAD I)를 1964년 3월 제네바에서 개최하기로 결의

- 1963년 11월 제 18차 유엔 총회(General Assembly)
- 상기 ECOSOC 결의를 승인하고, UNCTAD 총회 개최를 위한 준비위원회 설치 결의

- 1964년 3월~6월 제 1차 UNCTAD 총회 개최
- Raul Prebisch의 보고서(Towards a New Trade Policy for Development) 제출 및 결과 문헌으로 최종의정서(Final Act of UNCTAD I) 채택

- 1964년 12월 제 19차 유엔 총회 결의
- UNCTAD를 유엔 총회 직속기구(As an Organ of the General Assembly)로 설치하기로 결정

3) 설립목적

"원조보다는 무역(Trade, not Aid)"이라는 구호 아래 무역을 통한 개도국의 경제개발 및 남북협력 도모를 목적으로 하고 있다. 선진국과 후진국 사이의 무역불균형을 시정하고 남북문제를 해결하기 위해 관세장벽의 철폐, 1차 산품의 가격과 수급안정, 선진국의 적극적인 원조가 목적이다.

4) 주요 사업

- 유엔 총회 결의 1995(XIX)에 규정
- 경제개발 가속화를 목적으로 서로 다른 경제개발단계에 있는 국가들간의 무역진흥
- 유엔 시스템 내, 각국 및 지역경제그룹의 무역과 경제개발을 조화시키는 중심역할
- 무역과 경제개발문제에 관한 원칙/정책 개발 및 이를 이행하기 위한 제안 제시
- 무역 분야에서 다자간 규범을 협상하고 채택하기 위한 행동 주도

5) 조 직

① 총회(The Conference)

- 구성: 전 회원국
- 기능: 최고 의사결정기구(각료급 회의)
- 주기: 매 4년마다 개최

② 총무역개발이사회(Trade and Development Board: TDB)

- 구성: UNCTAD 회원국 중 가입의사를 표명한 국가(현재 148개국)
- 기 능
    ⓐ 총회가 개최되지 않는 기간 중의 최고 의사결정기구
    ⓑ 총회 결정사항의 이행을 검토, 연구, 보고

ⓒ 총회 운영, 각 위원회의 토의 및 결정사항을 매년 유엔 총회에 보고

ⓓ 하부기구의 설립 및 그 임무나 규칙을 결정

- 정기회의: 매년 1회(주로 10월) 개최

  정기회의 외에 TDB 집행이사회(executive session)를 연 3회 정도 별도로 개최, 수시 현안, 조직관리문제 등 논의

③ 산하 위원회(The Commissions)

- 구성: 무역과 개발에 관한 각종 이슈분야별 3개 위원회로 구성

  ⓐ 상품, 서비스 및 1차 산품 위원회(Commission on Trade in Goods and Services, and Commodities)

  ⓑ 투자, 기술 및 관련금융문제 위원회(Commission on Investment, Technology and Related Financial Issues)

  ⓒ 기업, 영업 원활화 및 개발위원회(Commission on Enterprise, Business Facilitation and Development)

- 기능: 무역과 개발에 관한 해당 이슈분야별 주요 의제를 논의, TDB에 보고

- 정기회의: 통상 연 1회(주로 1~2월) 개최

- 정기회의 외에 해당 위원회별 각 이슈분야에 대한 전문가 회의(expert meetings)를 통상 연 10회 개최

- 기타: 중기계획예산작업반회의(Working Party on Mid-term Plan and Programme Budget)

- UNCTAD 사업내용 및 예산안 검토를 위해 통상 연 2회 개최

④ 사무국(The Secretariat)

- 기능: 총회, TDB 및 산하 위원회의 고유 업무 처리 및 회원국 활동 지원

- 소재지: 스위스 제네바

- 사무총장(Secretary-General)

  유엔 사무총장이 임명하고, 유엔 총회가 승인(임기 4년, 연임 가능)

  현 사무총장: Rubens Ricupero(브라질 출신)

- 인원 및 예산

인원: 약 400명

예산: 약 6,900만불(유엔 정규예산 지원분 약 4,500만불 및 회원국 자발적 기여
금 등 비정규 예산 약 2,400만불)

6) 회 원

현재 전 세계 192개국이 UNCTAD 회원국으로 있다.

List A (100개국): 아시아, 아프리카(우리나라 포함)

List B (31개국): 주로 OECD 회원국을 중심으로 한 선진국

List C (33개국): 라틴 아메리카

List D (20개국): 러시아 및 동구

기타 (8개국): 아르메니아, 에스토니아, 카자흐스탄, 키리바시, 키르기스 공화국 등

* UNCTAD내에서의 실제 활동과 관련된 국가그룹은 여타 유엔 기구와 마찬가지
로 77그룹(G-77)으로 대변되는 개도국 그룹과 선진국 그룹으로 나뉘며, 선진국
그룹은 유럽연합(EU)과 JUSCANZ(EU회원국이 아닌 선진국 그룹: 일본, 미국,
스위스, 캐나다, 노르웨이, 호주, 뉴질랜드 등)으로 나뉨(두 선진국 그룹은 대개
의 경우 유사한 입장 유지).

7) 한국과의 관계

① 가입: 1964년 3월 제 1차 UNCTAD 총회

② 기본입장

- 우리의 경제개발경험을 바탕으로 UNCTAD의 무역과 개발 이슈 등 국제 경제
문제 논의에 적극 참여 및 선·개도국간 가교 역할 수행

- 우리나라는 공식적으로는 List A(아시아, 아프리카 그룹)에 소속되어 있으나,
List A 대부분이 개도국 대표그룹인 77그룹임을 내세우고 있어 List A 및 77그
룹회의에는 불참(우리나라는 1996년 12월 OECD 가입 이후 77그룹 탈퇴)

③ 분담금

유엔 가입 이전에는 별도의 분담금(1990년도 $131,548)을 납부하였으나, 1991년부터는 유엔 의무 분담금에 포함하여 납부하고, 자발적 분담금은 납부하고 있지 않다.

④ 총회참가

제 1차 총회(1964년 제네바)부터 제 11차 총회(2004년 상파울루)까지 장관급 인사 참가

⑤ 한·UNCTAD 협력사업

- 2002년 5월 "국제경쟁력과 개발"을 주제로 한·UNCTAD 공동세미나 개최(서울)
- Ricupero 사무총장 및 UNCTAD 사무국 소속 전문가 방한
- 우리나라는 경제개발 분야에서 전문지식과 경험을 축적한 정부 공무원의 파견을 통해 간접적으로 UNCTAD의 개도국에 대한 기술협력사업에 기여 하고 있음

8) 정보원

(1) 정보배포정책

UNCTAD는 조직의 규모만큼 방대한 양의 주요 출판물, Digital Library, Statistics 등 다양한 정보자료 서비스를 제공하고 있다. 검색서비스도 이용자의 편의에 따라 선택할 수 있다.

(2) 정보자료

① 주요 출판물

출판물 소개와 더불어 관련 서적, 데이터베이스, 홈페이지 등의 링크가 제공되어 이용이 편리하다.

- *Trade and Development Report(TDR)*
  TDR은 국제통상시스템과 국제통화시스템의 최근 발전 상황에 대해 분석하는 보고서이다.

- *World Investment Report(WIR)*

  WIR은 해외직접원조(FDI)의 경향을 지역과 나라별로 분석하고 FDI가 개발에 미치는 긍정적인 영향을 증진시키는 방안을 제시하는 보고서이다. 다량의 통계 자료를 보유하고 있으며 CD-ROM으로도 판매되고 있다.

- *Economic Development in Africa Report*

  이 연간보고서는 아프리카의 개발과 관련된 여러 문제를 진단하며 새천년개발 목표(MDGs)의 달성을 위해 아프리카 국가의 부채 문제를 해결할 수 있는 방안을 모색한다.

- *Least Developed Countries Report*

  국제 통상을 빈곤 퇴치와 연관지어 최빈국(最貧國)의 빈곤 감소를 위한 방안을 제시하는 보고서이다.

- *Development and Globalization: Facts and Figures*

  UNCTAD 설립 40주년을 맞아 발간된 정보 및 통계자료이다.

- *UNCTAD Handbook of Statistics*

  국제 통상, 투자 및 개발에 관한 통계 자료 목록이다. 온라인 원문은 물론 CD-ROM으로도 제공된다.

- *E-commerce and Development Report(ECDR)*

  정보통신기술(ICT)의 최근 경향을 진단하는 보고서로서 개발도상국의 발전과 관련되어 이들 기술의 역할을 제시한다.

- *Review of Maritime Transport(RMT)*

  해상 무역과 관련된 경향 분석과 지역 비교를 담고 있다.

- *Trade Analysis and Information System(TRAINS) Database*

  관세·비관세 장벽에 관한 정보시스템으로 119개국의 자료를 싣고 있으며, CD-ROM으로 제공되고 Trains 홈페이지에서도 이용할 수 있다.

② Digital Library

Digital library는 UNCTAD가 주관하는 정부간 전문가 회의, 또는 독자적인 연구 분석 활동의 결과물인 정보자료를 검색하고 서지정보를 확인할 수 있는 서비스이다. 정보자료의 종류는 서적, 온라인 간행물, CD-ROM, 온라인 데이터베이스 등을 포함한다.

- 검색 기능

  기존의 검색서비스는 물론 더욱 빠르게 UNCTAD Catalogue를 검색할 수 있는 'Quick Finder' 기능이 제공되고 있다.

- Search Bar

  UNCTAD 홈페이지의 오른쪽 상단에 위치한 검색 툴이다. 전체 홈페이지는 물론 문헌 종류별 검색이 가능하다.

- Quick Finder

  새로운 검색시스템으로 사전에 선정된 연도, 분야, 주제 등의 검색 기준에 따라 1996년 이후의 모든 출판물, 회의 문헌, 그리고 뉴스레터 등의 정보자료를 찾아볼 수 있다. 더 자세한 정보를 통해 자료를 검색하려면 기존의 상세 검색서비스를 이용하면 된다.

- 'Digital Library'에서 제공하는 정보자료는 다음과 같이 분류되어 있다. 각 항목 페이지로 이동하면 해당 자료 목록의 서지정보와 원문, 그리고 각 항목 내에서의 상세 검색서비스가 제공된다. 예를 들어, 정기간행물 'Issues in Brief'의 특정 권 호나 기사를 찾을 경우 'Issues in Brief' 내에서 키워드나 날짜 등으로 세부 검색을 할 수 있는 것이다.

- Main Publications
- UNCTAD Series
- Basic Documents
- Issues in Brief
- Newsletters
- Statistical Databases
- Globalization and Development Strategies

- Economic Development in Africa

- International Trade

- Dispute Settlement - Course Modules

- Investment, Technology and Enterprise Development

- Services Infrastructure for Development and Trade Efficiency

- LDCs, Land-Locked and Island Developing Countries

- Technical Cooperation

- Discussion Papers

- G-24 Discussion Papers

- Prebisch Lectures

- Transnational Corporations Journal

- Readership Questionnaire

- 위의 항목에서 제공되는 정보자료들은 대부분 무료로 원문보기가 제공된다. 자료를 직접 받아보려면 'Digital Library' 메인 페이지에 있는 주문 안내 사항 (How to Order)을 보고 우편이나 전화, 전자우편으로 주문하면 된다.

③ UNCTAD Statistics

- UNCTAD는 지난 몇십년 동안 세계화 과정에서 개발도상국의 경제 흐름의 변화를 살펴보고 FDI나 국제 통상, 물자 교역 등을 분석하는데 필요한 통계 자료를 발표해 왔다. 이 통계 자료는 기존 자료의 인용이나 UNCTAD 자체 연구의 결과물로 이루어져 있다. 'UNCTAD Statistics'의 정보서비스 중 'GlobStat'은 주요 통계 수치가 일목요연하게 정리되어 있으며 누구나 이용할 수 있는 장점이 있다. 만약 더욱 자세한 정보를 원한다면 온라인 데이터베이스를 이용하면 된다. 또한 UNCTAD는 다양한 통계 자료를 발행하고 있는데 그들 중 일부는 CD-ROM 형태로 제공된다.

- 'UNCTAD Statistics'의 메뉴는 'Millennium Indicators', 'Statistical Database', 'Sources & Notes'로 구성되어 있는데, 'Millennium Indicators'는 유엔의 Millennium Development Goals와 관련해서 그 진행 과정을 분석하는 지수에 대

한 데이터베이스와 나라별 정보를 제공하고 있다. 'Sources & Notes'는 'UNCTAD Statistics'의 원 자료와 출처 목록을 정리해 놓았다.

- 'Statistical Database'는 UNCTAD가 온라인상에서 제공하는 데이터베이스이며, 그 목록은 다음과 같다.
- UNCTAD Handbook of Statistics
- Commodity Price Bulletin
- UNCTAD-TRAINS
- Foreign Direct Investment Database(FDI)

UNCTAD-UNDP Global Programme
The Global Programme on Globalization, Liberalization and Sustainable Human Development
세계화, 자유화, 지속가능한 인간발달에 대한 국제프로그램

1) 소재지

주   소 UNCTAD-UNDP Global Programme, E-8085 UNCTAD,
         Palais des Nations, CH1211, Geneva 10, Switzerland
전   화 + 41 22 907 4657
팩   스 + 41 22 907 0050
전자우편 gertrud.attar@unctad.org.
홈페이지 http://www.globalprogramme.com

2) 설립목적

UNDP와 UNCTAD의 주요 협력기구로서 개발도상국의 세계경제 편입 과정을 촉진하기 위해 설립되었다. 즉, 개발도상국이 지속가능한 인간발달을 추구하는 동시에, 세계화와 자유화 또한 달성할 수 있도록 돕는 것을 목표로 한다. 또한 UNDP의 지속가능한 인간발달(SHD) 패러다임 및 134개국을 포괄하는 세계적인 네트워크 망과 UNCTAD의 통상과 개발 문제에 대한 분석적이고 체계적인 지식을, SHD의 기치 아래 통합·강화하고자 한다.

3) 주요 사업

우선 국가 수준에서, 파트너십을 맺고 있는 나라들의 참여를 촉진하여 쌍방향적인 통상과 개발 정책 절차를 만들도록 장려한다. 국제적으로는, 세계화와 자유화 흐름에 대한 분석을 통해 인간 위주의 개발을 실현하도록 돕는다. 각 나라들과 국제기구를 잇는 접점으로서 WTO 협상과 국가별·지역별 정책, 그리고 제도적인 분석의 공유영역으로 기능을 수행한다.

Global Programme은 'Competitiveness and Social Efficiency and Trade Norms'와 'Policy Spaces for Development'라는 두 가지 정책적 개념을 바탕으로 사업을 계획하고 있다. 이들에 근거해서 국제 경쟁성 정책이 개발도상국의 경제성장을 장려하고, 국제시장과 협상이 빈곤국의 현실적인 필요와 밀접한 관계가 있다는 Global Programme의 입장이 세워진다. 기본개념과 더불어, 지속가능한 인간발달을 실현하는 주요 방편으로 Economy of Knowledge, Energy, 그리고 Water를 주제 분야로 선정했다. 이러한 주제 분야를 바탕으로 아시아, 아프리카, 남미에서 국가별 평가 및 분석을 진행하고 있다.

4) 정보원

(1) 정보배포정책

Global Programme의 모든 정보원은 온라인상에서 무료로 원문이 제공된다. 인쇄본을 원한다면 위의 소재지 주소로 신청하면 된다.

(2) 정보자료

① Papers on Energy-Related Issues

에너지, 통상, 개발에 대해 Global Programme이 발행한 문헌 정보원들이다. 'Publications'에 링크되어 있듯이 별도의 홈페이지에 선언문, 프레젠테이션, 보고서, 공식 문헌 등의 자료들에 관한 전체 목록이 정리되어 있다.

② Occasional Papers

세계화, 자유화, 지속가능한 인간발달, 국제통상 등의 주제에 대한 보고서들이다. 각 주제를 클릭하면 원문을 볼 수 있다.

③ Country Assessments

튀니지, 자메이카, 보츠와나, 말라위, 짐바브웨, 네팔, 중앙아메리카에 대한 나라별 평가서가 제공되어 있다.

④ Commercial Diplomacy

1999년에서 2000년까지의 개발도상국의 무역자유화 파급효과나 다국간 통상질서에서의 위상제고 등에 대한 지역회의 결과, 평가 보고서 등의 정보원을 제공한다.

⑤ Some Interesting UNDP Publications

국제통상, 다국적 통상질서 등에 대한 UNDP 출판물을 소개하고 있다. 더 많은 UNDP 출판물을 볼 수 있는 링크도 제공한다.

⑥ Least Developed Countries

최빈국의 통상 협상자를 위한 지침서가 제공되고 있다.

⑦ New Challenges Newsletter

홈페이지 구축 전 Global Programme이 발행한 뉴스레터이다. 1999년부터 2001년까지 4호가 온라인상에 PDF 형태로 제공되어 있으며 2001년 이후 현재까지 소식은 메인 항목 중 'Latest News'에 정리되어 있다.

UNDP
United Nations Development Programme
유엔개발계획

1) 소재지

주　　소　1 United Nations Plaza, New York, NY 10017, U.S.A.

전　　화　1 212 906 5000

홈페이지　http://www.undp.org/

2) 설립연혁

1965년 11월 UN(United Nations)은 제 20차 유엔총회 결의 2029(XX)에 의거하여 UNEPTA와 UNSF를 통합한 UNDP(United Nations Development Programme)를 유엔 산하기구로 설립하였다. UNDP는 1966년 1월부터 활동을 개시하였으며, 1970년 12월 제 25차 유엔총회 결의 2688(XXV)에 의거하여 현 UNDP 조직 및 활동 내용을 정식으로 규정하였다.

3) 설립목적

유엔헌장 정신에 입각한 개도국의 경제적·정치적 자립과 경제·사회발전 달성을 목표로 개도국의 국가개발 목표에 일치하는 원조를 체계적이고 지속적으로 제공함으로써 개도국의 경제·사회개발을 촉진·지원하는 것이 설립목적이다. 세계 최대의 다자간 기술원조 공여 계획으로써 유엔의 개발활동을 조정하는 중앙기구로 운영되고 있다.

4) 회　원

UNDP는 특정 회원이 없고, 모든 유엔 및 유엔전문기구나 IAEA의 회원국과 옵서버(Observer) 국가들이 UNDP의 사업에 참여하고 있다.

5) 한국과의 관계

- 우리나라는 1963년 1월 UN 기술원조기구(UNTAB)와 사무소 설치 협정을 체결하여 UN과의 기술협력업무 개시

- 1964년 4월 유엔특별기금(UN Special Fund: UNSF)과 협력 협정을 체결

- 1965년 11월 유엔총회 결의에 의거 UNTAB와 UNSF를 통합하여 UNDP를 설립함에 따라 우리나라는 1978년 12월 UNDP와 협력 협정을 체결하고 기존 관련협정을 대체
 - 동 협정에 근거하여 우리나라는 UNDP 서울사무소(대표 외 10명 근무중)의 운영비 및 임차료 지원
 - UNDP 서울사무소: 서울 한남동 충암빌딩 3층(105평)

- 북한과 UNDP와의 관계
 - 북한은 1979년 11월 UNDP와 협력협정을 체결하고 1980년 12월 UNDP 평양대표부를 설치·운영
 - 북한에 대한 UNDP 지원 규모는 1997-1999 기간 중 약 1,127만불

6) UNDP 관할 각종 기금(기관)

- Special Measures Fund for Least-Developed Countres

- United Nations Capital Development Fund(UNCDF)

- United Nations Volunteers(UNV)

- United Nations Revolving Fund for Natural Resources Exploration(UNRFNRE)

- United Nations Development Fund for Women(UNIFEM)

- United Nations Sudano-Sahelian Office(UNSO)

- United Nations Fund for Science and Technology for Development(UNFSTD)

- United Nations Development Programme Energy Account

- United Nations Childeren's Fund(UNICEF)

- United Nations Population Fund(UNFPA)

- United Nations Trust Fund for the International Research and Training Institute for the Advancement of Women

- United Nations Habitat and Human Settlements

- United Nations Fund for Drug Abuse Control

- United Nations Trust Fund for Social Defence

- United Nations Institute for Training and Research(UNITAR)

- United Nations Trust Fund for African Development

- United Nations Trust Fund for the Transport and Communications Decade in Africa

- United Nations Trust Fund for Aging

- Voluntary Fund for the United Nations Decade of Disabled Persons

- Trust Fund for the United Nations Centre on Transnational Corporations

7) 정보원

(1) 정보배포정책

UNDP는 설립목적에 부합하는 다양한 사업을 진행하고 있으며 이와 관련된 방대한 양의 출판물을 생산하고 있다. 대부분의 출판물은 인터넷으로 검색 및 구독이 가능하며 개인적이고 비상업적인 목적으로 온라인상의 정보원을 사용하는 것을 허용하고 있다. UNDP의 정보원과 배포 정책에 관한 자세한 정보는 다음의 홈페이지에서 찾아볼 수 있다. 이 홈페이지는 우선 UNDP의 정보원을 주제별·지역별로 분류하여 상세 검색의 기능을 제공하고 있다.

① 주제별 분류(By Theme)

- Democratic Governance

- Poverty Reduction

- Crisis Prevention & Recovery

- Energy & Environment

- Information & Communications Technology

- HIV/AIDS

- Gender in Development

- Strategic Partnerships

- South-South Cooperation

- Capacity Development

② 지역별 분류 (By Region)

- Africa

- Arab States

- Asia & Pacific

- Europe & CIS

- Latin America & Caribbean

위의 홈페이지는 또한 UNDP의 주요 정보원에 대한 간략한 소개도 제공하고 있다. 현재 UNDP가 심혈을 기울이고 있는 프로젝트 성격의 출판물은 크게 'UN Millennium Project Report', 'Human Development Report', 그리고 'Annual Report of the Administrator' 세 개로 나눠진다. 이들 출판물과 기타 UNDP의 정보원에 대한 개괄적인 설명은 다음과 같다.

(2) 정보자료

① 정기간행물

- *UN Millennium Project Report*

  *UN Millennium Project*는 새천년개발목표(Millennium Development Goals: MDGs) 달성을 위한 전략을 제시하는 보고서이다. 개요와 원문이 모두 PDF 형식으로 제공되며 *Task Force Reports* 역시 PDF 형식으로 제공된다.

- *Human Development Report*

  *Human Development Report*는 UNDP가 지원하는 독립적인 출판물로서, 175개국의 인간발달 수준을 비교하고 개발목표 정립을 돕는 인간발달지표(HDI)를 매년 갱신해서 발표한다. 1990년 처음 발간된 이 보고서는 인간의 복지를 중시하며 세계·지역 보고서 외에도 120개국이 넘는 국가별 인간발달 보고서를 발행해 왔다. 통계 자료나 CD-ROM, 배경 보고서, HD 정기간행물 등 HD 보고서 및 HDI와 관련된 정보원이 많이 제공되어 있다(http://hdr.undp.org).

- *Annual Report of the Administrator*

  *Annual Report*는 UNDP의 사명과 성과에 대한 보고서이며 알기 쉬운 UNDP 소개도 나와 있다. 현재 2001년부터 2004년까지 *Annual Report*가 제공되고 있다.

- *Results Oriented Annual Report(ROAR)*

  ROAR는 1999년부터 140여국에서 수행하고 있는 UNDP의 지원 프로그램(민주적 통치 및 위기 예방과 회복 등의 주요 사업 포함)의 진행상황과 결과에 대한 분석을 집약해 놓은 보고서이다. MDGs 달성을 위한 UNDP의 노력에 대한 집중적인 분석이 제공되어 있다.

- *Choices*

  UNDP의 대표적인 정기간행물로서 1년에 4회 발행되며 UNDP의 주요 사업지역의 국가별 프로그램에 대해 소개하고 있다.

② 주요 단행본

- *Making Global Trade Work for People*

  현재의 다문화적 국제 통상 실태를 재점검하고 이것이 인간 중심의 개발 (Human Development)에 공헌할 수 있도록 개선 방안을 연구하는 단행본이다.

- *World Energy Assessment*

  현재 전 세계의 에너지원 사용 흐름에 대한 진단과 미래를 전망하는 보고서이다. 전문이 제공된다.

UNEP
United Nations Environment Programme
유엔환경계획

1) 소재지

주　　소　United Nations Avenue, Gigiri PO Box 30552,
　　　　　00100 Nairobi, Kenya
전　　화　254 20 621234
팩　　스　254 20 624489 / 90
홈페이지　http://www.unep.org/

2) 설립연혁

1972년, 지구환경문제를 논의하기 위해 세계 각국의 정상들이 스톡홀름에 모여 '인간환경회의'를 개최하였다. 이 회의에서 세계 정상들은 지구 환경문제를 다루기 위한 UN 전문기구를 만들어야 한다는데 합의한 결과 UNEP가 설립(이 날을 기념하기 위해 6월 5일을 세계환경의 날로 제정)되었다. UNEP 본부는 1972년 UN 산하기구 본부로는 최초로 제 3세계 국가인 케냐 나이로비에 설치되었다.

3) 설립목적

인간생활환경의 보호와 인간의 문화적 생활영위를 위한 환경조성을 위하여 국제협력을 촉진할 것을 목적으로 한다.

4) 조 직

UNEP는 관리이사회·환경기금·환경사무국·조사관리위원회로 구성되고, 관리이사회는 아프리카 16개국, 아시아 13개국, 중남미 10개국, 서유럽 13개국, 동유럽 6개국의 지역배분으로 58개국으로 구성되며 임기는 3년이다. 한국은 1972년 이후에 참가하였다.

5) 주요 사업

주요 활동은 1986년 4월 체르노빌 원전(原電) 사고 뒤 소련에 대한 정보공개 요구, 라인강 오염 때 국경을 넘는 오염에 대응하는 국제조약 체결을 제안하였고, 1985년 이래 오존층 파괴물질 규제 방법을 연구하여 1987년 9월 '오존층을 파괴하는 물질에 대한 몬트리올 의정서'가 채택되고 오존층 보호를 위한 국제협력체제가 확립되었다. UNEP의 주요 사업 주제는 다음과 같다.

- 대기의 보호: 오존층
- 대기의 보호: 기후변화
- 수자원 관리
- 해양 보호
- 토양자원의 보호: 토양오염과 사막화
- 토양자원의 보호: 산림파괴 방지
- 생물다양성 보존
- 독성 화학물질과 유해 폐기물의 관리

- 개발과 삶의 질: 산업

- 개발과 삶의 질: 에너지 생산과 사용

- 개발과 삶의 질: 인간정주

- 개발과 삶의 질: 인간 보건

- UNEP의 지구감시 프로그램
- 지구환경감시시스템(Global Environment Monitoring System: GEMS)
- 지구자원정보자료실(Global Resource Information Database: GRID)
- 잠재적 유독화학물질 국제감시단(International Register of Potentially Toxic Chemicals: IRPTC)
- 지구환경감시센터(Infoterra Programme Activity Centre: INFOTERA)

- 환경법 제정 후원

- 환경교육과 훈련

- 대중의 자각 촉진

- 정보교환기구(The Clearing-House) 설립

6) 정보원

(1) 정보배포정책

- UNEP은 http://www.EarthPrint.com이라는 홈페이지를 통해 대부분의 정보자료를 판매하고 있다.

- 1999년 UNEP의 공식 온라인 서적 판매처로써 문을 연 EarthPrint는 이후 많은 국제기구들의 환경 관련 출판물들로 규모를 확대하여 현재 유엔 본부를 비롯한 약 16개의 국제기구와 연계를 맺고 있다. 검색 창을 통해 약 3,653개의 방대한 정보자료를 찾아 볼 수 있으며 국제기구마다 별도의 검색도 가능하다.

- 신간 자료들의 정보와 UNEP 회의 및 사업 관련 보고서들은 UNEP 홈페이지의 'Publications'란에 나와 있다.

(2) 정보자료

① 주요 발간 서적

- *After the Tsunami: Rapid Environmental Assessment*
  이 보고서는 UNEP과 각국 환경 부처들의 긴밀한 협력의 결과물로 지진해일의 파급력에 대한 실제적인 분석을 제공한다. EarthPrint.com에서 주문하거나, UNEP 홈페이지 상에서 원문 다운로드를 받을 수 있다.

- *GEO Yearbook 2004/5*
  UNEP의 대표서적인 *Global Environment Outlook(GEO)*의 시리즈물로 지속가능한 발달에 대한 정책결정자들을 위한 지침서이다. EarthPrint.com에서 주문하거나, UNEP 홈페이지 상에서 원문 다운로드를 받을 수 있다.

- *UNEP Annual Report 2004*
  UNEP 연간보고서 2004는 2004년 한 해 동안 UNEP의 사업과 성과를 돌아본다. 협력의 시대(The Age of Partnerships)나 자연 자원의 보호(Protecting

Natural Resources)장에서는 지속가능한 개발을 증진하고 인간 사회의 바탕이 되는 환경 자원을 보호하기 위해 어떻게 시민 단체나 사기업, 국제기구, 그리고 정부와 협력해 나갈 것인가에 대한 논의가 펼쳐진다. EarthPrint.com에서 주문하거나, UNEP 홈페이지 상에서 원문 다운로드를 받을 수 있다.

② 이용자별 정보서비스

- Resources For Government Officials

  정부 각료를 위한 정보서비스에서는 정부대표 위원회(Governing Council)와 세계 장관급 환경 포럼(Global Ministerial Environment Forum), 조직도, 각국 환경부 관련 정보 외에도 UNEP이 주관하는 정부간 회의, 선언에 관한 주요 문헌과 연간보고서 등을 원문으로 제공하고 있다.

- Resources for Scientists

  과학자들을 대상으로 제공되는 UNEP의 정보서비스는 UNEP의 과학 관련 정책 소개, 'Science Centres', 세계 환경 전망, 그리고 지도와 그래픽 등으로 이루어져 있다. 각 메뉴의 이용은 홈페이지로 들어가서 해당 메뉴를 클릭하면 된다. 이 중 'Scinece Centres'가 제공하는 GRID라는 정보 센터를 간단히 소개한다.

- UNEP Global and Regional Integrated Data(GRID) Centres

  GRID는 환경 문제와 천연자원 문제에 초점을 맞춘 지리적인 통계 자료와 정보 제품의 제작과 배포를 위해 구축된 세계적 네트워크이다. 환경 자료 관리, 장거리 인식·지리 정보 시스템 등의 정보 기술을 이용하여 환경 평가를 수행한다.

- Resources for Business Persons

  기업가들을 위한 정보서비스에는 'Publications'란을 별도로 두어 여러 주제에 따라 정보자료들을 분류하여 제공하고 있다. 주제 분류는 다음과 같다.

- Chemicals

- Economics and Trade

- Energy

- Cleaner Production

- Finance

- Industry
- Sustainable Consumption
- Tourism
- Transport

기업들을 위한 UNEP 정보자료 목록과 원문 역시 홈페이지에 소개되어 있다.

- Resources for Civil Society

  시민 단체들을 위해서 UNEP은 세계시민단체포럼(Global Civil Society Forum) 안내, 시민단체 참가 요령, 시민단체 목록 등의 정보 외에도 'Documents and Recommendations', 'Publications' 등의 문헌 자료들도 제공하고 있다.

- Documents and Recommendations

  이 곳에는 시민 단체들의 제안과 선언 등 각종 문헌들이 정리되어 있다. 원문 보기가 가능하다.

- Publications

  'Publications' 란에 소개되어 있는 시민단체를 위한 출판물 목록은 다음과 같다. 원문보기가 가능하다.

  - Natural Allies: UNEP and Civil Society
  - Women and the Environment
  - Cultural Diversity and Biodiversity for Sustainable Development
  - TUNZA - The UNEP Magazine for Youth
  - Civic Entrepreneurship: A Civil Society Perspective on Sustainable Development
  - Our Planet Magazine
  - Resources for Children and Youth

    아동과 청소년으로 나뉘어져 각각의 눈높이에 맞는 정보서비스를 제공한다. 'Treat with Care'라는 뜻의 하와이어인 TUNZA라고 이름 붙여진 독립적인 홈페이지로 운영되며, 아동용과 청소년용 홈페이지 둘 다 'Publications'란에 환경에 관한 동화나 정기간행물, 환경보존에 대한 기초문헌, 그리고 UNEP

주요 간행물들의 목록과 원문보기 서비스를 실시하고 있다. 청소년용에는 'Multimedia'란에 UNEP과 환경 관련 사진 갤러리도 있다.

UNESCO
United Nations Educational, Scientific and Cultural Organization
유엔교육과학문화기구

1) 소재지

주　　소　UNESCO 7 Place de Fontenoy, 75352 Paris 07-SP, France

전　　화　33 1 4568 1000

홈페이지　http://www.unesco.org

2) 설립연혁

1946년 11월 '유네스코헌장'이 발효됨으로써 설립되었으며, 1998년 4월 당사국 규모는 186개국이었다.

3) 설립목적

UNESCO는 정의, 법의 지배, 인권 및 기본적 자유에 대한 보편적 존중을 고양시키며, 교육, 과학, 문화를 통하여 제국민간의 협력을 촉진함으로써 세계 평화의 발전에 기여하는 것을 목적으로 한다.

4) 조 직

① 총회(General Conference)

- 2년에 1회 개최

　　　- 정책과 사업에 관한 중요한 방침결정 및 예산승인 등

　② 집행이사회(Executive Board)

　　　- 총회에서 선출하는 임기 4년의 58개국으로 구성
　　　- 1년에 2회 또는 3회(총회 개최되는 해) 개최
　　　- 총회가 채택한 사업계획 및 실시 책임

　③ 사무국(Secretariat)

　　　- 현 사무총장: Mr. Koichiro Matsuura(1999-)
　　　- 총회에서 선출하며 임기 6년

　④ 그 외 사업실행을 위한 산하위원회

5) 한국과의 관계

- 1950년 6월 가입

- 분담금: 2년간 약 600만불 - 총액의 약 1.1%

- 유네스코 진출
　- 1988년부터 3선 연임하여 집행이사국으로 활동
　- 그 외 다수의 산하위원회 위원국으로 활동

6) 북한과의 관계

　1974년 10월 가입

7) 정보원

　(1) 정보배포정책

　　UNESCO의 온라인 정보원은 대부분 UNESCO 산하기구의 정보원도 겸하고 있기 때문에 매우 방대하며 종류도 다양하다. 123개의 서지자료, 참고문헌, 그리고 원문

데이터베이스가 UNESCO의 전문 분야인 교육, 자연과학, 문화, 그리고 사회학과 인문학, 커뮤니케이션, 정보학 분야에 걸쳐 제공된다. 또한 73개의 정보서비스가 본부 및 현지 사무국 등에 위치해 있다.

UNESCO의 홈페이지를 통해 20,000건에 달하는 UNESCO 공식 문서의 원문과 사진, 130만 건의 서지정보가 담긴 데이터베이스, 사전, 그리고 전문 분야에 관한 링크 목록까지 이용할 수 있다. 정보원은 UNESCO의 주요 활동 분야를 바탕으로 한 주제 및 형식으로 분류되어 있다.

(2) 정보자료

우선 UNESCO 홈페이지의 'Online Resources' 중 'Documentation Resources'란을 클릭하면, 왼쪽 메뉴에 'Information Services'와 'Databases', 'Resources'로 구분되어 온라인 정보원이 제공되어 있다.

① Information Services

• Documentation Centres

   UNESCO가 주력하는 분야별로 UNESCO가 제공하는 정보서비스를 총망라해 놓았다. 각 서비스를 클릭하면 해당 홈페이지로 이동한다. 각 분야별 출판물이나 비디오와 사진, 언론 자료들 중 원하는 정보원을 선택하면 된다. 모든 분야를 총괄하는 대표적인 정보서비스로 다음의 두 가지가 있다.

• UNESCO Library

– Online Catalogue Unesdoc/Unesbib

   우선 기본 메뉴 중 'Collection'의 'Online Catalogue Unesdoc/Unesbib'란은 UNESCO의 다양한 공식 문서의 검색 툴이다. 1985년부터의 총회와 이사회 문서들, 1946년부터의 결의안과 결정들, 법문서, 사무총장의 연설문 등의 원문들을 종류별, 연도별로 검색할 수 있을 뿐만 아니라 간단 및 상세 검색 툴도 이용할 수 있다. 홈페이지 상의 공식 문서 분류는 다음과 같다.

   ◦ General Conference

- ◦ Executive Board
- ◦ Resolutions and Decisions since 1946
- ◦ Legal Instruments
- ◦ Speeches of Koïchiro Matsuura, Director General
- ◦ Speeches of Directors-General
- ◦ Circular Letters
- ◦ Depository Letters

또한 세부 메뉴인 'Latest doc./Publications'는 UNESCO 최신 간행물을 사업 분야별로 확인할 수 있으며, 'Latest Acquisitions'는 UNESCO 도서관의 최신 입수 정보원을 소개하고 있다.

- • UNESCO Periodicals
  다음과 같은 정기간행물이 발행되며 일부는 온라인 원문이 제공된다.
- – *The New Courier*
  온라인 원문이 제공된다.
- – *Copyright Bulletin*
  저작권 및 관련 권한에 대한 법적 발전 사항에 대한 정보를 담은 정기간행물로 온라인 원문이 제공된다.
- – *Higher Education in Europe*
  1년에 4번 발행되는 UNESCO-CEPES Quarterly Review이다.
- – *International Review of Education(IRE)*
  공식 및 비공식 교육의 실습과 비교이론에 대한 국제 학술지이다.
- – *International Social Science Journal*
  여러 분야를 포괄하는 정책 관련 국제사회학 정기간행물이다.
- – *Museum International*
  박물관과 문화적 유산에 대한 과학적이고 기술적인 정보를 담은 정기간행물이다. 온라인 원문이 제공된다.
- – *Prospects*

비교 교육에 관한 1년에 4번 발행되는 정기간행물이다. 온라인 원문이 제공된다.

- *World Heritage Review*

  전 세계의 자연, 문화적 유산에 대한 정보를 담은 소식지이다.

• Periodicals Holdings

  1,700여건의 정기간행물이 UNESCO 도서관에 소장되어 있으며, 제목이나 주제어를 입력해 검색할 수 있다.

• UNESCO Thesaurus

  'Tools' 섹션으로 가면 UNESCO 주제 분야의 출판물과 문서에 사용되는 모든 용어를 정리한 UNESCO Thesaurus가 있다. 7,000개의 영어 용어, 8,600개의 불어 용어, 6,800개의 스페인어 용어를 포괄한다. 알파벳순이나 사업별로 검색해 볼 수 있다. UNESCO Thesaurus는 CD-ROM으로도 발행되고 있으므로 주문하면 받아볼 수 있다.

• UNESCOTERM

  UNESCO의 용어를 검색해 볼 수 있는 검색 서비스이다. 사업별로 원하는 주제어를 입력할 수 있다.

• 그 외에 'Photobank'나 UNESCO 주제 분야를 다루는 도서관들을 목록화한 'Libraries Portal', 정부, 학자와 문화, 사회생활로 구분하여 문서 목록을 정리한 'Archives Portal', 도서관 간의 국제협력을 위해 1990년 창설된 'UNAL(UNESCO Network of Associated Libraries)' 등의 메뉴를 이용할 수 있다.

• UNESCO Archives

  1947년에 개설되었으며 UNESCO 조직의 기록과 문서 저장고 역할을 한다. 검색을 통해 UNESCO 도서관의 입수자료 및 UNESCO 문서, 출판물, 정기간행물의 서지학적 정보와 원문을 볼 수 있다. UNESCO Thesaurus나 UNESCO 회의 문서 및 결의안 등은 CD-ROM으로 판매되고 있다.

② Databases

다음과 같이 데이터베이스가 분류되어 있다.

- Bibliographies

- Directories

- Events

- Full Text

- Glossaries/Thesauri

  각 분류를 선택하면 해당 데이터베이스의 전체 목록이 나타난다. 각각의 항목을
  클릭하면 데이터베이스를 바로 이용할 수 있다.

- UNESCO Publishing

  우선 최신 출판물들의 목록을 볼 수 있다. 각 출판물을 클릭하면 간단한 내용
  소개와 가격, 출판년도, 판매 여부 등의 정보가 제공된다. 온라인상으로 쇼핑 카
  트 시스템을 통해 구입할 수 있다. 전체 출판물 목록은 'Books', 'Multimedia',
  'Periodicals', 'Scientific Maps', 'Press' 등의 분류에 따라 나눠지며 각각 해당되
  는 출판물 목록이 제공된다. 단행본이나 지도의 경우 더욱 자세한 주제별 분류
  가 제공되어 있다. UNESCO Publishing이 제공하는 특별한 서비스로 'Reader's
  Club'은 UNESCO의 최신 정보원(단행본, 비디오, CD-ROM, 지도 등)들의 발행
  소식을 알려주는 뉴스레터 등의 온라인 정보서비스를 제공하며, 'Reader's Club'
  에게는 20% 할인된 서비스를 제공하고, 누구나 무료로 가입할 수 있다.

- UNESCO Statistics

  데이터베이스, 국가별 정보, 통계표 등의 통계 정보원을 제공한다. 자체 출판물
  도 있어서 정기간행물, 문서, 분류표와 매뉴얼 등을 볼 수 있다.

③ Resources

UN 산하기구 및 전문기구의 홈페이지를 모아 놓은 UN System 홈페이지와 관련
홈페이지 링크가 제공된다.

UNFCCC
United Nations Framework Convention on Climate Change
유엔기후변화협약

1) 소재지

주　　소　Haus Carstanjen Martin-Luther-King-Strasse 8 D-53175 Bonn
　　　　　Germany Mailing address: P.O. Box 260124, D-53153 Bonn, Germany
전　　화　49 228 815 1000
팩　　스　49 228 815 1999
전자우편　secretariat@unfccc.int
홈페이지　http://unfccc.int

2) 설립연혁

UNFCCC는 생물다양성협약과 함께 1992년 6월 리우회담에서 채택되었고, 1994년
3월 21일 발효되었다.

3) 설립목적

지구온난화 방지를 위해 온실가스의 인위적 방출을 규제하기 위한 협약이다.
지구온난화현상은 정도의 차이는 있지만 모든 나라에 책임이 있으므로 능력에 따
라 의무를 부담하되, 지금까지 에너지를 많이 사용해 왔고 기술적, 경제적 능력이
있는 선진국이 선도적 역할을 하면서 개도국의 사정을 배려한다는 원칙을 세웠다.
당사국들을 부속서Ⅰ국가(선진국)와 부속서 Ⅱ 국가, 기타 국가(개도국)로 구분하여
각기 다른 의무를 부과하고 있다. 부속서Ⅰ국가는 협약 채택 당시 OECD 24개국
및 EU와 동구권 국가 등 35개국이었으나 제 3차 당사국총회(COP3)에서 5개국(크
로아티아, 슬로바키아, 슬로비니아, 리히텐스타인 및 모나코)이 추가로 가입하여 현
재는 40개국이다.

부속서 II 국가는 부속서 I 국가에서 동구권국가가 제외된 국가군으로 OECD 24개국과 EU이다. 모든 당사국은 온실가스를 줄이기 위한 국가 전략을 수립, 시행하고, 이를 공개해야 하며, 통계자료와 정책이행에 대한 보고서를 협약하여 당사국총회(Conference of the Parties: COP)에 제출해야 한다. 협약체결 당시 OECD 회원국이었던 24개 선진국(부속서 II 국가)은 개도국에 대한 재정지원 및 기술이전 의무를 가진다. 여기에 동구권 국가를 합한 38개 부속서 I 국가군은 자국의 온실가스 배출량을 2000년까지 1990년 수준으로 감축하기 위해 노력하되, 감축목표에 관한 의정서를 3차 당사국총회(COP3)까지 마련하기로 결정하였고, 이에 따라 1997년 12월에 『교토의정서(Kyoto Protocol)』가 채택되었다.

4) 주요사업

- 각국의 온실가스 배출, 흡수 현황에 대한 국가통계 및 정책이행에 관한 국가보고서 작성
- 온실가스 배출 감축을 위한 국내 정책 수립 및 시행
- 온실가스 배출량 감축 권고

5) 정보원

(1) 정보배포정책

UNFCCC 홈페이지의 'Documentations'란에 보면 1991년부터 UNFCC와 교토의정서의 일환으로 발행된 모든 공식 문헌과 관련 문헌들을 온라인상에서 접할 수 있다.

(2) 정보자료

① Documentations

'Documentations' 첫 페이지에는 섹션에 대한 소개와 함께 왼쪽 메뉴에 정보원 종류를 정리해 놓았다. 오른쪽 메뉴에는 가장 최근 발표된 문헌과 보고서들의 목록이

있다. 또한 하단의 'Tips'를 통해 'Documentations' 페이지의 구성과 편리하게 문헌을 찾을 수 있는 방법을 소개하고 있다.

- Decisions

  당사국총회(COP)는 매년 만나서 협약의 실행을 점검하고 협약 준수와 규정 보완을 위해 결정과 결의안(Decisions and Resolutions)을 채택하여 COP 보고서를 작성한다. 'Decisions'에서 이 COP 보고서를 회의별로 검색하고 원문을 볼 수 있다. 예를 들어 제 7차 회의의 COP 보고서를 보고 싶다면 검색 창에 COP 7이라고 입력하면 된다. 혹은 결정과 결의안 제목을 입력해도 된다.

- Documents

  'Documents'에는 자주 요청받는 문헌, 나라간 교신, 집중 검토서, 나라별 제출자료, 현황보고서, 그리고 전체 문헌 목록 등이 포함되어 있으며, 검색기능을 통해 필요한 문헌을 찾을 수 있다. 'Documents'의 하위항목으로 회의별, 연도별, 문헌기호별 상세검색 기능이 제공되며 'Document List'에는 위에서 열거한 문헌종류별로 접근이 가능하고, 'Subject Headings'을 통해 알파벳순으로 정렬된 주제어를 통한 검색도 가능하다. 마지막으로 'Introductory Guide to Documents'에는 문헌기호에 대한 소개가 나와 있다.

- Webcasts & Videos

  당사국총회나 산하기구 회의의 동영상이 각 회의마다 제공되어 있다.

- Workshops Documentation

  당사국총회나 산하기구 결정에 따라 시행되는 워크숍들에 대한 정보이다. 주제, 참가인, 보고서, 발표, 회의록 등이 'UNFCCC Calendar'란에 게재되어 있다.

② Press

보도자료, 행사일정, 멀티미디어, 미디어 활동 등의 항목에 따라 언론 관련 정보원이 제공되어 있다.

UNFIP
United Nations Fund for International Partnerships
유엔동반자관계기금

1) 소재지

주　　소　The United Nations Fund for International Partnerships UN Plaza,
　　　　　Room DC1-1300New York, N.Y. 10017, U.S.A.

전　　화　212 963 1000

전자우편　Partner@un.org

홈페이지　http://www.un.org/unfip

2) 설립연혁

UNFIP은 독립적인 신탁 기금으로서 1998년 3월 코피 아난 유엔 사무총장에 의해
설립되었다.

3) 설립목적

UNFIP은 기업, 재단, 시민단체와 학자들을 한 자리에 모아 전 세계 빈곤층을 돕기
위한 유엔기구와 협력관계를 맺고 함께 일할 수 있는 기회를 제공하기 위해 설립
되었다. 또한, 유엔과 공공 자선기관인 유엔재단(United Nations System and the
United Nations Foundation: UNF)과의 협력을 증진시키기 위한 교류의 장으로서
도 기능한다.

4) 조 직

유엔 사무부총장을 필두로 유엔 조직과 원조국(foundation world)의 지도자급 인사
들로 구성된 고문위원단과 직권상의 상임이사(Executive Director)가 UNFIP를 이
끌고 있다. UNFIP은 매년 유엔 총회에 보고서를 제출한다.

5) 주요 사업

① Partnership in Action

UNFIP은 개발원조 분야에서 새로운 파트너십을 육성하는 중요한 역할을 하고 있다. 사기업과 시민단체의 개발 관련 협력을 유도하면서, UNFIP는 범세계적 사명을 위해 자금 외에도 지적재산, 기술, 전문성, 전달체계를 결집하고자 한다.

② Developing High-Impact Projects

UNFIP는 UNF와 협력하여 개발 부문에 사기업 투자를 촉진하고, 유엔 새천년 개발목표(MDG)의 달성을 목표로 한 혁신적이고 영향력이 큰 캠페인이나 프로젝트를 실행하기 위하여 다음의 4가지 중점 분야를 선정했다.
- 어린이의 건강
- 인구와 여성(청소년 중심)
- 환경(생물의 다양성과 에너지, 기후변화)
- 평화와 안보, 그리고 인권

6) 정보원

(1) 정보배포정책

UNFIP의 정보원은 'Information Centre'라는 메뉴에 정리되어 있다. 협력관계 육성이라는 기구의 성격상 전문 출판서적이나 시청각 자료는 구비하고 있지 않다. 대신 UNFIP 보고서나 연설 등의 문헌이나 기구 소개 등의 정보원이 주를 이루고 있다. 거의 모든 정보원이 온라인 무료 접근이 가능하다.

(2) 정보자료

① Facts & Figures about Charitable Giving

미국 내 혹은, 국제적인 규모의 자선사업에 대한 기본정보, 유럽과 미국 등지의 자선재단 순위(보유자산이나 지출, 혹은 국제 보조금 기준) 등의 정보를 볼 수 있다.

아래의 항목으로 분류되어 있다.

- Basic Facts about US Giving

- Basic Facts about International Giving

- Top 10 European Foundations (by asset)

- Top 10 US Foundations (by asset)

- Top 20 European Foundations (by expenditure)

- Top 20 US Foundations (by expenditure)

- Top 20 US Foundations that award International Grants

② Articles & Speeches

'Articles'는 주요 정책논의와 혁신적인 파트너십 프로그램에서 발췌한 기사 목록이 나타난다. 각 제목을 클릭하면 PDF 형식의 원문을 볼 수 있다. 'Speeches'는 공공부문과 사기업의 협력관계에 대한 연설문들 목록이다. 역시 각 제목을 클릭하면 원문을 볼 수 있다.

③ UNFIP Newsletter

현재 창간호인 2004년 여름호가 유일하다. 클릭하면 원문이 나타난다.

④ UNFIP Documents Reports of the Secretary General

1998년부터 현재까지 UNFIP이 유엔정기총회에 제출하는 보고서들이 정리되어 있다. 각각을 클릭하면 원문으로 연결된다.

- Basic Documents
  UN과 UN Foundation의 관계 협약서나 절차·정관 등의 기본 문헌 목록이다. 위와 동일한 방법으로 원문을 볼 수 있다.

⑤ Recent News

2004년부터 현재까지의 최근 소식이 날짜순으로 정렬되어 있다. 제목을 클릭하면 원문을 볼 수 있다.

UNFPA
United Nations Population Fund
유엔인구기금

1) 소재지

주   소 220 East 42nd Street, New York, NY 10017, U.S.A

전   화 1 212 297 5000

홈페이지 http://www.unfpa.org/

Executive Secretary: Nafis Sadik, Pakistan

2) 설립연혁

1966년 제 21차 총회 결의 2211호에 의거하여, 1967년에 설립되었으며, 1969년 UNFPA(UN Fund for Population Activities)로 개정되었다. 1987년 유엔인구기금 (UN Population Fund)으로 되었으나 기구명칭의 약자는 UNFPA를 계속 사용하기로 결정하였다.

3) 설립목적

- 인구 및 가족계획 분야에서의 제반 유엔조직의 대처능력 고양
- 인구문제의 사회적, 경제적 및 인권적 측면에 대한 인식 제고
- 개발도상국에 대한 조직적이고 지속적인 원조제공

4) 조 직

① 집행이사회(Executive Board)

별도 이사회는 구성되어 있지 않으며, 유엔개발계획(UNDP) 집행이사회가 관리

② 사무총장(Executive Director)

- Dr. Nafis Sadik(파키스탄)
- 유엔 사무차장(Under Secretary General) 직급

5) 재 정

재원조달방법: 각국 정부의 자발적 기부금

6) 주요 사업

① 카이로 인구 개발 국제회의(United Nations International Conference on Population and Development: ICPD) 개최

- 개최일자 및 장소: 1994년 9월 3일 - 14일, 카이로

- 개최 의의
- 유엔은 세계 인구문제 해결방안 협의를 위해 1974년부터 10년마다 인구회의 개최
- 1994년 카이로 인구회의는 인구문제의 해결 없이는 각국의 개발노력이 성과를 거둘 수 없다는 취지에서 인구 개발 회의로 명명하고 Cairo 행동강령 채택

- Cairo 행동강령(Programme of Action) 주요 내용
- 인간중심의 개발원칙
- 20년 후의 세계인구규모를 72억 5천만명으로 유지
- 여성의 권리강화
- 2000년까지 영아사망률을 1/3로 감소, 산모사망률을 1990년의 1/2로 감소
- 2015년까지 모든 아동에 대한 초등교육 실시
- 2000년까지 170억 달러 인구개발 분야에 투입(2/3는 당사국 부담, 1/3은 국제원조로 충당)

- 동 회의에서는 특히, 출산건강(reproductive health)에 대한 중요성을 강조하고 낙태의 합법화를 주장하는 북유럽 제국 등과 이에 반대하는 바티칸, 가톨릭 국

가간의 대립 끝에 "낙태가 가족계획의 수단으로 사용되어서는 안 된다(In no case should abortion be promoted as a method of family planning)."라는 원칙으로 절충

② UNFPA의 Cairo 행동강령 이행

• 현재 UNFPA는 인구 개발 사업을 위한 국제 원조를 모니터
- Global Population Assistance Report 등 발간

• 1995년 5월 UNDP/UNFPA 집행이사회에서 추가재원 필요성 언급
- 1994년 ICPD에서 1995-2000년간 2억 2천 5백만 명의 낙태를 예상했으나, 현재 동 예상치 보다 4천 3백만-7천 8백만 명의 더 많은 낙태가 있을 것으로 추정
- 1995-2000년간 520만명-930만명의 추가적인 유아 및 소아사망 예상

• Cairo 행동강령에서 요청한 2000년까지 170억 달러 수준의 재원확대 노력 강화
- 금후 20년간 인구개발문제를 위한 재원 필요성을 고려하여 각국의 재원동원을 위한 정책과 전략 수립

• 1997년 5월 UNDP/UNFPA 집행이사회시 UNFPA 사무총장은 1999년 ICPD 5주년을 기해 Cairo 행동강령의 이행에 대한 전반적인 검토를 제의

7) 한국과의 관계

• 1974-1991년간 UNFPA는 한국의 인구사업을 위해 약 1,300만불을 지원

• 1972-1997년간 한국이 약 230만불 기여금 제공

• 1973년부터 한국을 대상으로 UNFPA 사업이 본격적으로 시작

• 사업추진을 위해 주한 UNDP 대표가 UNFPA 조정관을 겸직

8) 북한과의 관계

• UNFPA는 1985년 이래 북한을 대상으로 한 지원사업 실시
- 1985-1988년간 220만불, 1990-1993년간 376만불 상당의 사업 실시

- 1996년 39만불 지원

9) 정보원

(1) 정보배포정책

UNFPA는 인쇄비용을 최소화하기 위하여 대부분의 정보자료를 온라인상에서 PDF 나 Word 형태의 문헌으로 무료 제공하는 것을 원칙으로 삼고 있다. UNFPA의 인 쇄된 문헌 자료는 경우에 따라 유료로 제공되며 이를 받아보기 위해서는 전자우편 주소 martinez@unfpa.org나 다음의 주소로 요청할 수 있다.

주   소   Media Services Branch, IERD

UNFPA 220 East 42nd St. New York, NY 10017, U.S.A.

(2) 정보자료

UNFPA의 홈페이지는 'Publications' 항목 내에 신간 자료 목록과 주제, 지역, 제목, 날짜, 문헌 종류별 자료 검색 도구를 제공하고 있다.

(3) 정보원의 주제

- Reproductive Health

- Maternal Mortality

- Fistula

- Adolescents and Youth

- HIV/AIDS

- Gender Equality

- Culture

- Essential Supplies

- Emergencies

- Population and Development Strategies

- Advocacy

- Funding

- Population and Millennium Development Goals

(4) 정보원의 종류

- Technical Publications

- State of World Population

- General Information

- Periodicals

- Advocacy Booklet Series

- Other Reports and Documents

- Annual Report

- Declaration on Cario@10

신간 자료 목록은 다음과 같다.

- Programme Planning Resources and Training Material

- Beijing at Ten: UNFPA's Commitment to the Platform of Action

- Financial Resource Flows for Population Activities in 2002

- Financing the ICPD Programme of Action: Ten Years Later

- Investing in People: National Progress in Implementing the ICPD Programme of Action 1994-2004

- Meeting the Challenges of Migration: Progress since the ICPD

- Sexually Transmitted Infections: Breaking the Cycle of Transmission

- Women and HIV/AIDS: Confronting the Crisis

- State of World Population 2004

- 24 Tips for Culturally Sensitive Programming: Guide to Working from Within

- DISPATCHES: Issue Number 63: News from the United Nations Population Fund, September-October 2004

- Securing the Supplies People Rely on

- UNFPA 2003 Annual Report

UNHCR
United Nations High Commissioner for Refugees
유엔난민고등판무관

1) 소재지

주   소 94 Rue Montbrillant, Geneva, Switzerland

전   화 41 22 739 8111

팩   스 41 22 731 9546

홈페이지 http://www.unhcr.ch/

2) 설립연혁

- 1949년 유엔총회가 유엔난민고등판무관 임명

- 1950년 유엔난민고등판무관실 규약(Statute of the Office of the UN High

Commissioner for Refugees) 채택 (UN GA Res 1950년 4월 28일(5))

- 1951년 1월 1일 규정 발효

- 본래 3년을 기한으로 하는 임시기구였으나, 현재는 5년마다 임기 연장

3) 설립목적

- 인도주의에 입각, 난민 보호 및 난민에 대한 물질적 지원 제공

- 박해에 대한 공포에도 불구하고 난민을 강제적으로 송환하는 것을 방지

- 난민문제의 항구적 해결을 위한 국제협력 도모

4) 조 직

- 유엔난민고등판무관: Mr. Ruud Rubbers(2001년부터 5년 임기)

- 사무국: 제네바 소재, 지역사무소는 124개국에 290개 소재

- 집행이사회(Executive Committee)
- 난민문제에 관심이 많은 57개국으로 구성
- 임명된 경우 임기는 영구적(우리나라는 2000년 2월 이사국으로 선출됨)

5) 정보원

(1) 정보배포정책

UNHCR 홈페이지는 난민 관련 각종 정보원들을 'Publications', 'Statistics', 'Research/Evaluation' 등의 항목에 따라 분류하여 게재하고 있으며 각 메뉴의 오른쪽 상단에 정보 검색 툴을 설치하고 각 메뉴 내에서의 하위검색도 가능하게 하여 편리한 정보 이용 서비스를 제공하고 있다.

(2) 정보자료

① Publications

UNHCR 출판물은 난민과 관련된 모든 분야를 포괄한다. 여기에는 1951년 *Refugee Convention*와 같은 기초 문헌부터 국제법 보고서, 연구 평가서, UNHCR의 활동 전반을 소개하는 *Global Appeal*이나 *Global Report*, 여러 정기간행물과 단행본, 그 외에도 지도와 사진첩, 비디오 목록, 환경 등의 특정 분야에 대한 보고서나 현장 적응 매뉴얼 등 다양한 정보원을 보유하고 있다. 또한 연 2회 발행되는 State of the *Worlds Refugees*, 계간 *Refugees Magazine*, 그리고 수많은 안내 책자와 포스터 등이 있다.

다음 목록은 UNHCR의 주요 출판물들이다.

- *Registration Handbook*
  UNHCR의 난민사업 운영에 필요한 등록, 문헌화, 그리고 인구자료 관리 등에 관한 안내서이다.

- *The 1951 Geneva Refugee Convention*
  난민 보호에 관한 주요 문헌으로 전문이 제공된다.

- *The Global Appeal*
  The Global Report와 The Global Appeal은 UNHCR의 사업과 연간 필요조건에 관한 포괄적인 시각을 제시한다. 각국 정부와 UNHCR 협력기관을 우선 대상으로 하고 있으나 일반 독자들에게도 유익한 가이드가 될 것이다.

- *Operations Management Handbook for UNHCR's Partners*
  난민 보호와 지원이라는 UNHCR 사업에 대한 실제적인 지침서로서 참고문헌 목록이 인쇄본과 온라인 원문에 모두 들어 있다.

- *The State of The World's Refugees 2000*
  UNHCR의 50주년 기념판으로 UNHCR 인도주의적 사명과 50년간의 사업을 뒤돌아본다. 이전 발간호도 온라인상에 제공되어 있다.

- *Maps*

환경 등의 주제에 대한 나라별 지도, 위성사진 등이 있다.

- *Protection Publications*
  난민 보호에 관한 UNHCR의 법적 지침서 목록이다.

- *Partnership Guides*
  주요 사업 운영 지침서와 매뉴얼이 정리되어 있다.

- *Refugee Protection in International Law*
  1951년의 난민의 지위에 관한 조약(1951 Convention)의 해석에 대한 주요 논점
  들에 대한 보고서들을 한 권에 묶은 출판물이다.

- *Teaching Tools*
  난민이라는 주제로 어린이들에게 역사, 지리, 시민권 등에 대한 교육을 수행하
  는 프로그램이다.

② Statistics

UNHCR의 Statistics는 정보자료, 동향 분석, 통계 보고서 등을 통해, 약 150여 개
국에 걸쳐 UNHCR의 관심 대상인 난민, 망명자, 귀국 난민, 강제 이주자, 무국적자
등에 대한 정확한 최신 통계 정보를 정책 집행자들에게 전달함을 목적으로 하고
있다. UNHCR Population Data Unit(PGDS/DOS)에서 이 섹션을 담당하고 있으며
망명국, 본국, 성별, 나이, 난민의 위치 및 법적 상황까지 자세한 정보를 제공하고
있다. 이러한 정보자료를 무료로 받아 보고 싶거나 의문 사항이 있다면
stats@unhcr.ch로 연락하면 된다.

다음은 주요 통계 자료와 목록정보이다.

- Catalogue
  통계 자료 목록을 살펴보고 싶다면 온라인 카탈로그로 접속하면 된다.

- Statistical Yearbook
  UNHCR의 연간 통계 출판물 목록이다.

- Asylum Trends
선진국으로의 망명 요청 목록이다.

- Quarterly Trends
개발도상국의 난민과 난민 위치 인정(refugee status determination: RSD)사례
경향 분석 자료이다.

③ Research/Evaluation

난민과 망명자를 돕기 위해서는 복잡한 법적 문제들을 처리하고 각 정부들의 인식
을 높이며 국제 인권법 제정을 위해 힘쓰는 등 여러 분야에 걸쳐 많은 노력이 필
요하다. UNHCR은 이러한 다양한 역할의 성공적 수행을 위해 많은 연구, 분석, 그
리고 평가 작업을 병행하고 있다.

- Evaluation and Policy Analysis Unit
특히 UNHCR의 프로젝트, 프로그램 및 정책을 분석 평가하는 Evaluation and
Policy Analysis Unit(EPAU)는 평가 보고 외에도 UNHCR 사업과 관련된 연구
활동을 지원하는 역할도 겸한다.
EPAU가 제공하는 주요 정보자료는 다음과 같다.
- *EPAU Reports*
UNHCR의 모든 평가 보고서의 원문을 1994년 자료부터 온라인으로 제공한다.
예전 인쇄본은 주문하면 받아볼 수 있다.
- *New Issues in Refugee Research*
난민, 인도주의, 이민에 관한 연구보고서이다.
- *Afghan Assessment*
아프가니스탄의 위기 상황에 대한 UNHCR의 실시간 보고서이다.
- *Refugee Livelihoods Project*
난민, 귀국자 등의 생활 여건을 개선하는 UNHCR의 역량과 난민의 자기부양을
위한 전략에 대한 연구보고서이다.

- Country of Origin and Legal Information

Country of Origin Information(COI)과 법 관련 정보를 포함한 UNHCR의 데이터베이스이다.

④ Information Service

'Publications', 'Statistics', 'Research/Evaluation' 등 위에서 언급한 정보원 항목 외에도 UNHCR은 다양한 정보서비스를 제공하고 있다.

- Refworld 2004 on CD
  난민과 망명자에 관련된 UNHCR의 문헌을 총괄하는 정보자료로서 90,000여건의 문헌 전문과 난민용어사전, 국가별 관련 법조항, 지도 등의 정보원이 제공된다. UNHCR 도서관의 18,000여건의 참고문헌 서비스를 검색할 수도 있다. Refworld CD-ROM 목록의 일부는 홈페이지 상에서도 공개되어 있다. 'Refworld' 해당 페이지의 'Quick Links'를 클릭하면 원하는 페이지를 쉽게 찾을 수 있다. 'Refworld' 안내 책자나 구독 방법 설명도 링크되어 있다.

- Archives of the United Nations High Commissioner for Refugees
  이전 UNHCR 문헌목록이다.

- Country UNHCR Library & Visitors' Centre
  온라인 도서관은 아니지만, 온라인상에서 UNHCR 본부 도서관의 정보자료에 대한 정보를 검색할 수 있으며 외부 도서관의 홈페이지 링크도 제공된다.
- UNHCR Library Holdings(문헌정보 검색)
- Selected Library Portals(외부 도서관 홈페이지 링크)

UNICEF
United Nations Children's Fund
유엔아동기금

1) 소재지

주   소 UNICEF House3 United Nations Plaza New York,
New York 10017, U.S.A.

전   화 1 212 326 7000 Switchboard UNICEF House

팩   스 887 7465 Primary

887 7454 Secondary

홈페이지 http://www.unicef.org

2) 설립연혁

1946년 유엔총회 결의 57호에 의거, 제 2차 세계대전으로 피해를 입은 아동을 구호하기 위한 유엔국제아동긴급기금(United Nations Int'l Children's Emergency Fund: UNICEF)을 설립하였다. 1953년 유엔총회 결의 802호에 의거, 상기 기금을 유엔아동기금으로 상설화하였다.

3) 설립목적

- 아동의 건강과 복지증진을 위한 개도국 지원
- 아동복지 증진을 위한 각국 정부의 노력 장려
- 아동에 관한 장기적이고 광범위한 국제협력 계획 수립

4) 조 직

① 집행이사회(Executive Board)

경제사회이사회에서 선출하는 임기 3년의 36개국으로 구성

② 사무국(Secretariat)

- 현 총재: Ms. Ann M. Veneman
- 유엔 사무총장이 집행이사회와의 협의를 거쳐 임명하며 임기 5년

③ 8개 지역사무소(Regional Office)와 125개 국가사무소(Country Office) 및 37개 국가위원회(National Committee)

5) 재 정

- 정부출연금, 민간단체 및 개인의 자발적 기여금
- General Resources, Supplementary Funds 및 Emergencies
- 재정규모(1996년 기준): 9억 4천 4백만불

6) 주요 사업

현재 UNICEF가 역점을 두고 있는 우선순위 사업 분야는 다음과 같다.

- 어린이 보호: 어린이를 보호하는 환경 조성
- 여아 교육: 양질의 보편교육 실현(특히 여청소년)
- HIV/AIDS 예방 및 보호: 부모에서 자신으로의 전염, 예방, 보호와 지원, AIDS 고아 등의 문제 해결
- 면역접종 확대: 지구촌 모든 아이들에게 생명을 살리는 백신 제공
- 유아기: 생존, 성장, 그리고 조기교육

7) 한국과의 관계

- 1949년부터 활동개시, 한국전쟁 직후 아동구호사업에 기여
- 1962년 10월 주한사무소 설치

- 한국의 경제·사회발전에 따라 주한사무소는 1994년 6월 30일 폐쇄되고 이후 유니세프 활동은 1994년 1월 출범한 유니세프 한국위원회에서 담당

- 한국에 대한 유니세프 지원금
- 1948-1990: 2,254만불
- 1990-1993: 140만불(조기아동개발 및 홍보활동)

- 유니세프에 대한 한국 정부 기여금
- 1991-1993: 매년 60만불 제공(1994-1995년 90만불, 1996년 120만불, 1997년 180만불 제공).

8) 정보원

(1) 정보배포정책

UNICEF의 정보원은 홈페이지 상에서 크게 'Press Centre'와 'Publications', 'Video'로 분류되어 있다. 전 세계 어린이의 인권과 복지 증진을 위해 노력하는 UNICEF의 사명을 널리 알리기 위한 다양한 정보원이 검색기능과 함께 제공된다. 특히 시청각 정보원이 체계적으로 구비되어 있으며 검색과 이용이 편리하다. 문헌 정보원은 온라인 원문보기가 가능하다. 인쇄본의 구입 절차도 자세하게 설명되어 있다.

(2) 정보자료

① Publications

UNICEF 홈페이지의 'Publications'란을 클릭하면 신간 자료 목록을 볼 수 있으며, 왼쪽 메뉴에는 주제·지역·제목·날짜별 검색 기능이 제공되고 있다. 각 항목을 클릭하면 세부 항목으로 나뉘어져 관심분야를 선택할 수 있다. 또는 오른쪽 상단의 검색 툴을 이용해 직접 단어를 입력하여 자료를 검색할 수도 있다. 오른쪽 메뉴의 'About UNICEF Publications'에는 출판물에 대한 간략한 소개가 나와 있다.

- Major Publications

- *The State of the World's Children 2005*는 매년 발간되는 UNICEF의 대표적인 출판물로서, 어린이 복지 실태를 진단하는 권위 있는 서적이기도 하다. 193개국에 걸쳐 어린이 복지에 관한 나라별 현황과 통계, 심도 깊은 분석 자료를 싣고 있다. PDF, HTML 형식의 온라인 원문이 제공되고, 인쇄본은 가격이 책정되어 있으며 서점이나 'UN Publications' 홈페이지를 통해 구입할 수 있다(ISBN 번호: 92-806-3817-3).

- *Annual Report*는 전 세계 어린이들에게 영향을 미치는 국제 동향과 UNICEF 사업의 성과 등을 다루고 있다. 온라인 원문이 PDF나 Interactive Media Format(해당 Annual Report 페이지의 오른쪽 상단에 위치)으로 제공되며 인쇄본은 pubdoc@unicef.org로 신청 전자우편을 보내면 무료로 배송된다. 신청 전자우편에는 출판물제목과 ISBN 번호, 자신의 주소를 기입하면 된다.

• 그 외에도 국제적인 AIDS 관련 정책에서 소외된 수십억 명의 사람들에 대한 기록, *Young People and AIDS: Opportunity in Crisis*나, 1990년 어린이세계정상회의(World Summit for Children) 이후의 성과를 유엔을 대신해 UNICEF가 출판한 *We the Children*, 무력충돌이 어린이들에게 미치는 참혹한 결과를 보여주는 Graca Machel의 *The Impact of War on Children* 등이 대표적인 UNICEF 출판물로 소개되어 있다. 위의 두 출판물은 PDF로 원문보기가 가능하고 인쇄본은 서점이나 'UN Publications'를 통해 구입할 수 있으나, *The Impact of War on Children*은 온라인 원문보기가 제공되지 않는다. 인쇄본은 서점이나 'UN Publications'를 통해 판매되고 있다.

② Press Centre

UNICEF의 'Press Centre'에는 문헌 정보원뿐 아니라 멀티미디어 정보원도 다양하게 제공되고 있다. 다음과 같은 항목으로 이루어져 있다.

• Video News Package

언론인과 방송인을 위해 전 세계 빈곤층 어린이들의 참담한 실태와 UNICEF의 지원사업에 대한 동영상 뉴스 자료를 제공한다. 1996년부터 현재까지의 동영상 뉴스 목록이 정리되어 있고, 각 뉴스를 클릭하면 Real Player를 통해 동영상을 볼 수 있으며 PDF 형식으로 뉴스 스크립트도 제공된다. 다운로드를 원하면 'The News Market'이라는 홈페이지에서 무료로 고화질의 동영상을 받아볼 수 있다. 'Video News Package' 페이지에 제공되어 있는 링크를 통해 쉽게 찾아갈 수 있다. 특정 자료의 구입을 원하면 역시 'Video News Package'페이지의 링크를 통해 신청양식을 작성하면 된다. 방송인일 경우 무료로 제공되지만, 아닐 경우에는 동영상 자료 형식에 따라 가격을 지불해야 한다. 이 UNICEF 동영상 뉴스를 사용할 때는 UNICEF 자료임을 명기해야 한다.

- Publications
  위의 'Publications'와 동일하다.

- Speeches
  1999년부터 현재까지 UNICEF 총재 및 주요 인사들의 기조연설, 본회 연설, 일반 강연 등의 전문을 수록해 놓았다.

- 그 외에도 UNICEF 인사들의 경력사항과 사진자료를 담은 'Portrait Gallery'와 언론인들에게 어린이 관련 주제들을 다룰 때 유념해야 할 윤리적 사항들을 정리한 'Ethical Guidelines'이 'Press Centre'의 항목으로 나와 있다.

③ Video

UNICEF가 제공하는 시청각 자료들이다. 'Press Centre'의 'Video News Package'와 겹치지 않는 정보원을 소개하면 다음과 같다.

- UNICEF Radio: Let's Talk Children
  Blue Chevigny가 주관하는 글로벌 라디오 서비스로서 아동 건강, 교육, 평등, 보호에 대한 내용을 방송한다. 세계 어디에서나 온라인으로 청취가 가능하며 무료로 mp3 형태로 다운받을 수도 있다.

- UNICEF Television Video Archive
  교사, 어린이 인권 운동가, NGO, 정책 입안자 등을 위한 어린이 인권과 필요에 대한 동영상 정보원을 제공한다. 주제·지역·날짜별로 분류되어 있다. 신청 방법도 소개되어 있다.

UNICRI
United Nations Interregional Crime and Justice Research Institute
유엔지역간범죄처벌조사기관

1) 소재지

주   소   Viale Maestri del Lavoro, 1010127 Turin, Italy

전   화   + 39 011 6537 111

팩   스   + 39 011 6313 368

전자우편   information@unicri.it

홈페이지   http://www.unicri.it/

2) 설립연혁

1965년에 유엔 경제사회이사회 결의문을 통해 United Nations Social Defence Programme 설립이 추진되었다. 1967년 UThant 당시 유엔 사무총장에 의해 UNICRI가 설립되었다.

3) 설립목적

범죄예방과 정의집행의 정책을 개선하기 위해 설립되었다. 범죄관련 문제들의 이해를 높이고 범죄처단 시스템의 정의성과 효율성을 증진하며, 국제제재로서의 권위를 높이고 국제법 집행의 협력을 촉진한다.

4) 주요 사업

- 지식과 정보의 바탕을 조성하고 적절한 전략, 정책 수립 및 실제 모델 디자인을 위한 질적, 양적 연구 수행
- 지역간, 국가 내 훈련 및 기술 협력 활동 계획 수립

- 국제 사회의 요구에 따라 정보와 문헌 배포
- 권고 서비스 계획

5) 정보원

(1) 정보배포정책

UNICRI의 온라인 정보원은 아직 미비한 상태다. 대규모의 오프라인 문헌센터의 목록을 검색하는 온라인 카탈로그 서비스는 제공되나, 대부분의 출판물원문이 유료로 제공되며 구입 절차에 대한 설명도 찾을 수 없다.

(2) 정보자료

① Documentation Centre

UNICRI의 범죄 예방과 범죄 처단에 대한 법, 통계, 기술 문헌들의 소장, 분석과 배포를 담당하는 곳이다. 20,000여건의 단행본, 학술지, 미출판 전문 서적 등이 소장되어 있다.

- Collection Catalogue
  제목, 저자, ISSN 번호, 출판사 등의 항목으로 원하는 자료를 검색할 수 있는 정보서비스이다.

- Criminological Directory
  90개국의 500개가 넘는 범죄학 기관에 대한 목록이다. 범죄학 기관이 없는 개발도상국의 재활원, 수사연구원 등의 시설을 포함시켰다. 'World Criminological Directory'를 클릭하면 기관명, 활동, 나라, 주제어별로 검색할 수 있다.

- Criminological Thesaurus
  UNICRI Thesaurus는 UNICRI Documentation Centre의 주제어들을 목록화했다. 용어의 의미뿐 아니라 관련 용어들, 용어간 상하관계 등도 알 수 있다.

② Publications

- Books & Periodicals

  60여권의 UNICRI 출판물이 목록화되어 있는 UNICRI Series는 원문은 유료로 구입신청을 하면 별도로 받아 볼 수 있으며 홈페이지 상에서는 간단한 서지정보와 가격이 제공된다. 각 서명을 클릭하면 목차 등의 더욱 자세한 정보를 볼 수 있다. 오래된 자료일수록 인쇄본이 부족하다.

- Issues & Reports

  1994년부터 1998년까지의 지역이나 주제별 보고서 목록이다. 대부분 온라인 원문이 제공된다.

- How to Order

  다수의 단행본과 정기간행물이 유료로 제공되는데 반해 주문 방법이나 절차에 대한 설명이 부족하다.

③ Presentations and Lectures

최근 있었던 국제회의에서의 발표 자료들이 각 제목을 클릭하면 PDF 형식으로 제공된다.

UNIDO
United Nations Industrial Development Organization
유엔공업개발기구

1) 소재지

주   소   Vienna International Center,
            Wagramerstrasse 5 P.O.Box 300, A-1400, Vienna, Austria
전   화   43 1 21131 0
홈페이지   http://www.unido.org/

2) 설립목적

개발도상국과 체제전환기 국가들의 지속적인 공업개발을 위한 해결책을 제공함으로써 인류의 생활수준을 향상시키고 번영을 증진함을 목적으로 한다.

3) 주요 사업

정보·교육·연구의 측면에서 고문관을 파견하는 등 다양한 원조를 제공함으로써 공업개발정책의 형성을 돕는다.

4) 조 직

① 정책결정기구

- 총회: 2년 1회 개최, 168개 회원국
- 이사회(IDB): 1년 1회 또는 2회 개최, 53개 이사국
- 기획예산위(PBC): 1년 1회 또는 2회 개최, 이사국 기능 보조, 27개 위원국
- 사무총장
- 사무총장 자문, 비서국(사무차장, 2명의 국장, 감사관 등 4명), 3국(투자진흥과 제도역량형성국, 환경국, 현장활동 행정국) 및 UNIDO Field Offices와 ITPO 사무소로 구성

5) 회 원

168개국(미국은 1997년 탈퇴)

6) 한국과의 관계

- 가입: 1967년 1월에 UNIDO의 창설과 동시에 회원국이 됨. 1980년 12월 20일 전문기구로서의 UNIDO 가입을 위한 비준서를 기탁
- 의무분담금: UNIDO 분담금율에 따라 2000-2001년간 정규 예산의 1.486% 분담

(한국의 기여: 1999년 77만불, 2000년 95만불, 2001년 85만불, 2002년 166만불)

- 공업개발기금(IDF) 기여: 1978-1988년간 326,000불 기여, 1989-1992년간 35,000불 기여, 1993-1996년간 매년 100,000불 기여, 1997-1998년간 매년 150,000불 기여

- 1987년 4월 UNIDO 서울 투자진흥사무소(IPS) 개설, 운영 중(1998년 동 사무소 투자기술진흥사무소(ITPO)로 명칭 변경)

- 1989년 12월 UNIDO 신탁기금 설립(300,000불)

- 북한: 1980년 1월 가입의사 표명, 1981년 8월 UNIDO 헌장에 서명, 분담금율은 0.05%

7) 정보원

(1) 정보배포정책

UNIDO 홈페이지의 'Publications' 메뉴를 클릭하면 UNIDO가 제공하는 정보원과 서비스에 대한 자세한 설명이 나와 있다. 이 'Publications'는 크게 정보원에 대한 'Online Catalogue'와 정보검색 서비스 'Industrial Development Abstracts(IDA)'로 이루어져 있다. 정보원은 유료 또는 무료로 제공되며 주문 방법과 연락처도 홈페이지에 공지해 놓았다.

(2) 정보자료

UNIDO가 취급하는 정보자료의 종류는 정기간행물, 단행본, 보고서 등의 출판물은 물론, 데이터베이스, 소프트웨어, CD, 비디오테이프 등을 망라한다. 정보원 목록과 초록(일부는 원문 제공), 구입 정보 등은 'Online Catalogue'를 통해 확인할 수 있다.

- Online Catalogue
  매년 발간되며 UNIDO 홈페이지 'Publications'에서 다운로드받을 수 있다. 이 'Online Catalogue'는 유료로 제공되는 출판물의 출판 정보와 초록을 알려주는 'Sales Publications', 무료 PDF 파일로 제공되는 출판물 관련 정보와 원문 링크

를 포함한 'Free Publications for Download', 산업 정보에 관한 데이터베이스와 기업의 재무구조 분석 및 개선을 위한 소프트웨어를 소개한 'Databases / Software', 업계 정보와 분석, 산업과 환경의 관계, 산업과 여성 등에 대한 'CDs / Videos', UNIDO가 다른 출판사와 공동 출판한 출판물들에 대한 정보를 담은 'Publications Sold by Co-publishers' 등의 순서로 구성되어 있다.

- Sales Publications

  유료 출판물은 'Competitive Economy', 'Productive Employment'의 분야로 나뉘어져 소개되고 있다.

- Free Publications for Download

  무료로 원문 다운로드가 제공되는 출판물의 목록이다. UNIDO 연간보고서나 주제 보고서들이 다수를 차지하고 있다.

- Databases

  ◦ UNIDO Industrial Statistics Database 2003 at the 3-Digit Level of ISIC (Revision 2)

  ◦ UNIDO Industrial Statistics Databases 2003 at the 4-Digit Level of ISIC(Revision 2 and 3)

  ◦ UNIDO Industrial Demand-Supply Balance Database 2003 at the 4-Digit Level of ISIC(Revision 2 and 3)

- Software

  ◦ Computer Model for Feasibility Analysis and Reporting(COMFAR III Expert)

  ◦ Business Environment Strategic Toolkit(BEST)

  ◦ Financial Improvement Toolkit(FIT)

- CDs

  ◦ UNIDO Manuals on Preparing Industrial Feasibility Studies and Evaluating Industrial Projects

  ◦ How to Start Manufacturing Industries: Technological and Investment Perspectives: Volumes I to V 1981-1996

- ◦ A Manual on the Essential Oil Industry
- Videos
  - ◦ Build-Operate-Transfer(BOT)
  - ◦ Danger and Hope
  - ◦ Getting it Right
  - ◦ Lifting the Clouds
  - ◦ Women in Industry
  - ◦ Enterprising Africa
  - ◦ Reforming Senegal's Fishing Sector
  - ◦ Sweet Success in the Sugar Industry
  - ◦ Sustainable Industrial Development
  - ◦ From Promise to Reality - Investing in Africa's Industrial Future
  - ◦ Cleaner Production / A Global Trend
  - ◦ Ganancias sin Residuous
  - ◦ National Cleaner Production Centres
  - ◦ From Waste to Profits - The Indian Experience
  - ◦ Republic of Guinea - Africa's Hidden Treasure
  - ◦ ESID - Ecologically Sustainable Industrial Development
  - ◦ Subcontracting and Partnership Exchange
  - ◦ The Keys to Progress
  - ◦ Private Industry - Engine of Progress
  - ◦ ASEAN Song

- Industrial Development Abstracts(IDA)

  'Online Catalogue' 다음으로 제공되는 정보원으로 정보(초록)검색서비스인 IDA 가 있다. 홈페이지에서 직접 IDA 데이터베이스를 이용해 자료를 검색해 볼 수 있다.
- What Is It?

The Industrial Development Abstracts(IDA)는 개발도상국의 산업화 과정을 지원하는 UNIDO의 사업 활동에 관한 정보를 얻을 수 있는 정보제공서비스이다. UNIDO에서만이 제공되는 정보원을 찾아 볼 수 있다.

- What Does It Contain?

IDA는 11,000개가 넘는 UNIDO 출판물의 목록화된 초록과 UNIDO의 기술 협력 활동이나 기타 연구보고서, 전문가 워킹 그룹, 세미나, 워크숍 등의 보고서 및 경과보고, 그리고 정기간행물들에 대한 정보자료를 제공하고 있다. 1981년 이후의 자료를 모두 포함한다.

- How to Get Copies of the Full Reports?

IDA에서 검색되는 모든 보고서들은 PDF 파일로 무료 제공될 예정이지만 아직 홈페이지에서 이용자가 직접 다운로드 받을 수는 없다. 다운로드 서비스는 현재 구축 중에 있으며 대신 이 PDF 파일들은 인터넷을 통해 구입 요청하면 된다. 보고서 전문은 15 유로(euro)에 운송비를 더한 가격을 내고 요청하면 CD-ROM 형태로 받아볼 수 있다.

UNIFEM
United Nations Development Fund for Women
유엔여성개발기금

1) 소재지

주   소 304 E 45th Street 15th Floor New York, NY 10017, U.S.A.

전   화 + 1 212 906 6400

팩   스 + 1 212 906 6705

홈페이지 http://www.unifem.org/

2) 설립연혁

UNIFEM은 1975년 첫 번째 세계여성회의의 결과로 1976년 창설되었다. 오늘날 UNIFEM은 100개국에 걸쳐 14개의 지역 프로그램 디렉터와 증가하는 여성 문제 전문가 네트워크를 보유하고 있다.

3) 설립목적

개도국 여성들의 활동에 대한 기술 및 재정의 직접적 지원을 제공하고, 여성이 개발계획 및 정책결정의 주류에 참여하여 경제적, 사회적 개발을 통한 평등을 확보하도록 돕는다.

4) 주요 사업

농업 및 식량안보, 통상 및 산업, 거시 정책결정 및 국가계획 등의 세 분야에 주력하고 있다.

5) 정보원

(1) 정보배포정책

UNIFEM의 홈페이지는 아직 방대한 자료나 체계적인 정보제공 서비스를 갖추지는 못했지만, UNIFEM 활동의 근거가 되는 회의나 선언에 관한 주요 문헌들과 출판물을 중심으로 기초에 충실한 서비스를 제공하고 있다. 출판물은 별도의 온라인 판매 홈페이지와 연계하여 배포하고 있다.

(2) 정보자료

① Key Documents

UNIFEM 사업의 지침이 되는 4개의 주요 UN 문헌들을 정리하여 해당 홈페이지를 링크해 놓았다. 다음의 항목들은 UNIFEM 창설과 사업 수행에 중요한 역할을 담당했던 회의와 결의안들이다.

- Convention on the Elimination of all Forms of Discrimination against Women(CEDAW)
- Beijing Platform for Action(PFA)
- Resolution 1325
- Millennium Development Goals

이 중 CEDAW, Beijing Platform for Action과 Resolution 1325를 각각 클릭하면, 개요와 공식 문헌, 관련 링크, UNIFEM 사업과의 관계 등 부가 메뉴를 통해 자세한 설명이 제공된다.

② UNIFEM Resources

UNIFEM은 다양한 정기간행물과 보고서, 연속간행물, 단행본을 발행하고 있다. 대부분의 정보자료는 'UNIFEM Resources'란에서 온라인 원문 보기하거나, 'Women, Ink.(http://www.womenink.org)'라는 온라인 여성 책자 판매 홈페이지를 통해 주문할 수 있다.

UNIFEM 정보자료 목록은 다음과 같다.

- Pathway to Gender Equality
- Women & HIV/AIDS
- Not a Minute More
- Progress of the World's Women
- Women, War and Peace
- Economa y Gnero
- Conflict Trends
- Turning the Tide
- Life Free of Violence
- Women in Mongolia
- Land and Property Rights

- With an End in Sight
- Women's Empowerment
- Gender, HIV and Human Rights
- Progress of the World's Women
- Mexico to Beijing - and Beyond
- Bringing Equality Home
- Jordanian Women and ICT
- Road Towards Empowerment
- Gender Main Streaming
- Status of Arab Women

UNITAR
United Nations Institute for Training and Research
유엔훈련조사연구소

1) 소재지

Street Address International Environment House Chemin des Anmones
11-13 CH - 1219 Chatelaine Genve - Suisse

Posta 1 Address UNITAR Palais des Nations CH - 1211 Genve 10 uisse

전   화 41 22 917 8455

팩   스 41 22 917 8047

홈페이지 http://www.unitar.org

2) 설립연혁

1965년 설립된 UN 보조기구이다.

3) 설립목적

UN의 목적 실현을 위해 최우선적으로 요청되는 인력훈련 및 조사·연구 계획을 제
공하는데 목적이 있다.

4) 조 직

이사회는 UN 사무총장이 임명하는 24명으로 구성되며 사무총장 자신과 총회·경
제사회이사회의 의장은 직권상 이사를 겸임한다. 매년 1회 이상 회합을 갖는다.

5) 주요 사업

UNITAR의 임무는 궁극적으로 UN 각 기구들의 역할을 조정하는 것으로서, UN의
절차·기능·구조의 분석에 초점이 맞추어져 있다. 인력훈련계획은 UN 고위 공무
원 교육과정에 비중을 두고 있는 것으로, 분쟁의 평화적인 해결 및 국제법 세미나
가 포함되어 있다.

UNITAR의 사업은 크게 'Diplomacy & International Affairs'와 'Economic &
Social Development'로 나뉘어 진다. 전자는 다국적 환경에서 협상해야 하는 회원국
내의 외교관과 정부 관료를 위한 프로그램, 후자는 회원국의 인적, 제도적 개발 프
로그램이다.

전자에 속하는 프로그램으로, Correspondence Instruction in Peacekeeping
Operations; Environmental Law Programme; International Affairs Management;
International Migration Policy; Peacemaking and Preventive Diplomacy; Women
and Children in and after Conflict가 있으며, 후자에 속하는 프로그램으로,
Chemicals and Waste Management; Climate Change Programme; Debt and
Financial Management(Legal Aspects); Foreign Economic Relations; Decentralized
Cooperation Programme; Technology and Information Systems for Sustainable
Development; UNAIDS/UNITAR Aids Competence Programme이 있다.

6) 정보원

(1) 정보배포정책

UNITAR의 정보원은 크게 UNITAR 보고서와 훈련에 관한 UNITAR 출판물로 나뉘어 진다. UN 총회의 결정에 따라, UNITAR의 연구 활동은 훈련에 대한 연구 활동으로 한정되었다. 그러므로 UNITAR의 출판물은 실습을 위한 책이나, 훈련 정보, 매뉴얼 등 주를 이룬다. UNITAR 출판물로 소개된 홈페이지의 목록은 UNITAR 직원들이 집필하거나 제작한 출판물, 그리고 다양한 프로그램에 의해 출판된 UNITAR 훈련 자료로 이루어져 있다. 더욱 자세하고 포괄적인 자료 목록은 각 프로그램의 홈페이지에 나와 있다. 'Training Material and Publications' 란에서 각 프로그램 명을 클릭하면 해당 프로그램의 정보원에 대한 간략한 정보가 나타난다. 원본이나 더 자세한 서지정보는 각 프로그램으로 이동해야 한다.

(2) 정보자료

① UNITAR Reports and Documentation

기본 메뉴 중 첫 번째 메뉴인 'About UNITAR'를 클릭하면 하위 메뉴 중 'UNITAR Reports and Documentation'을 발견할 수 있다. UNITAR 문헌은 크게 세 가지로 나뉜다.

- *Work Programme*

  UNITAR의 *Work Programme*은 2년에 한 번 발간된다. UNITAR의 대표적인 대중 정보 책자로서 전 세계로 보급된다. 온라인상에서 PDF 형식으로 원문을 볼 수 있다. UNITAR 훈련 프로그램의 간단한 소개라고 보면 된다.

- *Statute*

  UNITAR의 *Statute* 역시 PDF 형식으로 제공된다. UNITAR의 법적인 바탕, 총회 결의안에 명시된 기관의 목적 및 기능과 이후 개정 사항에 대해 다루고 있다.

- *Activities*

이사의 총회 보고 역시 2년에 한 번 발간되며 사무총장에게 제출된다. 뉴욕의 유엔 본부에서 출판되며 영어판은 홈페이지에서 PDF 형식으로 제공되고 있다.

② UNITAR Training Material and Publications

정보배포정책에서 언급했듯이, UNITAR 홈페이지에는 'Training Material and Publications'란에 UNITAR 정보원의 제목, 출판년도, 출판지 등 간략한 정보 목록만을 제공하고 있다. 각 프로그램의 홈페이지로 이동해야만 정보원에 대한 세부 정보를 알 수 있다.

그 중 출판물 목록을 체계적으로 정리해 놓은 프로그램의 정보원을 소개한다 (Diplomacy & International Affairs에 속하는 프로그램의 경우 대개 코스 소개와 외부 링크 등이 위주이고, Economic & Social Development 프로그램의 경우 출판물 목록을 체계적으로 정리해 놓았다).

- Chemicals and Waste Management

  대부분의 자료가 PDF 파일의 형태로 온라인 무료 이용이 가능하다. 인쇄본을 원한다면 UNITAR에 직접 신청하면 된다. 'Publications'란으로 가면, 아래와 같은 분류 하에 정보원을 제공하고 있다.
  - Integrated National Programme for Sound Chemicals and Waste Management
  - Chemical Hazard Communication and Globally Harmonized System(GHS) of Classification and Labelling of Chemicals Implementation
  - Persistent Organic Pollutants(POPs)
  - Pollutant Release and Transfer Registers(PRTRs)
  - Thematic Workshops
  - International and Regional Meetings
  - Resource Materials on CD-ROM
  - Other Documents

- Climate Change Programme

  'Publications'란에서 PDF 파일의 형태로 무료 이용이 가능하다. 또한 'Resources', 'Climate Change' 라는 주제와 관련된 외부 홈페이지 링크를 제공하고 있다.

- Debt, Financial Management and Negotiation(Legal Aspects)

  Best Practice Series, *Document Series*, *Occasional Series*, *Training Packages*, *Debt*, *Financial Management Glossaries*, *Guidance Document*, *Workshop Assessment Reports*, *Miscellaneous Reports* 등의 출판물이 있으며, *Best Practices Series*를 제외한 출판물들은 홈페이지 상에서 바로 원문보기나 원문 다운로드를 할 수 있다. *Best Practices Series*를 온라인상에서 받아보고 싶다면, 우선 전자우편으로 신청서를 작성해 보내야 한다. 성명, 국가, 소속기관, 전자우편주소, Best *Practices Series*를 알게 된 동기 및 이용하고자 하는 *Best Practices Series*의 권 호를 기입하여 DFMinfo@unitar.org로 보내면 무료로 온라인 원본을 보내준다. 또한 'Online Resources'란에는 유용한 외부 홈페이지를 링크해 놓았다.

- A Foreign Economic Relations

  'Publications'란에 출판물의 원문을 무료로 제공하고 있다.

- Decentralized Cooperation Programme

  'Publications'란에 e-뉴스레터, 프로그램 개요 등의 정보원을 제공하고 있다.

- Information and Communication Training Programmes

  'Conference and Publications'란에 관련 정보원들의 원문이 제공되어 있다.

UNODC
United Nations Office on Drugs and Crime
유엔마약 및 범죄사무소

1) 소재지

Street Address   United Nations Office on Drugs and Crime Vienna International
                 Centre Wagramer Strasse 5A-1400 Vienna Austria
Postal Address   United Nations Office on Drugs and Crime Vienna International
                 Centre PO Box 500A-1400 Vienna Austria

전   화 + 43 1 26060 0
팩   스 + 43 1 26060 5866
홈페이지 http://www.unodc.org/

2) 설립연혁

1997년 불법 약물과 국제 범죄를 단속하기 위해 설립되었다. 오늘날, UNODC는 500여명의 직원이 비엔나에 위치한 본부와 전 세계 21개 현지 사무소에서 근무한 다. UNODC는 예산의 90% 이상을 각국 정부 등의 기부에 의지하고 있다.

3) 설립목적

UNODC는 불법 약물, 범죄, 테러리즘에 대항해 회원국을 지원하는 것이 설립목적 이다. 'Millennium Declaration'에서 회원국들은 초국가적 범죄를 단속하고 세계 마 약 문제와 국제 테러리즘에 공동 대응하기 위한 노력을 강화하기로 결의하였다.

4) 주요 사업

• 마약과 범죄 주제에 대한 지식기반 확충과 정책 근거 마련을 위한 연구와 분석

- 마약과 범죄, 테러리즘에 대한 국제 조약, 국내 법규 인증 및 실행을 지원하기 위한 업무
- 회원국의 불법 마약 대응 역량을 강화하기 위한 현장 중심의 기술 협력 프로젝트 진행

5) 정보원

(1) 정보배포정책

UNODC 홈페이지의 'News and Publications' 항목에 보면, UNODC의 사업과 관련된 모든 자료, 문헌, 그리고 정보들을 모아 놓았다. UNODC 사업에 관한 소식지와 출판물의 최근 간행물들은 물론 이전 목록에도 접근 가능하다. 또한 'UN News Service'로의 링크도 제공하고 있다. 정보원 검색서비스나 데이터베이스는 구비해 놓고 있지 않지만, 대부분의 정보원이 PDF 파일 형태로 온라인 이용이 가능하며, 무료로 제공된다. 단, 출판물의 경우, 'Non-sales Publications'와 'Sales Publications'로 나뉘어져 있고, 'Sales Publications'의 경우 'UN Publications'에 의해 인쇄본 판매가 이루어지고 있다. 'Order Form'을 클릭하면 'UN Publications' 홈페이지로 이동해 주문할 수 있다. 'Sales Publications'도 대부분 온라인 이용이 가능하다.

(2) 정보자료

① Press Releases

1997년부터 현재까지 UNODC의 보도 자료를 정기적으로 갱신하고 있다.

② Speeches

1999년부터 UNODC의 총장의 주요 연설과 발언을 발췌해 놓았다.

③ Events

비엔나, 뉴욕 등지에서 열리는 최근, 그리고 다가오는 UNODC 행사에 대한 보고이다. 현재 크게 '1998-1999', '2000', '최근'의 세 단위로 분류되어 있다.

④ Newsletters

1년에 네 번 발행되는 *UNODC UPDATE*는 기구의 현재 활동, 사업 프로그램, 사람들에 대한 소식을 전한다. 영어, 불어, 아랍어로 출판되며, 1999년판부터 온라인상으로 제공되고 있다.

⑤ Multimedia

UNODC의 비디오 자료는 교육 및 훈련을 목적으로 배포되는 비상업적 자료이다. 'UNODC Film/Video Archive'는 1980년부터 현재까지 마약 단속과 범죄 예방에 대한 비디오 자료를 포함하고 있다. 전체 카탈로그가 PDF 파일로 제공되며 인쇄본 주문은 film.library@odccp.org으로 문의한다. 'Multimedia' 페이지에 가면, 동영상 자료가 Real Player, Quicktime, Window Media Player 등 세 가지 형태로 제공되고 있다.

⑥ Publications

UNODC 출판물은 마약 남용, HIV/AIDS, 국제 불법 마약 추세, 대체 개발 (alternative development) 등의 주제를 다루고 있으며 온라인 이용이 가능하다.

⑦ Promotional Material

UNODC 팸플릿이나 포스터, 정보지 역시 온라인상으로 볼 수 있다.

⑧ Other Documentation

기타 간행물은 다음과 같다.
- Technical Series
- Global Illicit Drug Trends
- Bulletin on Narcotics
- CND Documents
- Crime Documentation
- Drug Resolutions
- UNDCP Legal Library

- World Drug Report
- Bi-Annual Seizure Reports

⑨ Information Service for Member States

회원국 정부 관료들에게 제공되는 정보서비스로, 비엔나에 있는 Permanent Representative의 인증을 받은 관료들이 서비스 이용자 신청서를 제출해서 통과되면 이용 가능하다. 이용할 수 있는 서비스는 다음과 같다.

- Permanent Missions to the United Nations(Vienna)("Blue Book")
- UNOV/UNODC Telephone Directory
- UN Staff List
- UNODC Financial and Substantive Information(ProFi)

UNOG
United Nations Office at Geneva
유엔제네바사무소

1) 소재지

주   소 Palais des Nations, 8-14, Avenue de la Paix, CH-1211, Geneva 10
전   화 917 1234
팩   스 917 0123
홈페이지 http://www.unog.ch/

2) 설립연혁

유엔의 전신에 해당하는 국제연맹(League of Nations)은 1919년 제네바를 본부 소재지로 결정하고 1929-1936간 본부 건물인 청사(Palais)를 건축하였다. 국제연맹이 1946년 유엔으로 대체됨으로써 청사(Palais)도 유엔 구주사무소(United Nations Office at

Geneva: UNOG)로 변모하였다. 현재 뉴욕에 이어 두 번째로 큰 유엔센터이다.

3) 설립목적

UNOG는 핵심적 인프라와 후원을 제공함으로써 국제평화와 안전보장, 무장 해제, 인권 보장, 지속가능한 개발 등의 활동에 공헌하고자 한다.

4) 주요 사업

UNOG는 영구적 사명을 가지고 개최국 정부와 여타 정부간, 정부와 NGO간, 제네바의 연구기관 간을 대표하고 연결하는 역할을 수행한다. 이 사무소는 Geneva와 Bonn, Turin에 있는 조직에 재무·관리적 보조업무를 제공하며, 제네바의 UN 시설물을 관리하고 매해 8,000여회의 회의 준비를 돕는다. 문화 활동의 장이기도 하다.

5) 조 직

UNOG은 사무총장(Director-General)의 지휘 아래 Informations Services, Division of Administration, Conference Services Division, Library 부서로 나누어지며 현재 1,600여명의 직원이 근무하고 있다.

6) 정보원

(1) 정보배포정책

제네바에 위치한 UNOG의 도서관은 두 번째로 큰 유엔센터답게 긴 역사와 규모를 자랑한다. UNOG는 최근에는 오랜 기간 축적된 정보자료를 온라인으로 공유하고자 하는 움직임을 활발히 보이고 있다. UNOG 홈페이지의 'Library/Archives'로 가면 온라인 데이터베이스와 정보자료에 대한 정보를 알 수 있다.

(2) 정보자료

① Library/Archives

- UNOG의 도서관은 1919년 국제연맹도서관(League of Nations Library)으로 설립되어 1946년 제네바 국제연합(UN) 도서관으로 개명되었다. 설립목적은 UNOG와 제네바에 본부를 둔 다른 국제기구와 비정부기구, 전문 단체, 그리고 관련 학자들의 중앙도서관 건립이었다. 국제연구와 나라간 이해를 증진하는 중심적 역할을 하겠다는 사명은 현재까지도 내려오고 있다.

- UNOG 홈페이지의 'Library/Archives'란에 보면 온라인상에서 도서관의 정보자료를 이용할 수 있는 방법을 소개하고 있는데 세부 항목은 다음과 같다.

- Library Catalogues

  도서관의 자료 목록을 검색할 수 있다. 하지만 원문 보기는 제공되지 않고, 회원으로 가입하여 주문해야 자료를 받아 볼 수 있다. Library Catalogues가 제공하는 정보검색 서비스를 통해 1919년부터 현재까지의 단행본, 정기간행물, 학술지 기사 등의 목록을 볼 수 있다.

- New Acquisitions

  UNOG 도서관에는 매년 약 1,500권의 신간자료가 들어온다. 이들 최근 자료는 국제법, 국제관계, 정치학, 인권, 인도주의적 사업, 비무장, 경제 및 사회 발전, 에너지, 환경 정책, 통계 등 유엔과 관련된 분야의 정보자료들로 이루어져 있다. 'UNOG Library/Archives'는 신간자료들만 선택·검색할 수 있는 서비스를 제공하고 있는데, 신간 자료 검색(All New Books and Articles), 신간 자료 주제별 검색(New Books and Articles by Subjects), 인권에 관한 신간자료 검색(Recent Acquisitions on Human Rights) 등 이용자가 원하는 정보자료를 편리하게 검색할 수 있도록 다양한 검색 툴을 제공하고 있다.

- Archives Online Catalogue

  국제연맹과 UNOG의 정보원 목록은 조사 당시 아직 준비 중인 상태였다.

- Online Electronic Resources

  UNOG가 구독하고 있는 여러 상업 데이터베이스의 목록을 제공하고 있다. 이들 데이터베이스의 이용은 UNOG 도서관 내의 컴퓨터를 통해서만이 가능하다.

UNOHCHR
Office of the United Nations High Commissioner for Human Rights
유엔인권위원회

1) 소재지

주   소   Office of the High Commissioner for Human Rights, United
            Nations Office at Geneva 1211 Geneva 10, Switzerland

전자우편   InfoDesk@ohchr.org

홈페이지   http://www.ohchr.org/

UNOHCHR의 전화나 팩스 연락처는 문의내용에 따라 세분화되어 있다. UNOHCHR
의 홈페이지 'Contact Us' 란에 보면, 인권 불만, 인종차별, 여성차별, 여성의 지위
향상, 구인정보, 그리고 'Fellowship Programme' 등의 분야별로 우편주소, 팩스번호,
전자우편주소 등의 연락 정보를 제공하고 있다. 출판물에 대한 문의사항은
publications@ohchr.org으로 문의하되, 제목에 'Publications'라고 머리글을 달아야
한다.

2) 설립연혁

UNOHCHR은 1993년 비엔나 세계인권회의에서 유엔 인권보장제도의 전반적인 개
선과 효율성 증진 방안으로 '인권고등판무관 제도'가 제안되면서 설립되었다. 이에
따라 제 48차 유엔총회는 비엔나세계인권대회가 채택한 '비엔나 선언 및 행동계획'
을 승인하는 결의와 함께 '모든 인권의 증진과 보호를 위한 고등판무관에 관한 결
의(1993)'를 통해 인권고등판무관 제도를 신설했다. 제네바의 유엔 사무국에 본부
를 두고 있으며 뉴욕의 유엔본부에도 사무소가 있다.

3) 설립목적

UNOHCHR은 인권 문제를 다루는 유엔의 주요 기관으로서, 국제적인 인권운동을 선도하고 피해자들의 입장을 대변하기 위해 설립되었다. UNOHCHR의 사명은 국제 사회와 유엔 회원국이 동의하는 기본적인 인권 기준을 제정하고 보호하는 것이다.

4) 주요 사업

- 모든 인권의 증진과 보호
- 인권증진과 보호를 위한 국제협력의 강화
- 인권센터의 전반적인 감독의 수행
- 발전의 권리를 포함한 모든 시민, 정치, 경제, 사회 및 문화적 권리의 보호증진
- 인권실현에 장애가 되는 요소들의 제거, 예방
- 인권기구와 조약감시기구 지원

5) 정보원

(1) 정보배포정책

홈페이지에서 제공되는 정보원은 'about OHCHR'의 하위 메뉴로 나와 있는 'Publications'와 'Media Centre'로 나눠진다. UNOHCHR의 정보원의 목적은 인권 문제에 대한 대중의 의식을 높이고 국제적인 차원에서 인권 보호책을 홍보하는 것이다. 또한 UN기구 내에서 인권에 대한 논의를 활발히 하고자 하는 목적도 있다. 홈페이지에 온라인 정보원을 게재하고 있으며 그 중 일부는 일반 서점이나 다른 유통경로를 통해 유료 판매되고 있다. 전체 출판물 목록은 영어/스페인어/불어로 제공되는 PDF 형태의 'Publications List'를 참고하면 된다. 주문형식 또한 이곳에 나와 있다. 정보원 구입에 대한 자세한 정보는 'UN Publications(http://www.un.org/Pubs/sales.htm)'에 나와 있다. 신간 출판물에 대한 정보를 얻고 싶으면 publications@ohchr.org로 문의하면 된다.

(2) 정보자료

① Fact Sheets

- OHCHR이 다루는 다양한 인권관련 주제에 대한 개괄적인 정보를 정리해 놓은 서적으로 제네바의 OHCHR이 출판하고 있다. 인권 관련 이슈뿐 아니라 유엔의 인권조약감시기구의 조직 및 절차나 운영시스템 등에 대한 정보도 제공되어 있다. 'Fact Sheets'의 목적은 독자들에게 기본적인 인권과 그것을 보호하는 국제적인 장치에 대해 알려주는 것이다. 'Fact Sheets'는 무료로 제공되며 전 세계로 보급되고 있다. 공식적인 유엔 언어 외의 언어로 번역하는 행위는 OHCHR에 미리 보고하고, 번역본에 원 출처로서 OHCHR을 표기한다면 가능하다.

- 대부분의 'Fact Sheets'가 온라인상으로 제공되며, 전체 목록은 'Publications List'에 나와 있다.

② Training and Educational Material

개개인, 소수단체, 전문가, 교육기관 등을 위한 지침서와 안내서로서 몇 가지 연속 간행물이 있다.

- *Guide Series*
  첫 번째 *Guide Series*는 2001년에 처음 출간했으며 개개인을 대상으로 유엔 운영과 절차에 대한 정보를 제공하는 *United Nations Guide for Indigenous Peoples*이 그 첫 간행물이다. 두 번째 간행물은 *United Nations Guide for Minorities*로서 소수단체가 유엔이나 각 지역의 인권관련 절차를 이용하는 방법에 대해 소개하고 있다.

- *Professional Training Series*
  *Professional Training Series*는 각 나라에서 인권관련 문제에 영향력을 행사할 수 있는 사람들을 상대로 인권 보호의 국제적인 기준에 대한 인식을 높이고자 만들어진 일종의 매뉴얼이다. 원래는 OHCHR의 기술협력 프로그램을 위한 훈련의 일환으로 기획되었지만 여느 전문가 집단의 교육교재로도 활용가능하다.

모든 매뉴얼은 관련 분야의 전문가들의 조력으로 완성되며 외부의 집중적인 검토를 받는다.

- *Human Rights Education Series*
  이 연속간행물은 전반적인 인권 교육을 지원하기 위한 정보원으로서 국제적·지역적인 인권교육장치 등에 대한 정보를 포함하고 있다. 또한 학교에서 이루어지는 인권교육활동을 지원하는 실용적인 교재도 있다.

- 역시 OHCHR 홈페이지에 대부분의 연속간행물들의 원문이 제공되며 전체목록과 구입 방법을 알고 싶다면 'Publications List'를 참고하면 된다('Publications'의 각 출판물 소개란마다 'Publications List' 링크가 제공되어 손쉽게 찾을 수 있다).

③ Special Issue Papers

인권 관련 선별된 주제에 대해 깊이 있는 접근을 시도한 보고서들이다. 화제성, 중요도, 그리고 최근 발전도에 따라 주제를 선정한다. Special Issue Papers의 자료는 원 출처를 밝히고, 재 인쇄본을 OHCHR에 보낸다는 조건 하에 자유롭게 인용과 재인쇄가 가능하다. 온라인상으로 접근 가능한 Special Issue Papers는 홈페이지에 나열되어 있으며 전체 목록과 구입방법은 'Publications List'를 참고하면 된다.

④ Reference Material

주요 인권 장치와 다른 정보원들에 대한 정보를 볼 수 있다. 인권조약기구들의 법제에 대한 내용도 포함되어 있다. 역시 OHCHR 홈페이지에 대부분의 원문이 제공되며 전체목록과 구입방법을 알고 싶다면 'Publications List'를 참고하면 된다.

⑤ Promotional Material

대중에게 인권 분야에서의 유엔의 활동을 널리 알리기 위한 정보원이다. 유엔 인권 프로그램의 가장 자주 받는 질문(the most frequently asked questions)에 대한 답이나 인권침해를 막기 위한 장치를 이용하는 방법까지 소개하고 있다. *Universal Decreation of Human Rights* 전문도 제공되어 있다.

⑥ Annual Report/Annual Appeal

매년 OHCHR의 사업성과를 평가하는 *Annual Report*는 2005년 7월 현재에 2004년도 판이 출판된 상태다. *Annual Appeal*은 1년 단위로 사업 계획과 필요한 예산 편성을 발표하는 간행물로서 2004년 12월에 2005년도 판이 나왔다. 온라인상으로 *Annual Report*는 2000년부터 2004년까지, *Annual Appeal*은 2000년부터 2005년까지 제공되어 있다.

⑦ Media Centre

OHCHR의 언론 관련 자료를 한눈에 볼 수 있는 페이지이다. 뉴스, 인터뷰, 연설문, 행사 일정 등 다양한 정보가 망라되어 있다. 보도 자료는 'News Releases'를 클릭하면 전체 목록을 볼 수 있으며 아래의 항목으로 구분되어 검색할 수 있다.

- Special Rapporteurs, Experts, and Others
- Committee against Torture
- Human Rights Committee
- Committee on Economic, Social and Cultural Rights
- Committee on the Rights of the Child
- OHCHR에서 발행하는 뉴스레터인 Respect도 호별로 정리되어 있다.

UNRWA
United Nations Relief and Works Agency for Palestine Refugees in the Near East
유엔 팔레스타인 난민구호사업기구

1) 소재지

주 소 Headquarters Gaza Gamal Abdul Nasser Street, Gaza City

Postal address: HQ Gaza, POBox 140157, Amman 11814, Jordan

전   화 + 972 8 677 7333

+ 972 / 0 8 282 4508

+1 212 963 9571 3 (via UN satellite network)

팩   스 + 972 8 677 7555

홈페이지 http://www.un.org/unrwa/index.html

2) 설립연혁

1948년의 이스라엘 건국으로 야기된 제 1차 중동전쟁 기간 동안 거주지와 생계수단을 잃어버린 팔레스타인 난민들을 보호하기 위하여 결성되었다. 선임기관인 국제연합 국동 팔레스타인 난민구제기구와 마찬가지로 임시잠정기구로 출발했으나, 중동난민문제의 해결에 경제적·사회적 대책과 아울러 정치적인 배려가 요청됨에 따라 활동기간이 수차례 연장되었다. 재정은 가입국의 자발적인 기부로 충당된다.

3) 설립목적

1948년 아랍·이스라엘간 분쟁으로 집과 생계를 잃은 약 75만명의 팔레스타인 난민에게 긴급구호 활동을 펼치기 위해 설립되었다.

4) 주요 사업

팔레스타인 난민에게 기본적인 위생, 교육, 구호와 사회적 서비스를 제공하고 의료·구호 및 공공서비스·소자본 대출 및 소기업·교육·신 프로젝트 등의 사업 분야에서 활동하고 있다.

5) 정보원

(1) 정보배포정책

UNRWA의 정보원은 'Pub./Statistics'란에 게재되어 있다. 주요 목적이 난민구호활

동인 국제기구인 만큼 대규모의 출판물이나 온라인 정보원 대신에 기본 문헌들이
충실히 제공되고 있다.

(2) 정보자료

① Pub./Statistics

- *Reports of the UNRWA Commissioner-General*
  우선 'Pub./Statistics'란의 상단에는 1996년부터 2004년까지의 사무국장의 보고
  서가 스크롤바 메뉴로 정렬되어 있다. 연도별로 클릭해서 원문을 볼 수 있다.

- *UN General Assembly Resolutions on UNRWA*
  2001년부터 2003년까지 UNRWA에 대한 유엔총회의 결의안을 볼 수 있다.

- *UNRWA in Figures*
  팔레스타인 난민을 대상으로 하는 UNRWA의 주요 사업 분야에 대한 통계표이
  다. 원하는 날짜를 선택하면 PDF 원문으로 이동한다.

- *UNRWA Statistical Profiles*
  난민의 증가율이나 성비, 민족 구성, 공공서비스 분포 등의 일반적인 통계수치
  (General)와 교육(Education), 의료(Health)에 대한 통계 자료를 볼 수 있다.

- *UNRWA Medium Term Plan 2005-2009*
  2005년부터 2009년까지의 UNRWA 사업의 중간 계획 보고서이며 PDF 원문을
  볼 수 있다.

- *Years of Credit to Microenterprise*
  UNRWA의 소규모 사업가들의 생활수준을 향상시키고 지속적인 고용 보장과
  팔레스타인 난민의 경제활동을 지원하기 위해 시작된 소자본대출 및 소기업지
  원 사업(Microfinance & Microenterprise Programme)에 대한 보고서이다.

- *2003 UNRWA Health Annual Report*
  2003년도 UNRWA의 의료사업 연차보고서이다.

- *Publications*

  팔레스타인 난민의 상황과 UNRWA의 사업에 대한 출판물 목록이다. 온라인 원
  문은 제공되지 않으며 조사 당시 한 권을 제외하고는 인쇄본 역시 주문할 수
  없었다. 주문할 수 있는 출판물은 'How to order'를 클릭해서 신청 양식과 절차
  에 대한 설명을 보고 주문하면 된다.

- *Map of UNRWA's Area of Operations 2005 & Map of Gaza Strip*

  UNRWA 사업지역의 지도와 가자 지역의 지도이다.

- *Selected Refugee Statistics*

  국가 혹은 지역별로 등록된 난민수와 가족규모에 대한 통계, 난민촌 인구 통계
  등 주요 통계를 직접 링크해 놓았다. 구체적인 항목명은 다음과 같다.

- Total Registered Refugees per Country and Area
- Statistics of Family Size
- Total Registered Camp Population

② News

'News'란에는 사무국장의 연설문과 성명, 보도자료, 소식지, 언론에 보도된
UNRWA 관련 기사 목록, 현장 행사 등의 정보가 게재되어 있다.

UNU
United Nations University
유엔대학

---

1) 소재지

주   소 53-70 Jingumae 5-chome, Shibuya-Ku, Tokyo 150, Japan
전   화 81 3 3499 2811

홈페이지 http://www.unu.edu/

Rector Professor: Hans J.A. van Ginkel, Netherlands(1997~2002)

2) 회 원

특정 회원이 있는 것은 아니지만 세계 각국의 연구기관들이 본 대학의 협조기관으로 있다.

3) 조 직

- 이사회(Council)
- 총장(Rector)
- 대학센터(University Center)
- 연구, 훈련센터 및 프로그램

4) 주요 사업

- UN과 전문기구의 관심사항인 인류의 생존, 발전, 복지와 관련된 긴급한 세계문제 연구
- 상이한 문화, 언어, 사회체계를 가진 인류의 공존
- 국가 간 평화관계 및 평화와 안보 유지
- 인권, 경제 및 사회변화, 발전
- 환경 및 자원의 적절사용
- 기본적 과학연구 및 발전을 위해 과학, 기술결과의 응용

5) 정보원

(1) 정보배포정책

UNU의 경우 'Library', 'Online Learning', 'Publications', 'Informations Resources'로 나뉘어 정보자료를 제공하며 홈페이지에 각 항목에 대한 자세한 안내가 나와 있다.

(2) 정보자료

① Library

- Collection Guide

  일본 동경에 위치한 UNU 본부 도서관이 소장하고 있는 정보원의 종류와 내용을 안내하고 있다. 아래의 분류를 따른다.
  - UNU Publications
  - Insight into UNU
  - Books on Subjects Related to UNU Themes
  - United Nations Documents
  - UNITAR Publications
  - League of Nations Documents
  - Eisaku Sato Memorial Foundation
  - CD-ROM Collections
  - Serial Holdings
  - Online Newspapers

- Electronic Library

  UNU는 전자도서관을 운영하고 있는데 E-Journals/Books, Abstracts/Bibliographies, Library Catalogues, International Relations, Dictionaries/Thesauri, Encyclopedia/Directories, United Nations System, 그리고 Statistics/Reference로 나뉘어져 정치, 경제, 자연과학, 예술, UN 등 국제기구 등에 대한 다양한 정보원을 제공하며, 이들 자료는 UNU 관련자에게만 제공되는 제한된 정보원과 누구에게나 온라인 접속 경로를 제공하는 정보원으로 분류되어 있다.

- Collection Search(http://db.hq.unu.edu/unulibrary/)

  UNU 소장 자료의 검색서비스이다.

- Current Periodical Holdings(http://www.unu.edu/hq/library/jnl_hold.htm)

  UNU는 또한 도서관이 현재 소장하고 있는 정기간행물 목록을 제공하고 있는데, 원문이나 전자저널로의 링크는 거의 제공하지 않는다. 알파벳순으로 제목과 입수 기간, 첫 입수 호를 정리해 놓았다.

- UNU Publications

  문서나 단행본 형태로 공개된 UNU 사업의 결과물들을 UNU 출판물(Publications)로 총칭한다. UNU Press 발행물, UNU 본부 및 연구 교육 센터에서 제작된 출판물, 프로그램, 프로젝트, 혹은 정기보고서, 그리고 UNU가 후원하고 진행하되 외부 출판사에서 발행된 UNU 사업 관련 출판물 등이 포함된다. UNU 출판물의 문헌학적 정보는 1992년 UNU 도서관 문헌정보시스템이 정비되면서 체계화되었다. 또한 UNU 사업의 결과물을 널리 알리기 위해 연구 결과의 디지털화 작업을 진행해 왔으며 현재 온라인 출판물 항목을 통해 확인할 수 있다.

- Online Publications

  온라인 출판물은 저자, 날짜, 출판사 별로 검색할 수 있으며 알파벳순으로 정리되어 있다. 하지만 2005년 3월 현재 가장 최근 갱신자료가 1999년 4월 29일로 표시되어 있어 최신 정보원을 검색하기에 어려움이 있다.

- Newly Published in 2002

  2002년에 발행된 UNU 출판물 목록이다. 온라인 정보원 접속이 가능한 출판물은 제목에 링크가 되어 있고 나머지는 UNU 도서관에 직접 가서 구독할 수 있다.

- Newly Published in 2003

  2003년 발행된 UNU 출판물 목록이다. 세부 사항은 위와 같다.

- Gender & Development

  Gender & Development 주제에 해당하는 출판물 목록이다.

- Depository Libraries

  전 세계에 분포되어 있는 UNU 기탁도서관의 정보가 정리되어 있다. 한국에는 아직 없다.

- UN Documentation
  - ◦ Documentation Service
  - ◦ United Nations Information Centre Tokyo와 UNU Library가 함께 제공하는 UN 문헌서비스는 2002년 UNU 도서관에서 시작되었다. 풍부한 UN 관련 문헌과 출판물 및 정보원을 망라한 UN 문헌서비스는 다음과 같은 목적을 가지고 있다.
    - ⓐ 출판물, 문헌, 정보원 등을 통해 UN 구조와 활동에 대한 이해를 도모한다.
    - ⓑ 1946년 이후 General Assembly, Security Council, ECOSOC 및 Trusteeship Council의 공식 문헌을 제공한다.
    - ⓒ 인터넷을 통해 기존의 이용자와 잠재 이용층에게 정보자료를 보급한다.
  - ◦ 위의 홈페이지 주소로 가면 UNU의 UN Documentation Service가 제공하는 UN 정보자료의 Online Catalogue, Electronic Documents, UN 헌장이나 조직 체계 등 다양한 UN 관련 문헌 서비스를 받을 수 있다.
  - ◦ Research Guide
    이 연구 가이드는 UN 문헌에 관심 있는 정보학 전문가 및 연구자들을 위해 고안되었다. UN에 의해 출판되는 다양한 정보원에 대한 소개와 사용 방법에 대한 안내가 나와 있다. UN의 주요 사업부문인 인권과 국제법, 평화 유지에 대한 내용도 소개되어 있다.
  - ◦ UN Publications
    UN의 출판물 홈페이지로 연결되어 있다. 'Sales Publications', 'Online Publications', 'Bookshop', 'UN Stamps', 'Database'로 구성되어 있는 이 홈페이지는 UN 본부에서 자세히 다뤄진다.
  - ◦ Workshop on UN Documentation(Japanese)
    'UN Documentation Service' 운영에 관한 워크숍 세미나에 대한 정보가 일본어로 제공되어 있다.
  - ◦ Workshop on UN Documentation(English)
    'UN Documentation Service' 운영에 관한 워크숍 세미나에 대한 정보가 영어로 제공되어 있다.

- News and Events

  이 외에도 'UNU Updates' 등 최신 정보와 현재 진행되는 행사나 회의, 'UNU Global Seminar Series'나 'UNU International Courses' 같은 UNU 주도 학술 프로그램에 대한 설명이 'News and Events'라는 항목 아래 나열되어 있다.

② Online Learning

Online Learning은 환경, 지속가능한 발달, 평화와 통치 등 UNU의 주요 사업 분야의 교육 프로그램이다. UNU Campus Computing Centre(C3) 팀과의 유기적인 협력 아래 온라인 교육 프로그램을 마련했다. UNU Online Learning의 구성은 교육기술, 멀티미디어 제작 및 교육 설계, 역량 개발로 이루어져 있다. 누구나 UNU 홈페이지에서 무료로 온라인 교육 프로그램을 이용할 수 있다.

③ Informations Resources

UN 홈페이지나 UNU 도서관, 직원 위원회, UNU가 운영하는 강의 시리즈 등의 정보를 검색해 볼 수 있다. 분류 항목은 아래와 같다.

- UN Website Locator

- UThant Lecture Series

- UNU Library

- UNU Staff Council Homepage

- Other Links

④ Publications

UNU는 학술회의와 세미나, 강의 등을 개최하고 전세계 학술 연구진들의 네트워크 역할을 하는 국제기구인 만큼 출판물의 규모와 종류도 다양하다. Publications 홈페이지는 다음과 같이 분류 기준을 선정해 놓았다. 각 링크를 따라가면 원문이나 초록 등 관련 정보가 제공된다.

- UNU Press

- Coming Soon
- New Titles
- Backlist Titles
- Free Full Text Publications
- Complete Catalog

• Newsletters
- UNU Update
- Noxious
- Work in Progress
- WIDER Angle
- Africa Research
- PLECserve

• Programmes and Institutions Publications
- Centre ESD
- Centre PG
- UNU/WIDER
- UNU/INTECH
- UNU/IIST
- UNU/INRA
- UNU/IAS
- UNU/CRIS
- INCORE

• Journals
- Food and Nutrition Bulletin
- Journal of Food Composition and Analysis
- Global Environmental Change
- Mountain Research and Development
- Global Governance

UNV
United Nations Volunteer
유엔자원봉사단

1) 소재지

주　　소　Postfach 260 111, D-53153 BONN, Germany

전　　화　49 228 815 2000

팩　　스　49 228 815 2001

홈페이지　http://www.unv.org/

Executive Cordinator: Sharon Capeling-Alakija(여, 캐나다)

1996년 6월 제네바에서 Bonn으로 본부이전

2) 설립연혁

1970년 유엔 제 25차 총회 결의에 의거 창설된 후 1971년부터 본격적인 활동을 개
시했다.

3) 설립목적

- 개발목적 달성을 위한 인적자원 지원
- 개발노력이 성공할 수 있도록 훈련된 전문인력 지원
- 국가, 지역간의 협력과 자생적 개발노력 지원
- 타국의 개발사업과 경험의 공유기회 제공
- 개도국간의 기술협력(TCDC) 증진

4) 주요 사업

① UNV 봉사단

- 유엔 전문봉사단 파견사업(UNV Specialist Programme)
  수혜국의 정부기관과 유엔기구 등에서 전문적인 기술과 경험을 전수하고 자문할 수 있는 전문가 수준의 봉사단 파견

- 유엔지역 개발봉사사업(UNV Domestic Development Service Programme)
  개도국의 자생적 지역개발사업에 현장 봉사자(Field Worker)를 파견함으로써 중급수준의 기술지원과 개도국간의 협력지원

- 인도적 구호사업(Humanitarian Relief)

- 자연재해, 내란 등으로 인한 난민과 긴급지원 필요 지역에 대한 인도적 구호를 목적으로 하는 인력, 재정·물자지원 사업

② UNISTAR(UN International Short-Term Advisory Resources)

개도국 산업발전 촉진을 위해 경영분야 등의 전문가를 단기간(1주-3개월) 동안 개도국 내 중소기업, 제조업협회 및 국영기업에 자문제공을 위한 협력사업이다.

③ TOKTEN(Transfer of Knowledge Through Expatriate Nationals)

해외에 거주하고 있는 교포들을 본국에 봉사활동을 보내는 방법으로 특히 언어와 관습이해 측면에서 상당한 효과가 있다.

5) 사업 수행 방식

- 43개국의 정부기관을 국별 책임기관(National Focal Point)으로 지정하고 FAO, ILO, UNICEF, WHO, UNHCR 등 국제기구와 연계하여 사업 수행

- 각국의 사업수행은 주재국 UNDP 사무소에서 주관하고 국별 책임기관이 인력의 확보, 지원, 모집, 선발 등을 담당

- UNV 단원의 자격은 21세 이상의 남녀로서 지원업무에 필요한 기술적 소양을 겸비

- 통상 2년간 근무하며, 현지 생활에 적합한 생활비와 주택을 제공

6) 조 직

- UNDP 총재가 UNV의 Administrator를 겸임하며, UNV의 실제 사무국장 역할을 수행하는 조정관(Executive Coordinator)을 임명
  * 현 조정관: Sharon Capeling-Alakija(여, 캐나다)

- 국별 책임기관(National Focal Point)을 지정하며, 주재국 UNDP 사무소에서 각국의 사업수행을 주관하고, 국별 책임기관은 인력의 확보, 지원, 모집, 선발 등을 담당함

7) 재 원

- 1997년도 예산: 5220만불
- UNDP 등 UN기구 보조금: 3,085만불
- 각국정부 기여금: 1,886만불
- 기타: 249만불

8) 한국과의 관계

한국은 1985년 12월에 UNV에 기여금 41만불을 공여한 뒤 가입하였다. 1986년 12월 UNV와 UNV 사업 참여에 관한 양해각서를 교환하였고 동 양해각서에 따라 1991-1999년간 13개국에 한국인 유엔자원봉사단원 24명을 파견하였다.

9) 정보원

(1) 정보배포정책

UNV는 Online DB나 UNDP 같은 방대한 양의 출판물 시리즈를 발행하고 있지는 않으나 홈페이지를 통해 UNV의 봉사사업에 관한 정보원을 제공하고 있다. 모든 자료가 전문으로 무료 제공되며 누구나 비상업적 목적으로 사용할 수 있다.

(2) 정보자료

① UNV에 대한 정보원

UNV 정보원은 크게 두 가지로 분류되는데 그 첫 번째는 봉사 정신을 독려하고 봉사요원을 적재적소에 배치함으로써 세계 평화와 발전, 안정에 기여하고 있는 UNV 프로그램에 대한 정보자료이다. 구체적인 정기간행물 목록은 다음과 같다.

UN Volunteers Annual Report

1999년부터 2003년까지의 연차보고서가 제공되어 있다. UNV가 UNDP에 의해 어떻게 운영되고 어떻게 전 세계에 자원봉사정신을 촉진하고 있는지 볼 수 있다.

UN Volunteers News

UNV News는 UNV 프로그램과 UN 자원봉사단에 대한 정기간행물로서 1998년부터 2004년까지의 UNV News 발간호들을 볼 수 있다.

UNV Info

UN 자원봉사단에 대한 근황을 영어, 불어, 스페인어로 1년에 6회 발행한다. 2002년부터 현재까지 발간호들이 온라인상에 게재되어 있다.

UN Volunteers Fact Sheets

주제별 정보지로서 UNV의 다양한 활동을 확인할 수 있다.

Executive Board Documents

UNDP와 UNFPA의 집행이사회 문헌 목록이다. 1994년부터 2년에 한번 주기로 발행된다.

② 봉사에 대한 정보원

사회발전에 대한 자원 봉사의 공헌이나 봉사 활동과 역량 개발의 관계 등 봉사에 대한 다양한 관점과 주제를 다루는 보고서 및 소책자로 이루어져 있다. 구체적인 문헌 목록은 UNV 홈페이지를 참고한다.

UPU
Universal Postal Union
만국우편연합

1) 소재지

주　　소　Universal Postal Union Weltpoststrasse 4, Case Postale 3000 Berne 15,
　　　　　Switzerland

전　　화　+ 41 31 350 3111

홈페이지　http://ibis.ib.upu.org/

2) 설립연혁

1874년 스위스 베른에서 22개국의 대표가 모인 국제회의의 결과로 발족하였다. 1991년 현재 회원국은 167개국이며, 사무국은 스위스 베른에 있다.

3) 설립목적

UPU는 국경을 초월하여 우편물의 교환을 원활히 하여 세계의 경제·문화 교류를 도모하고자 설립된 유엔의 전문기구로서 ITU(International Telecommunications Union) 이래 두 번째로 역사가 긴 국제기구이다. 현재 약 190개의 회원국이 가입한 상태다.

4) 주요 사업

회원국은 5년에 1회 우편대회를 개최하여 우편에 관한 조약을 심의·개정한다. 우편연합의 주요기관으로는 연합의 활동을 계속적으로 행하기 위한 집행이사회, 각국의 국내우편사업을 개선하기 위하여 가맹국의 공동연구를 위한 우편연구 자문위원회가 있다. 우편대회 개최, 우편에 관한 조약 심의·개정, *Union Postal* 발행 등의 주요사업을 수행하고 있다.

5) 한국과의 관계

한국은 1900년 11월 대한제국 당시 정식으로 가입했다. 한일 합병으로 회원국으로 서의 활동이 일시 중지되었다가 1949년 12월 17일 Paris 총회 최종의정서의 규정에 따라 회원국으로서의 자격이 회복되었다. 1994년 UPU 총회를 서울에서 개최한 바 있다.

6) 정보원

(1) 정보배포정책

UPU의 정보원은 'Resources'란에 정리되어 있는데, 단행본이나 연속간행물 등의 출 판물 외에도 주소, 우편 통계 등의 국제 우편에 관한 정보원들이 제공된다. 'Meeting Documents' 등 몇몇은 외부의 접근이 제한되기도 하지만 출판물을 비롯 한 대부분의 자료는 온라인상으로 원문을 제공받을 수 있으며 인쇄본 또한 주문이 가능하다. 별도로 'News Centre'를 통해 보도자료, 연설문 등의 언론관련 정보원을 제공하고 있기도 하다.

(2) 정보자료

- Featured Publications
  UPU가 출판해 온 출판물들 목록이 제공되어 있다. 각 출판물을 클릭하면 간단 한 소개와 함께 PDF 형식의 원문을 보거나 인쇄본을 주문할 수 있다. '주문하 기(Order)'를 클릭하면 신청서 양식이 PDF 형식으로 나타난다. 양식에 맞게 기 입하여 팩스로 전송하면 된다. 여기에는 UPU의 대표적인 연속간행물인 *Union Postale*이나 *Postal Statistics*도 포함되어 있다.

- Postcodes
  각 회원국의 우편번호를 검색할 수 있는 홈페이지의 목록과 함께 국제 우편번 호 데이터베이스인 Deutsche Post/Platon의 AddressDoctor®의 링크를 제공하고 있다. AddressDoctor®는 무료 우편번호 검색서비스로서 간단한 가입절차를 걸처 회원이 되면 이용할 수 있다.

- Addressing

정확한 주소 기입 방법을 알면 비용과 시간을 절약할 수 있다. 'Addressing'에서는 각 회원국의 우편 주소 체계와 국제우편 주소체계에 대한 가이드를 클릭해서 PDF 형식으로 볼 수 있다. 또, 전 세계 우편번호와 우편주소 기입체계에 대한 정보를 담은 POST*CODE®라는 제품도 PDF 형식을 통해 살펴보거나 CD-ROM을 주문할 수 있다.

- Postal Statistics

UPU가 1875년 이래 매년 발간해 온 대표적인 통계자료로서 국제우편의 원활한 흐름 조성과 국가 내 우편 관련 행정의 효율성 향상을 위해 제작되었다. 현재 'Postal Statistics' 페이지에 나와 있는 2000년도 판 Postal Statistics Database에는 200개국에 걸쳐 100가지의 지표를 통해 우편 발달 과정을 정리해 놓았다. 자료는 UPU의 International Bureau를 통해 매년 집계된다. 데이터베이스 외에도 국제우편전망과 표로 나타낸 통계 수치도 PDF 형식으로 볼 수 있다.

- Meeting Documents

UPU 회의 문헌인 'Meeting Documents'는 비밀번호를 기입해야 접근이 허용된다.

- 그 외에도 UPU의 공식용어 데이터베이스인 TERMPOST나, Meeting Documents와 같이 접근이 제한된 International Bureau Circulars, UPU Forms 등이 있다.

WB
World Bank
세계은행

1) 소재지

주   소 The World Bank1818 H Street, N.W. Washington, DC 20433 U.S.A.

전   화 202 473 1000

팩   스 202 477 6391

홈페이지 http://www.worldbank.org/

2) 설립연혁

1944년 7월 뉴햄프셔 브레턴우즈에서 열린 국제연합통화금융회의 협상에서 설립을 결정해 1946년 6월 정식으로 업무를 시작했다. 초기에는 제 2차 세계대전의 전후복구를 위해 기금을 조성했으나 1949년경부터는 주된 목표가 바뀌어 경제개발 목적의 대부에 주력했다. 본부는 워싱턴 D.C.에 있다.

3) 설립목적

세계은행의 사명은 빈곤을 퇴치하고 개발도상국 지역 국민의 생활수준을 향상시키는 것이다.

4) 조 직

세계은행그룹은 국제부흥개발은행(IBRD)과 그 자매기구인 국제개발협회(IDA), 국제금융공사(IFC), 국제투자보증기구(MIGA), 국제투자분쟁해결본부(ICSID) 등을 포함한다. 이 중에서 IBRD와 IDA를 합쳐 세계은행이라 칭한다. 세계은행은 총회, 상무이사회, 총재, 그리고 참모들이 운영한다. 총회는 전 회원국의 대표들로 구성되고, 1년에 한 번 소집한다. 21명의 상무이사들이 정책을 수행하며 모든 대부의 승인 여부를 결정한다.

5) 주요 사업

세계은행은 회원국들이 출자한 자본불입금, 세계자본시장에서의 채권발행, 순 사업소득 등으로 기금을 마련한다. 각 회원국의 자본출자액은 상대적인 경제력 수준에 따라 다르게 결정된다. 실제로는 대개 자본출자할당액의 10%정도만 불입되고 나머지는 요구가 있을 때 불입된다.

세계은행은 일반적으로 정부 또는 정부의 상환보증을 받은 사기업에 직접 대부를 함으로써, 민간자본을 싼 이자로 이용하지 못하는 상황에 처한 특정사업을 지원한다. 은행자산의 대부분이 처음에는 전력, 수송, 상·하수도 등 공적·사적으로 공익사업을 하는 단체들에게 대부금(貸付金)을 융자하는 것으로 쓰였다. 그러나 20세기 후반에 들어서면서 농업과 농촌개발 부문이 가장 중요한 대부영역으로 되었다. 세계은행은 일반적인 원칙으로 원료와 장비 수입이나 해외용역 수입 등에만 비용을 대출하며, 또한 지불은 해외공급자에게 직접 한다. 이자율은 주로 세계은행의 차입비용에 따라 부과한다.

그 외에 세계은행은 금융지원 외에 기술지원도 제공한다. 세계은행은 총회, 상무이사회, 총재, 그리고 참모들이 운영한다. 총회는 전 회원국의 대표들로 구성되고, 1년에 한 번 소집한다. 21명의 상무이사들이 정책을 수행하며 모든 대부의 승인 여부를 결정한다.

6) 정보원

(1) 정보배포정책

세계은행이 제공하는 온라인 정보원은 1차 통계 자료, 온라인 데이터베이스, 각종 출판물, 보고서 등에 이르기까지 매우 다양하다. 홈페이지의 'Data & Research', 'Publications' 등의 항목에서 찾아볼 수 있다. 모든 정보원은 날짜, 주제, 제목, 출판인 등의 항목에 따라 편리하게 검색할 수 있다.

(2) 정보자료

① Data & Research

세계은행의 'Data & Research'의 정보원들은 현재 진행 중인 연구, 학술지, 온라인 데이터베이스 등으로 이루어져 있으며 대부분 각국 정부가 지원, 또는 주도한 결과물이다. 세계은행은 다른 기관들과 협력하여 이러한 정보원의 효율성과 정확성을 높이는데 기여하고 있다. 'Research', 'Prospects', 'Data'의 세 부문으로 구성되어 있다.

- Research
- 세계은행이 수행하고 있는 개발경제(Development Economics) 연구에 대한 섹션이다. 우선 'Publications and Reports'란에 보면, 경제, 사회, 환경 방면에 걸친 세계정세를 살펴볼 수 있는 연간보고서 *World Development Reports*, 세계은행 직원에 의해 출판된 개발정책에 관한 보고서 *Policy Research Reports*, 그리고 개발에 관한 논의의 활성화를 위해 발간하는 연구성과 보고서인 *Policy Research Working Papers*, 개발과 경제에 관한 세계은행 학술지(*The World Bank Economic Review* 등) 등의 출판물이 제공된다. 이 중 *World Development Reports*, *Policy Research Reports*, *Policy Research Working Papers*는 'Document Search'란을 통해 검색할 수 있으며 날짜, 주제, 지역, 형태별로 찾아 볼 수도 있다. 대부분 원문 다운로드가 무료로 제공된다.
- 또 'Datasets'란에는 세계은행 연구 자료들이 무료로 제공된다. 오른쪽 메뉴의 연도별 구분 중에서 원하는 시기를 선택하면, 해당 페이지로 이동한다. 또한 'Abstracts of Current Studies'란을 보면 2000년 이후 세계은행 연구프로젝트에 대한 개괄적인 설명을 해 놓은 초록들도 역시 연도별 구분에 따라 볼 수 있다. 그 외에 연구 평가를 볼 수 있는 'Research Evaluations'란도 있다.

- Prospects for Development
  세계 경제에 대한 장단기 전망과 시나리오를 제공하는 섹션으로서, 'Publications'란에 보면 대표적인 출판물로 가을/겨울에 출판되는 *Global Economic Prospects*와 봄에 출판되는 *Global Development Finance*가 소개되어 있다. 각 출판물명을 클릭하면 해당 출판물에 대한 소개와 원문이 정리된 페이지로 이동한다.

- Data & Statistics
  개발에 대한 온라인 데이터베이스나 기타 다양한 통계자료들을 많이 참고할 수 있다. 다음과 같은 세부 항목으로 구성되어 있다.
- Data by Country

Data Profile Tables

우선 세계은행의 대표적인 개발관련 정보원인 *World Development Indicators* (*WDI*)에서 추출한 *Data Profile Tables*가 있다. 여기에는 WB 회원국 184개국을 포함한 208개국에 관한 정보가 담겨 있으며 *WDI*와 *World Bank Atlas*에 보고 된 18개의 국가그룹 역시 다뤄진다. 이 WDI 자료는 국가간 비교나 여러 나라에 대한 연구를 할 때 적합하다. 드롭다운 메뉴에서 원하는 국가를 클릭하면 된다.

Country at a Glance Tables

각 나라의 지난 30년간의 사회경제적 개발에 대한 주요 지표를 정리한 자료이다. 이 자료는 WB와 IMF의 연차 회의의 결과물 등을 종합한 것으로 *WDI* 등 WB의 공식적인 정보원과 차별된 시각이나 결과를 보여주기도 한다. 한 나라에 대한 집중적인 연구를 할 때 적합하다. 역시 드롭다운 메뉴에서 원하는 국가 명을 클릭하면 된다.

Country Statistical Information Database

이 데이터베이스는 국민이 백만 명이 넘는 IBRD·IDA 회원국에 대한 정보를 싣고 있다. 기본적인 국가정보, WB 통계 역량 점수(World Bank Statistical Capacity Score), 법적·전략적 통계체계, 통계 실습, 자료수집 활동, WB 통계 프로젝트, 국가별 통계 기관과 출판물, 그리고 관련 통계문서 등을 담고 있다. EdStats(교육), GenderStats(성), HNPStats(건강/인구/영양), African Development Indicators (아프리카 개발지표) 등의 하위 데이터베이스가 있다.

- Data by Topic

  Agriculture, Aid, Childhood Development, Debt, Education, Environment, Finance, GDP/GNI(GNP), Gender, Globalization, Governance, Health, Information Technology 등의 주제를 클릭하면 각각의 주제에 따른 주제지표 (Topic indicator)와 가장 최신 WDI의 관련 자료를 보여주는 'A Sample Table from the Latest WDI'가 있다.

- Online Databases

  세계은행이 제공하는 데이터베이스는 일부만 무료로 제공되며 나머지는 유료 구독을 신청해야 한다.

Data Query

무료 데이터베이스로 밑에 소개될 WDI 데이터베이스 중 5년 동안의 54개 지표에 대한 부분이다.

World Development Indicators Online(WDI)

*WDI*는 개발에 대한 세계은행의 연차자료 수집 목록으로 1960년부터 현재까지 208개국에 대한 자료가 축적되어 있다. 2005년판 WDI는 World View, People, Environment, Economy, States and Markets, 그리고 Global Links 등의 6개 부문에 대한 800개의 지표를 83개의 표에 담았다. 인쇄본이나 CD-ROM을 받아보고 싶다면 구독을 온라인상에서 신청할 수 있으며 연간 구독 비용은 100 US 달러이다. 하지만 현재 가장 최신판인 2005년도 *WDI*는 온라인 원문이 무료로 제공되고 있다. 아래의 주소로 가면 된다.

(http://www.worldbank.org/data/wdi2005/wditext/index2.htm)

Global Development Finance Online

이 데이터베이스는 World Bank Debtor Reporting System에 공적으로 부채 사실을 보고한 136개국의 부채 및 재정 흐름에 대한 200여 가지 지표를 다루고 있다. 1970년부터 2013년까지의 자료를 제공한다. 역시 온라인상에서 구독을 신청할 수 있으며 연간 구독비는 400 US 달러이다. *WDI*와 마찬가지로 가장 최신판은 원문이 제공된다.

- Maps

  세계은행과 관련된 해외 원조 흐름이나, 세계 산림 분포, 영아 사망률, GDP 성장률 등의 주제에 대한 세계현황을 보여주는 지도가 제공된다. *The World Bank Atlas*에서 발췌한 자료들이다.

- Data Publications

  위에서 언급한 *WDI, Global Development Finance Online, The World Bank Atlas* 등의 자료들 목록이다.

② Publications

세계은행의 방대한 출판물은 'Publications'란의 세 가지 부문으로 크게 구분된다. 'Online Bookstore', 'Documents & Reports', 'Archives', 'Libraries'가 그것이다. 각 부문 별로 제한하여 출판물을 검색할 수 있다.

- Online Bookstore
  *World Development Reports*를 포함해 세계은행의 공식적인 출판물들을 볼 수 있다. WDI나 World Bank e-Library도 이곳에서 볼 수 있다. 'Online Bookstore'로 들어가면, 우선 오른쪽에 'Top Seller'와 'Recent Titles' 목록에 가장 많이 판매되는 서적과 최근 출판물들을 확인할 수 있다. 또 중앙의 'Featured' 목록에는 주요 출판물들에 대한 간단한 소개와 쇼핑카트 시스템을 이용해 구입할 수 있도록 해 놓았다.

- Documents & Reports
  무료로 원문 다운로드가 가능한 15,000여권의 문서들이 제공된다. 프로젝트 보고서, 분석이나 권고문, 평가보고서, 혹은 공식, 비공식적인 연구보고서들, 그 밖의 거의 모든 세계은행 문서들을 포함한다.

- Archives
  1946년부터 현재까지의 국가문서, 프로젝트 보고서, 서신, 필름, 비디오, 사진 등의 세계은행 공식 문서들을 보관하고 있다. 일반 공개를 원칙으로 하나 세계은행 정책 결정에 따라 제한적으로 공개된 문서들도 있다. 'Archives'를 클릭하면 서비스 소개, 이용 방법 등 다양한 메뉴가 있는데 이 중 'Search the Archives Catalog'를 클릭하면 검색 서비스를 이용할 수 있다.

- Libraries
  IMF-World Bank 공동도서관을 포함한 도서관들의 온라인 카탈로그, 방문자 이용, 기탁도서관, 도서관간 대출 등의 정보를 소개하고 있다.

(3) 한국 내 기탁도서관

① 한국개발연구원(Korea Development Institute: KDI) 도서관

주   소 서울특별시 동대문구 청량리동 207-41

전   화 02 958 4114

전자우편 ksr73411@kdi.re.kr

홈페이지 http://www.kdi.re.kr

자료유형	기증자료 및 기증액	
단행본	393 종	-
정기간행물	11 종	-
CD-ROM	8 종	-

② 서울대학교 도서관(중앙도서관)

주   소 서울시 관악구 신림동 산 56-1

전   화 02 880 8001

홈페이지 http://www.library.snu.ac.kr

자료유형	기증자료 및 기증액	
단행본	3606종	-
정기간행물	6종	-
CD-ROM	4종	-

WFP
World Food Programme
세계식량계획

1) 소재지

주   소 426 Via Cristoforo Colombo 00145 Rome, Italy

전   화 39 6 552 2821

홈페이지 http://www.wfp.org/

2) 설립연혁 및 목적

- 개도국(LDC 및 LIFD 국가) 기아해방을 위한 잉여농산물 원조를 목적으로 1961년 유엔총회 및 FAO 총회에서 WFP 창설 결의
- Food for Life: 인도적 위기(난민 등 긴급상황)에 처해있는 생명 구조, 전쟁 등으로 인한 손상된 기반시설 복구 등의 한 방안으로 식량지원
- Food for Growth: 인간의 잠재성을 실현할 수 있도록 식량수요가 절실한 취약계층(여성 및 아동)에 대해 예방약(preventive medicine)으로 식량지원
- Food for Work: 기아상태에서 있는 개인 또는 공동체의 자급도 제고 및 자산형성을 위한 식량지원
- 1963년 1월 WFP 활동개시(제 1회 식량원조회의 개최)

3) 조 직

① 집행이사회

- 36개 위원국으로 구성(ECOSOC, FAO 이사회에서 각각 18개국씩 선출)되며, WFP의 사업, 예산 등 정책사항 논의결정(긴급 원조사업은 사무국장과 FAO 사무총장이 승인)

② 사무국

- 사무총장: 집행이사회 심의를 거쳐 유엔 및 FAO 사무총장이 임명, 임기 5년, 현 사무총장 Mr. James Morris(미국, 2002.2 취임)
- 본부: 1실 6국에 439명 근무, 현지사업 1,080명 근무 등 총 1,500여명

4) 주요 사업

① 개발원조(Development Projects)

- 빈곤국가의 농업 및 농촌개발을 위해 식량 등을 지원
- 수혜국이 국가전략 내에서 Country Programme에 책임이 있고, Country Programme은 WFP가 비교우위에 있는 수혜국의 가장 효율적인 활동에 집중
- Country Programme: ① 전략수립, ② 승인, ③ 중간 진행보고서, ④ 종료 평가서

② 장기 긴급구호(Protracted Relief Operations: PRO)

- 전쟁 등으로 인한 장기적인 난민구호사업(예: 아프리카 분쟁지역 등)
- UNHCR, NGOs 및 각국 정부와 협력
- 1998년 장기구호 및 복구사업(Protracted Relief and Recovery Operation: PRRO)으로 전환

③ 긴급지원(EMERGENCY OPERATIONS: EMOP)

- 인위적 및 자연재해 등으로 인한 일시적 식량위기 지역에 식량을 지원(북한 등)
- UN의 OCHA와 협조, OCHA가 주도하는 기구간 합동 Appeal 과정에 참여 (Field 차원에서는 NGO가 중요한 파트너)

④ 특별사업(Special Operations: SO)

- 식량원조의 효율적 전달과 복구 및 개발의 기반조성을 위한 비식량 부분(도로, 철도 등 복구 및 통신시설 설치 등)

5) 한국과의 관계

- 1966년 10월 20일 제 8차 WFP 정부간위원회 위원으로 가입, 1968년 WFP/IGC 회의에서 가장 모범적인 수원국으로 지명
- 1966-1968 제 1차 서약기간 중 6천불 납부
- 1981-1988년간 연 5만불, 1989-1994년간 연 6만불 납부
- 1995년도 10만불
- 1996년도 44만불

- 1997년도 54만불
- 1998년도 40만불
- 1999년도 47만불
- 2000년도 50만불
- 2001년도 38만불

- 한국은 1964년 이후 1984년까지 총 23개 사업, 1억 4백만불(순 식량가액 85백만 불) 수원

- 원조 공여국으로서의 지위 변화

- WFP는 대북한 식량지원의 주요 창구
- 1998년 기준 우리나라는 WFP를 통한 대북한 지원규모에서 미국, EU에 이어 제 3위
- 1998년 기준 전체 분담금 규모에서는 우리나라가 17위

- 우리나라 인사의 사무국 진출 노력 강화
- 2002년 5월 현재 3명 근무 중

6) 정보원

(1) 정보배포정책

WFP 홈페이지는 온라인 데이터베이스와 같은 체계적인 정보제공서비스를 갖추고 있지는 않지만 WFP 조직이나 세계 기아 문제에 대한 수치화된 정보자료를 제공하고 있으며 WFP 사업과 활동에 바탕이 되는 선언문, 정책 관련 문헌, 보고서 등을 온라인 문헌으로 제공하고 있다.

(2) 정보자료

① Facts and Figures

- 숫자로 보는 WFP와 기아 문제(WFP AND HUNGER IN NUMBERS)

WFP가 매년 출판하는 지출, 식량 운송·배달, 자원 등 WFP 사업에 대한 정보원이다. NGO나 UN 기구들의 자료를 바탕으로 세계 기아에 관한 통계 자료들을 모아서 영양부족, 어린이 기아, 농업 생산, 세계 식량원조 같은 주제를 다룬다. 아래의 두 항목이 링크되어 있어 클릭하면 내용을 볼 수 있다.

- WFP in Numbers
- Hunger Facts

② Policies and Publications

WFP의 세계 기아 퇴치 사업의 기반은 그 설립 선언문과 정책 문헌들에 있다. WFP 이사회의 승인 하에 이들 문헌들은 WFP가 식품 지원 활동을 계획하고 각 나라의 기아 근절 대책을 마련하는데 이용되고 있다. Policies and Publications는 크게 Introduction, Strategies, Annual Reports로 나뉘어져 있다.

- Introduction
  WFP의 설립 선언문, 정책 문헌 등 기본 문헌들로 이루어져 있으며 각 문헌 항목을 클릭하면 서지정보와 원문을 볼 수 있다.
- Mission Statement: WFP의 주요 목적
- Policy Papers: WFP의 기아퇴치 사업의 기초
- Background Papers: 주요 주제에 대한 정책결정에 쓰임
- Publications: 기아 관련 주제에 대한 보고서

- Strategies
  WFP's Strategic Plan
  '전략 계획(Strategic Plan)'은 4년 주기로 WFP의 전략과 운영에서의 방향을 세우는 데 그 목적이 있다. 전략 계획은 2년마다 갱신된다. 'Strategies' 메인 페이지에 원문 보기가 제공된다.

- Annual Reports
  WFP의 연간 활동에 대한 보고서로서 이사회 임원진에게 지난 1년 동안 WFP의 현안과 문제들을 제시하고 주위를 환기시킨다는 목적이 있다. 역시 원문을 볼 수 있으며 Public Version과 Executive Version 두 가지가 있다.

WHO
World Health Organization
세계보건기구

1) 소재지

주　　소　Avenue Appia 20　1211 Geneva 27, Switzerland

전　　화　+ 41 22 791 2111

팩　　스　+ 41 22 791 3111

전자우편　info@who.int

홈페이지　http://www.who.int/

2) 설립연혁

WHO는 제 2차 세계대전에 존재하였던 국제공공위생사무소(Office of International Public Hygiene), 국제연맹보건기구(League of Nations Health Organization) 및 UNRRA(UN Relief and Rehabilitation Agency) 보건국의 제반 임무를 계승받은 기구로서, 1948년 4월 7일 61개 회원국이 WHO헌장에 대한 비준을 함으로써 정식 발족하였는데, 이후부터 4월 7일을 세계보건의 날로 정해 기념식을 거행하고 있다. 제 1차 WHO총회는 1948년 6월 24일 제네바에서 개최되었으며 이에 앞서 조직되었던 WHO임시위원회는 같은 해 9월 1일자로 해체되었다.

3) 설립목적 및 기능

WHO에서는 세계 인류가 신체적·정신적으로 최고의 건강 수준에 도달하는 것을 목적으로 활동한다. 이를 위해 중앙검역소 업무와 연구자료 제공, 유행성 질병 및 전염병 대책 후원, 회원국의 공중보건 관련 행정 강화와 확장 지원 등의 일을 맡아 본다. 헌장에서 건강은, 육체적·정신적·사회적으로 완전히 행복한 상태를 말하며, 단순히 질병에 관한 것만을 지칭하는 것이 아니라고 정의한다. WHO는 국제보건사업의 지도적·조정적 기구의 성격을 띠며, 주요사업은 본부 사무국을 중심으로 한 중앙기술사업과 각 지역 사무국을 중심으로 한 각국에 대한 기술원조로 나누어진다.

4) 회 원

UN 가입 국가는 WHO의 헌장을 받아들임으로써 회원이 될 수 있다. 총 192개국이 회원으로 등록되어 있다(2005).

5) 한국과의 관계

① 가 입

1949년 8월 17일

집행이사국 4연임 중(1960-1963, 1984-1987, 1995-1998, 2001-2004)

② 우리 인사 고위직 진출현황

- 한상태 박사, 서태평양지역 사무처장 역임(1989-1994, 1994-1999)

- 이종욱 박사, 2003년 7월 21일 제 6대 WHO 사무총장으로 취임

- 이외 WHO 본부 및 서태평양지역 사무처에 6명(P-5급) 진출

③ WHO 주한 대표부

- 1965년 상주대표부 설치

- 1999년 4월 30일 동 대표부 폐쇄

- 한국의 OECD 가입에 따라 2000년부터 연락사무소(Country Liaison Office)로 대체

④ 우리나라의 분담금

- 우리의 의무 분담금(Assessed Contribution) 비율은 2004-2005년의 경우 1.8213%로 회원국 중 제 10위

6) 정보원

(1) 온라인 서점

WHO 온라인 서점에서 1948년부터 발행된 WHO의 간행물과 그 외의 자료 (뉴스, 간행물목록, 구독정보, 무료정보)를 볼 수 있고 구매도 가능하다(URL: http://www.who.int/bookorders/).

(2) 유료 정기간행물(정기구독 가능)

Bulletin of the World Health Organization

Weekly Epidemiological Record

Pan American Journal of Public Health

WHO Drug Information

Eastern Mediterranean Health Journal

(3) 무료 정기간행물

World Health Report

Weekly Epidemiological Record(매주 금요일 배포)

(4) 도서관

WHO는 기탁도서관 제도를 시행중이며 각 회원국에 최소 1개의 기탁도서관이 있다.

(5) 한국 내 기탁도서관

① 고려대학교

주   소 서울특별시 성북구 안암동 5가 1번지 (136-701)

전   화 02 3290 1486, 1492

전자우편 libweb@korea.ac.kr

홈페이지 http://www.library.korea.ac.kr/index.jsp

자료유형	기증자료	
단행본	1533종	1603책
연간물	25종	781책
CD-ROM	4종	8책

WIPO
World Intellectual Property Organization
세계지적재산권기구

1) 소재지

주   소 34, chemin des Colombettes, 1211 Geneva 20, Switzerland

전   화 + 41 22 730 9111

홈페이지 http://www.wipo.int

Diretor General: Kamil Idris, Sudan(1998-2003)

2) 설립연혁

WIPO의 기원은 지적소유권 보호를 위한 국제사무국연방(BIRPI)으로 거슬러 올라가는데, BIRPI는 파리 연합사무국(1883, 산업재산권 보호를 위한 국제연맹)과 베른 연합사무국(1886, 문학 및 예술품 보호를 위한 국제연맹)의 합병으로 만들어졌다. 이후 1967년 스톡홀름에서 서명된 협약에 의거해 설립되었고, 1970년에 발효되었다. 1974년 12월 UN 특별기구가 되었다.

3) 설립목적

WIPO는 산업적인 소유권(발명·상표·디자인)과 저작물(문학·음악·사진 및 기타 예술작품)에 대한 전 세계적인 보호를 촉진시키기 위해서 설립되었다.

4) 조　직

WIPO의 회원국은 현재 182개국으로, 정책결정기관인 총회는 3년마다 소집되고, 그 때마다 회의가 열린다.

5) 주요 사업

- 국제협력을 통해 지적소유권보호를 촉진한다.
- 상표, 특허권, 그리고 예술품과 문학작품에 대한 협정사항과 관련해 파리·베른, 기타 유사 기구들이 행정적인 협력을 잘 수행하고 있는가를 감독한다.

6) 정보원

(1) 정보배포정책

WIPO는 홈페이지의 'News & Information Resources'란을 통해 정보원을 제공하고 있으며 자체적인 'e-Bookshop'을 운영하고 있다. 그 외에도 다양한 연속간행물, 회의 문서, 지적재산권에 대한 법문서와 데이터베이스 등을 제공하고 있다. 공식 문서 등을 중심으로 무료로 원문을 제공하고 있다.

(2) 정보자료

① Press Room

WIPO의 현황과 지적재산권 문제에 대한 기본적인 정보를 얻을 수 있는 곳으로서 세 부문으로 구성되어 있다. 우선 'Press Releases'는 WIPO 소식을 있는 그대로 전하는 보도자료 목록으로 연도별 훑어보기나 검색이 가능하다. 'Press Updates'는

WIPO의 다양한 위원회의 경과 보고서이다. 마지막으로 'Media Alerts'는 언론에 앞으로의 WIPO 행사 일정을 공지한다.

② WIPO Magazine

1998년부터 현재까지 발행되고 있는 연속간행물로 무료로 제공된다. 전자우편을 등록하면 갱신될 때마다 메일로 알려준다.

③ Electronic Bookshop

WIPO의 출판물, CD-ROM, 연속간행물을 구입할 수 있는 온라인 서점이다. 무료로 제공되는 WIPO 사업관련 정보원도 물론 소개된다. 전자우편을 등록하면 신간 발행물에 대한 정보를 받아볼 수 있다. 왼쪽 메뉴에 보면 지적재산권, 저작권, 산업재산, 특허, 통상(TRIPs), 중재, 중소기업 등의 주제구분이 되어 있고 원하는 항목을 선택하면 관련 정보원 목록을 볼 수 있다. 혹은 하단의 정보원 형태별 구분을 참고하여 원하는 정보원을 형태별로 검색할 수도 있다. 구입을 원하면 쇼핑카트 시스템을 이용하면 된다. 무료 출판물도 'Free Publications' 항목을 클릭하면 WIPO 공식문서를 제외한 전체 목록을 확인할 수 있다. 가격은 스위스 프랑으로 계산되어 있다.

④ Library

'WIPO Library Catalogue'를 클릭하면, United Nations System Sharing Cataloging and Public Access System(UNCAPS)로 이동하여 FAO, IMO, UNFPA 등과 함께 WIPO의 도서관 정보원 목록을 검색할 수 있다. 'Links to IP Libraries'는 지적재산권과 관련된 정보원을 소장하고 있는 도서관으로의 링크를 제공한다.

⑤ Intellectual Property Digital Library

WIPO가 소장하고 있는 지적재산권 관련 자료목록이다. PCT(특허), Madrid(트레이드마크), Hague(산업디자인), Article 6ter(국가 상징, 공식 인증, 정부간 기구 상징 등) 등의 데이터베이스가 있어서 관심분야에 따라 특정 데이터베이스를 선정해서 자료를 검색할 수 있다. 검색 내역을 저장하고 싶은 이용자는 무료 계정을 등록하면 된다.

⑥ Collection of Laws for Electronic Access(CLEA)

지적재산권에 대한 나라별 법조항을 비롯하여 지적재산권국제조약 관련 문서들을 제공하고 있다. WIPO는 누구나 무료로 이용할 수 있도록 하고 있다. 우선 문서 검색기능이 제공되며, WIPO 조약, 각국의 지적재산권 관련 부처 주소, WTO 문서들 등의 항목을 정리해 놓고 있다. 또한 알파벳순으로 정리한 각 나라별 법 조항(Legislative Texts), 지역 혹은 국제 조약관련 문서(Regional Legislation & Multilateral Treaties), 그리고 다양한 검색서비스 등의 세부항목으로 구분하여 쉽게 접근할 수 있도록 했다.

⑦ IPLT Periodical

*Intellectual Property Laws and Treaties(IPLT)*는 세계에서 지적재산권을 다루는 가장 오래된 연속간행물이다. 1885년 출발한 이 연속간행물은 2001년부터 온라인 연속간행물로 변경되었으며 그 이전 간행물들은 구입해야 볼 수 있다. 조사 중인 2005년 현재 온라인상에서 제공되는 가장 최신호는 2003년으로 'Publications in 2003'을 클릭 하여 HTML, PDF 등의 제공되는 형식을 클릭하면 원문을 볼 수 있다.

⑧ Conferences, Meetings and Seminars

WIPO 행사 일정과 관련 문서들을 볼 수 있다. 'News Documents'란에서 최근 문서 목록이 제공되며, 'Meeting by Topic'은 주제별 회의 검색 기능을 제공한다. 물론 전반적인 회의와 문서 검색서비스도 이용할 수 있다.

⑨ Documents

새로 개설된 'Meeting Documents Database'를 비롯하여 회의 일정과 관련 문서목록을 정리해 놓은 'Documents of meetings', 지적재산권에 대한 안내 모음 'Guides', 법문서 목록 'Law Collection and Related Material', 'SCIT and Classifications' 등의 항목이 있다.

⑩ Industrial Property Statistics

WIPO가 제공하는 지적재산권 관련 통계자료 목록으로서 'IP Statistics Directory' 항목으로 들어가서 원하는 자료를 검색해 볼 수 있다. 또한 'Resources'에는 지적재산권 통계와 관련된 각종 연구와 보고서, 발표문 등의 자료가 제공되고 있다.

⑪ E-mail Updates

WIPO의 일정과 서비스, 활동에 대한 뉴스레터를 전자우편으로 받아 볼 수 있다. WIPO의 사업부문별로 제공되는 뉴스레터 서비스가 목록화되어 있으며 이들 중 뉴스레터를 받아보려면 원하는 항목을 선택한 후 사용언어를 클릭하면 이전 목록의 원문(Archive)을 볼 수 있으며, 구독신청(Subscribe)도 된다.

WMO
World Meteorological Organization
세계기상기구

1) 소재지

주   소   7bis, avenue de la Paix,Case postale No. 2300CH-1211,
           Geneva 2 Switzerland
전   화   + 41 22 730 8111
팩   스   + 41 22 730 8181
전자우편   wmo@wmo.int
홈페이지   http://www.wmo.int

2) 설립연혁

WMO의 전신은 국제기상기구(IMO)로서, 이것은 1873년 여러 나라의 기상청 책임자로 구성된 비정부조직체이다. 1947년 IMO의 이사회에서 새로운 기구를 설립할 것을 제안하는 세계기상협약을 채택했고, 1951년부터 WMO가 활동하기 시작했다.

3) 설립목적

유엔 특별기구인 WMO는 세계적인 기상관측체제의 수립, 관측의 표준화 및 국제적인 교환, 타 분야에 대한 기상학의 응용, 그리고 저개발국에서의 국가적 기상 서비스의 개발을 추진하기 위해 설립되었다.

4) 조 직

회원국 대표들로 구성되는 WMO 총회는 최소한 4년마다 소집되며 일반 정책을 입안하고 법규를 채택한다. 29명으로 이루어진 집행위원회는 최소한 1년에 1번씩 소집되며 일반적인 정책을 실행한다. 제네바에 본부를 두고 있는 사무국은 행정조직의 중심적인 기능을 담당한다. 또한 이 기구에는 6개의 지역협의체가 있어서 해당 지역의 특수한 문제를 토론한다. 다양한 기술위원회가 조직되어 기상학의 농업·항공학·수자원·오염규제·해양학 및 그 밖에 다른 분야에의 적용을 연구하고 있다.

5) 주요 사업

WMO는 세계기상 감시, 수자원 개발 사업 등의 지원, 각종 기상업무지침, 개발도상국의 기술지원, 기술보고 등의 사업을 수행하고 있다.

6) 정보원

(1) 정보배포정책

WMO의 정보원은 주로 'Publications'와 'Library'란에서 소개되어 있다. 'News Centre'에서는 보도 자료 등의 언론관련 정보원이 제공되고, 'Meteaworld'라는 뉴스레터 항목도 있다. 상세 검색 기능이나 항목 구분이 미비한 점이 있어서 자료 찾기에 어려움이 있다. 또한 대부분의 출판물이 온라인 원문보기가 지원되지 않으며 직접 구입신청을 해야 하는 인쇄본으로만 제공된다.

(2) 정보자료

① News Centre

보도자료, 언론공지, 연설문, 비디오 자료 등의 정보원이 제공된다. 보도자료, 연설문 등은 'Archives'에서 1997년부터 현재까지의 목록을 볼 수 있다. *El Niño Outlook*이라는 엘니뇨현상에 대한 분석과 전망을 담은 연속간행물도 2003년부터 현재까지의 발간호가 원문까지 정리되어 있다.

② Meteaworld

WMO 사업 보고와 행사 일정, 언론 기사 등의 내용을 담은 WMO 소식지이다. 2004년 12월부터 현재까지의 발간호가 정리되어 있다.

③ Publications

WMO의 'Publications' 페이지는 먼저 사용언어를 선택하도록 되어 있다. 영어를 클릭하면 왼쪽의 스크롤바 메뉴가 생성되며 출판물 목록을 보여준다. 출판물의 전반적인 구분이 없고 전체 목록이 나열되어 있으므로 이 중 주요 출판물들을 소개하기로 한다.

- *WMO Bulletin*
  *WMO Bulletin*은 WMO의 대표적인 연속간행물로서 1년에 4회 영어, 스페인어, 불어, 러시아어 등으로 발간된다. WMO의 행사와 사업 현황뿐 아니라, 저명한 과학자 인터뷰, WMO의 사업과 관련된 주제 기사들로 구성되어 있다. 인쇄본 구독 신청 방법도 소개되어 있으며 최근 간행물들의 전문을 PDF 형식으로 제공하고 있다.

- *World Climate News*
  역시 WMO의 연속간행물로서 온라인상에서 1997년부터 현재까지 원문을 볼 수 있다.

- 나머지 목록은 WMO 기본 문서나 기술 규정문, 보고서, 용어집, 사례집, 출판물 목록이나 소책자 등 가격을 지불하고 인쇄본을 주문해야 하는 출판물들이다. 각

출판물을 클릭하면 간단한 소개와 가격 등의 서지정보가 제공되며, 원문을 보고 싶으면 하단의 'How to Order'를 클릭해서 PDF 형식의 주문양식을 기입해서 보내야 한다.

④ Library

- 'WMO Technical Library'는 WMO 직원들, 기상 전문가, 유엔 직원들을 위한 도서관이다.

- 'Library Catalogue'는 자료 검색서비스이다. 간단 검색, 상세 검색 등 원하는 대로 검색서비스를 이용할 수 있다. 원문은 제공되지 않으나 서지정보를 확인할 수 있다.

- 'Newspaper Online'은 WMO가 자체적으로 선정한 신문사들의 온라인 홈페이지 링크를 제공하고 있다.

- 'Periodicals Collection'은 WMO가 소장하고 있는 정기간행물들의 목록이다. 각 정기간행물의 홈페이지로 링크도 제공한다.

WTO
World Tourism Organization
세계관광기구

1) 소재지

주　　소　Capital Haya 42, 28020　Madrid, Spain

전　　화　34 91 567 81 00

팩　　스　34 91 571 37 33

전자우편　omt@world-tourism.org

홈페이지　http://www.world-tourism.org

2) 설립연혁

1925년 헤이그에서 국제공공선전협회회의(International Congress of Official Associations of Propaganda)로 설립된 이후, 1927년 국제공공관광기구회의 (International Congress of Official Tourist Organization)로 개명되었고, 1930년에는 국제공공관광선전기구연맹(Union Internationale des Organismes Officiels de Propaganda Touristiques)으로 개칭되었다가, 1947년 파리회의에서 국제공공관광기구연맹(International Union of Official Travel Organization; Union Internationale des Organimes Officiels de Tourseme: IUOTO)으로 다시 개칭된 바 있다.

비정부간 기구로 설립되었던 공공관광기구연맹(IUOTO)은 근래에 국제관광이 급속히 발전함에 따라 발생되는 제 문제에 대처하기 위하여, 보다 강력한 권한을 필요로 하게 되었다. 이에 따라 1967년 10월 동경에서 개최된 제 20차 총회는 본 기구를 세계관광기구(World Tourism Organization)로 칭하는 정부간기구로 개조하기 위한 결의를 채택하였다. 그 후 1969년 5월 소피아에서 개최된 관광에 관한 정부간 회의, 같은 해 12월의 제 24차 유엔총회 등에서 IUOTO의 개조문제가 심의된 후, 1970년 9월 멕시코에서 IUOTO 임시총회가 소집되어 IUOTO 규약을 개정, 세계관광기구를 설립하기 위한 신 규약을 채택하였다. 신 규약은 51개 IUOTO 회원국 정부가 규약 수락서를 스위스 정부에 기탁한 일자로부터 120일 후에 발효하도록 되어 있었으며, 이 규정에 따라 신 규약은 1974년 11월 1일 발효되었다.

3) 설립목적 및 기능

- 경제발전, 국제이해, 평화, 번영 및 인권과 기본적 자유 존중에 공헌하도록 국제 및 국내관광을 촉진·발전시킨다.

- 상기 목적달성 과정에서 개발도상국에게 특별한 관심을 가진다.

- 본 기구는 기술전승과 국제협력을 촉진시키는데 있어서 중요한 역할을 한다.

- 정부와 비정부간의 협력, 관광에 대한 국제적 윤리규약을 실행시키고, 회원국가, 관광지, 그리고 관련 사업체들이 관광으로부터 경제적, 사회적, 문화적 이익을

최대한으로 얻을 수 있도록 돕는 한편 사회적, 환경적 피해를 줄일 수 있도록 노력한다.

4) 회 원

2005년 1월 현황은 다음과 같다.

① 회원국

정회원: 145개국

준회원: 7개국(Aruba, Flemish Community of Belgium, Hong Kong-China, Macao-China, Madeira, Netherlands Antilles, Puerto Rico)

옵서버: 교황청(Permanent Observer), 팔레스타인(Special Observer)

② 지역별 분포 및 위임

아프리카(48개국)

Chairman: 앙골라

Vice-Chairman: 카메룬, 마다가스카르, 수단

미주(22개국, 준회원 3개국)

Chairman: 코스타리카

Vice-Chairman: 아이티, 파나마

아시아 태평양(14개국, 준회원 2개국)

Chairman: 캄보디아

Vice-Chairman: 북한, 베트남

유럽(40개국, 준회원 2개국)

Chairman: 스위스

Vice-Chairman: 그리스, 포르투갈, 우즈베키스탄

중동(12개국)

Chairman: 시리아 회교연방

Vice-Chairman: 요르단, 리비아, 아랍, 자마히리야

남아시아(9개국)

Chairman: 인도

Vice-Chairman: 파키스탄, 스리랑카

5) 한국과의 관계

한국은 1957년 11월 8일 교통부 관광국이 WTO의 전신인 IUOTO의 정회원으로 가입하였으며, 본 기구 활동에의 적극적인 참여를 통하여 관광분야에서의 국제협력과 산업발전을 도모하여 왔다.

6) 정보원

(1) INFOSHOP(구매 홈페이지)

① WTO에서 출판되는 모든 책들과 문헌들은 WTO Infoshop에서 구매 가능하다.

② URL: http://www.world-tourism.org/infoshop

③ 도서목록은 PDF 파일로 되어 있으며 영어, 불어, 스페인어로 볼 수 있다.

④ 검색엔진을 사용하여 원하는 책을 찾을 수 있다(ISBN/ISSN 번호 이용, 출판연도, 제목·키워드, 출판된 언어).

⑤ 주제별·목록별(subject/categories)로 정리된 목록을 볼 수 있다.

- WTO 관련
- 회의·세미나
- 관광산업 주소록
- 자연관광(Ecotourism)
- 교육 및 실습

- 관광도덕
- 재정
- 통계
- 시장조사
- 홍보
- 구 간행물
- 경영
- 지속가능형 발전
- 관광통계
- 미래형 관광산업

(2) 전자도서관

- WTO의 출판물들은 온라인상에서 검색 및 이용가능하다.
- 각각의 출판물마다 구매가 가능하고 이러할 경우 각 출판물 마다 지불을 해야한다.
- 개인회원, 또는 네트워크 회원 가입이 가능하여 일정 구독료를 지불하고 전자도서관을 연간 이용할 수 있다.
- *Tourism Factbook*은 각 나라별 관광 통계를 묶어 놓은 간행물로 전자도서관의 회원은 무료로 이용가능하며, 비회원일 경우 각 나라별로 5 euro를 받고 있다.

(3) 데이터베이스

- Tourism   Information   and   Documentation   Resource   Centres   Database (INFODOCTOUR)

전 세계의 관광과 관련된 도서관, 문헌이용, 데이터베이스에 접근할 수 있다.
- Tourism Legislation Database(LEXTOUR)
  관광 입법 제정에 관한 자료에 접근할 수 있다.

(4) 한국 내 기탁도서관

① 경희대학교 수원캠퍼스 중앙도서관

주　　소　경기도 용인시 기흥읍 서천리 1번지 경희대학교 수원캠퍼스 중앙도서관

전　　화　031 201 3217, 3174

팩　　스　031 204 8111

전자우편　library@khu.ac.kr

홈페이지　http://library.khu.ac.kr/

자료유형	기증자료 및 기증액	
단행본	19종	-
정기간행물	3종	-
온라인 DB	2종	-
CD-ROM	1종	-
웹 정보원	4종	-

WTO
World Trade Organization
세계무역기구

1) 소재지

주　　소　Centre William Rappard, Rue de Lausanne 154, CH-1211 Geneva
　　　　　21, Switzerland
전　　화　+ 41 22 739 5111
팩　　스　+ 41 22 731 4206
전자우편　enquiries@wto.org
홈페이지　http://www.wto.org

2) 설립연혁

제 2차 세계대전 이후 미국은 국제통화기금(IMF)·국제부흥개발은행(IBRD)·국
제무역기구(ITO) 등의 국제기구 설립을 통해 환율안정과 자유무역체제(브레즈 체
제) 확립을 추진했으나, 하바나 헌장(Havana Charter)에 대한 미국 의회의 반대로
ITO 설립이 무산되었다. 이에 따라, 하바나 헌장의 내용을 대폭 축소하여 각국의
합의가 이루어진 것이 GATT 체제이다. GATT 체제는 당초 잠정적으로 채택된
데다, 많은 예외규정을 두고 있어 국제협정으로서의 법적 구속력이 제한됨에 따라,
경제 강대국의 불공정한 무역행위를 효율적으로 규제하는 데에는 한계를 보였다.
따라서 1986년에 시작된 우루과이라운드(UR) 협상은 GATT 체제의 제반 문제점
을 해결하고, 이 체제를 다자간 무역기구로 발전시키는 작업을 UR의 교섭과제로
채택한 이후, 수년간의 토의를 거쳐 1991년 1월 제시된 둔켈 초안에서 다자간 무역
기구(MTO)의 설립 안이 제시되었다. 당초 미국은 자국의 통상 분야에서의 주권침
해 가능성을 우려하여 MTO 설립을 반대했으나, 유럽연합(EU)과의 최종협의 과정
에서 이 기구의 설립에 합의했으며, 같은 해 12월 15일 최종 무역협상위원회(TNC)

에서 미국이 이 기구의 명칭을 WTO로 변경할 것을 수정·제안하여 채택된 이후, 1995년 1월에 공식 출범하게 된 것이다

3) 설립목적

관세 및 무역에 관한 일반협정(GATT) 체제를 대신하여 1995년부터 세계경제질서를 규율하기 위해 설립되었다.

4) 조 직

현재 가입국은 148개국이다. WTO의 조직은 각료회의, 총회, 3개 무역위원회, 사무국 등 하위기구를 두고 있으며, 법적 구속력과 감시기능을 갖춘 분쟁해결기구(DSB)와 무역정책검토기구(TPRB)를 두고 있다. 분쟁해결기구는 제반 무역관련 분쟁을 통합·관장하며, 무역정책검토기구는 각국의 무역정책을 주기적으로 검토하여 정책의 투명성을 높이고 분쟁을 사전에 예방하여 다자간 무역체제의 효율성을 높이도록 하였다.

5) 주요 사업

국가간 경제 분쟁에 대한 판결권과 그 판결의 강제집행권 이용, 규범에 따른 국가간 분쟁이나 마찰 조정 사업을 수행한다. 주요 사업목표는 다음과 같다.

- 회원국의 생활수준 향상과 완전고용 달성, 실질소득과 유효 수요의 지속적인 양적 확대를 추구하며, 상품과 서비스의 생산 및 교역을 증진한다.

- 지속 가능한 개발과 부합되는 방법으로 세계 자원의 효율적인 이용을 도모하고 회원국의 상이한 경제수준에 상응하는 환경보전 노력과 보호수단을 허용한다.

- 상호 호혜의 바탕 위에서 관세 및 여타 무역장벽의 실질적인 삭감과 함께 국제무역상 차별대우를 폐지한다.

- 다자간 무역체제 구축과 그 기본 원칙을 보존한다.

6) 정보원

(1) 정보배포정책

WTO는 'Resources'와 'Documents'란을 통해서 WTO 공식 문서는 물론 다양한 통계, 연구 자료, 출판물 등의 정보원을 제공하고 있다. 온라인 서점이나 데이터베이스 서비스 등 체계적인 정보서비스가 갖추어져 있다.

(2) 정보자료

① Publications

공식 문서 외의 출판물들을 접할 수 있다.

- Statistics

  WTO 통상 통계 자료를 이용할 수 있는 Statistics Database, 지역별 통상, 선두 통상업자들, 부문별 제품별 통상 등에 대해 분석해 놓은 연간 출판물 *International Trade Statistics* 등이 있다.

- Economic Research Analysis

  WTO 연구 분석 자료는 크게 국제 통상에 대한 일반평가보고서(Annual Publications)와 특정 주제에 대한 연구보고서(Research Reports)로 나뉘어 진다. Annual Publications에는 *WTO Annual Report, World Trade Report, International Trade Statistics* 등이 있다. 모두 온라인상에서 원문이 제공되며 인쇄본은 'Online Bookshop'에서 구입할 수 있다. Research Reports로는 *Special Studies, WTO Discussion Papers, WTO Staff Working Papers* 등이 있으며 역시 원문을 무료로 PDF나 MS word 형식으로 다운로드하여 보거나, 'Online Bookshop'에서 인쇄본을 구입할 수 있다.

- Publications

  하위항목은 다음과 같다.

  - 'Online Bookshop'에서는 유·무료와 관계없이 WTO 정보원의 목록을 볼 수 있

다. 신간 출판물, Annual Publications, Research Reports 등으로 구분되어 있다.
위에서 언급한 인쇄본이 유료인 경우에도 무료로 온라인 원문 다운로드를 제공
하는 경우가 많기 때문이다. 인쇄본은 'Online Bookshop'에서 신용카드 결재로
구입하거나, 주문양식을 작성해 WTO로 보내면 된다. WTO 공식문서는
'Documents'란에서 별도로 다루고 있다는 점을 기억해야 한다.

- WTO 전체 목록을 한눈에 보고 싶다면 PDF 형식의 'Download 2004 Publications
  List'를 클릭하면 된다. WTO 출판물은 아니지만 WTO 관련 주제를 다루고 있는
  출판물 목록도 'Catalogue of Non-WTO Publications about WTO Issues'라는 항
  목에 역시 PDF 형식으로 정리되어 있다.

- *World Trade Review*는 통상 이슈들을 경제학, 법학, 정치학적인 관점에서 분석
  하는 정기간행물이며 제목을 클릭하면 출판 정보와 구독 방법이 제공된다.

- *WTO Analytical Index Guide to WTO Law and Practice*는 WTO 패널들이나
  WTO 조직 내에서 결정된 사항이나 연구 결과들의 해석과 적용에 대한 안내서
  이다. 각 WTO 협의나 규정에 따라 관련 법조항이나 결정 사항을 찾아 볼 수
  있도록 협의 제목 목록이 제시되어 있다. 원하는 제목을 클릭하면 자세한 내용
  을 볼 수 있다. 또, 안티덤핑(anti-dumping) 등의 통상용어를 입력하면 관련된
  법조항이나 결정 사항을 볼 수 있도록 알파벳 인덱스를 제공하고 있다.

- 'Publications' 하위 항목 중 'Register'를 클릭하여 WTO 정보원에 대한 소식지
  를 전자우편으로 알려주는 서비스에 가입할 수 있는데, 1996년부터 2004년까지
  의 이전 발간호들은 *Focus, The WTO's Newsletter*란에 정리되어 있다. 호별로
  클릭하면 PDF 형식의 원문을 볼 수 있다.

- WTO Distance Learning
  WTO는 WTO 관련 주제에 관한 쌍방향 훈련 프로그램을 제공하고 있다.
  General Agreement on Trade in Services(GATS)나 Agreement on Sanitary
  and Phytosanitary Measures(SPS), WTO 분쟁해결 시스템 등에 대한 주제별
  훈련 프로그램이나 WTO의 전반적인 구성을 소개하는 프레젠테이션 자료도 제
  공된다. 누구나 무료로 이용할 수 있으며 CD-ROM을 구입할 수도 있다.

- Search the WTO Library

  WTO 도서관의 소장 자료의 검색서비스이다. GATT 관련 자료목록은 제외된다. 일부 자료는 WTO 직원 등 내부인에게만 공개된다.

- WTO Terminology Database

  WTOTERM라는 이 데이터베이스는 8,600여 가지의 WTO 관련 용어를 보유하고 있으며 영어, 불어, 스페인어가 지원된다.

- Glossary

  알파벳순으로 WTO 관련 용어가 정리되어 있으며 각 용어를 클릭하면 새 창으로 설명이 나타난다.

② Documents

- Legal Texts

  WTO 협의(WTO Agreements)와 관련된 법적 문서들이다. WTO 협의는 곧 설립헌장 역할을 하므로 이 문서들은 WTO 활동의 기초가 되는 문서들이다.

- Documents Online

  WTO의 각료 조직, 위원회, 사무국 등의 공식 문서들의 검색서비스를 제공하는 온라인 데이터베이스이다. 신간, 주제별 구분, 자주 이용하는 문서 등의 항목에 따라 살펴보거나, 검색 기능을 사용할 수 있으며 위에서 언급한 Legal Texts는 물론 WTO 사업 및 행사 일정 등 다양한 정보가 제공된다.

(3) 한국 내 기탁도서관

① 국회도서관

주   소 서울시 영등포구 여의도동 1번지
전   화 02-788-4256
전자우편 seokh@nanet.go.kr
홈페이지 http://www.nanet.go.kr/

자료유형	기증자료 및 기증액	
단행본	129종	23,290,000원
정기간행물	1종	-
CD-ROM	1종	-

② 세종대학교 학술정보원

주   소   서울시 광진구 군자동 98번지

전   화   02-3408-3863

전자우편   jeonghs@sejong.ac.kr

자료유형	기증자료 및 기증액	
단행본	229종	7,000,000원
정기간행물	11종	3,000,000원

2. 政府間 國際機構

2.1 多者機構

BIPM
International Bureau of Weights and Measures
국제도량형국

1) 소재지

주   소   Pavillon de Breteuil F-92312 Sevres Cedex, France

전   화   +33 1 45 07 7070

팩   스   +33 1 45 34 2021

홈페이지 http://www.bipm.fr/

2) 설립연혁

1875년 5월 20일 파리(Paris)에서 18개국 대표가 체결한 미터법 협약(Convention du Metre)의 규정에 따라 설립, 1889년 제 1차 국제도량형총회가 개최되었다.

3) 설립목적

국제적으로 계량계측 수단의 표준, 도량형기의 통일, 통일된 계량계측 단위의 사용 등 각국의 계량계측 수단의 정확성 및 표준화를 보장하기 위한 제반수단을 취하며 각국 내 표준기관의 국제협력을 도모한다.

4) 회 원

현재(2005) 51개 국가가 회원으로 참여하고 있다.

5) 한국과의 관계

한국과 북한은 국제도량형국의 회원이다.

6) 정보원

(1) 정보배포정책

BIPM은 사무국직원이 쓰는 과학·기술 기사 외에도 많은 간행물과 공식 문헌 등을 발행하고 있다. 대부분은 BIPM의 사무국직원이 집필하였으며 각 도서는 요청에 의해 얻을 수 있다. 사이트에서는 요약문을 제공하고 있다.

(2) 공식간행물

① 공식회의문헌(General Conference, Annual Meetings of the CIPM, Meetings of the Consultative Committees)

② *The International System of Units*

영문이나 불문으로 이용가능하며 사이트에서 무료로 제공한다. 이 소책자는 단위방법에 대한 정의를 내리고 단위의 형식화와 이용에 대해서 설명한다.

(3) BIPM 보고서(과학관련 간행물)

다음은 주제별 최신 발행물의 목록이다. 사이트에서 요약문을 볼 수 있다.

① 길이(Length)

Bi Y.J.Z., Robertsson L., Ma L.-S. 2005. A Collinear Self-referencing Set-up for Control of the Carrier-envelope Offset Frequency in Ti: Sapphire Femto Second Laser Frequency Combs, *Metrologia*, 42(4): 304-307.

Ma L.-S., Bi Z., Bartels A., Robertsson L., Felder R. 2005. Practical Rrealization of the Definition of the Metre including Recommended Radiations of other Optical Frequency Standards, *Metrologia*, 42(4): 323-325.

Zucco M., Windeler R.S., Wilpers G., Oates C., Hollberg L., Diddams S.A. 2005. International Comparisons of Femto Second Laser Frequency Combs, *IEEE Trans. Instrum. Meas.*, 54(2): 746-749.

Notcutt M., Ma L.-S., Ye J., Hall J.L. 2005. Simple and Compact 1-Hz Laser System Via an Improved Mounting Configuration of a Reference Cavity, *Opt. Lett.*, 30: 1815-1817.

② 부피(Mass)

Haidar Y., Tollens E., Silvestri Z., de Fornel F., Zerrouki C., Picard A., Pinot P. 2005. Study and Comparison of Two Polishing Methods for Platinum-Iridium Surfaces, by Means of Three Characterization Techniques, *Metrologia*, 42(2): 115-128.

③ 시간(Time)

정기간행물로 *Circular T*(매월), *GPS and GPS and GLONASS Tracking Schedule*(3월, 9월), *Annual Report of the BIPM Time Section*(7월) 등이 있다.

Guinot B., Arias E.F. 2005. Atomic Time-keeping from 1955 to the Present, *Metrologia*, 42(3): S20-S30.

Petit G., Wolf P. 2005. Relativistic Theory for Time Comparisons: A Review, *Metrologia*, 42(3): S138-S144.

④ 전기(Electricity)

Delahaye F., Goebel R. 2005. Evaluation of the Frequency Dependence of the Resistance and Capacitance Standards in the BIPM Quadrature Bridge, *IEEE Trans. Instrum. Meas.*, 54(2): 533-537.

Reymann D., Power O, Witt T.J. 2005. Bilateral Comparison of 10V Standards Between the NML(Ireland) and the BIPM, March to April 2005(Part of the Ongoing BIPM Key Comparison BIPM.EM-K11.b), *Rapport BIPM*-2005/04, 6p.

Reymann D., Solve S., Porter C.H., Jansen T.J.B.M., Williams J.M. 2005. Comparison of the Josephson Voltage Standards of the NPL and the BIPM(Part of the Ongoing BIPM Key Comparison BIPM.EM-K10.b), *Rapport BIPM*-2005/02, 10p.

Reymann D., Solve S., Wood B. 2005. Comparison of the Josephson Voltage Standards of the NRC and the BIPM(Part of the Ongoing BIPM Key Comparison BIPM.EM-K10.b), *Rapport BIPM*-2005/03, 14p.

Witt T.J., Tang Y. 2005. Investigations of Noise in Measurements of Electronic Voltage Standards, *IEEE Trans. Instrum. Meas.*, 2005, 54(2): 567-570.

⑤ 라디오미터 측정법, 광도 측정법, 온도 측정(Radiometry, Phtometry and Thermometry)

Goebel R., Stock M. 2004. Report on the Comparison CCPR-K2.b of Spectral Responsivity Measurements in the Range 300nm to 1,000nm, *Metrologia*, 41, Tech. Suppl., 02004.

Kohler R., Stock M., Garreau C., 2004. Final Report on the International Comparison of Luminous Responsivity CCPR-K3.b, *Metrologia*, 2004, 41, Tech. Suppl., 02001.

⑥ 전리 방사선(Ionizing Radiation)

Allisy-Roberts P.J. 2005. Radiation Quantities and Units – Understanding the Sievert, *J. Radiol. Prot.*, 25: 97-100.

Allisy-Roberts P.J., Burns D.T. 2005. Summary of the BIPM.RI(I)-K4 Comparison for Absorbed Dose to Water in ^{60}Co Gamma Radiation, *Metrologia*, 42, Tech. Suppl., 06002.

Allisy-Roberts P.J., Burns D.T., Kessler C., Delaunay F., Leroy E. 2005. Comparison of the Standards for Absorbed Dose to Water of the BNM-LNHB and the BIPM for ^{60}Co-rays, *Metrologia*, 42, Tech. Suppl., 06006.

Allisy-Roberts P.J., Kessler C. 2005. Mello da Silva C.N. 2005. Comparison of the Standards for Air Erma of the LNMRI/IRD and the BIPM for ^{60}Co-rays, *Rapport BIPM*-2005/01, 6p.

Kessler C., Roger P. 2005. Re-establishment of the Air Kerma and Ambient Dose Equivalent Standards for the BIPM Protection-level ^{60}Co beam, *Rapport BIPM*-2005/08, 7p.

Ratel G. 2005. Evaluation of the Uncertainty of the Degree of Equivalence, *Metrologia*, 42(2): 140-144.

Ratel G., Michotte C., Kossert K., Janssen H. 2005. Activity Measurements of the Radionuclide ^{131}I for the PTB, Germany in the Ongoing Comparison

BIPM.RI(II)-K1.I-131, *Metrologia*, 42, Tech. Suppl., 06004.

Ratel G., Michotte C., Nathuram R., Shaha V.V. 2005. Activity Measurements of the Radionuclide ^{22}Na for the BARC, India in the Ongoing Comparison BIPM.RI(II)-K1.Na-22, *Metrologia*, 42, Tech. Suppl., 06005.

Ratel G., Michotte C., Woods M.J. 2005. Comparisons CCRI(II)-K3.F-18 and APMP.RI(II)-K3.F-18 of Activity Measurements of the Radionuclide ^{18}F and Links to the Key Comparison Reference Value of the BIPM.RI(II)-K1.F-18 Comparison, *Metrologia*, 42, Tech. Suppl., 06007.

Zimmerman B.E., Ratel G. 2005. Report of the CIPM Key Comparison CCRI(II)-K2.Y-90, *Metrologia*, 42, Tech. Suppl., 06001.

⑦ 화학(Chemistry)

Viallon J., Moussay P., Wielgosz R.I., Novak J., Vokoun M. 2005. Comparison of Ozone Reference Standards of the CHMI and the BIPM, *Rapport BIPM-2005/05*, 12p.

Wielgosz R.I. 2005. Primary Standards, Encyclopedia of Analytical Chemistry, *Elsevier*, 419-425.

⑧ 그 외

Thomas C. 2005. The BIPM Key Comparison Database(KCDB): Linkage of Key Comparison Results, *Rapport BIPM-2005/06*, 10p.

Thomas C. 2005. The BIPM Key Comparison Database(KCDB): Technical Aspects and Data Management, *Rapport BIPM-2005/07*, 7p.

Wallard A., BIPM Report, 2005. *NCSLI Newsletter*, 2005, 45(2): 19-20.

Wallard A.J. 2005. News from the BIPM-2004, *Metrologia*, 42(1): 59-66.

(4) 정기간행물

Metrologia

Metrologia는 1991년부터 발행된 도량학의 기술적인 면을 다루는 정기간행물이다. 현재(2005) 42권까지 발행되었으며 한 권에 네 부가 있다. 검색기능을 이용하여 원하는 자료를 찾을 수 있으며 각 부의 간단한 요약문을 볼 수 있다. 요약문 외에는 유료로 제공한다. 정기구독을 신청하거나 각각의 원고를 구매할 수 있다.

Director's Report

BIPM의 활동을 보고한다.

Le BIPM et la Convention du Mètre(1995)

영문과 불문이 있으며 미터법협약 아래의 BIPM의 조직과 활동을 설명하고 있으며, 가장 수요가 많은 간행물이다.

The Pavilon de Breteuil

1976부터 현재까지의 기구의 연혁을 소개한다.

(5) 그 외 보고서(무료로 제공)

The Third Periodic Verification of National Prototypes of the Kilogram (1988-1992)

G. Girard, Extracted from Procès-Verbaux du Comité International des Poids et Mesures, 1993, pp.G35-G67.

Formule Pour la Détermination de la Masse Volumique de L'air Humide(1981/1991)

R.S. Davis, 1991. Extracted from Procès-Verbaux du Comité International des Poids et Mesures, 59: 97-104(Published in English as Equation for the Determination of the Density of Moist Air, Metrologia, 1992, 29(1): 67-70).

Report of the BIPM Working Group on the Statement of Uncertainties(1st

meeting, October 1980), R. Kaarls, 1980, 14p.

(6) 공동 출판물

국제표준화기구(ISO)와 공동작업

Guide to the Expression of Uncertainty in Measurement("GUM"), *and International Vocabulary of Basic and General Terms in Metrology* ("VIM").

BIS
Bank for International Settlements
국제결제은행

1) 소재지

주   소   Centralbahnplatz 2 Basel Switzerland CH-4002, Basel

전   화   + 41 61 280 8080

팩   스   + 41 61 280 9100, 8100

전자우편   E-mail@bis.org

홈페이지   http://www.bis.org

2) 설립연혁

1930년 헤이그협정에 의하여 각국 중앙은행간의 협조를 증진하고 국제금융 안정을 위한 자금제공을 목적으로 설립되었다. 당시 당면 과제가 제1차 세계대전 후 독일의 배상문제였는데, 주요국이 공동 출자한 자본금 5억을 스위스 금(金)프랑으로 배상금의 징수와 채권국에 대한 분배, 대독(對獨) 채권의 증권화(證券化) 등의 업무를 수행했다. 제2차 세계대전 후에는 1950년에 발족한 유럽지급동맹(EPU)과 이를 개편한 유럽통화협정(EMA) 등의 대리기관으로서 서유럽 중앙은행에 대한 대출, 상업어음의 할인, 단기 국제신용의 공여, 금(金)매매 등 그 기능이 확대되었다. 결제은행에 적립된 기금은 건전한 투자를 위해 각 중앙은행에 대출하는데 1980년대와 1990년대에는 비회원국이지만 극심한 경제위기를 당한 라틴아메리카를 위해 사용하였다.

3) 설립목적

국제금융 안정을 추구하기 위하여 중앙은행과 다른 기관 사이의 협력을 증진시키는 국제기구인 국제결제은행, BIS는 다음을 통해 임무를 수행한다.

① 중앙은행과 국제금융 커뮤니티간의 토의를 통해 의견 결단을 촉진시키는 포럼

② 경제와 화폐 연구 센터

③ 금융 거래상의 중앙은행

④ 국제 통화 경영과 관계된 대행자 혹은 피신탁인

4) 회 원

다음 국가의 중앙은행이나 은행감독위원회가 BIS의 회원이다.

알제리, 아르헨티나, 호주, 오스트리아, 벨기에, 보스니아 헤르체고비아, 브라질, 불가리아, 캐나다, 칠레, 중국, 크로아티아, 체코 공화국, 덴마크, 에스토니아, 핀란드, 프랑스, 독일, 그리스, 홍콩, 헝가리, 아이슬란드, 인도, 인도네시아, 아일랜드, 이스라엘, 이탈리아, 일본, 한국, 라트비아, 리투아니아, 마케도니아 공화국, 말레이시아, 멕시코, 네덜란드, 뉴질랜드, 노르웨이, 필리핀, 폴란드, 포르투갈, 루마니아, 러시아, 사우디아라비아, 싱가포르, 슬로바키아, 슬로베니아, 남아프리카, 스페인, 스웨덴, 스위스, 태국, 터키, 영국, 미국, 유럽중앙은행.

5) 한국과의 관계

한국은 현재 본 기구의 회원으로 활동하고 있다.

6) 정보원

(1) 정보배포정책

① BIS 문헌 규칙 아래, 국제결제은행의 업무와 경영상의 활동에 관한 30여 년 전의 기록은 몇몇을 제외하고는 모두 무료로 이용 가능하다.

② BIS는 문헌이나 출판물에 관한 정보 외에도 금융에 관한 통계를 제공한다. 통계를 이해하는데 쉽도록 방법론이 제공된다. 통계는 중·단기적으로 출간된다.

(2) 일반문헌

Annual Report

Quarterly Review: International Banking and Financial Market Developments

(3) BIS 논문

홈페이지에서 다음 논문이나 보고서의 ISBN이나 ISSN을 포함한 목록과 자세한 정보를 볼 수 있으며 무료로 이용가능하다.

① BIS Paper

New Series, ISSN 1682-7651.

No. 24, Foreign Exchange Market Intervention in Emerging Markets: Motives, Techniques and Implications, May 2005, ISBN 92-9197-687-3.

No. 23, Glottalization and Monetary Policy in Emerging Markets, May 2005, ISBN 92-9197-686-5.

No. 22, Investigating the Relationship Between the Financial and Real Economy, April 2005, ISBN 92-9197-677-6.

No. 21, Real Estate Indicators and Financial Stability, April 2005, ISBN 92-9131-678-4.

No. 20, Fiscal Issues and Central Banking in Emerging Economies, October 2003, ISBN 92-9197-653-9.

No. 19, Monetary Policy in a Changing Environment, October 2003, ISBN 92-9197-649-0.

No. 18, Monetary Stability, Financial Stability and the Business Cycle: Five Views, September 2003, ISBN 92-9197-652-0.

No. 17, Regional Currency Areas and the Use of Foreign Currencies, May 2003, ISBN 92-9197-648-2.

No. 16, Guide to the International Banking Statistics, April 2003, ISBN 92-9197-647-4.

No. 15, China's Capital Account Liberalization: International Perspective, April 2003, ISBN 92-9197-645-8.

No. 14, Guide to the International Financial Statistics, February 2003, ISBN 92-9197-642-3.

No. 13, Comparison of Creditor and Debtor Data on Short-Term External Debt, December 2002, ISBN 92-9197-639-3.

No. 12, Market Functioning and Central Bank Policy, June 2002, ISBN 92-9131-636-9.

No. 11, The Development of Bond Markets in Emerging Economies, June 2002, ISBN 92-9131-637-7.

No. 10, Central Bank Intervention and Market Expectations, April 2002, ISBN 92-9131-633-4.

No. 9, Comparing Monetary Policy Operating Procedures Across the United States, Japan and the Euro Area, December 2001, ISBN 92-9131-631-8.

No. 8, Modelling Aspects of the Inflation Process and the Monetary Transmission Mechanism in Emerging Market Countries, November 2001, ISBN 92-9131-629-6.

No. 7, Electronic Finance: A New Perspective and Challenges, November 2001, ISBN 92-9131-630-X.

No. 6, The Financial Crisis in Japan During the 1990s: How the Bank of Japan Responded and the Lessons Learnt, October 2001, ISBN 92-9131-626-1.

No. 5, The Changing Shape of Fixed Income Markets: A Collection of Studies by Central Bank Economists, October 2001, ISBN 92-9131-625-3.

No. 4, The Banking Industry in the Emerging Market Economies: Competition, Consolidation and Systemic Stability, August 2001, ISBN 92-9131-622-9.

No. 3, Empirical Studies of Structural Changes and Inflation, August 2001, ISBN 92-9131-616-4.

No. 2, Market Liquidity: Proceedings of a Workshop Held at the BIS, April 2001, ISBN 92-9131-619-9.

No. 1, Marrying the Macro and Micro-prudential Dimensions of Financial Stability, March 2001, ISBN 92-9131-615-6.

② Policy Papers

No. 8, Managing Foreign Debt and Liquidity Risks(E), September 2000.

No. 7, Strengthening the Banking System in China: Issues and Experience(E, Chinese), October 1999.

No. 6, Bank Restructuring in Practice(E), August 1999.

No. 5, Monetary Policy Operating Procedures in Emerging Market Economies(E), March 1999.

No. 4, Managing Change in Payment Systems(E), May 1998.

No. 3, The Transmission Mechanism of Monetary Policy in Emerging Market Economies(E), January 1998.

No. 2, Monetary Policy in the Nordic Countries: Experiences Since 1992(E), October 1997.

No. 1, Changing Financial Systems in Small Open Economies(E), December 1996.

③ Economic Papers

1979년부터 1997년까지 발표된 경제논문을 볼 수 있으며 총 47개의 논문이 있다.

(4) 보고서

① 회의 보고서

No. 8, International Financial Markets and the Implications for Monetary and Financial Stability, March 2000, ISBN 92-9131-099-9.

② 워크숍 보고서

• Estimating and Interpreting Probability Density Functions
  Proceedings of the Workshop Held at the BIS on 14 June 1999(E), November 1999, ISBN 92-9131-074-3.

• Measures of Underlying Inflation and their Role in the Conduct of Monetary Policy
  Proceedings of the Workshop of Central Bank Model Builders Held at the BIS on 18-19 February 1999(E), June 1999, ISBN 92-9131-072-7.

(5) 위원회 간행물

홈페이지에서 Basel 위원회와 CPSS 위원회의 논문이나 보고서를 무료로 볼 수 있다. 주제별로 검색하여 이용할 수 있다.

(6) 금융 통계

International Banking Statistics

Consolidated Banking Statistics

Securities Statistics

Derivatives Statistics

Triennial Central Bank Survey of Foreign Exchange and Derivatives Market Activity 2004

Joint BIS-IMF-OECD World Bank Statistics on External Debt

CCAMLR
Commission for the Conservation of Antarctic Marine Living Resources
남극해양생물자원보존위원회

1) 소재지

주　　소　PO Box 213 North Hobart 7002 Tasmania, Australia
전　　화　+61 3 6231 0366
전자우편　ccamlr@ccamlr.org
홈페이지　http://www.ccamlr.org

2) 설립연혁

남극조약(Antarctic Treaty)의 협의당사국(ATCP) 특별회의(1977-1980) 협의 결과로 1980년 5월 "남극해양생물자원의 보존에 관한 협약"이 채택되었고 1982년 4월 동 협약이 채택되었으며, 1982년 5월 정부간 국제기구로 설립되었다.

3) 설립목적

남극해양생물자원의 보존에 관한 협약(Convention on the Conservation of Antarctic Marine Living Resources)의 시행기관으로 남극해양생물자원의 보존 및 합리적 이용을 위한 국제협력, 자원에 대한 과학적 조사 및 국제감시제도의 운영을 그 목적으로 한다.

4) 회 원

- 위원회 공식 회원
  아르헨티나, 호주, 벨기에, 브라질, 칠레, 유럽연합, 프랑스, 독일, 인도, 이탈리아, 일본, 한국, 뉴질랜드, 노르웨이, 폴란드, 러시아, 남아프리카, 스페인, 스웨덴, 우크라이나, 영국, 미합중국, 우루과이.
- 조약은 가입했으나 위원회 회원이 아닌 국가
  불가리아, 캐나다, 핀란드, 그리스, 모리셔스, 네덜란드, 페루, 바누아투.

5) 한국과의 관계

한국은 1985년 4월 남극해양생물자원보존에 관한 협약에 가입하고, 같은 해 11월 위원회의 17번째 회원국으로 가입하였다. 1986년 11월에는 33번째로 남극조약에 가입하였다.

6) 정보원

(1) 정보배포정책

대부분의 간행물은 무료로 홈페이지에서 볼 수 있으며, 그렇지 않을 경우는 최소
요약문을 제공하고 있다. 하드카피의 경우에는 주문을 해야 한다.

(2) 정기보고서

사무국에서 발행하는 정기보고서는 4가지 언어로 이용가능하다(영어, 불어, 러시아
어, 스페인어).

Report of the Annual Meeting of the Commission(1982-2005)

Report of the Annual Meetings of the Scientific Committee(1992-2005)

Statistic Bulletin
10년 동안의 CCAMLR 정보센터에 보고 된 수산업 자료를 정리해서 제공한다.

Schedule of Conservation Measures in Force
매년보고(1997-2005)

Scientific Abstracts
매년의 각종 자연과학 논문을 짧게 요약하여 제공한다(1992-2005).

(3) 정기간행물

CCAMLR Science
매년 영문으로 발행되는 저널로 남극해양자원의 보존과 합리적인 사용을 다룬다.
주제로는 해양 생물의 생태 환경, 집단 활동, 생태학적 상호작용, 그리고 수산업 경
제와 경영이 있다. 이 저널은 본 기구의 과학위원회가 처음 1994년 발행하였으며
각 *CCAMLR Science*(Volume 1 - Volume 11)의 목차를 홈페이지에서 볼 수 있다.

(4) 그 외 간행물

Fish the Sea Not the Sky

주낙으로 낚시를 할 때 바다 새를 함께 잡지 않는 방법을 소개한다.

Understanding CCAMLR's Approach to Management

CCAMLR's Management of Antarctic

(5) 안내서

The Inspectors Manuals

조사자의 임무수행에 관련된 내용을 다룬다.

The Scientific Observers Manuals

관찰 프로그램과 데이터 입력 계획에 관련된 내용이다.

The CEMP Standard Methods Manual

생태계 모니터 프로그램에 관련된 내용이다.

(6) 문 헌

Convention

Rules of Procedure, Headquarters Agreement

Staff and Financial Regulations

(7) 주 문

각 간행물에 대한 주문서를 홈페이지에서 다운로드 받을 수 있다. 주문서에는 각 간행물의 가격이 명시되어 있다.

IAPH
International Association of Ports and Harbors
국제항만협회

1) 소재지

주   소 7F, South Tower New Pier Takeshiba 1-16-1 Kaigan,
           Minato-ku, Tokyo 105-0022, Japan

전   화 +81-3-5403-2770

팩   스 +81-3-5403-7651

전자우편 info@iaphworldports.org

2) 설립연혁

1955년 11월 7일, Los Angeles의 제 2차 국제항만회의(2nd International Port and Harbor Conference)에서 14개국에 있는 38개의 항구와 해양기구가 모여서 설립되었다.

3) 설립목적

① 국제적인 우애와 이해증진

② 항만의 조직, 행정, 경영, 발전 등과 관련되는 지식 및 정보 교환

③ 해양산업의 증진, 발전, 장려 도모

④ 국제무역에 있어 선박의 교환과 수출입절차의 간소화 내지 표준화

4) 회 원

회원은 정회원과 준회원으로 나누어져 있다. 정회원은 항구도시나 정부관련 기관이 주체가 될 경우가 대부분이며 공익에 목적을 두었다. 준회원은 항구를 사용하는 무

역종사기업들과 그 외 관련 사업을 하는 사기업에서부터 개인까지 포함하고 있다. 정회원과 준회원을 대표하는 국가는 총 80개국이다.

5) 한국과의 관계

한국은 1970년 정연훈 교통부 해운국장 외 업계 관계자 5명이 준회원 자격으로 가입하였으나, 그 후 동기구와의 관계는 사실상 단절되어 오다가 1976년 9월 해운항만청이 정회원으로 가입한 후 계속 회원가입을 추진해 왔다.

현재 준회원에는 광양시, 한국물류통신, 한국항만협회, 토탈소프트뱅크(Total Soft Bank)가 있고 정회원에는 해양수산부, 부산지방 해양수산청, 인천지방 해양수산청, 한국컨테이너부두공단, 신선대 컨테이너 터미널(부산)이 있다.

6) 정보원

정기간행물 등의 간행물 정보원은 아래와 같으며, 주문서는 홈페이지에서 다운로드 받을 수 있다.

① *Ports and Harbors: Official Journal of IAPH*(정기간행물)

연 6번(1월, 3월, 5월, 7월, 9월, 11월) 발행된다.

연 구독료는 US $150이다.

② *Proceedings of Biennial Conferences*(회보지)

1회부터 20회까지의 회보지는 더 이상 구매가 불가능하다.

22회 회의: "A Maritime Odyssey - 2001"(Montreal, Canada, 2001)

23회 회의: "Ports - They Catalytic Impact, Uniting World Economies Through Ports and Harbors"(Durban, South Africa, 2003)

③ *IAPH Port Health and Safety News*

No.1(Sep 98), No.2(Dec 98), No.3(Feb 99), No.4(Nov 99), No.5(Apr 00), No.6(Jun 00), No.7(Nov 00), No.8(Feb 01), No.9(Jun 01), No.10(Oct 01),

No.11(Mar 02), No.12(Jul 02), No.13(Nov 02), and No.14(Mar 03)

이 소식지는 정기간행물 *Ports and Harbors* 부록으로 배포되므로 *Ports and Harbors*를 통해서만 이용 가능하다. 필요한 부록이 있다면 괄호안의 날짜에 발행된 *Ports and Harbors*를 구매하여야 한다.

④ *IAPH Guidelines*

1993년 재출판: *"Guidelines for Port Planning and Design"* - *Port Planning & Construction Committee*(2001)

⑤ *IAPH Membership Directory*

- 매년 개정되어 출판된다. 이 출판물은 본 기구의 회원들에 관한 종합적인 정보를 제공한다.
- IAPH 회원들과 그들의 사업파트너에게 배포된다.

ICA
International Council on Archives
국제기록보존기구

1) 소재지

주　　소　60 rue des Francs-Bourgeois, 75003 PARIS, France

전　　화　+ 33(0)1 40 27 6306

팩　　스　+ 33(0)1 42 72 2065

전자우편　ica@ica.org

홈페이지　http://www.ica.org

2) 설립연혁

1948년 6월 파리에서 개최된 UNESCO 주최 기록보존전문가회의에 의하여 설립되었으며, 1950년 8월 파리에서 제 1차 총회를 개최하였다.

3) 설립목적

① 각국 기론보존기구 및 기록보존전문가의 상호 유대강화

② 기록물의 국제적 보존, 보호, 방어 등 제수단의 개발 촉진

③ 기록보존물의 유기적·효과적 활용, 기록보존행정의 국제적 기준 및 활동의 조정 및 진흥

4) 회 원

총 173개국 회원으로 가입되어 있다. 회원은 네 종류로 분류되며(Category A, B, C, D) 국립기록원에서부터 전문기관이나 단체, 개인까지 포괄적이다.

5) 한국과의 관계

① 한국은 1979년 7월 동 기구에 가입하였다.

② A급 회원에는 국가기록원, B급 회원에는 한국국가기록연구, C급 회원에는 민주화운동기념사업이 있다. 개인회원은 없다.

③ 북한은 A급 회원(국가기록원)이 가입되어 있다.

6) 정보원

(1) 정보배포정책

"Download Center"에서 간행물 외에도 공식 문헌, 현재 진행 중인 연구 자료나 다른 기구에서 발행한 전문서적들을 볼 수 있다. 또한 원하는 분야(주제별), 언어별, 날짜별 검색이 가능하다.

(2) 간행물

다음 목록은 ICA에서 발행한 대표 출판물들이며 홈페이지지상의 "Download Center" 에서 무료로 이용가능하다. 원본을 원할 경우 ica@ica.org로 연락해야 한다.

Comma(2001-)
대표 출판물로 학술지이다.

Flesh(2003-)
1년에 세 번 발행되며 ICA의 활동을 보고하는 소식지이다.

ICA Standards

ICA Studies(연구보고서)

CITRA(Conference of the Round Table on Archives) Proceedings
원탁회의의 회보로서, 1999년까지는 따로 출판되었으나 현재는 *Comma*에 첨부된다.

Archival Building Case Studies

ICA Bibliographies

Janus(1983-2000)

Archivum(1951-2000)

ICA Review
다섯 개의 언어(영어, 불어, 독일어, 이탈리아어, 스페인어)로 2000년까지 출판되었다.

(3) 지침서

ISAAR(CPF): International Standard Archival Authority Record for Corporate Bodies, Persons, and Families, First Edition(REPLACED 2004), 1995.

ISAAR(CPF): International Standard Archival Authority Record for

Corporate Bodies, Persons, and Families, Second Edition, 2004.

ISAD(G): General International Standard Archival Description, Second Edition, 1999.

ICCROM
International Centre for the Study of the Preservation and Restoration of Cultural Property
국제문화재보존복구연구센터

1) 소재지

주　　소   Via di San Michele, 13, I-00153 Rome, Italy

전　　화   + 39 06 58 5531

팩　　스   + 39 06 5855 3349

전자우편   iccrom@iccrom.org

홈페이지   http://www.iccrom.org

2) 설립배경

1950년 플로렌스에서 개최된 제 5차 UNESCO총회 이후, UNESCO는 문화재의 보존 및 복구에 관하여 회원국에 조언과 원조를 부여할 목적으로 국제센터의 설치에 대한 검토를 계속하였다. 1957년 4월 이태리정부와 본 센터와의 협정이 체결되어, 1958년 5월 오스트리아, 도미니카, 스페인, 모로코, 폴란드 등 5개국이 가입함으로써 센터의 규정이 발효되었으며, 1959년 5월에 본 센터가 로마중앙복구연구소 부지 내에 설립되었다. 1979년 제 10차 총회에서 현재의 기구약어 ICCROM으로 결정되었다.

3) 설립목적

ICCROM의 목적은 보존활동의 질적 향상과 문화적 재산의 중요성에 대한 의식을 높이는데 있다.

4) 기 능

다음 5가지 기능을 통하여 현재와 미래의 문화적 재산의 보존을 지원하고 있다.

① 교 육

새로운 교육 재료와 도구를 개발하고, 전문 교육을 실시하기 위한 기능이다.

② 연 구

전 세계에서 사용할 수 있는 보존활동에 관한 윤리, 척도, 기술방법 등을 포함한 연구방법과 학습법을 논의하는 회의를 주관하고 운영하며, ICCROM 연구소를 운영하고 있다.

③ 정보 제공

ICCROM 도서관에는 40개 이상의 언어로 되어 있는 80,000개 이상의 자료가 등록되어 있다. ICCROM 홈페이지에는 보존복구에 관한 소식과 교육 정보가 올라와 있다.

④ 협 동

ICCROM의 모든 활동은 전문가 및 전문기관과 함께 한다. 협동은 기술적 문제에 관하여 조언, 방문, 교육의 형태로 이루어지고 있다.

⑤ 지 원

공공의 의식을 높이고 보존활동을 지원하기 위해 교육자료 배포, 워크숍 및 다른 활동을 개최한다.

5) 회 원

총 110개국이 회원으로 가입되어 있다.

6) 한국과의 관계

한국은 1968년 7월 22일자로 본 센터 규약에 가입하였으며 매 총회에 대표단을 파견하고 있다.

7) 정보원

(1) 도서관

① ICCROM 도서관은 1959년 길벵끼안재단(Galousete Gulbenkian Foundation) 기부금으로 만들어졌다. 도서관은 문화 보존에 관한 많은 자료를 소유하고 있다.

② 도서관은 ICCROM 본부에 있으며 문화 보존에 관심이 있는 모든 사람에게 열려 있다. 열람시간은 월요일에서 목요일까지는 8:30-17:30, 금요일은 8:30-17:00까지이다(7월과 8월은 월요일에서 금요일까지 8:00-14:30까지).

주　　소　Via di San Michele 13, 1-00153 Rome, Italy

전　　화　+ 39 06 58 55 33 67/06 58 3366

팩　　스　+ 39 0 658 55 3349

전자우편　library@iccrom.org

(2) 간행물 목록(Catalogue)

현재 86,000건 이상의 자료가 등록되어 있다. 문헌의 주요 주제는 역사가 있는 건물, 도시, 유적지, 이동 가능한 모든 종류의 유산, 보존의 역사와 철학, 분석적 기술, 교육 등이 있다. 모든 도서목록은 http://library.iccrom.org와 Bibliographic Conservation Information Network의 홈페이지 http://www.bcin.ca 에서 이용가능하다. 모든 자료는 영문초록을 포함하고 있으며 키워드를 사용하여 검색할 수 있다. 도서관의 소장품은 책과 논문, 간행물, 학회 회보, 일반 참고 문헌, 입법문, 국제 권고문, 발췌인쇄, 발행·미발행 보고서, 시청각 교재를 포함하고 있다.

(3) 간행물 데이터베이스

ICCROM의 간행물 데이터베이스는 연대순으로 된 보존 정기간행물을 포함하고 있다. 모든 간행물은 대주제 아래 소주제별로 분류되어 있다.

(4) 기록보관소(Archive)

기록보관소의 기능은 ICCROM의 기록을 정리, 보존하여 연구에 사용 가능하게 하는 것이다. ICCROM이 발족한 1959년부터 현재까지의 자료를 보관하고 있다.

(5) 간행물

① 간행물 목록은 온라인상으로 볼 수 있으며 목록책자를 신청할 수도 있다.

② ICCROM의 모든 출판물은 온라인 및 본부에 위치한 서점에서 구매 가능하다. 온라인 구매시 주문서는 홈페이지에서 다운로드받아서 작성 후 첨부하여 전자우편으로 보내면 된다.

③ 홈페이지에서 발행되는 새 간행물, 할인 정보, 또는 무료책자에 대한 정보를 얻을 수 있으며, 정기간행물 소식지도 PDF파일로 이용 가능하다. 소식지를 원할 때는 전자우편으로 신청하면 된다. *Newsletter*는 스페인어와 아랍어로도 발행된다.

(6) 주 문

Publications

주   소 Via di San Michele 13, 00153 Rome, Italy

전   화 + 39 065855 3372

팩   스 + 39 065855 3349

전자우편 publications@iccrom.org

Newsletters

전자우편 dmn@iccrom.org

ICDO
International Civil Defence Organization
국제민방위기구

1) 소재지

주　　소 10-12 Chemin De Surville, CH - 1213 Petit - Lancy, Switzerland

전　　화 41 22 8796969

팩　　스 41 22 8796979

전자우편 icdo@icdo.org

홈페이지 http://www.icdo.org

2) 설립배경

1931년 파리에서 비정부간 국제기구인 국제전시시민보호기구(International Organization for the Protection of Civilian Population in Wartime)로 발족하였으며, 1958년 규약개정시에 현 명칭으로 개칭되었다. 본 기구는 1972년 3월 1일에 새로운 기구헌장(Constitution)이 발효됨으로써 헌장상으로는 정부간 국제기구의 성격을 가지게 되었다.

3) 설립목적

평화시에는 천재로 인한 피해를 예방 또는 감소시키고, 전시에는 무기사용에 따른 피해를 방지 또는 감소시키기 위한 조직, 수단, 기술의 개량과 발전을 범세계적으로 강화·협동하는데 있다.

4) 기 능

본 국제기구의 기능은 다음과 같다.

① 주민과 재산의 보호 및 구호업무를 맡고 있는 기구간에 긴밀한 협조를 유지, 발전

② 기관이 설치되어 있지 않은 국가, 특히 개발도상국에 민방위기관의 설치 및 발전을 촉진하고, 요청이 있을 경우 각국의 주민과 재산의 보호, 구호기관의 설치 및 발전을 지원

③ 주민과 재산의 보호 및 구호분야에 있어서 국가간에 정보, 경험, 지원 및 전문가의 교환을 장려

④ 회원국의 요청에 따라 필요한 조직계획 전문가, 장비, 자료 등을 포함한 적절한 기술지원

⑤ 공기와 물의 오염, 현대 전쟁수단에 의한 공격, 홍수, 지진, 화재, 폭풍, 댐 파괴, 기타 파괴 등이 발생한 경우, 주민을 위협하는 위험에 대하여, 기관의 보호 및 운영원리에 관한 정보를 수집, 제공

⑥ 대규모 재해 발생시, 회원간에 상호 솔선하여 구호활동 지원

⑦ 보호 및 구조기관에 근무하는 직원의 교육, 훈련 및 장비에 관한 지식정보를 연구, 배포

5) 회 원

홈페이지에는 구체적인 회원국은 나와 있지 않으며 가입·탈퇴 절차 등만을 설명하고 있다. 2005년 현재 45개 개발도상국이 회원으로 활동하고 있다.

6) 한국과의 관계

1962년 대한적십자사가 당시 비정부간 국제기구인 ICDO에 가입하여 관계를 맺어오던 중 정부기관이 직접 관여할 것을 건의한 대한적십자사의 요청에 따라 내무부에서 그 업무를 인수하여 1970년 일시 보사부로 이관되었다가 1972년 당시 내무부 (민방위본부)로 복귀되었으며, 그 후 각종 회의에 대표자를 파견하였다.

7) 정보원

(1) 정보배포정책

ICDO는 재해관리에 필요한 기술적 도움을 주기 위하여 교육목적의 간행물을 제작한다. 그 중 대부분은 판매용이며 여러 가지 언어로 간행된다. 홈페이지에서 요약문을 볼 수 있다.

(2) 정기간행물

International Civil Defence Journal - 월간지

Special Issue: Annals of the ICDO - 무료

ICDO Revue - 정기보고서; 무료

(3) 간행물

Disaster Management Guide

ICDO Aide-Mémoire on the Rules of Behaviour to Adopt in Case of Disasters

Protection and Assistance for all in the Face of Disasters in the 21st Century

Capacity Building for Search & Rescue in Local Communities

Techniques Elémentaires de Sauvetage

Civil Defence 1977-1997: From Law to Practice

"Be Ready" (PDF: English, French) - 무료

Cartoon: Civil Protection, a Tool for Sustainable Development Play with Protector

International Civil Defence Directory 2001 - 무료

(4) 문헌도서관(Document Library)

① 민방위와 관련된 여러 가지 자료를 제공한다(도서, 연속간행물, 비디오 등).

② 대부분의 자료는 데이터베이스로 구축되어 있으며 주제, 핵심단어, 저자, 제목,
날짜로 검색할 수 있다.

③ 자료소장은 비정부단체, 특히 다음 세 기구 - International on Disaster
Reduction(ISDR), the International Committee of the Red Cross(ICRC), the
French Civil Safety - 의 교류로 발전되고 있다.

④ Swiss Federal Office of Civil Protection(FOCP)도 민방위에 관한 정보 네트워
크 형성에 도움을 많이 주고 있다. 그러므로 민방위와 관련된 정보는 FOCP의
도서관 홈페이지에서 얻을 수 있다.

(5) 도서관 연락처

Mr. Stéphane DAVIN

주   소   10-12, ch. de Surville P.O. Box 172 CH- 1213 Petit-Lancy
          2/Geneva, Switzerland

전   화   + 41 22 879 6969

팩   스   + 41 22 879 6979

우편이나 전자우편으로 받아볼 수 있으며 일년 구독료는 60Euro이다. 구독 신청은 홈페이지 상에서 가능하다. 연 네 번 출간되며 홈페이지에서 1999년 이후의 간행물 검색이 가능하고, 각 원고의 요약문이 있다.

(2) 총회보고서

다음 회보는 홈페이지 상에서 무료로 볼 수 있다.

Report of the First Session of the General Assembly of the International Committee of Military Medicine Held in Washington DC on Monday, September 13th, 2004 at 1400 Hours on the Occasion of the XXXY World Congress on Military Medicine

Report of the Second Session of the General Assembly of the International Committee of Military Medicine Held in Washington DC on Wednesday, September 15th, 2004 at 1500 Hours on the Occasion of the XXXY World Congress on Military Medicine

Rapport Du 1er Congrès Maghrébin de Médecine Militaire(Tunisia)

ICO
International Coffee Organization
국제커피기구

1) 소재지

주　　소 22 Berners Street London W1T 3DD, England

전　　화 44(0)20 7580 8591

팩　　스 44(0)20 7580 6129

전자우편 info@ico.org

홈페이지 http://dev.ico.org

2) 설립연혁

ICO는 커피가 경제에 미치는 경제적 중요성으로 인해 1963년 UN의 후원으로 런던에 설립되었다. ICO는 6개의 국제커피협정(ICA)을 집행해 왔고, 그 중 가장 최근 협정은 2001년 10월 1일자로 일시 효력을 가지게 되었다. ICO 회원국은 커피 수출국과 수입국 모두이며, ICO는 국제커피회의, 집행부, 민영 부문 자문위원회, 전무이사, 소규모 사무국을 통하여 기능한다.

3) 설립목적

ICO는 국제 협력을 통해 커피 생산국 및 소비국이 세계 커피 분야에 직면한 여러 요구를 잘 다룰 수 있도록 하는 정부간 국제기구이다. ICO는 개발도상 국가의 생활수준을 향상시키고 세계 커피 경제에 실질적으로 많은 기여를 하고자 한다.

4) 기 능

① 정부 대표자들이 정기적으로 수준 높은 회의를 통해 커피 정책과 커피 우선 배급에 관한 견해를 교환하고 조정할 수 있게 한다.

② 커피 품질 향상 프로그램을 통해 커피 품질을 향상 시킨다.

③ 시장발전을 도모하는 혁신적인 운동으로 커피 소비를 늘린다.

④ 품질과 매매거래를 개선시키기 위한 커피 개발 프로젝트를 시행한다.

⑤ 지속할 수 있는 커피 경제 환경 표준을 장려한다.

⑥ 식품 안전과 같은 이슈를 다루는 안정된 16개 민영부문 자문위원회를 통해 민영부문과 밀접한 관계를 맺는다.

⑦ 세계 커피 시장의 객관적이고 종합적인 정보를 제공한다.

⑧ 통계자료를 활용하여 커피 시장의 투명성을 지킨다.

5) 회 원

44개 커피 수출국과 30개 커피 수입국이 현재 회원으로 가입되어 있다.

- 수출국

  앙골라, 베냉, 볼리비아, 브라질, 부룬디, 카메룬, 중앙아프리카 공화국, 콜롬비아, 콩고 민주공화국, 콩고 공화국, 코스타리카, 코트디부아르, 쿠바, 도미니카 공화국, 에콰도르, 엘살바도르, 에티오피아, 가봉, 과테말라, 기니, 아이티, 온두라스, 인도, 인도네시아, 자메이카, 케냐, 마다가스카르, 말라위, 멕시코, 니카라과, 나이지리아, 파푸아뉴기니, 파라과이, 필리핀, 르완다, 탄자니아, 태국, 토고, 우간다, 베네수엘라, 베트남, 잠비아.

- 수입국

  오스트리아, 벨기에, 사이프러스, 체코 공화국, 덴마크, 에스토니아, 핀란드, 프랑스, 독일, 그리스, 헝가리, 아일랜드, 이탈리아, 일본, 라트비아, 리투아니아, 룩셈부르크, 몰타, 네덜란드, 노르웨이, 폴란드, 포르투갈, 슬로바키아, 슬로베니아, 스페인, 스웨덴, 스위스, 영국, 미국, 유럽 공동체.

6) 한국과의 관계

N/A

7) 정보원

(1) 문 헌

ICO 공식 홈페이지에서 국제커피회의, 집행부, 통계위원회 등의 모임을 위해 제작된 ICO 공식 문헌을 검색하고 다운로드 할 수 있다. 문헌은 관련 모임으로 정렬되었고, 일부 영어 위원회 문헌을 제외하고는 모두 영어, 불어, 포르투갈어, 스페인어로 제공된다.

(2) 정기보고서

*Coffee Year*는 해마다 회의에서 결정·결의된 사항과 기술관련 발표 자료를 싣고 있다. 홈페이지에서 볼 수 있는 *Coffee Year*는 다음과 같다.

Coffee Year 2004/2005

Coffee Year 2003/2004

Coffee Year 2002/2003

(3) 통계자료

Coffee Prices & Market Shares
커피 가격과 시장 점유율

Trade(무역)
수출, 수입, 재수출, 생산

Historical Data(과거 문헌)
1979년부터 2004년까지의 데이터가 제공되고 있으며 통계 성격에 따라 나라별, 또는 연도별로 정리되어 있다. 무료로 이용가능하다.

Supply Data of Exporting Members(Crop Years)
수출회원국의 공급 데이터

Exports of Exporting Members(Calendar Years)
수출회원국의 수출 자료

Imports of Importing Members(Calendar Years)
수입회원국의 수입 자료

Re-exports of Importing Members(Calendar Years)

수입회원국의 재수출 자료

Imports of Non-member Countries(Calendar Years)
비회원국의 수입자료

Re-exports of Non-member Countries(Calendar Years)
비회원국의 재수출 자료

Prices Paid to Growers in Exporting Member Countries(Monthly)
수출회원국의 생산자에게 지불된 가격

Retail Prices in Importing Member Countries(Monthly)
수입회원국의 소매가격

Inventories of Green Coffee in Importing Member Countries(Quarterly)
수입회원국의 생두 목록

ICO Indicator Prices(Monthly Averages)
ICO 지표 가격

Disappearance in Importing Member Countries(Quarterly)
수입회원국의 소멸

ICPO-INTERPOL
International Criminal Police Organization
국제형사경찰기구

1) 소재지

주   소 200, quai Charles de Gaulle, 69006 Lyon, France
팩   스 + 33 4 72 44 7163
홈페이지 http://www.interpol.int

2) 설립연혁

1923년 비엔나에서 국제형사위원회로 창설되어 1946년 본부를 파리로 옮겼으며 1956년에 비엔나 제 26차 총회시 규약을 개정하고, 현재의 기구명칭을 채택하였다. 1972년 UN과 INTERPOL간 특별협정체결로 정부간기구로 되었으며 1989년 사무총국을 프랑스 리옹으로 이전하였다.

3) 설립목적

본 기구의 목적은 각국의 형사경찰기관간의 협조를 법의 테두리 안에서, 그리고 세계인권선언(the Universal Declaration of Human Rights)의 정신 안에서 최대한도로 이룩하며, 일반범죄의 예방과 억제에 효과적으로 기여하는 기관을 설립하고 발전시키는 것이다. 반면 INTERPOL은 정치적, 군사적, 종교적, 인종적 성격을 띤 문제에 개입하거나 또는 그러한 활동을 하는 것은 엄격히 금지되어 있다.

4) 회 원

현재(2005) 182개 국가가 회원으로 등록되어 있다.

5) 한국과의 관계

한국은 1964년 10월 제 33차 총회시 본 기구 정회원으로 가입하였으며, 그 후 연례총회 참석, 정보교환, 수사협조 등 기구 활동에 적극 참여하여 왔다. 또한 제 5차 아시아지역회의(1979년 8월 1-4일)를 서울에서 개최한 바 있다.

6) 정보원

(1) 간행물

International Criminal Police Review

Counterfeits and Forgeries Review

International Crime Statistics
허가된 경찰요원만 이용가능하다.

Passport Handbook

Interpol Guide to Vehicle Registration Documents

Interpol Handbook on DNA Data Exchange and Practice and Stolen Works of Art(CD-ROM)

Annual Reports
홈페이지 상에서 1999년-2004년 보고서를 무료로 이용 가능하다(영어, 불어, 스페인어, 아랍어).

(2) 회의보고서

General Assembly Reports and Resolutions
65회(1996년)부터 74회(2004년)까지의 보고서가 이용가능하다.

IEC
International Electrotechnical Commission
국제전기기술위원회

1) 소재지

주   소 IEC Central Office 3, rue de Varembe P.O. Box 131
          CH - 1211 Geneva 20, Switzerland
전   화 + 41 22 919 0211
팩   스 + 41 22 919 0300

전자우편   inmail@iec.ch

홈페이지   http://www.iec.ch

2) 설립연혁

1906년 6월에 런던에서 창립되었다. 1914년에 4개의 기술위원회를 결성하여 용어, 기호, 전기기계에 대한 평가, 뛰어난 업적을 가진 사람들에 대해서 각각 다루게 된다. 1930에 Hertz, Gauss 등의 전기 단위를 공표하고, Giorgi 시스템을 만들었는데, 이것이 후에 SI가 된다.

1948년에 중앙사무소가 스위스 제네바로 이주하면서 측정에 대한 표준을 만들고 라디오와 TV에 대한 검사 및 표준안에 대한 기준을 제시하였다. 1974년에는 레이저와 관련된 표준들을 안전성 중심으로 다룰 수 있는 '기술위원회 76'을 발족하였다. 2005년에는 IEC 다국어 사전을 재편하여 19,400여개의 전기기술관련 정의들을 불어와 영어로, 동의어를 13개 국어로 정리하였다.

3) 설립목적

① IEC는 전기, 전자와 관련된 기술들에 대한 표준안을 준비하고 공표한다.

② IEC는 그 회원들을 통해, 전기기술 표준과 관련된 사안과, 관련된 문제를 해결하기 위해 국제 협력을 도모한다.

③ IEC 헌장은 전기, 자기, 전자기, 전기음향, 멀티미디어, 통신, 에너지 발전 및 분배 등의 전기기술들 및 관련된 용어, 기호 등을 포함한다.

4) 기 능

① 국제 시장의 수요를 효율적으로 만족시킨다.

② 표준안과 표준안과의 부합성 검사 방식을 최고 수준에 올리고, 가장 광범위하게 쓰이도록 한다.

③ 표준안을 기준으로 제품과 서비스의 질을 측정하고 개선한다.

④ 복잡한 시스템의 상호조작이 가능하기 위한 조건을 제시한다.

⑤ 공업 프로세스의 효율성을 증가시킨다.

⑥ 인간의 건강과 안전의 증대에 이바지한다.

⑦ 환경보호에 이바지한다.

5) 회 원

2005년 6월 현재 65개국이 회원으로 등록되어 있다.

- 정회원

  아르헨티나, 호주, 오스트리아, 벨기에, 브라질, 캐나다, 중국, 체코 공화국, 덴마크, 이집트, 핀란드, 프랑스, 독일, 그리스, 헝가리, 인도, 인도네시아, 이란, 아일랜드, 이스라엘, 이탈리아, 일본, 한국, 룩셈부르크, 말레이시아, 멕시코, 네덜란드, 뉴질랜드, 노르웨이, 파키스탄, 필리핀(2003년 1월 13일 이후 잠시 보류 중), 폴란드, 포르투갈, 루마니아, 러시아 연방, 사우디아라비아, 세르비아몬테네그로 , 싱가포르, 슬로바키아, 슬로베니아, 남아프리카공화국, 스페인, 스웨덴, 스위스, 태국, 터키, 우크라이나, 영국, 미국.

- 준회원

  보스니아, 헤르체코비나, 콜롬비아, 크로아티아, 키프로스, 에스토니아, 아이슬란드, 카자흐스탄, 케냐, 북한, 라트비아, 리투아니아, 몰타, 구유고 연방 마케도니아 공화국, 튀니지, 베트남.

6) 한국과의 관계

1963년 5월 31일에 한국의 상공부가 본 기구에 가입하였으며, 북한은 같은 해 11월 16일자로 가입하였다. 한국은 매년 개최되는 총회에 대표단을 참석시켜 한국의 전기규격을 국제규격에 반영하고 본 기구에서 결정된 국제규격을 국내에서 적용토록 하였다. 현재 한국대표는 산업자원부 기술표준원이다.

7) 정보원

(1) 간행물

① IEC 출판물은 영어와 불어로 동시 출판된다. 러시아에서는 내국어로 출판을 준비하고 있다.

② IEC의 출판물의 주제는 다음과 같다.

- International Standard(국제표준)

- Technical Specification(기술명세서)

- Technical Report(기술보고서)

- Guide(지침서)

- Industry Technical Agreement(산업기술조약)

- Publicly Available Specification(공개적으로 이용 가능한 설명)

- Technology Trend Assessment(기술경향평가)

③ IEC 출판물은 두 종류로 나누어진다.

- International Consensus Products(국제적으로 의견 일치 출판물)
  위의 주제 중 International Standard, Technical Specifications, Technical Reports, Publicly Available Specification, Guides는 이 부분에 속한다.

- Limited Consensus Products(제한된 의견 일치 출판물)
  위의 주제 중 Industry Technical Agreement, Technology Trend Assessment는 이 부분에 속한다.

④ 홈페이지에서는 IEC의 간행물에 관한 정보를 제공한다.

- 최근 간행물에 관한 정보

- 현재 진행 중인 연구

- 주제를 통한 검색(또는 ICS 코드를 이용)

- 다운로드(유료이며 아이디와 비밀번호를 사용하여 접속할 수 있다)

- IEC 간행물 목록(카탈로그)

- 간행이 중지되거나 대체된 목록

⑤ IEC의 시리즈 콜렉션("Series Collection")은 IEC가 선정한 9개의 베스트셀러를 말한다. 패키지로 구입할 경우에는 원래 가격에서 15% 할인된 가격으로 구매할 수 있다.

IEC 61511

Functional Safety-Safely Instrumented Systems for the Process Industry Sector

CISPR 16

Specification for Radio Disturbance and Immunity Measures Apparatus and Methods

IEC 60076

Power Transformers

IEC 61158

Digital Data Communications for Measurement and Control-Field Bus for Use in Industrial Control Systems

IEC 60601-1

Medical Electrical Equipment

IEC 61400

Wind Turbine Generator Systems

IEC 61508

Functional Safety of Electrical/Electronic/Programmable Electronic Safety-related Systems

IEC 62271

High-Voltage Switchgear and Controlgear

IEC 61850

Communication Networks and Systems in Substations

⑥ 정기구독자

- 정기구독자는 모든 출판물을 정상가격의 40%를 할인받을 수 있다.

- 구독료는 1년에 CHF 35,000, 6개월에 CHF 17,500, 3개월에 CHF 8,750이다.

- 출판물은 온라인(PDF파일 형식)이나 원본으로 이용 가능하며 온라인형식은 CD-ROM과 사용자 아이디가 제공된다.

(2) 도서관 & 데이터베이스

① 온라인 도서관과 데이터베이스는 관계자나 허가된 판매원만 이용 가능하다.

② 도서관에는 IEC의 모든 출판물이 PDF 포맷으로 저장되어 있다.

③ 데이터베이스는 도서관 이용이 가능한 사람이 구독했을 경우 이용 가능하다.

IHO
International Hydrographic Organization
국제수로기구

1) 소재지

주　　소　4 quai Antoine 1er B.P. 445 MC 98011 Monaco Cedex

전　　화　+ 377 93 10 8100

팩　　스　+ 377 93 10 8140

전자우편　info@ihb.mc

홈페이지 http://www.iho.shom.fr

2) 설립연혁

1919년 6월 24일에서 7월 16일까지 영국 해군성 장관의 초청으로 19개국 대표가 참석한 가운데 영국에서 개최된 국제수로회의는 각국의 수로관계당국간의 효과적이고 지속적인 협력을 확보하기 위하여 국제수로국을 상설기관으로 창설할 것을 결의하고 미국, 영국, 프랑스의 수로부장을 위원으로 하는 위원회를 임명하여 동 수로국 창설에 필요한 조치를 위임하였다.

동 위원회가 작성한 국제수로국 규약안 및 관계협정안에 따라 현 국제수로기구의 전신인 국제수로국(International Hydrographic Bureau)이 1921년 6월 21일 정식으로 발족하였으며, 그 본부를 모나코에 두었다.

제 9차 국제수로회의(1967. 4. 18 - 5. 3. 모나코)는 전문 23개조로 된 국제수로기구 협약(Convention on the International Hydrographic Organization)을 채택하고 기존의 국제수로국을 개조하여 그때까지 명확치 않았던 동 기구의 정부간 기구로서의 성격을 명확히 하는 동시에, 국제수로기구의 법인격 및 회원국 영역 내에서의 특권과, 면제에 관한 규정을 두었다.

협약은 1967년 12월 31일까지 당시 국제수로국에 가입되어 있던 41개국 중 39개국이 서명하여 1970년 9월 22일에 발효되었다. 이에 따라 종래의 국제수로국은 국제수로기구로서 새로이 발족하게 되었다.

3) 설립목적

각 해사기관간의 수로부문에 있어서의 항구적인 협력체를 구성하고 모든 해상에서의 항해의 안전을 기하는 동시에 이를 용이하게 하는데 상호협력하며, 수로학의 발전과 수로관계 자료 작성의 통일화를 위하여 상호 조정하는 것을 주요 목적으로 하고 있다.

4) 기 능

본 기구는 자문적이고 기술적인 성격을 가지고 있으며, 기구의 구체적 기능은 다음과 같다.

① 각국의 수로간청간의 협조

② 수로도지의 최대한 통일

③ 수로측량의 실시 및 추진을 위한 확실하고 효과적인 방법의 채택

④ 수로업무에 관한 과학 및 기술 해양학에 쓰이는 기술개발

5) 회 원

알제리, 아르헨티나, 호주, 바레인, 방글라데시, 벨기에, 브라질, 캐나다, 칠레, 중국, 콜롬비아, 콩고, 크로아티아, 쿠바, 사이프러스, 덴마크, 도미니카 공화국, 에콰도르, 이집트, 에스토니아, 피지, 핀란드, 프랑스, 독일, 그리스, 과테말라, 아이슬란드, 인도, 인도네시아, 이란, 이탈리아, 자메이카, 일본, 대한민국, 조선 인민 공화국, 쿠웨이트, 말레이시아, 멕시코, 모나코, 모로코, 모잠비크, 미얀마, 네덜란드, 뉴질랜드, 나이지리아, 노르웨이, 오만, 파키스탄, 파푸아뉴기니, 페루, 필리핀, 폴란드, 포르투갈, 러시아, 세르비아 몬테네그로, 싱가포르, 슬로베니아, 남아프리카, 스페인, 스리랑카, 스웨덴, 시리아, 태국, 통가, 트리니다드 토바고, 튀니지, 터키, 우크라이나, 아랍 에미리트 연합, 영국, 우루과이, 미국, 베네수엘라.

6) 한국과의 관계

한국은 1957년 1월 1일자로 현기구의 전신인 국제수로국에 정식으로 가입하였다. 현재는 국립해양조사원이 업무를 담당하고 있다.

7) 정보원

(1) 정보배포정책

① 사이트에서 IHO 출판물 목록을 볼 수 있다. 영어, 불어, 스페인어로 된 목록이
준비되어 있다.

② 대부분의 출판물은 홈페이지 상에서 다운로드가 가능하다. 일부 자료는 회원국
이나 온라인 구독자에게 열려 있고 무료 이용이 가능한 자료들도 많다.

(2) 주제별 간행물 목록

① 회원국과 타 국제기관과의 협력

Reports of Proceedings of International Hydrographic Conferences

Basic Documents of the IHO

Resolutions of the IHO

② 용량 확장

National Maritime Policies and Hydrographic Services

③ 기술 및 표준 지원

*Regulations of the IHO for International Charts and Chart Specifications of
the IHO*

*Catalogue of International Charts and Guidance for Regional Coordinators
of International Chart Schemes*

*List of Booklets of Chart Symbols and Abbreviations Published by Various
Maritime Countries*

*Specifications for Chart Content and Display Aspects Electronic Chart
Display and Information System*

Guidance on Updating the Electronic Navigational Chart

Colors and Symbols Specifications of Electronic Chart Display and Information System

IHO Electronic Chart Display Information System Presentation Library

Glossary of Electronic Chart Display and Information System Related Terms

IHO Transfer Standard for Digital Hydrographic Data

IHO Recommended Electronic Navigational Charts Validation Checks

Product Specification of Raster Navigational Charts

IHO Codes for Agencies Producing S-57 Data

IHO Date Protection Scheme

IHO Test Data Set for Electronic Chart Display and Information System

Limits of Oceans and Seas

④ Training in Hydrographic and Nautical Cartography

Standards of Competence for Hydrographic Surveyors

Reference Texts and Journals for Training in Hydrography

Training Courses in Hydrography and Nautical Cartography

⑤ Geodesy and Hydrographic Surveys

IHO Standards for Hydrographic Surveys

Manual on Technical Aspects of the United Nations Convention on Law of the Sea

Status of Hydrographic Surveying and Nautical Charting Worldwide

Status of Hydrographic Surveying and Nautical Charting Antarctica

User's Handbook on Datum Transformations Involving WGS-84

⑥ 해사안전 정보

World-Wide Navigational Warnings Service Guidance Document

Joint IMO(International Maritime Organization)/IHO/ WMO(World Meteo-rological Organization) Manual on Maritime Safety Information

Standardization of List of Lights and Fog Signals

Manual on Hydrography

⑦ 수심 측량학

General Bathymetric Chart of the Oceans, Fifth Edition

Catalogue of IHO Bathymetric Plotting Sheets

Information Concerning Recent Bathymetric Data

Standardization of Undersea Feature Names

General Bathymetric Chart of the Oceans Guidelines

Gazetteer of Geographical Names of Undersea Feature

⑧ 정보관리/홍보

Catalogue of IHO Publications

IHO Annual Report

Hydrographic Dictionary, Fifth Edition

(3) 주 문

① IHO 회원국 이외에도 단체나 기구 또는 개인이 연회비를 내면 구독이 가능하다.

② 출판물 구매를 원할 경우 주문서를 작성하여 다음 주소나 전자우편으로 보내면

된다. 출판물은 CD-ROM 형식으로도 이용가능하다.

International Hydrographic Bureau

주　　소　4 quai Antoine 1er, B.P. 445 MC 98011 Monaco, Cedex

전　　화　+377 93 10 81 00

팩　　스　+377 93 10 81 40

전자우편　info@ihb.mc

IMSC
International Military Sports Council
국제군인체육이사회

1) 소재지

주　　소　Rue Jacques Jordaens 26, 1000 Bruxelles, Belgiue

전　　화　32-2 647 6852

팩　　스　32-2 647 5387

전자우편　cism@cism-milsport.com

홈페이지　http://www.cism-milsport.org

2) 설립연혁

제 2차 대전 중 군인체육의 성과를 공수병 및 해병 등이 입증함에 따라 연합국 군인간에 체육기구 결성을 시도하여, 1945년 연합국체육이사회(Inter-Allied Council for Sports)를 설립하였다. 그러나 미·소의 대립으로 와해되고, 그 취지를 계승하여 1948년 2월 프랑스, 덴마크, 베네수엘라, 네덜란드, 룩셈부르크 5개국이 국제군인체육이사회를 결성하였다.

3) 설립목적

군인의 경쟁의식을 고양시키고, 적절한 방법으로 군인체육을 장려하며, 각국 군인 간의 우호증진 및 유대강화를 도모함으로써 세계평화에 이바지함을 그 목적으로 한다.

4) 회 원

126개 국가의 군대가 가입하고 있다(2005년 10월 현재).

- 아시아(26)

  바레인, 이라크(일시 중지), 요르단, 쿠웨이트, 레바논, 오만, 카타르, 사우디아라비아, 시리아, 아랍 에미리트 연합, 예멘, 아프가니스탄, 인도, 이란, 파키스탄, 카자흐스탄, 키르기스 공화국, 우즈베키스탄, 중국, 대한민국, 조선 인민공화국, 몽고, 필리핀, 스리랑카, 태국, 베트남.

- 아메리카(18)

  바베이도스, 캐나다, 도미니카 공화국, 과테말라, 자메이카, 트리니다드 토바고, 미국, 아르헨티나, 볼리비아, 브라질, 칠레, 콜롬비아, 에콰도르, 파라과이, 페루, 우루과이, 베네수엘라.

- 아프리카(45)

  알제리, 이집트, 리비아, 모로코, 모리타니, 튀니지, 베냉, 부르키나파소, 카보베르데, 감비아, 가나, 기니비사우, 기니 공화국, 코트디부아르, 말리, 니제르, 나이지리아, 세네갈, 시에라리온, 토고, 카메룬, 중앙아프리카 공화국, 차드, 콩고 공화국, 콩고 민주공화국, 적도기니, 가봉, 부룬디, 지부티, 에리트레아, 케냐, 르완다, 수단, 우간다, 앙골라, 보츠와나, 레소토, 마다가스카르, 말라위, 나미비아, 남아프리카, 스와질란드, 탄자니아, 잠비아, 짐바브웨.

- 유럽(37)

  알바니아, 아르메니아, 오스트리아, 아제르바이잔, 벨라루스, 벨기에, 불가리아, 체코 공화국, 크로아티아, 사이프러스, 덴마크, 에스토니아, 핀란드, 프랑스, 조지아, 독일, 그리스, 헝가리, 아일랜드, 이탈리아, 라트비아, 리투아니아, 룩셈부르크, 네덜란드, 노르웨이, 폴란드, 포르투갈, 루마니아, 러시아, 세르비아 몬테네그로, 슬로바키아, 슬로베니아, 스위스, 스페인, 스웨덴, 터키, 우크라이나.

5) 한국과의 관계

한국과 북한, 양국 모두 현재 회원으로 등록되어 있다.

한국 연락처

CISM, Far East Liaison Office

Welfare & Personnel Service Bureau, M.N.D.

주   소 140-701 Yongsan-dong 3-1, Yongsan-gu, Ministry of National
              Defense Seoul - Korea

전   화 82 2 748 6436/35

팩   스 82 2 796 0369

6) 정보원

(1) 정기간행물

정보부는 CISM에서 발행하는 여러 가지 출판물을 담당하고 있다.

CISM Flash(기구 내부의 소식지)

Sport International(일 년에 네 번 발행)

Annual Report

(2) 뉴 스

각 지역의 행사나 정규 회의에 관한 뉴스가 제공되고 있다.

INTOSAI
International Organization of Supreme Audit Institutions
세계최고감사기구

1) 소재지

주　　소　Fach 240,　A 1033 Vienna, Austria

전　　화　43(1) 711 71 8456

팩　　스　43(1) 718 09 69

전자우편　intosai@rechnungshof.gv.at

홈페이지　http://www.intosai.org

2) 설립연혁

1949년 베른(Bern)에서 개최된 국제행정학회에서 각국 회계검사기관에 관한 제반 문제를 별개의 국제회의에서 토의할 필요성이 인정되었으며, 이러한 각국 관계자들의 희망에 따라 1953년 하바나(Havana)에서 제 1회 세계최고회계감사기관회의가 개최되었다.

동 회의에서는 이러한 국제적 활동의 중요성을 고려하여 이후 3년마다 회동하기로 결정하였으며, 1956년 이후 3년마다 정기적인 회의가 개최되어 왔다.

상기 하바나 회의에서는 회의가 개최되지 않는 기간 동안의 국제협력에 관한 연락기관으로서 사무국을 설치하였으며, 동 사무국은 그 후 쿠바혁명으로 1962년에 비엔나(Vienna)로 옮기게 되었고, 1965년에는 그 기능을 강화하기 위하여 사무국에 이사회를 설치하였다.

이와 같이 발전되어 온 최고감사기관회의는 1968년 동경회의에서 세계최고기구 설립규약을 채택하게 되어 상설적인 국제기구로 발전하게 되었다.

3) 설립목적

공공회계감사분야에 있어서 각국의 최고감사기관간의 의견과 경험의 교환을 증진시킴을 목적으로 한다.

4) 회 원

UN이나 UN전문기구의 회원국 최고감사기관은 회원으로 가입할 수 있는 바, 현재 174개국이 회원으로 가입되어 있다.

5) 한국과의 관계

한국은 1965년도 총회부터 참가하여 왔으며 각 총회마다 한국 대표단을 파견했다. 2001년 제 17회 총회를 한국에서 개최하였다.

한국 연락처
한국 감사원
주   소 서울특별시 종로구 가회로 112(삼청동25-23)
전   화 ++82(2) 20 11-2186, -2187
팩   스 ++82(2) 20 11-2189, -2190
전자우편 bai__kor@hotmail.com
홈페이지 http://www.bai.go.kr

6) 정보원

(1) 간행물

International Journal of Government Auditing
일 년에 4번(1월, 4월, 7월, 10월) 아랍어, 영어, 불어, 독어, 스페인어로 출간된다. 홈페이지 상에서는 1999년도부터 현재까지 출간된 저널을 무료로 볼 수 있다.

INTOSAI 50 Years(1953-2003)
INTOSAI의 50주년을 기념하여 출간되었으며 이 보고서에는 기구의 설립배경, 회

의보고서, 지역별 활동, 부다페스트(2003년 10월)에서 열린 INTOSAI 기념행사의
내용 및 전략적 계획안을 담고 있다(Strategic Plan 2005 -2010).

Audit Reports(국가별)

Australia, Austria, Bangladesh, Bhutan, Canada, Denmark, European Court of
Auditors, Hungary, Netherlands, Norway, South Africa, India, United Kingdom,
United States of America.

(2) INTOSAI Development Initiative(IDI)의 출판물

IDI는 1986년부터 INTOSAI의 양성부서로서, 특히 개발도상국가의 감사기관들과
정보교환 및 훈련을 제공함으로써 최근 생겨나는 문제점들을 파악할 수 있도록 하
고 감사능력과 효율성을 증진시키는 데 목적을 두고 있다. IDI의 출판물은 다음과
같으며 무료로 이용할 수 있다(URL: www.idi.no).

IDI International Directory of Training Courses

General Guidelines for SAI(Supreme Audit Institutions) Trainers

IDI Survey 2004

IDI Annual Reports

IDI LTRTP Graduates Symposium, Oslo, June 2001

(3) UN/INTOSAI 세미나 기록

사이트에서 무료로 이용 가능한 기록물은 1990(9회), 1994(11회), 1996(12회),
1998(13회), 2000(14회), 2002(15회), 2003(16회), 2004(17회), 2005(18회)이다.

(4) 총회보고서(권고)

사이트에서 무료로 이용 가능한 총회보고서는 1회(Cuba, 1953년), 2회(Belgium,

1956년), 3회(Brazil, 1959년), 4회(Austria, 1962년), 5회(Israel, 1956년), 6회(Japan, 1968년), 7회(Canada, 1971년), 8회(Spain, 1974년), 10회(Kenya, 1980년), 11회 (Philippines, 1983년), 16회(Uruguay, 1998년), 17회(Korea, 2001년), 18회(Hungary, 2004년)이다.

IOC
Intergovernmental Oceanographic Commission
정부간해양학위원회

1) 소재지

주　　소　UNESCO 1, Rue Miollis 75015 Paris, France

전　　화　33 1 45 68 39 84

팩　　스　33 1 45 68 58 12/10

전자우편　ioc.secretariat@unesco.org

홈페이지　http://ioc.unesco.org/iocweb/index.php

2) 설립연혁

UNESCO는 제 7차 총회시 1953-54년도 사업계획 중 자연과학부문 사업의 하나로 서 해양학의 연구를 포함한 이후, 자문위원회 등을 개최하여 동 분야의 국제협력을 촉진하여 온 바 있다. 제 10차 총회 결의 242에 의거, 1960년 7월 코펜하겐 (Copenhagen)에서 개최된 정부간해양연구회는 해양과학의 종합적인 발전을 위해 종래 세분 산재되어 있던 각종 해양관계 유사기구를 통합하고 해양학의 조사 연구 를 주 임무로 하는 정부간해양학위원회(IOC)의 설치를 제안하였다. 이어서 같은 해 11월의 UNESCO 제 11차 총회는 이 제안을 승인, IOC의 규정(Statutes, 제 13 차 총회시 개정)을 채택하였다. IOC는 이 결의에 의하여 설치되었으며, IOC의 사무국은 있으나, 독자적인 회원국, 정관 및 의사진행규칙을 갖고 있어, 유네스코와 기능적 독립을 견지하고 있는 별개의 정부간기구이다.

3) 설립목적 및 기능

IOC의 목적은, 회원국간의 공동 활동을 통하여 해양의 자연현상 및 자원에 관한 지식을 증진시키는 과학적 조사를 촉진하는 것이다. 이를 위하여 IOC는 국제협력을 통한 해양학 조사 및 그 성과를 검토, 실시하며, 국제적 프로그램을 관계 국제기관과 회원국의 공동 활동을 통해 추진, 권고, 조정하며 해양의 과학적 연구 성과의 공표, 보급 및 자료교환을 촉진한다. 또한, IOC는 해양과학 및 기술에 있어서의 교육, 연수계획 강화에 관하여 권고를 행하고 UNESCO 해양과학프로그램의 계획 및 실시에 관하여 기술적 지도를 제공한다.

4) 회 원

2003년 6월을 기준으로 129개국이 회원국으로 등록되어 있다.

5) 한국과의 관계

한국은 1961년 본 위원회에 정식으로 가입하였으며 이사회의 회원으로서 활동하고 있다.

6) 정보원

(1) 정보배포정책

정부간 기구에 속하나 UNESCO 사업 중 하나로 UNESCO 도서관 홈페이지에서 이용한다.

도서관 홈페이지: http://unesdoc.unesco.org

(2) 뉴 스

IOC와 관계된 뉴스를 홈페이지에서 매일 갱신하고 있다.

IOM
International Organization for Migration
국제이주기구

1) 소재지

주 소 17, Route des Morillons CH-1211 Geneva 19, Switzerland

전 화 + 41 22 717 9111

팩 스 + 41 22 798 6150

전자우편 info@iom.int

홈페이지 http://www.iom.int

2) 설립연혁

제 2차 세계대전으로 인해 발생한 서유럽 지역 전쟁 난민의 재정착을 지원할 목적으로 1951년 12월 5일 유럽이주를 목적으로 하는 정부간위원회(ICEM)로 발족하였다. 현재는 전 세계의 이주운동을 효과적으로 수행하고, 난민정착에 협력하면서 개발도상국의 발전을 위한 전문 인력을 교육하는데 목적으로 한다. 1980년 국제정부간위원회(ICM)로 바뀌었다가, 1989년 지금의 이름으로 변경하였다.

3) 설립목적

선도하는 국제이주 조직으로서, IOM은 국제공동사회 내에서 점차 늘고 있는 전 세계 이주민들을 위한 상담, 의료 지원, 여비 및 귀국 정착금 지급, 이주자들의 법적·사회적 지위 향상, 인신매매 피해 이주민들을 위한 피신처 제공 및 법률 상담,

안전한 귀국 지원 등 이주민들이 절실하게 필요로 하는 일을 수행한다. 그 외에도 이주를 통한 사회 및 경제 발전을 도모하고 인간의 존엄성과 이주자들의 복지를 유지시키는 것을 목표로 한다.

4) 회 원

2005년 현재 회원국은 109개국, 협력국은 24개국이다.

- 정회원

  아프가니스탄, 알바니아, 알제리, 앙골라, 아르헨티나, 아르메니아, 호주, 오스트리아, 아제르바이잔, 바하마, 방글라데시, 벨기에, 벨리즈, 베냉, 볼리비아, 브라질, 불가리아, 부르키나파소, 캄보디아, 캐나다, 카보베르데, 칠레, 콜롬비아, 콩고 공화국, 코스타리카, 코트, 크로아티아, 사이프러스, 체코 공화국, 콩고 민주 공화국, 덴마크, 도미니카 공화국, 에콰도르, 이집트, 엘살바도르, 에스토니아, 핀란드, 프랑스, 감비아, 조지아, 독일, 그리스, 과테말라, 기니, 기니비사우, 아이티, 온두라스, 이란(회교공화국), 헝가리, 아일랜드, 이스라엘, 이탈리아, 일본, 요르단, 카자흐스탄, 케냐, 키르기스 공화국, 라트비아, 라이베리아, 리비아 아랍 자마히리야, 리투아니아, 룩셈부르크, 마다가스카르, 말리, 몰타, 모리타니, 멕시코, 모로코, 네덜란드, 뉴질랜드, 니카라과, 니제르, 나이지리아, 노르웨이, 파키스탄, 파나마, 파라과이, 페루, 필리핀, 폴란드, 포르투갈, 대한민국, 몰도바 공화국, 루마니아, 르완다, 세네갈, 세르비아 몬테네그로, 시에라리온, 슬로바키아, 슬로베니아, 남아프리카, 스리랑카, 수단, 스웨덴, 스위스, 타지키스탄, 태국, 튀니지, 터키, 우간다, 우크라이나, 영국, 탄자니아 합중국, 미합중국, 우루과이, 베네수엘라, 잠비아, 짐바브웨.

- 옵서버(국가, 국제정부간, 비정부간 기구)

  벨라루시, 부탄, 보스니아 헤르체고비나, 부룬디, 중국, 쿠바, 에티오피아, 가나, 교황청, 인도, 인도네시아, 자메이카, 모잠비크, 나미비아, 네팔, 파푸아뉴기니, 러시아 연방, 산마리노, 상투메 프린시페, 스페인, 구유고 연방 투르크메니스탄, 베트남.

5) 한국과의 관계

한국은 1985년 옵서버로 가입한 뒤, 1988년 정식 가입하였다. 그러나 이주노동자 권리보호를 위한 국제협약에는 가입되어 있지 않다.

6) 정보원

(1) 정보배포정책

① IOM은 국제이주를 주제로 다수의 간행물을 출판하는데, 그 중 대부분이 IOM 홈페이지에서 무료로 다운로드 가능하다. 연구보고서 등 몇몇 간행물은 유료로 가격이 책정되어 있다. 서적은 UN 출판사무소를 통해 구입할 수 있다.

② 무료로 카탈로그(도서목록)를 이용할 수 있으며, 검색기능을 이용하여 필요한 간행물을 찾을 수 있다.

(2) 간행물

① 이주에 관한 국제회의

Compendium of Intergovernmental Organization Active in the Field of Migration 2002(2002)

Dialogue International sur la Migration - 84e Session du Conseil, 2-4 Decembre 2002(2003)

Dialogue International sur la Migration - 82e Session du Conseil 27-29 Novembre 2001(2002)

International Dialogue on Migration - 84th Session of the Council, 2-4 December 2002(2002)

International Legal Norms and Migration: An Analysis(2002)

International Migration Dialogue - 82nd Session of the Council - 27-29 November 2001(2002)

Les Normes Juridiques Internationales en Matiere de Migration: un Tour D'horizon(2002)

Significant International Statements on Migration: A Thematic Compilation(2004)

Un Analsis Sobre Normas Juridicas Internacionales y Migracion(2002)

② 이주에 관한 연구보고서

Away from Azerbaijan, Destination Europe(2001)

Binational Study: The State of Migration Flows between Costa Rica and Nicaragua(2001)

Changing Patterns and Trends of Trafficking in Persons in the Balkan Region - Assessment Carried in the Balkan Region(2004)

Compendium of IOM Research Activities 2002/2003/2004(2003)

Counter-trafficking in Eastern Europe and Central Asia(2003)

Deceived Migrants from Tajikistan - A Study of Trafficking in Women and Children(2001)

Diagnostico Sobre las Migraciones Cariberias Hacia Venezuela(2000)

El Perfil de los Uruguayos Censados en la Argentina en 1991(2000)

Estado de la Gestion Migratoria en America Central: Una Investigacion Aplicada(2002)

Estudio Binacional: Situacion Migratoria entre Costa Rica y Nicaragua(2001)

Analisis del Impacto Economico y Social Para Ambos Paises(2001)

Exploratory Study on Foreign Domestic Work in Syria(2003)

Fertile Fields: Trafficking in Persons in Central Asia(2005)

Forum Africagora 2001- Colloque sur la Diaspora Africaine et l'integration Economique(2001)

HIV/AIDS Prevention and Care Programmes for Mobile Populations in Africa: An Inventory(2002)

Hardship Abroad or Hunger at Home(2001)

IOM-UNAIDS Reports on Mobile Populations and HIV/AIDS Series Nº1: Mobile Populations and HIV/AIDS in the Southern African Region

Institutionalising Diaspora Linkage: The Emigrant Bangladeshis in UK and USA(2004)

International Comparative Study of Migration Legislation and Practice(2002)

Irregular Migration and Smuggling of Migrants from America(2002)

La Reinsertion en Images(2001)

La Traite des Mineurs Non-accompagnes dans l'Union Europeenne(2002)

Labour Migration from Tajikistan(2003)

Migracion, Prostitucion y Trata de Mujeres Dominicanas en la Argentina(2003)

Migrant Remittances as a Development Tool: The Case of Morocco(2004)

Migrant Trafficking in Poland(1999)

Migrant Transfers as a Development Tool: The Case of Somaliland(2004)

Migrants' Right to Health(2001)

Moldova Migration Management, Assessment 2003(2004)

Orderly and Humane Migration: An Emerging Development Paradigm (2004)

Protection Schemes for Victims of Trafficking in Selected EU Member Countries, Candidate and Third Countries(2003)

Revisiting the Human Trafficking Paradigm: The Bangladesh Experience(Part 1: Trafficking of Adults)(2004)

Second Research Report on Third Country National Trafficking Victims in Albania(2001)

Shattered Dreams: Report on Trafficking in Persons in Azerbaijan(2002)

The Development Dimension of Migrant Remittances(2004)

The Next Stop is…Study on Transit Migration through Azerbaijan(2003)

The Return and Reitegration of Migrants to the South Caucasus: An Exploratory Study(2002)

The State of Migration Management in Central America - An Applied Research(2002)

The Trafficking of Women and Children in the Southern African Region(2003)

Trafficking in Persons: An Analysis of Afghanistan(2003)

Trafficking in Unaccompanied Minors in Ireland(2004)

Trafficking in Unaccompanied Minors in the European Union(2002)

Trafficking in Unaccompanied Minors for Sexual Exploitation in the European Union(2001)

Trafficking in Women and Children from the Republic of Armenia: A Study(2001)

Understanding and Counteracting Trafficking in Persons: The Acts of the Seminar for Women Religious(2004)

Victims of Trafficking in the Balkans(2001)

Migration Information Programmes(MIP)

Trafficking and Prostitution: The Growing Exploitation of Migrant Women from Central and Eastern Europe(1995)

Trafficking in Migrants as it Affects Panama(1997)

Trafficking in Women from the Dominican Republic for Sexual Exploitation(1996)

Trafficking in Women to Austria for Sexual Exploitation(1996)

Trafficking in Women to Italy for Sexual Exploitation(1996)

Transit Migration in Turkey(1996)

(3) 연속간행물 및 소식지

5+5 Dialogue on Migration in the Western Mediterranean Newsletter

A Review of Data on Trafficking in the Republic of Korea(2002)

Bordering on Control: A Comparison of Measures to Combat Irregular Migration in North America & Europe(2003)

Combating Trafficking in South-East Asia: A Review of Policy and Programme Responses(2000)

Dynamics of Remittance Utilization in Bangladesh(2005)

Harnessing the Potential of Migration and Return to Promote Development(2001)

International Migration

Internal Migration and Development: A Global Perspective(2005)

IOM News / Migration

IOM News: North American and Caribbean Supplement

IOM Gender and Migration News Bulletin

Irregular Migration in Turkey(2003)

Is Trafficking in Human Beings Demand Driven? A Multi-Country Pilot Study(2003)

Journeys of Jeopardy: A Review of Research on Trafficking in Women and Children in Europe(2002)

Migration and Development: A Perspective from Asia(2003)

Migration and Development: New Strategic Outlooks and Practical Ways Forward - The Case of Angola and Zambia(2005)

Migration and Health Newsletter

Migration from Latin America to Europe: Trends and Policy Challenges(2004)

Moroccan Migration Dynamics - Prospects for the Future

Myths and Realities of Chinese Irregular Migration(2000)

Recent Trends in Chinese Migration to Europe: Fujianese Migration in Perspective(2002)

The Millennium Development Goals and Migration(2005)

The Return and Reintegration of Rejected Asylum Seekers and Irregular Migrants(2001)

The Role of Regional Consultative Processes in Managing International Migration(2001)

Trafficking in Migrants

Trafficking for Sexual Exploitation: The Case of the Russian Federation(2002)

Migration Health Services

정기보고서로 일 년에 한번 출간된다. 현재 1999년부터 2003년까지 출간되었다.

Migration Policy Issues(#1 & #2)

IPU
Inter-Parliamentary Union
국제의원연맹

1) 소재지

주   소   5, chemin du Pommier Case postale 330 CH-1218 Le
            Grand-Saconnex / Geneva, Switzerland
전   화   + 41 22 919 4150
팩   스   + 41 22 919 4160
전자우편   postbox@mail.ipu.org
홈페이지   http://www.ipu.org

2) 설립연혁

의회제도의 확고한 정착을 위해 각국 의회 및 의원들간의 대화와 공동노력을 추구하는 국제의회기구로서 의회활동으로 해결할 수 있는 모든 국제문제를 연구하며,

국제평화와 국제협력을 도모할 목적으로 설치되었다. 1889년 파리에서 영국·프랑스의 국회의원 34명이 창설한 '국제중재재판을 위한 국제의원연맹'의 후신으로 제 2차 세계대전 때는 활동을 중단하였지만 1945년부터 재개하였다.

3) 설립목적

설립 당시의 목적은 국제재판사상의 보급이었는데, 제 2차 세계대전 후에는 평화와 전후 재건이 주안점이 되었다. 주된 목적은 전 세계적인 의회 회담과 회원들간의 평화와 협력, 그리고 확고한 민주주의의 확립에 있다.

4) 기 능

① 모든 나라의 의회와 국회법학자들 사이의 접촉, 조정, 경험 등의 교환을 촉진한다.

② 국제적인 이해관계에 대한 논점을 고려하여 의회와 국회법학자가 방책을 내릴 수 있도록 여러 이슈에 관한 견해를 제시한다.

③ 의회민주주의 발전에 필수적인 요소인 인권 방어와 진흥에 기여한다.

④ 대표 협회의 기능에 대해 보다 더 나은 인식과 함께 활동 매체의 강화 및 발전에 이바지한다.

5) 회 원

현재 국제의원연맹에는 141개국이 정회원으로, 7개 단체가 준회원으로 등록되어 있다.

6) 한국과의 관계

한국은 1964년 8월에 덴마크 코펜하겐에서 열린 제 53차 총회 때 회원으로 가입하였다. 1997년 4월에 한국 서울에서 제 97차 총회 및 제 160차 이사회를 개최하였으며, 제 85차 총회는 1990년 평양에서 열렸다.

7) 정보원

(1) 정보배포정책

국제의원연맹은 정기적으로 서적, 간행물, 핸드북, 각종 보고서와 조사서를 발행한다. 출판물은 재고가 있을 경우에 한해서 IPU 제네바 사무국 혹은 출판사에서 구할 수 있다. 대부분의 출판물은 온라인으로 주문 가능하다.

(2) 보고서

대중적인 연속간행물은 국제의원연맹의 여러 활동 분야를 다루고 있으며, IPU가 주최한 주요 전문 포럼에 관한 속보 소책자도 포함한다. 다음은 1991년부터 2005년 사이에 발표된 보고서이다.

Women in Politics: 1945 - 2005(2005)

Parliament and the Budgetary Process, including from a Gender Perspective - Regional Seminar in Colombo(2004)

World Directory of Parliamentary Human Rights Bodies(2004)

The Parliament of Timor - Leste and the Budgetary Process: Legislative and Oversight Functions(2003)

Parliament and the Budgetary Process, including from a Gnder Perspective - Regional Seminar in Manila(2003)

National Seminar on "Rwandan Women and the Electoral Campaign"(2003)

Parliamentary Conference on the WTO(2003)

Towards Substantiality: Implementing Agenda 21(2003)

Ten Years of Strengthening Parliaments in Africa, 1991-2000. Lessons Learnt and the Way Forward(2003)

Parliament and the Budgetary Process, including from a Gender Perspective - Regional Seminar in Bamako(2002)

National Seminar on "The Process of Engendering a New Constitution for Rwanda"(2002)

Parliamentary Meeting on International Trade(2001)

Conference of Presiding Officers of National Parliaments(2001)

Parliament and the Budgetary Process, including from a Gender Perspective - Regional Seminar in Nairobi(2001)

Women in Politics: 1945 - 2000

Guidelines for the Content and Structure of Parliamentary Web Sites(2000)

Women in Politics: 2000(poster)

Politics: Women's Insight(2000)

Participation of Women in Political Life(2000)

Enhancing Social Development(1999)

Parliamentary Seminar: Relations between Majority and Minority Parties in African Parliaments(1999)

IPU-FAO Conference in Rome(1999)

Women in Politics - World Bibliography(1999)

Workshop on Multi-party Government(Suva, Fiji)(1998)

World Directory of Parliamentary Human Rights Bodies(1998)

Positions Regarding Human Rights Issues Taken by the Inter - Parliamentary Union in Recent Years(1998)

Women in Politics - World Bibliography(1998)

Universal Declaration on Democracy(1997)

Towards Partnership between Men and Women in Politics(1997)

World Directory of Parliamentary Bodies for Environment(1997)

Men and Women in Politics: Democracy still in the Making(1997)

Women: What IPU is Doing(1997)

Inter-Parliamentary Conference "Education, Science, Culture and Communication on the Eve of the 21st Century"(1997)

Priority Actions for Implementation by Parliaments of the Results of the World Summit for Social Development(1996)

Seminar for MPs from West and Central Africa(1996)

Security and Co-operation in the Mediterranean(CSCM)(1995)

The Parliamentary Vision for International Co-operation into the 21st Century(1995)

The Functioning of a Parliament in a Multi-party Democratic Setting(1995)

Women in Parliaments - 1945-1995. World Statistical Survey(1995)

Beijing Parliamentary Declaration(1995)

Declaration on Criteria for Free and Fair Elections(1994)

Science and Technology for Regional Sustainable Development(1994)

IPU Mission to Bosnia and Herzegovina, Croatia and the Federal Republic of Yugoslavia(1994)

Plan of Action to Correct Present Imbalances in the Participation of Men and Women in Political Life(1994)

IPU Election Observer Missions to Cambodia(1993) and El Salvador(1994)

World Directory of Parliamentary Human Rights Bodies(1993)

Parliament: Guardian of Human Rights(1993)

Parliament: Guardian of Human Rights. Inter-Parliamentary Symposium (1993)

Defense of the Human Rights of Parliamentarians(1993)

Electoral Systems: World-wide Comparative Study(1993)

North-South Dialogue for Global Prosperity(1993)

Environment and Development(1992)

Women and Political Power(1992)

Inter-Parliamentary Conference on Economic Co-operation in the Asia-Pacific Region(1991)

(3) 정기간행물

IPU의 정기간행물은 주로 연 단위로 발행된다. 국제의원연맹뿐만이 아니라 전 국가 의회와 관계한 발전에 대해서도 풍부한 정보를 제공한다.

The World of Parliaments

IPU Assembly and Relating Meetings - Results

Activities of the Inter-Parliamentary Union - Annual Report of the Secretary General

IPU Information Brochure

Chronicle of Parliamentary Elections

World Directory of Parliaments

Inter-Parliamentary Bulletin

Statuary Assemblies: Summary Records of the Proceedings

List of Books and Articles Catalogued

World-wide Bibliography of Parliaments

ASGP Publication: Constitutional and Parliamentary Information

(4) 단행본

IPU의 후원아래, 의회와 정치외교에 손꼽히는 전문가들에 의해 쓰인 이 서적들은
의회 장서와 정치학에 관심 있는 이들에게 필독서이다.

The House of Parliaments, seen by Jean Mohr(2004)

The Parliamentary Mandate(2000)

Democracy: Its Principles and Achievement(1998)

Codes of Conduct for Elections, by G.S. Goodwin - Gill(1998)

*Presiding Officers of National Parliamentary Assemblies, by G.
Bergougnous(1997)*

*Free and Fair Elections: International Law and Practice, by G.S. Goodwin
- Gill(1994)*

*The Conferences of the Inter - Parliamentary Union on European
Co-operation and Security(1973-1991), by V .- Y. Ghebali(1993)*

*Functioning and "Jurisprudence" of the IPU Committee on the Human
Rights of Parliamentarians, by L. Despouy(1993)*

The People Have the Floor - A History of the Inter-Parliamentary Union, by Y. Zarjevski(1989)

Parliaments in the Modern World, by P. Laundy(1989)

Parliaments of the World - A Comparative Reference Compendium(1986)

(5) 지침서

이 새로운 IPU의 연속간행물은 입법자들을 위한 것으로, 각각의 지침서는 입법상
의 규제 업무에 대한 특정 분야 관련 참조 자료, 모범 실례 등을 포함한다.

Handbook for Parliamentarians: Combating Child Trafficking(2005)

Volunteerism and Legislation: A Guidance Note(2004)

Handbook: Child Protection(2004)

Handbook: Parliament, the Budget and Gender(2004)

Handbook: A Guide to Parliamentary Practice(2004)

*Handbook for Parliamentarians "The Convention on the Elimination of All
Forms of Discrimination against Women and its Optional Protocol"(2003)*

*Handbook for Parliamentarians "Parliamentary Oversight of the Security
Sector: Principles, Mechanisms and Practices"(2003)*

*Handbook for Parliamentarians "Eliminating the Worst Forms of Child
Labour"(2002)*

*Handbook for Parliamentarians "Refugee Protection: A Guide to
International Refugee Law"(2001)*

Handbook for Legislators on HIV/AIDS, Law and Human Rights(1999)

*Handbook for Parliamentarians: Respect for International Humanitarian
Law(1999)*

(6) 보도문

국제의원연맹의 'Press and Information Service'에서는 수시로 법정의 국제의회협의, 전문 회의, 연맹의 여러 주요 이벤트에 대한 보도 자료를 발표한다.

ISO
International Organization for Standardization
국제표준화기구

1) 소재지

주   소   1, rue de Varembé, Case postale 56 CH-1211 Geneva 20,
            Switzerland
전   화   + 41 22 749 0111
팩   스   + 41 22 733 3430
홈페이지   http://www.iso.org

2) 설립연혁

1926년 국가표준협회 국제연맹(International Federation for National Standardizing Association)으로 출범하였으며, 1944년 UN 표준화조정위원회로 개칭하였다. 1946년 10월에 25개국이 참가한 런던회의에서 산업규격의 국제 통합과 협력을 촉진키로 결의하였으며, 이에 따라 1947년 2월 23일에 ISO로 발족하였다.

3) 설립목적

상품 및 용역의 국제교환을 용이하게 하고 지적, 과학적, 기술적 및 경제적 활동분야에 있어서 국제간의 협력을 위하여 전 세계적인 표준화 개발 및 관련활동의 촉진을 도모하는데 있다.

4) 회 원

각 국에서 가장 대표적인 표준화기관으로서, 1개국에서 1개 기관만이 회원자격을 얻을 수 있다. 표준화에 대한 조직이 충분히 정리되어 있지 않은 국가일 경우에는 통신회원(Correspondent)으로 가입할 수 있고, 규격 등 ISO 간행물만 받아보는 구독회원(Subscriber)도 있으나 통신회원과 구독회원은 투표권이 없다.

현재 108개국이 정회원으로, 43개국이 통신회원으로, 그리고 11개국이 구독회원으로 가입되어 있다.

5) 한국과의 관계

우리나라에서는 상공부 표준국이 1963년 정회원으로 가입하였고, 1973년 정부 개편에 따라 공업진흥청 표준국이 가입하였으며, 현재는 산업자원부 기술표준원이 가입하고 있다. 북한도 현재 정회원으로 가입되어 있다.

6) 정보원

(1) 정보배포정책

사이트 내의 'ISO Store'에서 ISO에서 출판하는 도서와 표준을 구매할 수 있다. 온라인 카탈로그나 검색 기능을 이용하여 원하는 도서 또는 표준을 찾을 수 있다. 한국의 경우 사업자원부 기술표준원에서 구매할 수 있다.

(2) 간행물 및 표준안

① 일반정보

ISO in Brief(무료, 영문 및 불문): ISO에 관한 정보

ISO in Figures(무료, 매년 출간): 통계

ISO Annual Report 2004(2005년 출간, 무료, 영문 및 불문)

ISO Code of Ethics(무료, 영문 및 불문, 2004년 초판)

ISO Catalogue 2005(영문 및 불문, 매년 출간): ISO의 모든 출판물과 표준안 목록을 제공하며 CD-ROM으로도 판매한다.

ISO's 50th Anniversary: Friendship among Equals - Recollections from ISO's First Fifty Years(1997년): 50년 동안 ISO와 깊은 관계를 유지하며 활동한 7명의 회고록으로 무료로 배포된다.

② ISO 정기간행물

정기구독이 가능하다.

ISO Focus(연 11번 출간, ISSN 1729-8709)

ISO Management Systems

③ 출판부분 베스트셀러

ISO 9000 Compendium

ISO Standards Handbook: Technical Drawing

Guide for the Expression of Uncertainty

ISO 3166-2 Country Codes Database

ISO Standards Handbook: Fasteners and Screw Threads

④ 표준부분 베스트셀러

ISO 14001: 2004
Environmental Management Systems
환경 관리 체계

ISO 9001: 2000
Quality Management Systems
품질 관리 체계

ISO 22174: 2005

Microbiology of Food and Animal Feeding Stuffs

식량과 동물 사료의 미생물학

ISO/IEC 17799: 2005

Code of Practice for Information Security Management

정보 보안 체계를 위한 실행코드

ISO 11451-1: 2005

Road Vehicles-Vehicle Test Methods for Electrical Disturbance

전기 문제를 해소하기 위한 자동차 검사 방법

⑤ ISO의 관심 받는 출판물

ISO Standards Handbook: Corrosion(2004년)

본 안내서는 56개의 부식 작용과 부식 방지를 위한 국제 표준안을 한 권으로 묶었다. ISBN 92-67-10395-4, 영문

(3) News

ISO와 관계된 주요 뉴스는 뉴스 섹션에 보고 되고 있다.

ITSO
International Telecommunications Satellite Organization
국제통신위성기구

1) 소재지

주   소 3400 International Drive, NW Washington, D.C. 20008-3006, U.S.A.

전   화 + 1 202 243 5096

팩　　스　+ 1 202 243 5018

홈페이지　http://www.itso.int

2) 설립연혁

1964년 8월 19일, 워싱턴에서 정부간 협정인 세계상업통신위성제도를 위한 잠정장치 설치협정(잠정협정)과 정부 또는 정부지정 전기통신사업체간에 체결된 특별협정에 의하여 국제통신위성 컨소시엄으로 발족하였으며, 그 후 법적분쟁 해결을 규정한 제2의 협정인 재정에 관한 보충협정이 체결되어 1966년 11월 21일에 발효되었다.

전기 잠정, 특별 및 보충협정은 1973년 2월 12일 발효된 "확정협정(the Definitive Arrangement)"에 의하여 대체되었으며 동 협정에 의하여 국제통신위성기구(ITELSAT)가 탄생되었다. INTELSAT은 후에 ITSO로 바뀌었다.

3) 설립목적

ITSO는 세계의 모든 지역에 대하여 차별 없이 세계적인 수준으로 효율적이고 경제적인 국제위성통신 서비스를 제공하는 것을 목적으로 하고 있다.

4) 기　능

① 국제대중전화통신서비스 조항의 주요 원칙 실행을 보장한다.

② 정보통신 사회의 요구를 충족시킬 수 있도록 국제 전화통신 서비스를 개선한다.

③ LCO(Lifeline Connectivity Obligation) 고객 혹은 LCO고객과 연결중인 고객에게 용량과 가격 보증을 포함한 대중전화통신서비스를 제공한다.

④ 해당 주의 관할권에 있지 않은 지리적 지역에 의해 나눠지거나, 공해(公海)에 의해 나눠진, 혹은 육상 시설에 의해 연결되어 있지 않고 특수한 자연환경에 의해 육상 시설을 설치할 수 없는 곳에 의해 나눠진 지역들간에 자국 내 대중전화통신서비스를 제공한다.

⑤ Intelsat, Ltd.의 통신시스템에 차별 없는 접근을 보장한다.

5) 회 원

2005년 현재 148개국이 회원으로 등록되어 있다.

6) 한국과의 관계

한국은 회원으로 등록되어 있다. 한국은 가입 후 회의 참가, 대표단 파견 등 활동을 꾸준히 하고 있다.

7) 정보원

(1) 정보배포정책

① 사이트에 올라와 있는 정기간행물은 ITSO 회원국 대표자만 이용가능하다. 이용을 원할 경우 요청하여 사용자 이름과 비밀번호를 부여 받을 수 있다.

② 보도 자료(Press Release)는 사이트에서 무료로 이용 가능하다.

(2) 정기간행물

Quarterly Reports(2001-2004)

Annual Reports(2003)

IUCN
International Union for the Conservation of Nature and Natural Resources
국제자연보존연맹

1) 소재지

주　　소　Rue Mauverney 28　Gland 1196, Switzerland

전　　화　+ 41(22) 999 0000

팩　　스　+ 41(22) 999 0002

전자우편　mail@iucn.org

홈페이지　http://www.iucn.org

2) 설립연혁

1948년 10월 5일 퐁텐블로(Fontainebleau)에서 UNESCO와 프랑스 정부가 주최한 회의에서 International Union for the Protection of Nature(IUPN)으로 창설되었다. 기구의 명칭은 1956년 International Union for Conservation of Nature and Natural Resources(IUCN)로 바뀌었다. 현재는 World Conservation Union으로 부르나 많은 사람들이 알고 있는 IUCN도 같이 사용된다.

3) 설립목적

① 세계적으로 멸종되어 가는 자연자원의 보존대책을 강구한다.

② 개발도상국의 자연보존과 개발시책 조화를 위한 전략을 모색한다.

③ 회원국간의 정보교류 및 교육을 촉진한다.

④ 자연자원의 보호에 중요한 생물학적 생산성, 토양의 이용 가능성, 생태학적 원칙의 이해를 증진시킨다.

4) 회 원

기구는 회원제로 운영되고 있다. 현재는 1,000개가 넘는 단체와 10,000명이 넘는 개인(과학자나 전문가)으로 이루어져 있다. 1,000개 단체의 회원 중에는 82개 정부와 111개의 정부기관, 그리고 800개가 넘는 시민단체를 포함하고 있다.

5) 한국과의 관계

1966년 한국자연보존협회 가입이후, 1972년 국립공원협회, 1979년 자연보호중앙협의회, 1981년 한국야생동물보존협회, 1981년 환경부(당시 환경청)가 각각 가입하여, 활동 중이다.

6) 정보원

(1) 간행물

① 출판물 목록은 전자우편으로 요청할 수 있거나 또는 홈페이지 상에서 무료로 이용할 수 있다.

② 본 기구의 출판물은 자연보존과 지속가능형 발전과 관련된 다양한 주제를 포함하고 있다. IUCN의 온라인서점은 다음 네 분야(조약, 활동, 조직)와 관계된 출판을 하고 있다.

- CITES: 멸종위기의 동·생물의 국제 무역에 관한 조약

- The Ramsar Convention on Wetlands: 습지대에 관한 Ramsar 조약

- TRAFFIC: IUCN과 WWF의 공동 야생 생물 무역 감시 프로그램

- UNEP - World Conservation Monitoring Centre: 국제보존모니터센터

③ 또한 보존과 지속가능발전에 관한 포괄적인 주제의 책을 출판하고 있다. Biodiversity Polity, Development, Economics, Ecosystem Management, Education, Environmental Management, Gender and Equity, Information

Resources, Law, National Conservation Strategies, Protected Areas, Species, World Conservation Strategy, IUCN and its Members

④ 1948년부터 2005년까지 IUCN에서 출판된 모든 책들을 검색할 수 있다.

⑤ *World Conservation*은 본 기구에서 1999년부터 2001년까지 출간한 간행물이다. 영어, 불어, 스페인어로 출간되었다.

⑥ *IUCN Report*(2002): 무료

(2) 최근 출판물 추천목록

Impacts of Sakhalin II Phase 2 on Western North Pacific Gray Whales and Related Biodiversity(R.P. Reeves et al.)
ISBN 2-8317-0874-5, 2005

IUCN's First Ever Assessment of its Greenhouse Gas Emissions
ISBN 2-8317-0859-1, 2004

2nd Pan-African Symposium on the Sustainable Use of Natural Resources in Africa(Edited by Bihini Won wa Musiti)
ISBN 2-8317-0859-1, 2004

Promoting Rural Livelihoods through Agrobiodiversity Seminar Proceedings
ISBN 2-8317-0615-7, 2001

The Relationship between Nature Conservation, Biodiversity and Organic Agriculture(Edited by Sue Stolton, Berrward Geier and Jeffrey A. McNeely)
ISBN 3-934055-05-2, 2000

Lessons Learned - Case Studies in Sustainable Use(J. Ahmed et al.)
http://www.iucn.org/themes/sustainableuse/lleng.html에서 다운로드 가능하다.

Wellbeing of Nations - A Country-by-Country Index of Quality of Life and the Environment(Robert Prescott-Allen)

ISBN 0-88936-955-0(Paperback), 2001

(3) 도서관

① 본 기구의 도서관은 IUCN 사무국, 지역사무실, 위원회와 협력체에서 출판한 도서, 간행물, 과학 및 기술보고서 등을 소장하고 있다.

② 온라인 도서 목록을 이용하여 도서관에서 소장하고 있는 책을 검색할 수 있으며 대부분의 IUCN 출판물은 구매가 가능하다.

③ 본 기구는 1994년부터 기탁도서관을 운영하고 있다. UN 기탁도서관 운영 시스템과 마찬가지로 회원국은 국내 한 도서관을 지정하고 기구에서 출판된 도서를 받을 수 있도록 하고 있다. 현재 12개의 기탁도서관이 운영되고 있으며 개발도상국이 큰 비중을 차지한다.

④ 한국 내 기탁도서관은 현재 없다.

⑤ 그 외, 다른 IUCN의 도서관(또는 도서관 기능을 하는 곳)은 IUCN 환경법 도서관, IUCN 사무실이 있다. 또한 IUCN의 정보 출처로 the Biodiversity Economics Library, the Protected Areas Database, IUCN's Species Survival Commission Species Information Service(SIS)가 있다.

⑥ 도서관 연락처

IUCN Library

전   화 +41(22) 999 0136

팩   스 +41(22) 999 0010

전자우편 library@iucn.org

(4) 뉴 스

본 기구에 관한 기사나 기자회견을 하였던 소식들을 보관하고 있다. 1999년부터의 자료가 이용가능하다.

IWC
International Whaling Commission
국제포경위원회

1) 소재지

주   소   The Red House 135 Station Road, Impington, Cambridge,
            Cambridgeshire CB4 9NP, UK.

전   화   + 44(0) 1223 233 971

팩   스   + 44(0) 1223 232 876

전자우편   secretariat@iwcoffice.org

홈페이지   http://www.iwcoffice.org

2) 설립연혁

1946년 12월 2일, 워싱턴에서 국제포경규제협약(1948년 11월 발효)이 채택됨으로써
이의 시행을 위한 정부간 국제기구로 설립되었다.

3) 설립목적

연간 포획쿼터 설정, 고래 및 포경관련 연구·조사를 통하여 고래 자원의 보존과
포경산업의 질서 있는 발전을 목적으로 한다.

4) 회 원

현재 66개국이 국제포경위원회의 회원이다.

5) 한국과의 관계

한국은 본 기구에 1978년 12월 29일에 가입하였다.

6) 정보원

(1) 정기간행물

Journal of Cetacean Research and Management
본 저널은 고래류 보존과 관리에 관한 연구 논문을 싣고 있다. 영문으로 출간되고 정기 구독을 할 수 있으며 이메일 전송 또는 우편 배송도 가능하다. 저널의 사설 (Editorial), 초록, 목차는 사이트에서 무료로 볼 수 있다. 한 권당 3부로 나눠지며 1999년 첫 발행이후 현재(2005) 제 6권까지 출간되었다(Volume 1-6).

(2) 특별간행물

Special Issue 1: Chemical Pollutants and Cetaceans(1999)

Special Issue 2: Right Whales: Worldwide Status(2001)

(3) 보고서

다음은 1999년 *Journal of Cetacean Research and Management*이 출간되기 전까지 발행되었던 보고서 목록이다.
Reports of the International Whaling Commission(1990 - 1998)

Reports of the IWC Special Issue Series 1-16

Annual Reports(1-48)

(4) 주 문

IWC의 간행물은 본 기구 홈페이지에서 직접 구매 할 수 있다.

NATO
North Atlantic Treaty Organization
북대서양조약기구

1) 소재지

주   소 Blvd Leopold III 1110 Brussels, Belgium

전자우편 natodoc@hq.nato.int

홈페이지 http://www.nato.int

2) 설립배경

1945년 전후의 서유럽은 경제적으로 황폐해 있었고 정치적으로도 취약한 상태에 놓여 있었고, 영국·미국·프랑스 등의 연합국들은 전쟁수행으로 군사력이 약화되어 있었다. 이러한 상황에서 프랑스와 이탈리아에서는 공산당이 세력을 얻고 있었다. 한편 소련도 동유럽에 공산주의 세력을 확장시키기 시작하였고 서유럽을 위협하기 시작하였다. 이로써 서유럽 연합군과 소련군의 전시협조는 완전히 붕괴되었다.

양측은 독일점령지역에 각자 활동영역을 구축하였으며 독일은 동·서로 분리되었다. 미국은 유럽에 원조를 제공하기 위해 유럽부흥계획(마셜플랜)을 계획하였다. 군사적 측면에서는 브뤼셀조약에 따라 영국, 프랑스, 벨기에, 룩셈부르크, 네덜란드가 집단방위동맹을 체결하였으나 미국의 힘이 필요하게 되어 세력 확장을 위한 협상을 시작하였고, 1949년 워싱턴에서 북대서양조약을 체결하기에 이르렀다.

1949년 4월에 조인하고 같은 해 8월 24일부터 효력이 발생되었다. 그 후 NATO(North Atlantic Treaty Organization: 북대서양조약기구)는 유럽 내에서 반공세력을 형성하고 있던 서유럽국가들의 기본적인 집단방위조약으로 지속되었다.

3) 설립목적 및 기능

집단안전보장을 목적으로 하는 NATO는 다음과 같은 활동으로 목적을 달성하고자

한다.

① 자문: NATO는 미국, 캐나다, 유럽 국가들이 공동으로 안보문제에 대해 의논하고 행동을 취하자는 목적 아래 포럼을 운영, 북미와 유럽을 연결한다.

② 방어: NATO는 침략, 또는 침략의 위협으로부터 회원국을 보호하는데 목적을 두고 있으며 어느 회원국을 공격한다는 것은 곧 전 회원국을 위협한다는 원칙을 가지고 있다.

③ 위기관리: NATO군은 위기에 처한 지역에 군대를 배치시킴으로써 위기 지역의 평화와 안정을 도모한다.

④ 협력: 비회원국과의 대화와 협력을 증진하고 NATO 국경을 넘어 안보와 안정을 위해 힘쓴다.

4) 회 원

NATO의 회원은 총 26개국이고 협력국은 20개국이 있다.

- 정회원
  벨기에, 불가리아, 캐나다, 체코 공화국, 덴마크, 에스토니아, 프랑스, 독일, 그리스, 헝가리, 아이슬란드, 이탈리아, 라트비아, 리투아니아, 룩셈부르크, 네덜란드, 노르웨이, 폴란드, 포르투갈, 루마니아, 슬로바키아, 슬로베니아, 스페인, 터키, 영국, 미국.

- 협력국가
  알바니아, 아르메니아, 오스트리아, 아제르바이잔, Belabors, 크로아티아, 핀란드, 조지아, 아이슬란드, 카자흐스탄, 키르기스 공화국, 몰도바, 러시아, 스웨덴, 스위스, 구유고 연합 마케도니아, 타지키스탄, 투르크메니스탄, 우크라이나, 우즈베키스탄.

5) 한국과의 관계

N/A

6) 정보원

(1) 정보배포정책

① NATO 홈페이지 내의 온라인 도서관은 NATO에서 발행한 주제 간행물, 참고도
서와 문헌(공식문헌, 연설문, 뉴스, 리포트)에 대한 정보를 제공하고 있으며 분
야별로 검색 할 수 있다.

② 다운로드하여 볼 수 있도록 되어 있으며 하드 카피를 원할 경우에는 주문해야
한다. 또한 각 회의나 세미나/워크숍의 결정사항을 문헌화하여 제공하고 있다.

③ NATO는 연구장학생제도(Research Fellowship)를 운영하고 있으며 연구원이 발
표한 논문도 홈페이지에서 제공하고 있다.

④ 간행물이나 문헌은 영문 외에도 여러 가지 언어로 번역되어 있다(English,
French, Azeri, Bonsai, Swedish, Seerband, Macedonia, Finnish, etc).

(2) NATO 관련 간행물

Security through Partnership(2005)

NATO Transformed(2004)

NATO in the 21st Century(2004)

NATO after Istanbul(2004)

NATO after Prague(2003)

Nato Experience(2003)

(3) 특정 주제 간행물

다음 간행물은 짧은 보고서 형식을 갖추고 있으며 안보와 관련된 여러 가지 주제
를 다루고 있다.

Briefing: Weapons of Mass Destruction(2005)

Briefing: Response to Terrorism(2005)

Briefing: Helping Secure Afghanistan's Future(2005)

Briefing: Deploying Capabilities Faster and Further than ever before on(2005)

Briefing: Building Peace and Stability in Crisis Regions(2003)

Briefing: Combating Terrorism at Sea(2004)

Briefing: Bringing Peace and Stability to the Balkans(2005)

Briefing: Improving Capabilities to Meet New Threats(2004)

Enhancing Security and Extending Stability through NATO Enlargement(2004)

NATO-Russia: Forging Deeper Relations(2004)

NATO-Ukraine: A Distinctive Partnership(2004)

AWACS: NATO's Eyes in the Sky(2004)

Tackling Challenges of Defence Reform(2004)

The Virtual Silk Highway(2003)

The Disposal of Albania's Anti-personnel Mine Stockpiles(2003)

Flood Prevention in Ukraine(2003)

Earthquake-induced Disasters: Limiting the Damage(2004)

Combating Terrorism: NATO's Role(2004)

(4) 참고서적

NATO Handbook 2001(2001)

Istanbul Summit Reader's Guide(2004)

The Prague Summit and NATO's Transformation(2003)

The Reader's Guide to the NATO Summit in Washington - 23-25 April 1999(1999)

(5) 그 외 서적

NATO Review

2달에 한 번 발행하며 현재의 NATO 정책을 돌아보고 논하는 저널이다. 24개 언어로 발행되고 있다.

Examining NATO's Transformation(2005)

NATO Review Istanbul Summit Special(2004)

For and Against: Debating Euro-Atlantic Security Options

Historic Change in the Balkans

Prague Summit 2002 - Selected Documents and Speeches(2003)

OECD
Organization for Economic Cooperation and Development
경제협력개발기구

1) 소재지

주　　소　2, rue Andre Pascal,　F-75774 Paris Cedex 16,　France

전　　화　+ 33 1 45 24 8200

팩　　스　+ 33 1 45 24 8500

전자우편   webmaster@oecd.org

홈페이지   http://www.oecd.org

2) 설립연혁

제 2차 세계대전 후 유럽은 미국의 유럽부흥계획(마셜플랜)을 수용하기 위해 1948
년 4월에 16개 서유럽 국가를 회원으로 유럽경제협력기구(OEEC)를 발족하였고,
1950년에는 미국, 캐나다를 준회원국으로 받아들였다. 1960년 12월, OEEC의 18개
회원국과 미국, 캐나다 등 20개국의 각료와 당시 유럽공동체(EEC: 유럽경제공동
체), 유럽석탄철강공동체(ECSC), 유럽원자력공동체(EURATOM)의 대표가 모여
경제협력개발기구조약(OECD 조약)에 서명함으로써 OECD가 탄생하였다.

3) 설립목적

개방된 시장경제와 다원적 민주주의라는 가치관을 공유하는 국가간 경제사회 정책
협의체로서, 경제사회 부문별 공통 문제에 대한 최선의 정책방향을 모색하고 상호
의 정책을 조정함으로써 공동의 안정과 번영을 도모하는 것을 목적으로 한다.
정책방향은 다음 세 가지로 요약할 수 있다. ① 고도의 경제성장과 완전고용을 추
진하여 생활수준 향상을 도모하고 ② 다각적이고 무차별적인 무역·경제 체제를
마련하기 위해 노력하며 ③ 저개발 지역에의 개발 원조를 촉진한다.

4) 회 원

오스트리아, 벨기에, 캐나다, 덴마크, 프랑스, 독일, 그리스, 아이슬란드, 아일랜드,
이탈리아, 룩셈부르크, 네덜란드, 노르웨이, 포르투갈, 스페인, 스웨덴, 스위스, 터키,
영국, 미국, 일본, 핀란드, 호주, 뉴질랜드, 멕시코, 체코 공화국, 헝가리, 폴란드, 대
한민국, 슬로바키아.

5) 한국과의 관계

한국은 1996년 12월에 29번째 회원국으로 가입하였다.

6) 정보원

(1) 정보배포정책

① OECD의 국가 정보집, 동향속보, 통계는 잘 알려져 있다. OECD의 간행물은 많은 주제를 다루고 있다.

② 다음 정보망을 통하여 OECD의 간행물을 배포, 판매한다.

- OECD Direct: OECD의 새 간행물, 통계 자료 배포 소식을 알리며 전자우편으로 소식을 받을 수 있는 서비스를 제공하고 있다. 무료 소식지도 제공한다.

- Source OECD: 전자책, 정기간행물, 통계자료이다.

- Online Bookshop: 전자책, CD-ROMS, 정기간행물의 총 목록을 제공한다.

- OECD Observer: 경제·사회 문제를 다루는 OECD 정기간행물

- Policy Brief: 현대사회의 국제 정책의 문제점과 국가경제보고서의 요약문을 볼 수 있다.

③ 판매되는 간행물 외에도 OECD는 기구의 중요한 문헌들을 무료로 제공한다.

Annual Report, Newsletter, Working Papers, Guidelines, Best Practices, Legal Instruments

④ 한국 외교통상부 사이트에서 한글 OECD 주요회의 결과의 OECD 동향속보를 제공한다.

(2) 온라인 서점

① 온라인 서점은 OECD의 간행물 목록을 제공한다.

② 도서, 시리즈자료, 정기간행물, 통계간행물, CD-ROMS, 법률관련 참고문헌을 판매하고 있다.

③ 간행물은 베스트셀러, 최근 출판물, 주제별 간행물, 또는 간행물의 종류로 정리

되어 있고 사이트는 검색기능을 제공하고 있다.

④ OECD의 공식 언어는 영어와 불어이다. OECD 자료를 전 세계에 널리 배포하고자 번역된 간행물과 여러 언어로 된 요약문을 제공한다.

⑤ 대부분의 간행물은(정기간행물 포함) 유료로 제공되고 있으며 구매를 원할 경우에는 회원으로 등록하여야 한다.

(3) 베스트셀러

OECD Factbook 2005 Economic, Environmental and Social Statistics
Version: Print (Paperback), Publication date: 15 Mar 2005, Language: English, ISBN: 9-2640-1869-7

Transfer Pricing Guidelines for Multinational Enterprises and Tax Administrations
Version: Print (Paperback), Publication date: 18 Jun 2001, Language: English, ISBN: 9-2641-8628-X

OECD Science, Technology and Industry Outlook 2004
Version: Print (Paperback), Publication date: 12 Jan 2005, Language: English, ISBN: 9-2640-1689-9

OECD Economic Outlook
Preliminary Edition, May 2005 No. 77 Version: E-book (PDF Format), Publication date: 24 May 2005, Language: English, ISBN: 9-2640-1127-7

Learning for Tomorrow's World First Results from PISA 2003
Version: Print (Paperback), Publication date: 13 Dec 2004, Language: English, ISBN: 9-2640-0724-5

OECD Information Technology Outlook 2004 Edition
Version: Print (Paperback), Publication date: 06 Jan 2005, Language: English,

ISBN: 9-2640-1685-6

OECD Economic Surveys Japan - Volume 2005 Issue 3

Version: E-book (PDF Format), Publication date: 07 Mar 2005, Language: English, ISBN: 9-2640-0824-1

The DAC Journal Development Co-operation - 2004 Report - Efforts and Policies of the Members of the Development Assistance Committee Volume 6 Issue 1

Version: E-book (PDF Format), Publication date: 20 Jan 2005, Language: English, ISBN: 9-2640-0737-7

World Energy Outlook 2004

Version: Print (Paperback), Publication date: 04 Nov 2004, Language: English, ISBN: 9-2641-0817-3

Problem Solving for Tomorrow's World First Measures of Cross-Curricular Competencies from PISA 2003

Version: Print (Paperback), Publication date: 14 Jan 2005, Language: English, ISBN: 9-2640-0642-7

A New World Map in Textiles and Clothing Adjusting to Change

Version: Print (Paperback), Publication date: 24 Dec 2004, Language: English, ISBN: 9-2640-1853-0

Large-scale Disasters Lessons Learned

Version: Print (Paperback), Publication date: 30 Apr 2004, Language: English, ISBN: 9-2640-2018-7

Towards High-Performing Health Systems

Version: Print (Paperback), Publication date: 14 May 2004, Language: English, ISBN: 9-2640-1555-8

Education at a Glance OECD Indicators - 2004 Edition

Version: E-book (PDF Format), Publication date: 14 Sep 2004, Language: English, ISBN: 9-2640-1569-8

OECD Employment Outlook 2004 Edition

Version: Print (Paperback), Publication date: 15 Jul 2004, Language: English, ISBN: 9-2641-0812-2

Trends in International Migration SOPEMI - 2004 Edition

Version: Print (Paperback), Publication date: 24 Mar 2005, Language: English, ISBN: 9-2640-0792-X

The World Economy Historical Statistics

Version: Print (Paperback), Publication date: 31 Oct 2003, Language: English, ISBN: 9-2641-0412-7

Mexico: Progress in Implementing Regulatory Reform

Version: Print (Paperback), Publication date: 02 Nov 2004, Language: English, ISBN: 9-2640-1750-X

OECD Agricultural Outlook 2004/2013

Version: Print (Paperback), Publication date: 22 Jul 2004, Language: English, ISBN: 9-2640-2008-X

Revenue Statistics 1965-2003 - 2004 Edition

Version: Print (Paperback), Publication date: 27 Oct 2004, Language: French, ISBN: 9-2640-1785-2

(4) 정기간행물

① 정기간행물/소식지

Financial Market Trends

Higher Education Management and Policy

Journal of Business Cycle Measurement and Analysis

Economic Policy Reforms

NEA News

Nuclear Law Bulletin

OECD Economic Outlook

OECD Economic Studies

OECD Economic Surveys

OECD Journal of Competition Law and Policy

OECD Journal on Budgeting

OECD Papers

PEB Exchange

The DAC Journal

The OECD Observer

② 통계관련 정기간행물

Creditor Reporting System on Aid Activities

Energy Prices and Taxes

International Trade by Commodity Statistics

Journal of Business Cycle Measurement and Analysis

Main Economic Indicators

Main Science and Technology Indicators

Monthly Statistics of International Trade

Oil, Gas, Coal and Electricity - Quarterly Statistics

Quarterly National Accounts

(5) 한국 내 간행물 유통기관

① Kins, Inc.

주   소 2F, Samho B/D, 275-1 Yangjae-dong, Seocho-ku, Seoul, Korea
전   화 + 82 2 589 1740
팩   스 + 82 2 589 1746
전자우편 hkleen@kins.co.kr

② Tmecca

주   소 137-070 Hansung B/D 1431-13, Seocho-Dong Seocho-Gu, Seoul
전   화 + 82 2 581 9960
팩   스 + 82 2 581 9972
전자우편 help@tmecca.com

OIE
International Office of Epizootics
국제수역사무국

1) 소재지

주   소 12 Rue de Prony, 15017 Paris, France
전   화 + 33 0 1 44 15 1888
팩   스 + 33 0 1 42 67 0987
홈페이지 http://www.oie.int

2) 설립연혁

가축전염병으로 인한 공통적이고 항구적인 위험에 대처하기 위해서는 국경을 초월한 공동의 노력이 필요하다. 새로운 질병이 발생할 경우 본 기구를 통하여 각국에 통보하고 유익한 정보를 제공하며, 국내 위생상태의 개선과 가축 전염병의 근절 및 확산 방지를 위해 1924년 1월 25일 파리에서 28개국이 국제수역사무국협정에 서명함으로써 국제수역사무국(OIE)이 정식으로 발족되었다.

3) 설립목적

① 국제적으로 발생하는 가축전염병과 동물원성 감염증 현상을 위해 노력한다.

② 가축전염병에 관한 과학적인 정보를 수집, 분석, 배포한다.

③ 동물병을 억제하는 부분에 있어서 전문가의 의견을 제공하고 국제적 협력을 증진시킨다.

④ WTO SPS 조약의 위임 아래 동물 또는 동물관련 제품 무역 부분에 있어서 국제무역보호 차원에서 위생 기준을 정한다.

⑤ 법률 체제와 국가별 수의학 시설의 자료를 발전시킨다.

⑥ 동물을 이용한 음식의 안정성을 보장하고 과학적 접근법을 통하여 동물의 복지를 늘린다.

4) 회 원

2005년 현재 168개국이 회원으로 가입되어 있다.

5) 한국과의 관계

한국은 1953년 11월 18일 IOE에 정회원국으로 가입한 이래, 매 총회 및 지역회의에 가축위생연구소, 관계부서 또는 국립동물검역소 등의 관계자들이 참석하여 왔다.

한국대표단

Dr. Chang-Seob Kim(김창섭)

Director, Animal Health Division Livestock Bureau Ministry of Agriculture and Forestry(MAF)

#1, Joogang-Dong, Gwacheon City, Gyeonggi Province, Seoul

6) 정보원

(1) 정보배포정책

① 간행물의 목록은 분류목록책자에서 볼 수 있다. 사이트에서 이용가능하며 각 출판물의 개요를 확인할 수 있다.

② 간행물의 일부는 사이트에서 무료로 볼 수 있다.

③ 각 모임이나 회의의 진행이나 권고내용의 기록에 대한 자료는 온라인(PDF와 XML)에 있거나 하드카피로 있다.

④ 만약 각 지역의 배급원이 없을 경우 전자우편, 온라인, 또는 주문서를 하여 우편이나 팩스로 보내면 구매가 가능하다.

(2) 표준문헌

Terrestrial Animal Health Code

Manual of Diagnostic Tests and Vaccines for Terrestrial Animals Aquatic Animal Health Code

Manual of Diagnostic Tests for Aquatic

OIE Quality Standard and Guidelines for Veterinary Laboratories: Infectious Disease

(3) 정기간행물

Disease Information(주간)(온라인이용가능)

World Animal Health(연간)(온라인이용가능)

Scientific and Technical Review(연 3번)(온라인이용가능)

Bulletin(계간)

(4) 특정 주제 간행물

WHO/FAO/OIE Guidelines for the Surveillance, Prevention and Control of Taenasis/Cysticercosis, K.D. Murell, ed., 2005(in English)

Zoonoses et Maladies Transmissibles Communes à L'homme et aux Animaux, Vol. I, Bactérioses et Mycoses, 2005(in French)

Historical Perspective of Rabies in Europe and the Mediterranean Basin, A.A. King, A.R. Fooks, M. Aubert, A.I. Wandeler, eds., 2004(in English)

Livestock Trypanosomiasis and Their Vectors in Latin America, M. Desquesnes, ed., 2004(in English)

Global Conference on Animal Welfare: An OIE Initiative, 2004(Trilingual)

Handbook on Import Risk Analysis for Animal & Animal Products, Introduction and Qualitative Risk Analysis, Vol. I, 2004(in English)

Handbook on Import Risk Analysis for Animal & Animal Products, Introduction Quantitative Risk Analysis, Vol. II, 2004(in English)

OIE International Standards on Antimicrobial Resistance, 2003(in English)

History of the Surveillance and Control of Transmissible Animal Diseases, J. Blancou, ed., 2003(in English)

Sydney Olympic Games and Paralympics: Australia's Biosecurity Measures,

2003 *(in English)*

An Atlas of Histology and Cytology of Marine Bivalve Molluscs, H. Grizel, ed., 2003 *(in English)*

Organization of Veterinary Services and Food Safety, Seminar Proceedings, Tunis, 27-28 September 2002, 2003 *(in English)*

Joint WHO/FAO/OIE Technical Consultation on BSE: Public health, Animal Health and Trade(Proceedings, Paris 11-14 June 2001), 2002 *(in English)*

Quarantine and Health Screening Protocols for Wild Life prior to Translocation and Release into the Wild. M.H. Woodford, ed., 2001 *(in English)*

Risk Analysis in Aquatic Animal Health
(Proceedings of the OIE International Conference, 8-10 February 2000), C.J. Rodgers, ed., 2001. *(in English)*

WHO/OIE Manual on Echinococcosis in Humans and Animals: A Public Health Problem of Global Concern, J. Eckert, M.A. Gemmel, F.-X. Meslin & Z.S. Pawlowski(eds.), 2001 *(in English)*

Histoire de la Surveillance et du Contrie des Maladies Animales Transmissibles, J. Blancou, ed., 2000 *(in French)*

Heartwater(cowdriosis): A Review, E. Camus, N. Barr D. Martinez et G. Uilenberg(eds.), 2nd ed., 1996 *(in English)*

Brucelosis Ovina y Caprina, F. Crespo León, ed., 1994 *(in Spanish)*

(5) 회의 보고서

International Conference on the Control of Infectious Animal Diseases, by

Vaccination - Recommendations(Buenos Aires(Argentina)), 13-16 April 2000

Second Joint FAO/OIE/WHO Expert Workshop on Non-Human Antimicrobial Usage and Antimicrobial Resistance: Management Options, Report (Oslo(Norway)), 15-18 March 2004).

Global Conference on Animal Welfare: An OIE Initiative - The Proceedings(Paris(France), 23-25 February 2004)

Joint WHO/FAO/OIE Technical Consultation on BSE: Public Health, Animal Health and Trade - Conclusions and Key Recommendations (OIE Headquarters, Paris, 11-14 June 2001)

2nd OIE Conference on Antimicrobial Resistance: Strengthening Dialogue between Medical Doctors and Veterinarians.

OIE/FAO International Scientific Conference on FMD(OIE Headquarters, Paris, 17-18 April 2001)

(6) 기술보고서

각 분야의 국제 및 지역 전문가들이 제시한 문제점들을 모아 간행물로 만들고 있으며, OIE의 회원국을 대상으로 한 설문조사의 응답을 포함하고 있다.

OILM
International Organization of Legal Metrology
국제법정계량기구

1) 소재지

주   소 11, rue Turgot - F-75009 Paris, France

전   화 33 1 48 78 12 82

팩   스 33 1 42 82 17 27

전자우편 biml@oiml.org

홈페이지 http://www.oiml.org

2) 설립연혁

계량관계 국제기구로서는 미터법에 관한 국제도량형국(IBWM)이 이미 오래전부터 활동하여 왔으나 미터조약이 대상으로 하지 않는 산업상 각종 계량기기에 관하여도 구조, 사용방법 및 오차의 한계 등 계량기기의 사용에 따르는 행정적, 기술적인 제반 문제를 해결하여 통일적 기준을 확립할 필요성이 점증하게 되었다. 이러한 목적으로 국제조약을 체결하여야겠다는 논의가 1920년대부터 대두되어 1937년에는 조약기초위원회까지 파리에 설치되었으나 제 2차 세계대전의 발발로 그 작업이 중단되었다. 전후에 그 노력이 재개되어 1952년에는 조약초안의 완성을 보게 되었고 1955년 10월 파리에서 드디어 이 조약이 채택되었다. 1958년 5월 29일 조약이 발표됨으로써 본 기구가 정식 발족되었다.

3) 설립목적

① 문서 및 정보, 특히 각국의 법 규정의 적용대상이 되는 계량기기의 검증, 감독기관 및 동 계량기기의 개념규정, 제작 및 사용에 관한 정보의 센터 역할을 한다.

② 각국의 계량기기 및 관련법규를 번역하고 배포한다.

③ 법정계량의 일반원칙을 결정하다.

④ 계량기기에 관한 제도 및 규정의 통일방안을 연구한다.

⑤ 계량기기 및 그 사용을 위한 법률 및 규정의 표준형을 정립한다.

⑥ 계량기기가 국제적으로 사용되도록 권고하기 위하여 그 특성과 기준을 결정한다.

438   국제기구 지식정보원의 이해와 활용

4) 회 원

정회원국에는 59개국이, 통신회원에는 54개국이 회원으로 등록되어 있다.

5) 한국과의 관계

한국은 본 기구 가입서를 1975년 5월 2일 불란서 정부에 기탁하였으며 OILM 설치 협약은 1978년 6월 1일부터 한국에 대하여 발효하였다. 북한은 1974년 5월 9일자로 본 기구에 가입하였다.

한국대표

Mr. Yoo-Tae JUN

Director, Metrology and Measurement Division

주   소 Korean Agency for Techology and Standars(KATS)

2, Joongang-dong, Gawcheon, Kyunggi-do, 427-716

전   화 82 2 509 7229

팩   스 82 2 507 6875

북한대표

Jo Hui Kon,

Director, Department of Metrology

Metrology Department, State Administration for Quality Management(SAQM)

주   소 Inhung 1-Dong, Moranbong District, Pyongyang

전   화 850 2 18111(ext. 381 8989)

팩   스 850 2 381 44 80(44 10)

6) 정보원

(1) 정보배포정책

2004년 11월부터 OIML에서 출간되는 모든 출판물을 무료로 제공하기로 결정했다. 모든 출판물은 PDF형태로 홈페이지에서 이용가능하다. 다운로드 가능한 출판물의 목록은 홈페이지에서 확인할 수 있다.

(2) 정기간행물

*OIML Bulletin*은 1년에 네 번 출간되는 간행물이며 홈페이지에서는 1999년 7월 이후 출간된 Bulletin을 다운로드할 수 있다.

(3) 간행물

① 간행물은 영문과 불문으로 발행한다.

② 간행물은 권고문, 문헌, 용어, 전문가보고서, 일반간행물, 지침서, 세미나 보고서로 나뉜다.

③ URL: http://www.oiml.org/publications

OIC
Organization of the Islamic Conference
이슬람제국회의기구

1) 소재지

주   소 PO Box: 178, Jeddah-21411, Kingdom of Saudi Arabia

전   화 6900001

팩   스 2751953

전자우편 info@oic-oic.org

홈페이지 http://www.oic-oic.org

2) 설립연혁

1969년 8월에 발생한 아크사 이슬람교사원 방화사건을 계기로 사우디아라비아의 국왕 I.A. 파이살은 이슬람국가들에게 지하드(jihad: 聖戰)를 호소하였고, 이에 호응하여 9월 모로코의 라바트에서 25개국 정상회담이 개최되었다. 이 회의에서 이슬람제국회의의 설립이 결의되었고, 이에 따라 1970년 이슬람제국 외무장관회의에서는 정기적인 회합과 상설사무국의 개설을 결정하여, 1971년 5월, 사우디아라비아의 제다에 사무국이 설치됨으로써 정식으로 발족하였다.

3) 설립목적 및 기능

이슬람제국회의기구의 목적 및 기능은 다음과 같다.

① 이슬람국가들의 연대 증진

② 경제, 사회, 문화, 기술 외 다른 중요한 분야의 협력 활동 및 자문

③ 정의를 바탕으로 한 국제 평화와 안전 추구

④ 인종 차별과 식민주의 타파

⑤ 성지 보호, 팔레스타인 독립 지지 및 지원

⑥ 이슬람 신도들의 존엄, 독립, 공권을 지지

⑦ 회원국과 비회원국의 협력 및 이해 도모

4) 회　원

현재 57개국이 회원으로 등록되어 있다.

- 정회원

  아프가니스탄, 알바니아, 알제리, 아제르바이잔, 바레인, 방글라데시, 베냉, 브루나이, 부르키나파소, 카메룬, 차드, 코모로 회교연방 공화국, 지부티, 이집트, 가봉, 감비아, 기니, 기니비사우, 가이아나, 인도네시아, 이란, 이라크, 요르단, 카자

흐스탄, 쿠웨이트, 키르기지아, 레바논, 리비아, 아랍, 자메이카, 말레이시아, 몰디브, 말리, 모리타니, 모로코, 모잠비크, 니제르, 나이지리아, 오만, 파키스탄, 팔레스타인, 카타르, 사우디아라비아, 세네갈, 시에라리온, 소말리아, 수단, 수리남, 시리아, 타지키스탄, 토고, 튀니지, 터키, 투르크메니스탄, 우간다, 아랍 에미리트 연방, 우즈베키스탄, 예멘, 코트디브와르.

- 옵서버(국가, 국제기구)

  ① 비 신도국가: Bosnia and Herzegovina, Central African Republic, Thailand.

  ② 이슬람신도국가/기관: Turkish Muslim Community of KIBRIS, Moro National Liberation Front

  ③ 국제기구: United Nations(UN), Non-Aligned Movement(NAM), League of Arab States(LAS), Organization of African Unity(OAU), Economic Cooperation Organization(ECO)

5) 한국과의 관계

N/A

6) 정보원

(1) 정보배포정책

본 기구 사이트에서 각종 회의보고서, 사무총장 연설문, 뉴스, 공식 발표문, 총회 발표문을 제공한다. 모두 무료로 볼 수 있으며 수시로 갱신되고 있다.

(2) 회의 자료

Islamic Summit Conference(정상회의): 1회 - 10회

Conference of Foreign Ministers(외무부장관회의): 1회 - 32회

Conference of Information Ministers(정보부장관회의): 1회 - 6회

Conference of Cultural Ministers(문화부장관회의): 1회 - 3회

(3) 집회 발표문

OIC Convention to Combat Terrorism(1999-1420H)

OIC에서 테러제거를 위한 국제회의에 기여한 연구논문

Culture and Terrorist Thought

Organized Crime and Terrorism, Toward a Comprehensive Approach

The Roots and Causes of Terrorism

OPEC
Organization of Petroleum Exporting Countries
석유수출국기구

1) 소재지

주   소 Obere Donautrasse 93, A-1020 Vienna, Austria

전   화 43 1 21112 279

홈페이지 http://www.opec.org.

2) 설립연력

1960년 9월, 원유가격 하락을 방지하기 위해 이라크 정부의 초청으로 개최된 바그다드회의에서 이라크 · 이란 · 사우디아라비아 · 쿠웨이트 · 베네수엘라의 5대 석유생산 · 수출국 대표가 모여 결성한 협의체이다. 1950-1960년 중동 및 아프리카에서 대유전이 발견되어 원유의 공급과잉사태가 일어남에 따라 국제석유자본이 원유 공시가격을 인하하자, 이에 대항하기 위하여 산유국들이 본 기구를 결성하여 공시가

격의 회복, 인상을 주도했다.

3) 설립목적

결성 당시에는 원유공시가격의 하락을 저지하고 산유국간의 정책협조와 이를 위한 정보 수집 및 교환을 목적으로 하는 가격카르텔 성격의 기구였으나, 1973년 제 1차 석유위기를 주도하여 석유가격 상승에 성공한 후부터는 원유가의 계속적인 상승을 도모하기 위해 생산량을 조절하는 생산카르텔로 변질되었다.

오늘날 OPEC은 가격정책 외에 석유 이권의 국유화, 자원보호, 각종 석유산업으로의 진출, 석유시대 후의 국가건설을 목표로 하고 있다.

4) 회 원

2005년 현재 회원국은 아프리카의 알제리·나이지리아·리비아, 라틴아메리카의 베네수엘라, 중동의 이란·이라크·쿠웨이트·사우디아라비아·카타르·아랍에미리트, 아시아의 인도네시아 등 11개국이다.

5) 한국과의 관계

N/A

6) 정보원

(1) 정보배포정책

① OPEC은 회원국에 포커스를 맞춘 석유·가스 산업에 관한 간행물을 포함하여 다양한 출판을 하고 있다.

② 대부분의 간행물들은 사이트에서 무료로 이용할 수 있으며 4-5년 전의 자료도 이용가능하다.

③ 또한, 본 기구 사이트는 OPEC과 석유산업에 관한 뉴스와 공식발표문, 연설문,

논평도 제공하고 있다.

(2) 간행물

Annual Report: 정기보고서

OPE Bulletin: 월간지로 회원국의 소식을 전하고 석유시장을 돌아보며 여러 가지 주제를 논의한다.

OPEC Review: 분기별로 출간되는 학술지로 에너지경제(energy economics)와 관련된 주제를 다룬다. 정기 구독 신청이 가능하다.

Who Gets What from Imported Oil(2000, 2001, 2004)

(3) 보고서

Market Indicators: 월간 보고서로 석유산업과 관련된 정보와 수치를 볼 수 있다 (생산량, 석유가격, 수요와 공급).

Monthly Oil Market Report: 월간 보고서로 경제 발전, 석유가격자료, 수 요와 공급, 원료와 가공품 재고 등 중요한 정보를 볼 수 있다.

Annual Statistical Bulletin: 정기 통계 보고서

PIANC
Permanent International Association of Navigation Congresses
국제상설항해협회

1) 소재지

주   소   General Secretariat Graaf de Ferraris Building - 11th floor Blvd.

du Roi Albert Ⅱ, 20 - Box 38-1000, Brussels(Belgium)

전   화   + 32 2 553 7161

팩   스   + 32 2 553 7155

전자우편   info@pianc-aipcn.org

홈페이지   http://www.pianc-aipcn.org

2) 설립연혁

본 기구는 1885년 헤이그에서 내륙항해협회(Inland Navigation Congress)와 대양항해협회(Ocean Navigation Congresses)가 합병하여 설립되었으며, 1923년 3월 23일 벨기에의 국내법에 등록되었다. 항해 기술에 관련된 가장 오래된 국제기구이다.

3) 설립목적

PIANC의 설립목적은 아래와 같다.

① 각종 수로 및 내외해의 항구 유지, 건설, 개선과 보안의 발전

② 해양 분야에 관한 주제의 수립·발표

③ 회원국간의 상호협조를 위한 국제협회 조직

4) 회 원

정부, 개인, 기업, 학생회원으로 구성된다. 회원의 소속 국가는 현재 총 65개국이다.

• 미주

아르헨티나, 볼리비아, 브라질, 캐나다, 칠레, 콜롬비아, 에콰도르, 파나마, 도미니카 공화국, 우루과이, 미국, 베네수엘라.

• 유럽

오스트리아, 벨기에, 크로아티아, 체코 공화국, 덴마크, 에스토니아, 핀란드, 프랑스, 독일, 그리스, 헝가리, 아이슬란드, 이탈리아, 리투아니아, 룩셈부르크, 몰타,

모나코, 네덜란드, 노르웨이, 폴란드, 포르투갈, 루마니아, 러시아 연합, 스페인, 스웨덴, 스위스, 터기, 영국.

- 아프리카
  알제리, 모리셔스, 모로코, 나이지리아, 세네갈, 남아프리카, 오만 왕국, 탄자니아, 아랍에미리트연합국.

- 아시아
  중국, 홍콩, 인도, 인도네시아, 이란, 이스라엘, 일본, 한국, 말레이시아, 싱가포르, 스리랑카, 태국.

- 오세아니아
  호주, 뉴질랜드.

5) 한국과의 관계

한국은 1960년 건설부 장관이 정부대표회원으로 가입하였다. 현재(2005년) 한국대표는 해양수산부이다.

6) 정보원

(1) 기술관련 도서 및 보고서

사이트 내에 카탈로그, 검색, 구매 기능은 있으나 현재 활용되지 않고 있다. 출판물 목록이 있지만 홈페이지에서 직접 구매할 수는 없다.

Inland Navigation Commission

Maritime Navigation Commission

Recreational Navigation Commission

International Co-operation Commission

Conference Reports

Dredging and Disposal of Dredged Material

Locks

Oil Tankers and Large Ships

PIANC Centenary Book(1985) - 백주년 기념 출판

Roll - on/Roll - off Ships

Waves

Illustrated Technical Dictionary(6개 언어)

(2) 국제회의 보고서

다음 회의보고서는 Pergamon Press(Headington Hill Wall, Oxford OX3 OBW, U.K)에서만 구매 가능하다.

25th Congress, Edinburgh(1981) - Inland Navigation(5 vol.), Ocean Navigation(5 vol.)

25th Congress, Edinburgh(1981) - The Technical Proceedings

(3) CD-ROM 간행물

Handling and Treatment of Contaminated Dredged Material(CDM) from Ports and Inland Waterways

(4) 정기간행물

*On Course*는 1926년부터 출간된 회보지이며 연간 3-4회 출간된다. 홈페이지에서는 1995년 이후 86회부터 직접 구매 가능하다. 각 발행 부수별로 구매할 수 있고 또는 정기 구독을 신청할 수 있다. 회원에게는 무료로 제공되고 있고 비회원은 구매가 가능하다.

(5) 기술요약서

국제 향해와 관계된 문제를 직시, 해결책을 제시한다. 기술요약서는 내륙, 해상, 행해와 관련하여 지침서 역할을 한다.

Management of Contaminated Dredged Material(CDM) - 1 euro, 온라인구매 가능

River Information Services(RIS) - 1 euro

Guidelines for Shore to Ship Facilities in Roll on and Roll off(RO-RO)

Impacts of Watershed Management on Inland Navigation

Impacts of Critical Habitat Mandates on Navigation Activities and Port Operations

(6) PIANC 소식지

*Sailing Ahead*는 인터넷 소식지이며 무료로 다운로드 받을 수 있다.
2003년; 3월, 6월, 9월, 12월
2004년; 2월, 4월, 7월, 10월
2005년; 2월, 5월

UNIDROIT
International Institute for the Unification of Private Law
사법통일국제연구소

1) 소재지

주   소 28 Via Panisperna, 00184 Rome, Italy

전　　화　39 06 696211
팩　　스　39 06 699 41394
전자우편　info@unidroit.org
홈페이지　http://w.unidroit.org

2) 설립연혁

본 기구는 1926년 4월 20일 이탈리아 정부와 국제연맹(The League of Nations)간
의 협약에 의해 국제연맹보조기구로 로마에 설립되었으며, 1940년 UNIDROIT 규정
(Statute of the International Institute for the Unification of Private Law)의 채택
으로 국제연맹으로부터 독립된 정부간 국제기구로 발족되었다. 그 후 1957, 1958,
1963, 1976, 1986, 1993년의 6차에 걸린 부분개정으로 현 규정에 이르렀다.

3) 설립목적

UNIDROIT는 국가간 사법의 조화, 조정방법의 연구와 각국에 의한 통일사법의 점
진적 채택준비를 목적으로 설립되었으며, 다음과 같은 기본적인 활동을 한다.

① 통일적인 국내법의 제정을 목적으로 하는 법률안 또는 협약안의 준비

② 사법영역에서의 국제관계증진을 위한 협약안의 준비

③ 사법에서의 비교법 연구수행

④ 다른 국제기구가 이미 시작한 계획에의 참여

⑤ 각종 국제회의의 개최와 연구 자료의 발간

4) 회　원

현재 57개국이 회원으로 등록되어 있다.

* 아시아 · 태평양지역
  호주, 중국, 인도, 이란, 이라크, 이스라엘, 일본, 한국, 파키스탄.

- 북·남미

  아르헨티나, 볼리비아, 브라질, 캐나다, 칠레, 콜롬비아, 쿠바, 멕시코, 니카라과, 파라과이, 미국, 우루과이, 베네수엘라.

- 유럽

  오스트리아, 벨기에, 불가리아, 체코 공화국, 크로아티아, 사이프러스, 덴마크, 핀란드, 프랑스, 독일, 그리스, 교황청, 헝가리, 아일랜드, 이탈리아, 에스토니아, 룩셈부르크, 몰타, 네덜란드, 노르웨이, 폴란드, 루마니아. 러시아. 산마리노, 세르비아 몬테네그로, 슬로바키아, 슬로베니아, 스페인, 스웨덴, 스위스, 터키.

- 아프리카

  이집트, 나이지리아, 남아프리카, 튀니지.

5) 한국과의 관계

한국은 1981년 6월 25일, UNIDROIT 규정에 가입한 이래 그 활동에 참여하여 왔다. 1993년 12월 2일, 류병화 교수가 UNIDORIT 이사로 선출되어, 이사회에 참가하였다.

6) 정보원

(1) 도서관

① UNIDROIT 도서관은 현재 전 세계에서 발행한 450개의 정기간행물과 260,000권 이상의 간행물을 소장하고 있다. 주요 소장도서는 사법 관련이지만 지적재산권법, 국제 공법, 경제법, 그리고 로마법과 교회법도 포함한다. 또한, UNIDROIT의 과거 및 현재의 입법 활동 주제에 도움을 준 자료들이 많다. 이 자료들의 주제는 법통일(전 세계, 지역 또는 내부), 국제 상거래, 전반적 또는 특정 계약서, 운송법, 관광법, 민사법, 가정법, 타협, 문화유산법, 국제사법, 국제자본시장, 국제민사 소송 절차이다.

② 도서관은 중요한 국제 및 국내 법률관계 서적 목록을 제공한다.

③ 도서관은 다른 국제기구(유엔, 국제노동기구, 국제해사기구, 유럽연합, 유럽회의, 미주기구, 북유럽협의회. 국제사법회의)의 문헌도 소장하고 있다. UNIDROIT 도서관은 UN 문헌과 간행물의 공식 기탁도서관이다.

(2) 온라인 데이터베이스

① 온라인도서목록의 이용이 가능하다. 현재 발행하는 정기간행물과 도서관이 최근 입수한 도서목록을 도서관 사이트에서 볼 수 있다.

② 도서관은 여러 중요한 법률 문헌을 제공할 뿐만 아니라 Westlaw, Hein-On-Line, DeAgostini Professional, Eur-lex 등 중요한 온라인 데이터베이스를 제공한다.

③ 그 외, 다른 중요한 참고자료는 UNILEX 데이터베이스와 1994-1995년 Uniform Law Review에서 간행된 통합된 사법 출판목록(Uniform Law Bibliography)이 있다.

- UNILEX: 국제 사례법, 국제 상거래에 관한 UN 협정(CISG)의 출판목록, 국제 상거래 계약서 원칙관련 데이터베이스이다.
  URL: http://www.unilex.info

- UNILAW(통일법 데이터베이스)
  URL: http://www.unidroit.info

(3) 도서관 소재지

주   소 UNIDROIT Library, Via Panisperna 28, 00184 Rome, Italy
전   화 + 39 06 696211
팩   스 + 39 06 69941394

(4) 간행물

Uniform Law Review / Revue de Droit Uniforme

UNIDROIT Proceedings and Papers

UNIDROIT Principles of International Commercial Contracts

Model Franchise Disclosure Law

Official Commentary on the Convention on International Interests in Mobile Equipment and the Protocol thereto on Matters Specific to Aircraft Equipment, by Professor Sir Roy Goode

Digest of Legal Activities of International Organizations and other Institutions

Guide to International Master Franchise Arrangements

UNIDROIT Principles of International Commercial Contracts

Acts and Proceedings of UNIDROIT Congresses

Acts and Proceedings of Diplomatic Conferences for the Adoption of UNIDROIT Conventions

Uniform Law Review / Revue de Doit Uiforme(old series) - Unification of Law - Yearbook - Uniform Law Cases

(5) 회의보고서/판결문

UNIDROIT의 보고서에는 한 해 동안의 기구 활동을 보고하는 정기보고서, 집행이사회의 보고서, 총회보고서 등이 있다.

(6) 한국 내 기탁도서관

① 국회도서관

주   소 서울시 영등포구 여의도동 1번지

전   화 02 788 4256

전자우편 seokh@nanet.go.kr

홈페이지 http://www.nanet.go.kr

자료유형	기증자료 및 기증액	
단행본	15종	12,000,000원
정기간행물	1종	-

2.2 地域機構

AALCO
Asian African Legal Consultative Organization
아·아법률자문기구

1) 소재지

주   소 66, Vasant Marg, Vasant Vihar, New Delhi 110057, India

전   화 + 91 11 2615 2041, 2615 2051

팩   스 + 91 11 2615 2041

전자우편 mail@aalco.org

홈페이지 http://www.aalco.org

2) 설립연혁

1956년 일본, 인도, 버마(현 미얀마), 씰론(현 스리랑카), 인도네시아, 이라크, 아랍
공화국연합(현 이집트, 시리아) 7개국의 정부간에 체결된 "아시아 법률자문위원회
규정"을 근거로 하여 1956년 11월 16일에 발족되었으며, 아프리카 제국에까지 문호

를 확대하여 1958년 아·아법률자문위원회로 개칭되었다(버마는 1974년 1월 탈퇴
하였다가 1993년 2월 재가입함).

2000년 제 40차 AALCC의 본부인 인도에서 열린 총회시 아·아법률자문위원회에
서 아·아법률자문기구로 개칭되었고, 국제기구로서의 자리를 굳건히 하였다.

위원회는 당초 5년간만 활동할 것으로 발족되었으나 그 간 수차에 걸쳐 5년간씩
그 기간을 연장하여 활동하여 오던 중, 위원회 규정의 전반적인 개정을 위하여
1985년 9월 정관개정에 관한 회의가 개최되었으며, 1986년 제 25차 아루샤(탄자니
아)총회 토의결과 일부 조항을 제외한 새로운 규정이 1987년 1월 제 26차 방콕 총
회시 채택됨으로써 위원회는 항구적인 기구가 되었다.

3) 설립목적 및 기능

규정 제 1조에 규정된 기구의 목적 및 기능은 다음과 같다.

① 국제 법률과 관련하여 회원국가에 대해 고문기구로서의 역할을 하며, 공통관심
의 법률문제에 대해 아시아·아프리카간의 협력을 위한 포럼으로서의 역할을
한다.

② 회원국가가 문의하는 국제법률과 관련된 이슈들을 숙고하고, 필요해 보이는 권
고사항들을 정부기관에 제공한다.

③ 공통관심을 가지는 법률문제에 관하여 의견과 정보를 교환하고 필요한 경우 권
고를 행한다.

④ 본 단체에게 문의된 국제법률문제에 대한 본 단체의 의견을, 회원국가의 정부들
의 동의 하에, UN이나 다른 협회, 그리고 국제기구들에게 알린다.

⑤ 국제법위원회가 관리중인 문제를 검토하고 본 단체의 의견을 위원회에 전달한
다. 또한, 위원회의 보고서들을 검토하고 거기에 대한 제안들을 회원국가들에게
전달한다.

⑥ 회원국가의 요청 혹은 동의에 의해서 본 단체의 역할과 목적을 달성하기 위한
적절한 조치들을 행한다.

⑦ 위에 열거된 본 단체의 기본적인 역할과 목적들은 본 단체가 주제나 화제들을 숙고하는 데에 영향을 주며, 수년간 아·아법률자문기구의 수행 프로그램을 형성해 왔다. 이에 따라, 아·아법률자문기구의 수행 프로그램에 문제가 상정되는 데에는 세 가지 방법이 있다.

ⓐ 회원 국가가 위탁

ⓑ 사무국장에 의한 Suo-moto 발의

ⓒ 본 단체의 기본적인 역할과 목적들을 실행하기 위해, 사무국은 해당 주제에 대한 조사 자료를 준비하여, 연례 회의에서 심의하기 위한 배경 자료로서 이용한다.

4) 회 원

현재 아시아와 아프리카 지역의 주요 47개 국가가 본 기구의 회원이다.

- 아시아

  방글라데시, 한국, 북한, 몽고, 미얀마, 네팔, 인도, 인도네시아, 이라크, 중국, 필리핀, 태국, 싱가포르, 스리랑카, 일본, 말레이시아.

- 중 동

  보츠와나, 사이프러스, 이란회교공화국, 요르단, 쿠웨이트, 리비아, 아랍, 자메이카, 오만, 파키스탄, 카타르, 사우디아라비아, 팔레스타인 자치정부, 터키, 아랍에미리트 연합, 예멘 공화국, 시리아 회교 공화국, 바레인.

- 아프리카

  소말리아, 남아프리카, 수단, 탄자니아, 케냐, 레바논, 감비아, 가나, 우간다, 모리셔스, 나이지리아, 세네갈, 시에라리온, 브루나이.

5) 한국과의 관계

한국은 1970년도에 이란, 케냐, 쿠웨이트, 말레이시아, 나이지리아, 싱가포르, 시리아와 함께 가입하였다.

6) 정보원

(1) 정보배포정책

① 모든 출판물은 사무국을 통해 입수·이용 가능하다.

② 정기간행물인 *Yearbook*과 *Quarterly Bulletin*은 임시 International Standard Serial Number(ISSN)에 등록, 지정되어 있다.

③ 사무국에게 필요한 정보를 제공하는 것 이외에도 회원 국가들은 도서관을 이용할 수 있다.

(2) 도서관

① 도서관은 AALCO 사무국의 중요한 구성원이다. 도서관은 사무국에서 맡은 연구와 관련된 자료를 제공한다. 국제법과 관련된 각종 주제에 관한 참고 문헌을 소장하고 있다.

② 국제법에 관한 국제적인 견해에 관한 도서

International Law Cases

Digest of International Law

British Yearbook of International Law

③ 유엔, 유엔 산하기구, 주요 국제기구의 다양한 간행물을 정기적으로 받는다. 보관소(the Archive)에는 다음의 간행물들이 있다.

UN Treaty Series
Multilateral Treaties Deposited with the Secretary General of the U.N.

General Assembly Resolutions

International Law Commission Reports

International Law Commission Yearbooks

International Court of Justice Yearbooks

International Court of Justice Bibliographies

International Court of Justice Reports/Judgements

United Nations Commission on International Trade Law(UNCITRAL) Years Books

UNCTAD Handbook of International Trade and Development Statistics.

UN Statistical Yearbook

④ 주요 국제 법률저서

American Journal of International Law

International Legal Materials

American Journal of Comparative Law

Commonwealth Law Bulletin, Journal of World Trade

Journal of International Arbitration

International and Comparative Law Quarterly

N.Y. University Journal of International Law and Politics

International Lawyer, Harvard International Law Journal

(3) 주요 간행물

Yearbook of the Asian-African Legal Consultative Organisation

Quarterly Bulletin of Asian-African Legal Consultative Organization

Newsletter

Report of the Annual Sessions

Verbatim Record of the Annual Sessions

Report of the Seminars, Workshop and Intersessional Meetings

Notes and Comments on Selected Items before the General Assembly of the United Nations

Special Study 1: A Study on Special and Differential Treatment in WTO Agreements

AARDO
Afro-Asian Rural Development Organization
아 · 아농촌개발기구

1) 소재지

주　　소　2, State Guest Houses Complex Chanakyapuri, New Delhi 110 021, India

전　　화　+91 11 24100475/+91 11 26877783/+91 11 26115936

팩　　스　+91 11 24672045/+91 11 26115937

전자우편　aardohq@nde.vsnl.net.in

홈페이지　http://www.aardo.org

2) 설립배경

1961년 1월 뉴델리(New Delhi)에서 제 1차 아시아 · 아프리카농촌개발회의를 개최하였고, 그 후 1962년 3월 31일 카이로(Cairo)에서 개최된 제 2차 회의에서는 제 1차 회의에서 제안된 아시아 · 아프리카농촌개발기구 헌장을 채택함으로써 본 기구의 설립을 보게 되었다.

3) 설립목적

아시아·아프리카 제국간의 공통된 문제에 관한 상호이해를 증진시키고 나아가서
는 아시아·아프리카 지역 농민들의 빈곤을 타개하며, 이들의 일반 복지를 향상시
키기 위한 상호협조 방문을 목적으로 하고 있다.

4) 기　능

① 아시아·아프리카지역 회원국간의 이해를 증진하고, 아시아·아프리카지역 농민
　의 후생증진 및 기아와 빈곤의 탈피를 위하여 노력한다.

② 유엔식량농업기구(FAO), 국제농업생산자연맹(IFAP), 국제협동조합연맹(ICA)
　등 농업개발을 위한 농촌재건 및 농촌복지의 증진을 목적으로 하는 국제 또는
　지역적 기구와 협조한다.

③ 아시아·아프리카지역 농민 및 전문가의 국가간 교류를 도모한다.

④ 각종 회의, 세미나, 전시회 등을 개최하고 문헌을 발행하며 공보활동을 전개한다.

⑤ 공동이익에 관계되는 문제에 대한 연구를 행하며 회원에게 유익한 자료와 통계
　를 수집, 분석, 해석 및 보급한다.

5) 회　원

AARDO의 가입은 아시아·아프리카 지역에 있는 국가 중, 준회원국 이상의 UN 가입
국가와 농촌의 발전에 관여한 전문 기관, 협회, 혹은 기구의 회원국에 열려있다.
현재 회원국은 총 29개국으로 아프리카 13개국, 아시아 14개국, 그리고 두개의 전
문기관으로 이루어져 있다.

- 아프리카
　부르키나파소, 이집트, 에티오피아, 가나, 라이베리아, 리비아, 아랍, 자메이카, 모
　리셔스, 모로코, 나이지리아, 시에라리온, 수단, 잠비아.

- 아시아

  방글라데시, 대만, 인도, 이라크, 요르단, 한국, 레바논, 말레이시아, 오만, 파키스탄, 필리핀, 시리아, 예멘.

- 준회원

  Institute for Rural Development(Kenya), Vulnerable Welfare Foundation of Liberia Inc.(Monrovia).

6) 한국과의 관계

한국은 1962년 3월, 카이로(Cairo)에서의 AARRO 창립총회에 참석하였으나, 정식 가입은 1963년 12월 9일에 하였다. 1973년 3월 5일 한국과 AARDO간에 본 기구의 극동지역 사무소를 서울에 설치하기 위한 협정을 체결하였다.

극동 AARDO 지역 사무소

대표 이상무

주　　소 서울특별시 서초구 서초 3동 1598-3 르네상스 오피스텔 305호

전　　화 02 584 3171 / 02 584 3156

팩　　스 02 584 7661

전자우편 fero@hananet.net

7) 정보원

(1) 정보배포정책

① AARDO 사무국 내 자료실은 아시아·아프리카 지역 국가를 비롯해 그 외 개발도상국의 농업과 지역발전에 관한 5,000여부 이상의 서적과 보고서를 소장하고 있다. 또한, 출판부는 1967년부터 정기적으로 AARDO 출판물을 발행하고 있으며, 이미 출간된 보고서도 보관하고 있다. 여러 보고서, 뉴스레터, 저널, 연간 리포트 등의 출판과 배포는 AARDO 사무국의 가장 중요한 정보 보급 수단이다.

AARDO는 평균적으로 한 해에 15-20부 정도 출판하고 있다. 출판물은 컴퓨터, 레이저 프린터, CD 복사기, 스캐너, 모뎀 등 최근 과학 기술의 데스크톱출판(DTP) 설비로 갖춰져 있다.

② AARDO의 도서관은 세계 각지로부터 서적, 보고서, 정기간행물 등을 수집하여 5,200여부의 출판물과 75여종 정기간행물을 소장하고 있다. 장서 관리 업무는 전체적으로 컴퓨터로 처리되기 때문에 독자들은 전산화된 데이터베이스를 이용할 수 있으며, 도서관에 새로 들어온 책에 관한 정보도 얻을 수 있다.

③ 아래와 같은 출판물은 홈페이지 상에서 이용가능하다.

AARDO Newsletter, Vol. XIX, No.1, April 2004(English Version)

AARDO Newsletter, Vol. XIX, No.1, April 2003(Arabic Version)

Annual Report 2003

Report of the 25th RECA Seminar on "Empowerment of Women Through Agricultural Cooperatives", Tokyo, 2003

Report of the 26th RECA Seminar on "Sustainable Family Farming and Role of Agricultural Cooperatives", Tokyo, 2004

(2) 최근 입수 도서 및 보고서

Fiscal Policies and Sustainable Growth in India
by Favaro, Edgardo M. & Lahiri, Ashok K.(eds.); New Delhi: Oxford University Press, 2004

Farmers' Participation in Irrigation Management in India - Status, Impact and Determinants
by Prasad, Kamta; New Delhi: Uppal Publishing House, 2001.

Globalization, Culture, and the Limits of the Market - Essays in Economics and Philosophy by Cullenberg, Stephen & Pattanaik, Prasanta K.(eds.); New Delhi: Oxford University Press, 2004.

Poverty Reduction - Self - Help Group Strategy(A Case Study of Andhra Pradesh)
by Krishnaiah, P.; New Delhi: UBS Publishers' Distributors Pvt. Ltd., 2003.

Planning and Management for Rural Development
by Singh, S.P.; New Delhi: Mittal Publications, 2003.

India Sustaining Reform, Reducing Poverty
by The World Bank; Washington: Oxford University Press, 2003.

World Development Report 2004 - Making Services Work for Poor People
by The World Bank; Washington: Oxford University Press, 2003.

Poverty Alleviation and Rural Poor
by Krishna, Meeta; New Delhi: Mittal Publications, 2003.

On the Waterfront - Water Distribution, Technology and Agrarian Change
by Mollinga, Peter P.; Hyderabad: Orient Longman Pvt. Ltd., 2003.

Climate Change and India - Vulnerability Assessment and Adaptation
by Shukla, P.R., Sharma, Subodh K., Ravindranath, N.H., Garg, Amit & Bhattacharya, Sumana(eds.); Hyderabad: Orient Longman Pvt. Ltd., 2003.

Asian Development Outlook 2003
by Asian Development Bank; New York: Oxford University Press, 2003.

India Health Report
by Misra, Rajiv, Chatterjee, Rachel & Rao, Sujatha; New Delhi: Oxford University Press, 2003.

Infrastructure Development and Financing
by Ganesan, S.(ed.); New Delhi: Kanishka Publishers, Distributors, 2001.

Globalization, Localization and Sustainable Livelihoods
by Almas, Reidar & Lawrence, Geoffrey(eds.); England: Ashgate Publishing Limited, 2003.

Research Methodology in Geography - Social, Spatial and Policy Dimensions
by Misra, Harikesh N. & Singh, Vijai P.(eds.); New Delhi: Rawat Publications, 2002.

Methodology and Techniques of Social Research
by Singh, Jaspal; New Delhi: Kanishka Publishers, Distributors, 2001.

The New Poverty Strategies - What Have They Achieved? What Have We Learned?
By Booth, Anne & Mosley, Paul(eds.); New York: Palgrave Macmillan, 2003.

Poverty Reduction in Developing Countries - Experiences from Asia and Africa
by Vyas, V.S. & Bhargava, Pradeep(eds.); New Delhi: Rawat Publications. 1999.

Users in Water Management - The Andhra Model and its Replicability in India
by Hooja, Rakesh, Pangare, Ganesh & Raju, K.V.(eds.); New Delhi: Rawat Publications, 2002.

Industrial Resurgence in Rural India - Scope and Strategies
by Soundarapandian, M.(ed.); New Delhi: Kanishka Publishers, Distributors, 2000.

Rural Marketing - Text and Cases
by Gupta, S.L.; New Delh: Wisdom Publications, 2004.

Poverty, Agrarian Structure, and Political Economy in India
by Bardhan, Pranab; New Delhi: Oxford University Press, 2003.

*Applications of Biotechnology to Mitigation of Greenhouse Warming -
Proceedings of the St. Michaels II Workshop, April 2003*
by Rosenberg, Norman J., Metting, F. Blaine & Izaurralde, R. Cesar(eds.);
Columbus: Battelle Press, 2004.

Ending Hunger in our Lifetime - Food Security and Globalization
by Runge, C. Ford, Senauer, Benjamin, Pardey, Philip G. & Rosegrant, Mark
W.; London: The John Hopkins University Press, 2003.

*Quantitative Methods in Social Science - The Role of Numbers Made
Easy*
by Gorard, Stephen; London: Continuum, 2003.

Introduction to Development Economics(4th ed.)
by Ghatak, Subrata; London: Routledge, 2003

*Biotechnology and the Future of World Agriculture - The Fourth
Resource*
by Hobbelink, Henk; London: Zed Books Ltd., 1991.

Agro-diversity - Learning from Farmers across the World
Brookfield, Harold, Parsons, Helen & Brookfield, Muriel(eds.); Tokyo: United
Nations University Press, 2003.

ACS
Association of Caribbean States
카리브국가연합

1) 소재지

주　　소　5-7 Sweet Briar Road, St. Clair, P.O. Box 660 Port of Spain,
　　　　　Trinidad and Tobago, West Indies

전　　화　868 622 9575

팩　　스　868 622 1653

전자우편　mail@acs-aec.org

홈페이지　http://www.acs-aec.org

2) 설립연혁

1994년 7월 카르타헤나(Cartagena)에서 25개 카리브 연안국 정상이 ACS 창설 협정에 서명한 후 1995년 8월 4일 17개 회원국의 협정 비준으로 공식 출범하였다.

3) 설립목적

① 경제, 사회, 문화, 과학 분야 등 카리브지역의 집단적 발전 능력 강화

② 무역, 투자 촉진을 위한 광역 경제권 형성

4) 회 원

현재 ACS의 회원국은 총 25개국이다.

* 정회원국

　안티구아 바부다, 바하마, 바베이도스, 벨리즈, 콜롬비아, 코스타리카, 쿠바, 도미니카 연방, 도미니카 공화국, 엘살바도르, 그레나다, 과테말라, 가이아나, 아이티,

온두라스, 자메이카, 멕시코, 니카라과, 파나마, 세인트킷츠네비스, 세인트루시아, 세인트빈센트 그레나딘, 수리남, 트리니다드 토바고, 베네수엘라.

- 준회원국

  아라비아, 프랑스(French Guiana와 Guadeloupe and Martinique를 대표하여 가입), 네덜란드 앤틸리스 제도.

- 옵서버(Observer)

  아르헨티나, 브라질, 캐나다, 칠레, 이집트, 핀란드, 인도, 이탈리아, 네덜란드, 한국, 모로코, 페루, 러시아, 스페인, 터키, 우크라이나, 영국

이 외에 중남미 지역협력기구 4개(Caribbean Community, Latin American Economic System, Central American Integration System, United Nations Economic Commission for Latin-America and the Caribbean, Carribean Tourism Organization)가 창립 옵서버로 있다.

5) 한국과의 관계

한국은 1998년 12월 바베이도스에서 개최된 제 4차 각료이사회에서 옵서버국으로 가입 승인을 받았다. ACS 연례 각료회의 및 정상회의에 매년 옵서버 자격으로 참석하고 있다.

6) 정보원

(1) 정보배포정책

카리브 연합국가의 네 가지 활동분야는 무역, 운송, 지속가능형 관광, 자연재해 등이며, 네 가지 분야에서 프로젝트가 진행이 된다. 홈페이지에서 각 프로젝트에 관한 정보를 무료로 제공하며, 무료로 다운로드 가능하다. 또한 출판물은 아니지만 전문가의 관련 논문이나 보고서, 발표 자료와 회원 국가의 무역 통계를 볼 수 있다. 1995년 출범 이후의 공식 회의 자료를 볼 수 있으며, 본 기구와 관련된 기사들이 발췌되어 있다.

ADB
Asian Development Bank
아시아개발은행

1) 소재지

주　　소　6ADB Avenue, Mandaluyong City 1550 Metro Manila, Philippines

전　　화　+63 2 632 4444

팩　　스　+63 2 636 2444

전자우편　information@adb.org

홈페이지　http://www.adb.org

2) 설립배경

1963년 아시아극동경제위원회(ECAFE: 아시아·태평양경제사회위원회의 전신) 각료회의에서 아시아 지역의 경제성장과 경제협력을 증진하고, 지역 내 개발도상국의 경제개발을 촉진하자는 구상이 제안되었다. 국제연합(UN) 아시아·태평양 경제사회위원회(ESCAP)의 지원을 받고 1965년 필리핀 마닐라에서 설립 협정에 조인, 1966년 12월에 활동을 개시하였다.

3) 설립목적 및 기능

아시아 지역의 경제성장과 경제협력 증진 및 경제개발 촉진을 목적으로 한다. 주요 업무는 지역 내 개발투자 촉진, 역내개발을 위한 투자, 역내개발에 관한 정책 및 계획조정, 기술원조 공여 등이 있다.

4) 회 원

2005년 현재 총 회원국은 아시아 내외 63개국이다.

- 아시아 내국

  아프가니스탄, 호주, 아제르바이잔, 방글라데시, 부탄, 캄보디아, 중국, 아일랜드, 홍콩, 인도, 인도네시아, 일본, 카자흐스탄, 키리바시, 한국, 키르기즈, 라오인민민주공화국, 말레이시아, 몰디브, 마샬군도, 미크로네시아, 몽고, 미얀마, 나우루, 네팔, 뉴질랜드, 파키스탄, 팔라우, 파푸아뉴기니, 필리핀, 사모아, 싱가포르, 솔로몬아일랜드, 스리랑카, 대만, 타지키스탄, 태국, 동티모르, 통가, 투르크메니스탄, 투발루, 우즈베키스탄, 바누아투, 베트남.

- 아시아 외국

  오스트리아, 벨기에, 캐나다, 덴마크, 핀란드, 프랑스, 독일, 이탈리아, 룩셈부르크, 네덜란드, 노르웨이, 포르투갈, 스페인, 스웨덴, 스위스, 터키, 영국, 미국.

5) 한국과의 관계

현재까지 한국은 ADB 부총재 3명을 배출했다. 정인용 전 재무부장관, 이봉서 전 상공부 장관, 신명호 전 주택은행장이 그들이다. 현재는 윤종현 이사(전 재경원 금융정책국장)와 이영희 사무총장(전 수출입은행장)이 한국인으로는 ADB에서 최고 위직이다. 이 외에도 다른 한국인 전문가들이 ADB의 다양한 프로젝트나 프로그램에 주도적으로 참여해 아시아 저개발국의 발전을 위해 힘을 쏟고 있다.

6) 정보원

① 정보배포정책

ADB의 출판은 ADB의 활동, 전략, 그리고 목표에 관한 인식과 이해를 증진시키고 ADB가 오늘까지 수행한 업적을 일반 국민들에게 소개하는 기능을 한다. 매년 경제, 환경, 사회 이외에도 여러 분야에 관한 50여 건의 책을 출판한다.

ADB는 매년 총 간행물 목록을 발행한다. 홈페이지에서도 이용 가능하다. ADB의 출판물은 홈페이지 상에서 무료로 다운로드 할 수 있으며 하드카피를 원할 경우 주문을 해야 한다. 각 지역에 있는 지역 배급소를 이용하기를 권장한다. 사무국으로 주문을 원할 경우 홈페이지에 있는 주문서를 작성하여 adbpub@adb.org로 전송하면 된다.

또한 ADB는 기탁도서관 프로그램을 운영하고 있다. 기탁도서관은 160개 이상의 도서관에 접근할 수 있는 네트워크를 일반 대중들에게 제공하고, ADB 문헌과 간행물을 무료로 제공하며, 비정부간 기구들에게 ADB 사업관련 자료에 접근할 수 있는 네트워크를 제공한다.

간행물 외에도 각종 보고서, 통계자료, 사업보고서를 홈페이지에서 무료로 제공하고 있다.

(2) 한국 내 간행물 배급소

Tmecca Korea Inc.

주	소	137-865, Hansung Building, 1431-13, Seocho Dong, Seocho Gu, Seoul
전	화	82 2 581 9960
팩	스	82 2 581 9972
전자우편		jay@tmecca.com
홈페이지		http://www.tmecca.com

(3) 한국 내 기탁도서관

① International Information Center

주	소	Ⅱ-1, Daehyun-Dong, Seodaemun-gu, Seoul
전	화	+822 3277 3658
전자우편		jyp@ewha.ac.kr

자료유형	기증자료	
단행본	186종	-
정기간행물	10종	-
CD-ROM	45종	-
기타 자료	50종	-

② The National Central Public Library

Planning and Cooperation Division

주   소   60-1 Panpo-Dong, Seocho-Gu, Seoul 137-702, Republic of Korea

전   화   82-02-535-4142

팩   스   82-02-590-0530

홈페이지   http://www.nl.go.kr

자료유형	기증자료	
단행본	457종	-
정기간행물	10종	-
웹 정보원	3종	-

(4) 월별 베스트셀러

월별로 홈페이지에서 다운로드 총 횟수에 따라 베스트셀러를 기록한다. 2003년부터 의 월별 기록을 볼 수 있다. 아래 표는 2005년 6월의 기록이다.

	PUBLICATION
1.	*Policies and Procedures on the Use of Consultants by ADB and its Borrowers(Draft) May 2005 [PDF]*
2.	*Asian Development Outlook 2005 [PDF]*
3.	*Summary Environmental Impact Assessment: Liquefied Natural Gas Terminal Project in India [PDF]*
4.	*ERD Policy Brief No. 37: Coping with Global Imbalances and Asian Currencies(May 2005) [PDF]*

5.	*Corporate Governance Principles [PDF]*
6.	*Country Strategy and Program 2005-2009(Kingdom Of Cambodia) [PDF]*
7.	*Asian Development Outlook 2005 - Part 2 Southeast Asia [PDF]*
8.	*ERD Working Paper Series No. 69: Export or Domestic-Led Growth in Asia?(May 2005) [PDF]*
9.	*Summary Environmental Impact Assessment: Oyong Gas and Oil Field Development Project in the Republic of Indonesia [PDF]*
10.	*PRM Working Paper No. 2 - Agriculture Growth and Rural Poverty (A Review of the Evidence) [PDF]*

ANCOM
Andean Community
안데스 공동체

1) 소재지

주   소 Paseo de la Republic 3895, esq. Aramburu, San Isidro, Lima 27 - PERU

전   화 511 411 1400

팩   스 511 221 3229

전자우편 contacto@comunidadandina.org

홈페이지 http://www.comunidadandina.org

2) 설립연혁

카르타헤나(Cartagena) 협정에 의해 1969년 창설되었으며, 최초의 회원국은 볼리비아·에콰도르·칠레·콜롬비아·페루였다. 1973년에 베네수엘라가 추가로 가입했고, 1977년에는 칠레가 탈퇴했다. 1996년 페루 트루히요에서 제 8차 정상회의를 갖고 통합 경제사회를 통한 회원국 간의 상호발전을 목적으로 명칭을 안데스 그룹에서 안데스 공동체로 바꾸었다.

3) 설립목적

안데스 국가의 통합을 목적으로 한 ALADI 내의 Sub-Regional 기구로 회원국간의 균형적인 발전 도모와 지역 통합을 목적으로 한다. 또한, 회원국들의 산업·농업· 사회·무역 협력 증진을 도모한다.

4) 회 원

볼리비아, 페루, 컬럼비아, 에콰도르, 베네수엘라.

5) 한국과의 관계

N/A

6) 정보원

(1) 간행물

안데스 공동체의 간행물 대부분은 스페인어로 출판된다. 홈페이지에서 무료로 다운 로드 받을 수 있으나 하드카피는 유로로 판매되고 있다. 각 간행물의 간단한 소개 와 목차는 무료로 볼 수 있다.

Convergencia Macroeconómica 2003
Autor: Secretaría General de la CAN

Análisis del Impacto del ALCA en la Comunidad Andina
Autor: Secretaría General de la CAN

Análisis del Tratado de Libre Comercio Chile - Estados Unidos
Autor: Secretaría General de la CAN

Documentos de la XIV Reunión del Consejo Presidencial Andino. "La Renovación del Compromiso Comunitario"
Editor: Secretaría General de la CAN

La Nueva Integración Andina

Discursos y Artículos

Autor: Guillermo Fernández de Soto, Secretario General de la CAN

GEO Andino 2003 Perspectivas del Medio Ambiente

Regulación de Cosméticos en la Comunidad Andina

Autor y Editor: Secretaría General de la Comunidad Andina

Impacto Fiscal en la Integración Económica

Autor y Editor: Secretaría General de la Comunidad Andina

Banco Interamericano de Desarrollo

Cómo Hacer Negocios en la Comunidad Andina: Guía de Comercio e Inversión

Autor y Editor: Secretaría General de la Comunidad Andina Con el auspicio de la CAF

Las Políticas Energéticas en la Comunidad Andina

Autor: Jorge Manco Zaconetti

Fortaleciendo Capacidades y Facilitando Espacios de Diálogo entre las Organizaciones Indígenas de los Países Andinos

Autores: Banco Mundial y la Secretaría General de la Comunidad Andina

Proyecto Granadua: Fortalecimiento de la Unión Aduanera en los Países de la Comunidad Andina

Memoria. Mayo 2000 - Mayo 2003

Autores: Comisión de la Unión Europea y la Secretaría General de la CAN

Balance de una Gestión Agosto 1997 - 2002

Autho y Editor: Secretaría General de la Comunidad Andina

Los Seguros de Depósitos en los Países Andinos: Propuestas para un

Régimen Común
Editor: Secretaría General de la Comunidad Andina

Documentos de las Reuniones del Consejo Presidencial Andino(1989-2002)
Autor: Consejo Presidencial Andino.

Integración y Supranacionalidad: Soberanía y Derecho Comunitario en los Países Andinos
Autor: Secretaría General de la Comunidad Andina y PCAB Primera Edición

La Dolarización en Ecuador: Efectos sobre el Comercio Andino
Editor y compilador: Secretaría General de la Comunidad Andina

Las Relaciones Externas de la Comunidad Andina: Entre la Globalización y el Regionalismo Abierto
Autor : Edgard Moncayo Jiménez

Hacia una Política Exterior Común de la Comunidad Andina
Editor: Secretaría General de la Comunidad Andina y la Cooperación Regional Francesa para los Países Andinos

CD-Rom: Comunidad Andina
(bilingüe)1999

Treinta Años de Integración Andina: Balance y Perspectivas

Acuerdo de Cartagena

Texto Oficial Codificado.

CD-Rom: Estrategia Regional de Biodiversidad para los Países del Trópico Andino
Autor: Secretaría General de la CAN(Editado con la Cooperación Técnica y Financiera del Banco Interamericano de Desarrollo y el Apoyo del Consorcio GTZ/FUNDECO/Instituto de Ecología de Bolivia)

CD-Rom: Decisión 523. Estrategia Regional de Biodiversidad para los Países del Trópico Andino
Autor: Secretaría General de la CAN(Editado con la Cooperación Técnica y Financiera del Banco Interamericano de Desarrollo)

"Confecciones Andinas para el Tercer Milenio"
Autor y Editor: Secretaría General de la Comunidad Andina

How to do Business in the Andean Community: Trade and Investment Guide
Author: Secretaría General de la Comunidad Andina

Catálogo: Frutas y Hrtalizas Adinas para el Mundo
(bilingüe)

CD-ROM: Frutas y Hortalizas Andinas para el Mundo
(bilingüe)1999

Manual de Diseño para Maderas del Grupo Andino
Editor: Junta del Acuerdo de Cartagena PADT-REFORT(Con el apoyo financiero de la Comunidad Económica Europea)

Manual del Grupo Andino para Aserrío y Afilado de Sierras Cintas y Sierras Circulares.

Manual del Grupo Andino para la Preservación de Maderas

Cartilla de Construcción con Madera

(2) 통 계

통계자료는 영문으로 발행하며 무료로 볼 수 있다.

Andean Community - Mercosur Trade, 1992-2001
December 2002

Andean Community - Canadian Trade and Investment 1992-2001
August 2002

International Development Objective Indicators
March 2002

Key Andean Community Indicators
January 2002

Trade and Investment between the Andean Community and the European Union 1991-2000
November 2001

Andean Community - Mercosur Trade and Investment 1969-1999
May 2000

Principal Andean Community Integration and Development Indicators (1970-2001)
November 2002

Intra-Community Exports 2001
January, 2002

Andean Community Trade with the Mercosur
January - June 2001

Trade between the Andean Community and Mercosur, 1990-2000
August 2001

Intra-Community Exports January - June 2001
August 2001

Trade between the Andean Community and the Central American Common Market 1991-2000
August 2001

Growth of Exports among Andean Countries
January 2001

Andean Community Stock Market Performance in 2000
December 2000

Estimated Intracommunity Exports in 2000
November 2000

Monthly Indicators
July 2002

(3) 문헌센터(Documentation Center)

홈페이지 http://www.comunidadandina.org/ingles/center_doc.htm
안데스 공동체의 문헌센터는 기구 당국자에게 필요한 정보를 제공하고 작게나마
회원국의 공공부분과 민영부분을 지원하기 위하여 1970년 4월에 설립되었다. 센터
의 전문분야는 경제 통합이며 경제 발전과 관계된 문헌을 제공한다. 보다 세부적으
로 여러 가지 주제 중 농·산업 발전과 특정산업을 포함한다.
문헌센터의 간행물을 원할 경우 홈페이지에서 정보 요구 문서를 다운로드 받아 작
성한 다음 안데서 공동체 사무국으로 보내야 한다. 아직은 홈페이지 구매 시스템이
구축되어 있지 않다.

(4) 도서 목록

Andean Apparel for the Third Millennium
Author: General Secretariat of the Andean Community
Edition Date: February 2000.

Bilingual CD-ROM: Andean Fruits and Vegetables for the World,
1999

Bilingual CD-ROM: Andean Community
1999

Bilingual Edition: Andean Fruits & Vegetables for the World
1999

How to do Business in the Andean Community: Trade and Investment Guide
1999

APDC
Asian and Pacific Development Centre
아 · 태개발센터

1) 소재지

주   소 PO Box 12224, Persiaran Duta, Kuala Lumpur 50770, Malaysia
전   화 60-0-651-1088
팩   스 60-3-651-0316
전자우편 info@apdc.po.my
홈페이지 http://www.apdc.com.my/apdc

2) 설립연혁

① 제 35차 ESCAP 총회(1979, 마닐라)결정에 따라 아태지역 훈련기구의 중복방지와 자금의 효율적 사용을 위해 경제개발, 행정, 사회복지, 여성개발에 관한 기존의 4개 개발관련 지역기구를 1980년 7월 1일까지 아·태개발센터로 통합

② 제 38차 ESCAP총회(1982, 방콕)에서 APDC헌장 채택

③ 1982년 9월 9일 헌장 서명회의 개최

④ 1983년 7월 1일부터 4일까지 4일간 쿠알라룸푸르에서 창립총회 개최

⑤ 아시아·태평양 지역의 개발에 관한 정책연구 및 훈련을 위한 정부간 기구인 APDC는 1980년 7월 1일부터 1983년 6월 30일까지는 ESCAP의 관할을 받는 유엔기구의 지위를 가졌으나, 1983년 7월 1일부터는 APDC헌장에 의한 독립된 정부간 기구로 전환

3) 설립목적

개발전략과 정책의 연구, 형성, 실행, 관리 및 평가에 있어서 ESCAP 지역 내 국가의 정부, 비정부 연구훈련기관 및 기타 공공 교육기관을 지원하는 것을 목적으로 한다.

4) 기 능

① 역내 회원국의 연구 훈련 능력강화 촉진

② 각국 개발관련 기구간의 네트워크 수립을 통한 연구, 훈련분야에서의 협력체제 기반 구축

③ 역내 구간의 경제협력 촉진을 휘한 지역 네트워크간 연계강화

④ 각종 역내훈련기관 및 센터 자체시설을 이용한 훈련수행

⑤ 개발 관련 정부수집 및 전파

5) 회 원

ESCAP의 회원국 및 준회원국에 자격이 주어진다.

6) 한국과의 관계

한국은 1982년 9월 헌장에 서명함으로써 창립회원이 되었다.

7) 정보원

(1) 정기간행물

APDC Newsletter

Research Reports

Asia-Pacific Development Informatics Network

APDIN Newsletter

Issues in Women and Development

APENPLAN

(2) 연구·조사

Action-Research on Rural Credit to Reduce Hardcore Poverty---Phase III

Asia-Pacific Management and Training Database: A Select Directory of Institutions and Organizations/Research in Social Science: Updating Ongoing Projects (Funded by IDIN)

International Migration of Women

Population and Reproductive Rights

(3) 기타 간행물

Administrative and Financial Accountability: The ASEAN-SAARC Experience
Edited by Sirajuddin Hj Salleh and Arabinda Kar, 1995.

Flying Wild Geese Pattern of Development: Changing Comparative Advantage in Asia and the Pacific

Somsak Tambunlertchai and Syed Abdus Samad, 1996.

Gender, Economic Growth and Poverty: Market Growth and State Planning in Asia and the Pacific
Edited by Noeleen Heyzer and Gita Sen.

Globalisation and the ASEAN Public Sector
Edited by Sirajuddin Hj Salleh and Ledevina Carino, 1995.

Relations in Asia: Prospects and Challenges for People-Centred Development
Edited by Noeleen Heyzer, James V. Riker, and Antonio B. Quizon, 1995.

Macroeconomic Management in Southeast Asia's Transitional Economies
Edited by Manuel F. Montes, Romeo A. Reyes, and Somsak Tambunlertchai, 1995.

People's Initiatives for Sustainable Development: Lessons of Experience
Edited by S. A. Samad, Tatsuya Watanabe, and Seung-Jin Kim.

Privatization in Asia and the Pacific: Profiles, Strategies, Results
Edited Abdus Samad and James McMaster, 1996.

Public Sector Innovations: The ASEAN Way
Edited by Sirajuddin H. Salleh, 1996.

Strategic Management in the Economic Sector: The ASEAN Experience
Edited by Sirajuddin Hj Salleh and Ernesto Franco, 1996.

APEC
Asia-Pacific Economic Cooperation
아·태경제협력체

1) 소재지

주　　소　35 Heng Mui Keng Terrace, Singapore 119616
전　　화　65 6775 6012
팩　　스　65 6775-6013
전자우편　info.@apec.org
홈페이지　http://www.apec.org

2) 설립연혁

1989년 1월 한·호 정상회담시 '호크' 후주 수상이 아시아·태평양지역 협력을 위한 보다 공식적인 협의 장치를 제의하였다. 그리하여 1989년 11월 캔버라에서 한국·미국·일본·오스트레일리아·캐나다·뉴질랜드와　ASEAN(Association　of South-East Asian Nations: 동남아시아국가연합) 6개국 등 12개국이 참여한 가운데 제 1차 회의를 열었다.

3) 설립목적

장기적으로는 역내 무역과 투자 자유화의 실현을 목표로 하고 있다. 중·단기적으로는 무역 활성화 조치를 취함과 동시에 인력자원, 기술, 관광, 통신 등 경제 각 분야별로 실질협력 증진을 통하여 동아시아와 미주를 잇는 경제공동체를 점진적으로 추구하는 것을 목표로 한다.

4) 회 원

- 창설국

  한국, 미국, 일본, 캐나다, 호주, 뉴질랜드, 아세안 6개국(태국, 말레이시아, 인도
  네시아, 싱가포르, 필리핀, 브루나이)

- 그 외 회원

  중국, 대만, 홍콩, 멕시코, 파푸아뉴기니(PNG), 칠레, 러시아, 베트남, 페루

5) 한국과의 관계

한국은 창설 회원 중 하나로 1993년과 2005년 APEC 각료회의를 개최하였다.

6) 정보원

(1) 정보배포정책

① APEC은 APEC의 관심분야 및 사업에 관한 자료와 문헌을 간행한다. 간행물은
무역, 투자자유화 및 도모, 경제와 기술 협력, 아시아·태평양 지역 경제 등의
주제를 포함한다.

② 가장 최근 간행물별, 각 발행 부서별, 또는 온라인 이용 가능한 간행물별로 구분
되어 있다. 온라인 이용가능 간행물 수는 350개가 넘으며 전체 내용을 무료로
볼 수 있다. 제목 및 출판연도로 검색할 수 있다.

③ 총 간행물 목록과 판매용 간행물 목록(하드카피)이 있다.

(2) 주목받는 간행물

*Quantitative Methods for Assessing the Effects of Non-Tariff Measures
and Trade Facilitation*
Published in April 2005
Printed by World Scientific Publishers

Price: US$98

Product Reference: APEC#204-CT-04.1

ISBN: 981-256-051-3

Pages: 672

APEC Outcomes and Outlook, 2004/2005

Price: $0.00

Product Reference: APEC#204-SE-05.1

ISSN: 0219-3752

Pages: 106

2004 Key APEC Documents(With Supplementary Papers on CD-ROM)

Price: S$35/US$25

Product Reference: APEC#204-SE-05.2

ISSN: 0219-1105

Pages: 112

2004 APEC Economic Outlook

Price: S$35/US$25

Product Reference: APEC#204-EC-01.1

ISSN: 0218-9763

Pages: 288

(3) 주 문

하드카피로 제공되는 간행물은 주문이 가능하다.

Publishing & Corporate Affairs Manager

주   소   APEC Secretariat 35 Heng Mui Keng Terrace Singapore 119616

팩   스   65 6775 6013

전   화   65 6775 6012

전자우편 jt@apec.org

(4) 문헌 및 보고서

① APEC 각 부서들이 문헌과 보고서를 준비한다. 무료로 이용할 수 있다.

② 2002년 이후의 문헌은 PDF나 Word 포맷으로 되어 있다.

- *Annual Ministerial Meetings*(1회-14회)
- 부서별 회의(교육, 에너지, 환경, 재무, 보건, 인력, 해양관련, 광업, 과학·기술, 중소기업, 지속가능발전, 전기 통신 및 정보, 관광, 통상, 운송, 여성)자료
- 상위 공직자 모임자료
- 상위 공직자 모임 위원회자료
- APEC 위원회자료
- 무역·투자분과 위원회자료
- 활동 분과자료

APO
Asian Productivity Organization
아시아생산성기구

1) 소재지

주   소 Hirakawa-cho Dai-ichi Seimei Bldg. 2F1-2-10 Hirakawa-cho, Chiyoda-ku, Tokyo 102-0093, Japan

전   화 81-3-5226 3920

팩   스 81-3-5226 3950

전자우편 apo@apo-tokyo.org

홈페이지 http://www.apo-tokyo.org

2) 설립배경

1959년 3월 동경에서 개최된 '제 1차 아시아 생산성 원탁회의'에서 처음으로 아시아의 생산성을 위한 기구 형성에 대해 언급되었다. 1960년 9월 마닐라에서 개최된 '제 2차 아시아 생산성 원탁회의'에서 설립이 결정되어, 정부간 협정의 서명 발효를 걸쳐 1961년 5월 11일 발족되었다.

3) 설립목적

APO는 아시아·태평양 지역의 경제를 발전시켜 이 지역 주민들의 생활수준을 향상시키기 위해서는 농업, 공업 등의 생산성 향상이 불가결하다는 인식에 따라 회원국의 상호협력을 통해 이들 국가의 생산성 향상을 도모하는 것을 목적으로 하고 있다.

4) 기 능

① 각국의 생산성 향상에 필요한 과제의 조사 및 연구

② 각국의 생산성 향상노력 촉진 및 역내 상호협력 도모

③ 각국의 경제개발정책에 대한 조언

④ 역내 및 역외간 생산성관련 정보 교환 촉진

5) 회 원

APO의 가입은 아시아·태평양 지역에 있는 국가 중 아시아·태평양 경제사회 이사회에 가입되어 있는 국가에게 열려있다. 아시아·태평양 지역 밖의 국가는 준회원으로 가입할 수 있다.

현재 회원국은 20개국이다. 1961년 설립당초의 회원국은 한국, 중국, 일본, 네팔, 파

키스탄, 필리핀, 그리고 태국이었다. 그 후 홍콩(1963), 이란(1965), 스리랑카(1983), 인도네시아(1968), 싱가포르(1969), 방글라데시(1982), 말레이시아(1983), 피지 (1984), 몽골(1992), 베트남(1996), 라오스(2002), 그리고 캄보디아(2004)가 가입하였다.

6) 한국과의 관계

우리나라는 APO 규약 원서명국으로서 APO가 발족된 1961년 이래 회원국으로 적극 참여하고 있다.

7) 정보원

(1) 정보배포정책

생산성 개념, 그것의 사회·경제적인 중요성, 그리고 생산성 증대를 위한 도구와 기술에 관한 정보 보급을 목적으로 출판 사업을 시작하였다. 농업, 경영, 생산 공학, 기술 분야의 출판물은 회의나 협의의 발표된 보고서를 포함하고 있다. APO 회원 국가에게 널리 배포되고 있다.

1971년부터 APO 출판물들을 넓게 배포하기 위해서 상업 출판을 시작하였다. 간행물이나 비디오를 구입하려면 APO 홈페이지에서 주문서를 다운받아 작성하면 된다. 아시아·태평양지역에 정보유통망을 갖추고 있다.

APO 홈페이지는 총 출판물에 관한 자세한 정보를 제공하고 있다. 아래의 홈페이지에서 간행물 목록과 각 간행물의 짧은 요약문을 볼 수 있다.

URL: http://www.apo-tokyo.org/catalogue/2library.intro.htm

(2) 한국 내 유통기관

교보문고

주 　 소 　서울시 중구 종로 1 가 광화문 우체국 사서함 1685 (110-212)

전 　 화 　02 397 3481/9

팩   스 02 735 0030

전자우편 eslee@kyobobook.co.kr

(3) 전자도서

PDF 포맷으로 되어있는 문헌들은 교육용으로 만들어졌으며, 무료로 다운로드 받을 수 있다. 개인용으로 활용할 경우 복사나 재본이 가능하다. 그 외의 다른 목적으로는 APO의 허락을 먼저 받아야 한다.

전자도서의 주제는 "Agriculture Community Development"와 "Green Productivity"로 나뉜다.

(4) 정기간행물

APO Newsletter

APO의 소식지로 매 월 발행된다. 각 발행부수의 목차를 확인할 수 있으며 홈페이지에서 무료로 이용 가능하다. 2004년부터 2005년 8월 현재까지의 소식지 전부가 이용가능하다.

(5) 비디오

Japan Productivity Center for Socio-Economic Development와 합동으로 APO는 생산, 농업, 환경 등과 관련된 주제로 교육용 비디오를 만들고 있다. 또한, 영사 슬라이드에서 필름으로 변형시킨 비디오도 있다.

APPPC
Asia and Pacific Plant Protection Commission
아·태식물보호위원회

1) 소재지

주   소 Maliwan Mansion 39 Phra Atit Road, Bangkok 10200, Thailand

전   화 + 662 697 4268

팩   스 + 662 697 4445

전자우편 Yongfan.piao@fao.org

홈페이지 http://www.ippc.int

2) 설립배경

1956년 2월 27일 동남아 태평양지역 식물보호협정(Plant Protection Agreement for the South East Asia and Pacific Region)이 FAO 이사회에서 채택되고, 동년 7월 2일까지 호주, 스리랑카, 영국, 라오스, 인도네시아, 포르투갈, 베트남, 인도 등 8개 국이 동 협정에 서명함에 따라 발효되었다. 위원회는 동 협정 제 2조에 의거하여 설치된 것으로, 설치 당시의 명칭은 Plant Protection Committee for the South East Asia and Pacific Region(PPCSEAPR)이었으나, 1978년 제 11차 총회에서 이 를 Asia and Pacific Plant Protection Commission으로 바꾸자는 개정안이 채택되 고, 이 개정안이 1983년 2월 16일 발효함으로써 현재의 명칭이 되었다.

3) 설립목적

먼저 동 위원회의 모체가 되는 아·태식물보호협정은 그 목적을 아시아·태평양 지역내 식물병충해 확산을 방지하고, 병충해 방제에 국제협력을 도모하는데 두고 있다.

4) 기 능

① 협정준수에 필요한 절차와 준비사항 결정

② 협정가입국에 대한 권고 및 건의 시행

③ 각국의 협정 이행 상태에 관한 보고서 검토

④ 국가간의 상호지원이 요청되는 사항에 관한 협의

⑤ 회원국의 식물보호 업무를 강화·발전시키는데 필요한 권고와 조치 등을 제안

5) 회 원

현재 24개국이 아시아·태평양 식물보호위원회의 회원이다.

호주, 방글라데시, 캄보디아, 중국, 피지, 프랑스(fot 프랑스령 폴리네시아), 인도, 인도네시아, 라오스, 말레이시아, 미얀마, 네팔, 뉴질랜드, 파키스탄, 파푸아뉴기니, 필리핀, 포르투갈(for Madcap), 한국, 사모아(Western)의 솔로몬제도, 스리랑카, 태국, 통가, 베트남.

6) 한국과의 관계

한국은 1981년 11월 1일에 협정에 대한 가입서를 발송함으로써 동 위원회의 23번째 회원국이 되었다. 1991년 제 16차 총회에서 한국은 호주, 중국, 인도 등과 함께 집행위원회 위원으로 지명되었다.

7) 정보원

(1) 정보배포정책

APPPC의 회의보고서 및 정보자료는 국제식물보호협략(IPPC) 홈페이지에서 다운로드 받을 수 있다.

URL: http://www.ippc.int

(2) 자료목록

Report of the 22nd Session of the APPPC

Report of the 23rd Session of the APPPC

Report of the Expert Consultation on Regional Standards for Phytosanitary Measures and Information Sharing 1 Nov 02

Amendments to the Plant Protection Agreement for the Asia and Pacific Region

APPPC RSPM No.1: Guidelines for the Development of the Heat Disinfection Treatments of Fruit Fly Host Commodities

APPPC RSPM No.2: Training Requirements for Plant Quarantine Inspectors

Guidelines for Country Report

Plant Protection Agreement for the Asia and Pacific Region

APPU
Asia Pacific Postal Union
아 · 태우편연합

1) 소재지

주   소 PO Box 1, Laksi Post Office 111 Chaeng Wattana Rd. Bangkok, 10210, Thailand

전   화 66(0) 2573-7282

팩   스 66(0) 2573-1161

전자우편   admin@appu_bureau.org

홈페이지   http://www.appu-bureau.org

2) 설립배경

국제간 우편업무의 효과적 운영을 목적으로 하는 만국우편연합(UPU)의 헌장은, 회원국이 지역적 우편연합, 일면 한정연합을 설립하는 것을 인정하고 있는 AU, 각국이 지역적으로 특유한 우편상의 문제를 검토하여 업무의 개편 및 편리성 증대 등을 도모하려는 취지에서 연유하는 것이다.

1961년 1월 10부터 1월 23일까지 마닐라에서 개최되었던 마닐라 우편회의(Manila Postal Conference)에서 채택되고, 1962년 4월 1일에 발효한 아·태우편연합 설치에 관한 협약에 의하여 성립되었다.

1981년 인도네시아 자카르타에서 개최된 제 4차 총회에서 아·태 우편연합(APPU)으로 명칭을 바꾸어 현재에 이르고 있다.

3) 설립목적

아·태우편연합의 목적은 회원국가간의 우편 관계를 확대 및 촉진하며, 광범위한 협력관계를 설정, 발전시켜 나가는데 있다.

4) 기 능

① 회원국의 우정당국은 우편업무의 발전 및 개선에 관한 연구를 행하기 위하여 우정직원을 상호교환 또는 파견할 경우 이들 직원에 대하여 모든 필요한 협력 및 편의를 제공한다.

② 회원국간에 교환하는 우편물의 중개운송을 위한 비용은 원칙적으로 면제하도록 한다.

③ 회원국간에 교환되는 선편통상우편물에 관하여는 원칙적으로 할인요금을 적용한다.

④ 다음 기관간에 교환되는 공용의 통상우편물은 그 우편요금을 면제하도록 한다.

- 중앙사무국과 회원국의 우편당국
- 중앙사무국과 UPU의 여러 기관
- 중앙사무국과 타 지역의 한정연합

단, 상기 우편요금의 면제는 중앙사무국에서 발송하는 항공우편물에는 적용되지 않는다.

5) 회 원

현재 아시아·태평양지역의 29개 국가가 회원으로 등록되어 있다.
호주, 아프가니스탄, 방글라데시, 부탄, 브루나이, 캄보디아, 중국, 인도네시아, 인도, 이란회교공화국, 대한민국, 피지, 필리핀, 라오스, 일본, 말레이시아, 몰디브, 몽고, 미얀마, 뉴질랜드, 네팔, 나우루, 파푸아뉴기니, 파키스탄, 스리랑카, 싱가포르, 솔로몬제도, 태국, 베트남.

6) 한국과의 관계

① 한국은 본 연합의 설립 초기(1961)부터 연합활동에 적극 참여하여 왔다.

② 현재(2005) 본 연합의 직원으로서 우편 컨설턴트로 Yong-Chae Kim이 등록되어 있다.

7) 정보원

(1) 정보배포정책

본 연합 홈페이지에는 'Documents(문헌)'이라는 항목이 있으며, 이곳의 자료를 이용하려면 사용자 아이디와 비밀번호를 입력해야 한다.

(2) 정기간행물

Annual Report

APPU News Letter

APT
Asia-Pacific Telecommunity
아·태전기통신협의체

1) 소재지

주   소 12/49, Soi 5, Chaengwattana Road, Chaengwattana Road,
Bangkok 10210, Thailand

전   화 + 66 2 573 0044

팩   스 + 66 2 573 7479

전자우편 aptmail@aptsec.org

홈페이지 http://www.aptsec.org/

2) 설립배경

UN ESCAP(the United Nations Economic and Social Commission for Asia and
the Pacific)과 ITU(International Telecommunication Union)의 공동 의안으로 1979
년 5월 방콕에서 창립총회를 개최하고, 한국을 비롯한 13개국이 1979년 7월 1일(창
립기념일)에 가입하였으며, ITU의 국제전기통신협약 제 32조의 규정에 의하여 아
시아·태평양지역 전기통신기구로서 정식 발족하였다.

3) 설립목적

APT의 목적은 회원 국가(특히 비교적 미 발전지역)들의 질적 향상과 지속가능한 정보통신사업 발전을 도모하는데 있다.

4) 회 원

정회원(Member), 준회원(Associate Member), 협찬회원(Affiliated Member)으로 구분된다.

- 정회원(32개국)

  아프가니스탄, 호주, 방글라데시, 부탄, 브루나이, 중국, 피지, 인도, 인도네시아, 이란, 일본, 북한, 한국, 라오스, 말레이시아, 몰디브, 미크로네시아, 몽고, 미얀마, 나우루, 네팔, 뉴질랜드, 파키스탄, 팔라우, 파푸아뉴기니, 필리핀, 사모아, 싱가포르, 태국, 토고, 베트남.

- 준회원국(4국)

  쿡 제도, 홍콩, 마카오, 니우에 섬.

5) 한국과의 관계

한국의 정보통신부(Ministry of Informational and Technology)는 창립회원이며, 그 외의 다수 협찬회원이 있다. KT(1982년), 데이콤(1984년), SK(1990년), LG전자(1998년), 삼성전자(1998년), 한화(1998년), 한국전자통신연구원-ETRI(1999년), Mercury Corp.(2001년), Powercomm(2001년), Qualcomm(2004년) 등.

한국은 지역 내의 전기통신협력강화를 위하여 APT활동에 적극 참여하여 왔으며, 발전된 전기통신을 홍보하고 회원국의 국위선양을 위하여 1984년 11월에 제 3차 총회 및 제 8차 관리위원회를 서울에서 유치·개최하였다.

6) 정보원

(1) 출판물

The APT Yearbook

1994년 첫 호가 발행되었으며 통신의 발달과 아시아·태평양 지역의 ICT에 관심 있는 통신 산업에 종사하는 사람에게 도움이 될 것이다. 통신의 현재 상태와 아시아·태평양지역에 있는 ICT에 대해 알려준다. 홈페이지에서 구매 가능하다.

APT Newsletter

① APT 소식지는 일년에 네 번 APT 사무국에서 발행된다. APT는 소식지를 이용하여 통신정보, 활동, 발전, 행사 등 여러 가지 소식을 APT 회원국에게 전한다. 또한 APT의 최근 또는 다가오는 활동사항, 회의, 워크숍에 대한 정보도 알려준다.

② 4개월마다 발행되며 2003년 4월부터 2004년 10월까지의 소식지는 PDF 파일로 인터넷에서 다운로드 가능하다.

APT Reports

APT는 기구가 주최한 회의, 세미나, 워크숍의 결정사항과 결과를 보고서로 발행한다. 일 년에 열개 이상 중요한 보고서가 작성된다.

(2) 출판정보

① APT Publication

APT Secretariat

주　　소　Asia-Pacific Telecommunity 12/49 Soi 5, Chaengwattana Road, Bangkok 10210, Thailand

전　　화　+ 662 573 0044 Ext. 136

팩　　스　+ 662 573 7479

전자우편　publication@aptsec.org

② APT Yearbook

Asia-Pacific Telecommunity

주   소 12/49 Soi 5, Chaengwattana Road, Bangkok 10210, Thailand

전   화 +662 573 0044 Ext. 136

팩   스 +662 573 7479

전자우편 yearbook@aptsec.org

ASEAN
Association of Southeast Asian Nations
동남아시아국가연합

1) 소재지

주   소 70A Jl, Sisingamangaraja, Jakarta 12110, Indonesia

전   화 6221 7262991, 7243372

팩   스 6221 7398234, 7243504

전자우편 public@aseansec.org

홈페이지 http://www.aseansec.org

2) 설립배경

1961년 창설된 동남아시아연합(ASA)의 발전적 해체에 따라 ASEAN 5개국(태국, 말레이시아, 인도네시아, 싱가포르, 필리핀)의 외교장관회의 결과인 아세안선언에 의해 1967년 8월 8일 설립되었다. 당초에는 경제ㆍ문화 등 비정치적 분야의 협력을 주로 하였으나 1970년대에 접어들면서 닉슨 독트린에 따른 미국의 아시아지역 이탈과 중국ㆍ미국간의 접근으로 아시아지역에 긴장완화 조짐을 보이자 동남아시아에 있어서의 대국간의 힘의 균형을 노리고 1971년 '동남아시아 중립화 선언'을 채택하였다. 1972년 각료회의에서는 정치문제에 대하여도 협력하기로 합의하였고, 1976년 인도네시아에서 열린 정상회담에서는 지역발전과 안전보장이 강조되었다. 이러한 움직임은 1975년 베트남 공산화 이후의 캄보디아문제, 중국·베트남전쟁, 난민문제 등 일련의 주변 사태에서 연유된 것으로 중립화보다는 안전보장기구화 내지는 군사기구화의 경향이 강해지고 있다. 이는 곧 ASEAN의 SEATO(동남아시아조약기구)화를 꾀하는 것이며, 1993년 싱가포르에서 열린 각료회의의 '다국간 지역안전보장기관(가칭 ASEAN 지역포럼: ARF)'설치에 관한 공동성명서 발표 등이 이를 뒷받침하고 있다.

3) 설립목적

이 기구는 동남아시아 지역의 경제적·사회적 기반 확립과 각 분야에서의 평화적이며 진보적인 생활수준의 향상을 목적으로 한다.

4) 회 원

- 정회원
  설립 당시 회원국은 필리핀, 말레이시아, 싱가포르, 인도네시아, 태국 등 5개국이었으나, 1984년의 브루나이에 이어 1995년 베트남이 정식으로 가입하고, 그후 라오스, 미얀마, 캄보디아가 가입하여 아세안은 10개국으로 늘어났다.

- 대화상대국
  한국, 미국, 호주, 뉴질랜드, 캐나다, 유럽연합, 인도, 중국, 러시아.

- 옵서버
  파푸아뉴기니.

5) 한국과의 관계

한국은 대화상대국으로 참여하고 있다.

6) 정보원

(1) 정보배포정책

① ASEAN의 간행물은 일반정보, 정치·안보관련, 경제관련, 업무관련으로 구별된다.

② ASEAN의 간행물은 홈페이지에서 무료로 이용할 수 있고 주문을 할 수도 있다.

③ 정기간행물로는 *ASEAN Annual Report*, *ASEAN Documents Series*, *ASEAN Statistical Yearbook*, *ASEAN Business Newsletter*, *AFTA Reader*가 있다.

④ 간행물 외에도 ASEAN이 각 해마다 진행하는 또는 진행해 온 사업에 관한 정보, 공식발표문, 연설문, 기사를 무료로 볼 수 있다.

(2) 간행물

간행물은 다음과 같이 구분하였다.

① 일반정보

ASEAN Annual Report(1980-2004)

ASEAN Documents Series(1994-2004)

ASEAN Statistical Yearbook(2001, 2003, 2004)

ASEAN Statistical Pocketbook 2003

ASEAN Public Information Series(공공정보시리즈)

Text of the Treaty of Amity and Cooperation in Southeast Asia and Related Information

ASEAN Briefing Papers(보고서)

ASEAN Educational Materials(교육자료)

ASEAN into the Next Millennium: ASEAN Vision 2020 Hanoi Plan of

Action

ASEAN Regional Forum: Documents Series(1994-1998)

ASEAN Today and Tomorrow, by Rodolfo C. Severino, Jr.

ASEAN Faces The Future, by Rodolfo C. Severino, Jr.

ASEAN Rises to the Challenge, by Rodolfo C. Severino, Jr.

ASEAN at 30(ASEAN 30주년 기념출판물)

② 정치 · 안보관련

Handbook on Selected ASEAN Political Documents

ARF Documents Series(1994-2000)

ASEAN+3 Documents Series(1999-2004)

ARF Document Series(1994-2004)

③ 경제 관련

Southeast Asia: A Free Trade Area

Business Promotional Material

Business ASEAN Newsletter

AFTA Reader

Common Effective Preferential Tariff(CEPT) Product List

AFTA Tariff Rate Tables(CD ROM)

E-ASEAN Reference Framework for E-Commerce Legislations

ASEAN Tourism Map: ASEAN as a Single Destination

ASEAN Investment Map

Investing in ASEAN: A Guide to Investors

Statistics of Foreign Direct Investment(FDI) in ASEAN: Extended Data Set(1999, 2000, 2001, 2002)

ASEAN Investment Report(1999, 2000, 2001)

Facts and Figures: Cost of Investing and Doing Business in ASEAN

Facts and Figures: Cost of Investing and Doing Business in ASEAN 2001 Edition

AIA Publication Series No.1 - Temporary Exclusion List(TEL) and Sensitive List(SL) for Manufacturing Sector

AIA Publication Series No.2 - Agriculture, Fishery, Forestry and Mining Series

AIA Publication Series No.3 - Individual Plan Action

ASEAN Cooperation in Services Brochure

ASEAN Handbook on Customs Procedures

Recommendations on the Implementation of the GATT Valuation Agreement in ASEAN

Harmonisation of Customs Valuation Systems in ASEAN

ASEAN Industrial Cooperation Scheme(AICO) Brochure

ASEAN Economic Cooperation: Transition & Transformation

AICO Reader, Second Edition, (May 1998)

Compendium of Investment Policies and Measures in ASEAN Countries

④ 업무 관련

ASEAN Report to The World Summit on Sustainable Development

Second ASEAN State of the Environment Report 2000

The First ASEAN State of the Environment Report

Fire, Smoke and Haze, The ASEAN Response Strategy

ASEAN Environmental Education Action Plan(2000-2005)

ASEAN: From Strength to Strength

ASEAN Strategic Plan of Action on the Environment

ASEAN Plan of Action on Science and Technology

ASEAN Plan of Action on Culture and Information

ASEAN Plan of Action on Drug Abuse Control

ASEAN Plan of Action on Social Development

Cooperation Plan on Transboundary Pollution

ASEAN Regional Programme on HIV/AIDS Prevention and Control 1995-2000

Medium-Term Programme on Drug Abuse Control(1996-1998): Work Programme to Operationalise the ASEAN Three-Year Plan of Action on Drug Abuse Control

Medium-Term Programme for ASEAN Science and Technology Development(1996-2000)

ASEAN Workshops Report: Trade and the Environment: Issues and Opportunities

ASEAN University Networking

Science and Technology Indicators in ASEAN

The Advancement of Women in ASEAN

Approaches to Technology Scan: Roundtable Meeting on Technology Scan

Report

Technology and Environment: The Case for Cleaner Technologies

Making Public-Private Collaboration Work for ASEAN Science and Technology Development

Trade &Environment, Volume 4: Toxic and Hazardous Wastes Management

ASEAN Technical Cooperation in Pharmaceuticals: A Success Story

Medium-Term Work Programme to Operationalise the ASEAN Regional Programme on HIV/AIDS Prevention and Control

ASEAN Work Programme on HIV/AIDS II(2002-2005)

(3) 주 문

Public Affairs Office

주   소 The ASEAN Secretariat70A, Jalan Sisingamangaraja, Jakarta
          12110 Indonesia
전   화 6221 7262991
팩   스 6221 7398234
전자우편 public@aseansec.org

ASOSAI
Asian Organization of Supreme Audit Institutions
아시아최고감사기구

1) 소재지

주　　소　10, Bahadur Shah Zafar Marg, New Delhi - 110 002, India

전　　화　+ 91 11 2323 1613

팩　　스　+ 91 11 2323 5446

전자우편　rir@cag.delhi.nic.in

홈페이지　http://www.asosai.org

2) 설립연혁

① 1977년 10월 17일-25일: 국제최고회계감사기구(INTOSAI) 제 9차 총회(Lima, Peru)시 필리핀 회계검사원장 탄투이코가 ASOSAI 창설을 제의

② 1978년 9월 17일-10월 14일: 독일 베를린에서 독일국제개발재단(DSE) 주최 세미나에 참석하였던 아시아 지역 9개국 감사원장이 ASOSAI 헌장을 채택 서명

③ 1979년 5월 7일-11일: ASOSAI 제 1차 총회(New Delhi, India) 개최

3) 설립목적

① 회계기구 상호간의 공공회계감사분야의 의견 및 경험의 교환을 통하여 이해협력 증진

② 정부회계감사의 업무수행능력의 향상을 도모하기 위하여 훈련 및 지속적인 교육 설비 제공

③ 공공회계감사분야에 있어서 정보센터 및 세계 다른 지역의 유사 기구들과 연계 역할

④ 각국 정부의 회계감사기관에서 근무하는 회계감사관들 상호간 및 지역협력기구 간의 긴밀한 협력 및 우호 증진

⑤ 국제회계감사기구(INTOSAI)의 지역기구 역할

4) 회 원

현재 42개국이 회원으로 등록되어 있다.

아프가니스탄, 호주, 아제르바이잔, 바레인, 방글라데시, 부탄, 브루나이, 캄보디아, 중국, 사이프러스, 조지아, 인도, 인도네시아, 이라크, 이스라엘, 이란, 일본, 요르단, 카자흐스탄, 한국, 쿠웨이트, 키르기스 공화국, 라오스, 말레이시아, 몰디브, 모리셔스, 내몽고, 미얀마, 네팔, 뉴질랜드, 오만, 파키스탄, 파푸아뉴기니, 필리핀, 카타르, 러시아, 사우디아라비아, 스리랑카, 태국, 터키, 아랍 에미리트 연방, 예멘, 베트남.

5) 한국과의 관계

한국은 제 1차 창립총회에서부터 매 총회와 매년 열리는 이사회에 대표단을 파견하고 있다. 1990년도에는 제 15회 집행이사회(Govering Board)를 서울에서 개최하였다.

한국 연락처

Mr. Jeon Yun-Churl Chairman

Board of Audit and Inspection(감사원)

주   소 25-23, Samchung-dong, Chongro-ku, Seoul, 110-706 Republic of Korea

전   화 82-2-7219-290

팩   스 82-2-7219-297, 276

전자우편 bai-kor@hotmail.com

홈페이지 http://www.bai.go.kr

6) 정보원

(1) 간행물

ASOSAI는 일 년에 두 번 *Asian Journal of Government Audit*이라는 정기간행물을 출판한다. 본 간행물은 1983년부터 출판되었으며, 출판된 모든 간행물을 온라인상에서 무료로 이용할 수 있다.

(2) 연구프로젝트

① 본 기구는 연구프로젝트를 진행하며 현재까지 7개의 프로젝트를 진행하였다. 각 프로젝트에 관한 자세한 정보를 제공한다. 역시 온라인상에서 모든 정보를 무료로 이용할 수 있다.

② 연구 주제는 다음과 같다.

- Accountability and Control of Public Enterprises

- Financial Accountability and Management in Government

- Audit of Public Works and Projects

- Accountability and Audit

- Performance Auditing Guidelines

- IT Audit Guidelines

(3) 지침서

ASOSAI Guidelines for Dealing with Fraud and Corruption(부정부패 처리하는 지침)이 있다.

BADEA
Arab Bank for Economic Development in Africa
아랍·아프리카 경제개발은행

1) 소재지

주　　소 P.O Box 2640 Khartoum, Sudan

전　　화 249-1-83773646/83773709

팩　　스 249-1-83770600/83770498

전자우편 badea@badea.org

홈페이지 http://www.badea.org/

2) 설립연혁

1973년 11월 알제의 아랍연맹 정상회담에서 설립되었다. 그 후 1975년 아프리카 국가들에게 기술 원조를 제공하는 것으로 활동을 시작하였다.

3) 설립목적

이 은행의 설립목적은 다음과 같다. 첫째, 원조 제공을 통해 아프리카 국가들의 대규모 국제수지 적자를 해소하는데 도움을 주는 것이다. 둘째, 투자 보증을 통해 아프리카에 대한 아랍의 투자를 지원하는 일이다.

4) 회 원

요르단, 아랍 에미리트 연합, 바레인, 튀니지, 알제리, 아라비아, 수단, 시리아, 이라크, 오만, 카타르, 쿠웨이트, 레바논, 리비아 아랍 자마히리야, 이집트, 모로코, 모리타니, 팔레스타인.

5) 한국과의 관계

N/A

6) 정보원

(1) 정보배포정책

본 기구는 정기간행물, 문헌, 뉴스를 홈페이지를 통해 무료로 제공하고 있다. 그 밖에 진행 중인 사업과 관련 회의에 관한 문헌이 있다.

(2) 정기간행물

Annual Report for the Year
연차보고서로 매년 출판되며 홈페이지에서 2000부터 2004년까지의 자료를 볼 수 있다.

Cooperation for Development
연 4회 발행하는 회보지이며, 사이트에서 81회부터 87회까지 볼 수 있다.

(3) 문 헌

Guidelines for the Use of Consultants

Model Agreement for Consulting Services(Feasibility Studies)

Model Agreement for Consulting Services for Design and Supervision of Construction of Civil Engineering Works/Electrical and Mechanical Works

CIRDAP
Centre on Integrated Rural Development for Asia and the Pacific
아 · 태지역농촌종합개발센터

1) 소재지

주   소 Chameli House, 17 Topkhana Road, GPO Box 2883, Dhaka, 1000,
Bangladesh

전   화 880 2 9558751, 7169824-25

전자우편 infocom@cirdap.org

홈페이지 http://www.cirdap.org.sg

2) 설립배경

1977년 9월 FAO(United Nation Food and Agriculture Organization of the US: 유엔식량농업기구) 사무총장 주재로 아시아지역 FAO상주 대표회의가 방글라데시에 동 기구를 설치하기로 결정하였으며 그 후, 1979년 6월 회원국인 7개국의 정부 비준으로 기구가 발족되었다.

3) 설립목적

회원국 관련 기관망을 통해서 종합농촌개발에 관한 지역협력을 증진하며 기술지원 제공, 경험과 의견교환촉진, 합동 및 협력활동 권장으로 국가적 행동을 지원한다.

4) 회 원

1979년 방글라데시, 인도, 인도네시아, 파키스탄, 필리핀, 베트남 등 6개국으로 발족하였다. 그 후 아프가니스탄, 이란, 라오스, 말레이시아, 미얀마, 네팔, 스리랑카와 태국 등이 가입함으로써 14개 국가로 회원이 늘었다.

5) 한국과의 관계

현재 한국은 회원국이 아니지만 농촌개발 분야에서 경험이 많은 한국이 개도국간 기술협력 정신에 입각하여, 회원국으로 가입해 줄 것을 CIRDAP에서 강력히 요청하고 있으며 한국은 CIRDAP 설립취지에 호응해 왔고, 동 기구 설립을 위한 각종 협의·참여 등 기구설립을 지지해 왔다.

6) 정보원

(1) 정보배포정책

간행물은 유료로 사이트에서 판매되고 있으며, 각 간행물의 간략 소개 내용을 볼 수 있다.

(2) 단행본

Economic Reforms, Natural Resources and Environment in Bangladesh
ISBN: 984-8104-41-5

Towards Empowering Women: Micro Credit and Social Mobilization
ISBN: 78945678

Rural Urban Migration and Poverty; The Case for Reverse Migration in Bangladesh: Efficacy of Alternative Poverty Alleviation Programmes in Bangladesh
ISBN: 984-8104-38-5

Fighting Poverty With Microfinance
ISBN: 984-8104-37-5

(3) 정기간행물

CIRDAP Development Digest

연 4회 발행으로 2005년 6월 3일까지 100회를 발행하였다.

Asia Pacific Journal on Rural Development
연 2회 발행하며 구매 가능하다.

(4) 연구보고서

Promotion Household Food Security

Asian Financial Crisis and South Asia

Appropriate Technology for Rural Women

Rural Development Report

Food Price Structure in South Asia

Study on Community Based Disaster Management

COE
Council of Europe
유럽회의

1) 소재지

주　　소　Avenue de l'Europe 67075 Strasbourg, Cedex

전　　화　+ 33(0)3 88 41 2000

　　　　　+ 33(0)3 88 41 2033

팩　　스　+ 33(0)3 88 41 2745

전자우편　infopoint@coe.int

홈페이지　http://www.coe.int

2) 설립연혁

인권, 민주정치, 법칙을 보호하고 회원국의 사회적·법률적 관습을 표준화시키는 전 대륙의 협정을 전개시키며, 공유하는 가치와 다양한 문화를 초월하는 전 유럽적인 동일성 인식을 늘리는 것을 목표로 하여 1949년 5월 5일 런던에서 벨기에, 덴마크, 프랑스, 아일랜드, 이탈리아, 룩셈부르크, 네덜란드, 노르웨이, 스웨덴, 영국 등 서유럽 10개국의 참가로 출발하였다. 인권문제에도 깊이 관여한다.

3) 설립목적

설립 당시 주요 목적이었던 경제 및 사회 발전의 촉진과 상호협력을 통한 유럽의 점진적 통합이 1989년 이후로는 다음과 같이 변화하였다.

- 유럽의 포스트 코뮤니스트(communist) 민주주의를 위한 정치적 고정 기구와 인권 감시회로서 활동한다.
- 중부유럽과 동부유럽이 경제적 개혁과 동시에 정치적, 법률적, 그리고 헌법상의 개혁을 수행하고 통합하는 것을 돕는다. 인권, 지역 민주주의, 교육, 문화, 환경 분야에 대한 전문 지식을 제공한다.

4) 회 원

2005년 현재 동유럽의 46개국이 회원으로 가입되어 있다.

알바니아, 안도라, 아르메니아, 오스트리아, 아제르바이잔, 벨기에 보스니아 헤르체고비나, 불가리아, 크로아티아, 사이프러스, 체코 공화국, 덴마크, 에스토니아, 핀란드, 프랑스, 조지아, 독일, 그리스, 헝가리, 아이슬란드, 북아일랜드, 이탈리아, 라트비아, 리히텐슈타인, 리투아니아, 룩셈부르크, 몰타, 몰도바, 모나코, 네덜란드, 노르웨이, 폴란드, 포르투갈, 루마니아, 러시아 연방, 산마리노, 세르비아 몬테네그로, 슬로바키아, 슬로베니아, 스페인, 스웨덴, 스위스, 구유고 연합 마케도니아 공화국, 터키, 우크라이나, 영국.

5) 한국과의 관계

N/A

6) 정보원

(1) 정보배포정책

유럽회의 출판 홈페이지에서는 지난 10여년 동안 유럽회의가 출판한 총 1,200여권 이상의 서적과 CD-ROMs, PDF 파일, 비디오 등과 같은 전자 발간물의 완전판 카탈로그를 유료로 제공한다. 출판물에는 비교연구자료, 특수연구자료, 시사토론, 담화 회보, 국제 법률 문헌, 공무 텍스트 등이 있다.

유럽회의 출판은 인권, 헌법, 형사법, 가정법, 노동법, 보건, 윤리, 사회 정세, 환경, 교육, 문화, 스포츠, 젊음, 그리고 건축 전통 등 기구와 관련된 분야 전체에 대한 것을 발행한다.

모든 서적과 전자 발간물은 홈페이지를 통해 온라인상에서 직접 주문할 수 있다. 가상 독서 공간에서는 집회와 같은 공식 문헌이나 새로 출판된 작품의 주요 발췌록을 무료로 찾을 수 있다.

유럽회의 출판 홈페이지: http://book.coe.int/EN/

(2) 대표 출판물

Council of Europe - Towards a Pan-European Legal Area(2005)
ISBN 92-871-5594-1

Activities of the Council of Europe - 2004 Report(2005)
ISBN 92-871-5696-4

Mechanisms for the Implementation of Minority Rights(2005)
ISBN 92-871-8499-6

The Fight against Terrorism - Council of Europe(2004)

ISBN 92-871-5582-8

Death Penalty - Beyond Abolition(2004)
ISBN 92-871-8333-7

Ethical Eye: Euthanasia - Volume II, National and European Perspective (2004)
ISBN 92-871-520-4

Ethical Eye: Euthanasia - Volume I, Ethical and Human Aspects(2003)
ISBN 92-871-5070-2

Dying to Win - Doping in Sport and the Development of Anti-Doping Policy(2003)
ISBN 92-871-4685-3

Compass - A Manual on Human Rights Education with Young People(2002)
ISBN 92-871-4880-5

Short Guide to the European Convention on Human Rights(2005)
ISBN 92-871-5670-0

Terrorism: Special Investigation Techniques(2005)
ISBN 92-871-5635-7

Crime Policy in Europe(2005)
ISBN 92-871-5486-4

Ethical Eye - Biomedical Research(2004)
ISBN 92-871-5462-7

Minority Rights in Europe(2004)
ISBN 92-871-5366-3

Key Case-Law Extracts - European Court of Human Rights(2004)

ISBN 92-871-5055-9

Child Sexual Abuse in Europe(2003)
ISBN 92-871-5118-0

Minorities in International Law(2002)
ISBN 92-871-4773-6

Ethical Eye - Cloning(2002)
ISBN 92-871-4702-7

EBRD
European Bank for Reconstruction and Development
유럽부흥개발은행

1) 소재지

주   소 One Exchange Square London EC2A 2 JN, United Kingdom
전   화 +44 20 7338 6000
팩   스 +44 20 7338 6100
전자우편 generalenquiries@ebrd.com
홈페이지 http://www.ebrd.com

2) 설립배경

1989년 11월 프랑스 대통령 프랑시스 미테랑(Francis Mitterrand)의 제의에 따라 1990년 6월 6일 회원국 대표들이 은행 설립 약관에 서명한 뒤 1991년 4월에 창립하였다.

이 금융기구는 1989년 소련과 동유럽 공산국이 정치개혁과 함께 중앙통제 경제체제에서 자유시장 경제체제로 사회·경제구조 전환을 시도하는 과정에서 경제적 낙후성 때문에 극심한 혼란을 겪게 되자, 동유럽의 불안정은 유럽 등 다른 나라에도 바람직한 영향을 끼치지 못한다는 선진 자본주의 국가들의 판단에 따라 설립한 것이다. 서방측 참여국들은 1970년대에 수십 억 달러에 이르는 공산권 지원기금이 서방세계의 안전을 위협하는 국방비로 전용되었던 사례를 반복하지 않기 위해 지원대상국가 및 자금사용 목적을 엄격히 제한하도록 하였다. 또 다당제와 민주주의를 보장하는 국가에만 대출자격을 부여하였다.

3) 설립목적

민주화 개혁 후 경제개방을 시작한 소련 및 동유럽권의 경제개발을 지원할 목적으로 설립된 국제금융기관이다. EBRD의 지원금은 지원대상국가가 시장경제로 발돋움할 수 있도록 도와주고 개인 투자자들의 위험부담을 덜어주며 알맞은 금융원리를 적용시킨다. EBRD의 투자와 지원을 통하여 다음을 추구한다.

① 체계적인 개정

② 경쟁, 민영화, 창업정신

③ 강화된 금융기관과 법률체계

④ 민영화 추구를 위한 하부조직 강화

⑤ 강화된 기업 관리 도입(환경문제포함)

4) 회 원

호주, 오스트리아, 벨기에, 캐나다, 사이프러스, 덴마크, 이집트, 핀란드, 독일, 그리스, 아이슬란드, 북아일랜드, 이스라엘, 이탈리아, 일본, 리투아니아, 룩셈부르크, 몰타, 멕시코, 몽고, 모로코, 네덜란드, 뉴질랜드, 노르웨이, 포르투갈, 남한, 스웨덴, 스위스, 터키, 영국, 미국.

5) 한국과의 관계

한국은 현재 EBRD의 회원으로 활동하고 있다.

6) 정보원

(1) 정보배포정책

대부분의 EBRD 간행물은 무료로 제공되고 있다. 사이트에서 다운로드하여 볼 수 있으며 주문을 할 수도 있다. 유료로 판매되고 있는 간행물도 있는데 *Transition Report*와 *Glossary of Project Finance*가 그것이다.

(2) 간행물

다음은 주제별로 정리된 간행물 목록이다.

① 일 반

Annual Report: 1996-2005

Building Prosperity: Introductory Booklet(2004)

EBRD Investments 1991-2004(2005)

Independent Recourse Mechanism(2004)

Independent Recourses Mechanism Leaflet(2005)

Public Information Policy(2003)

Voices of Change: The People Behind Our Projects(2005)

② 국가, 영역별

Agribusiness(2004)

Municipal and Environmental Infrastructure(1989)

Natural Resources(2001)

Property and Tourism(2003)

Telecommunications, Informatics and Media(2002)

Working with you in Central Asia(2004)

Working with you in Kazakhstan(2004)

Working with you in Tajikistan(2004)

Working with you in Turkmenistan(2004)

Working with you in Uzbekistan(2004)

Working with you in the Kyrgyz Republic(2004)

③ EBRD 재정

A Guide to EBRD Ginancing(2004)

EBRD Trader Facilitation Programme(2002)

Procurement Policies and Rules(2000)

Project Evaluation Department Brochure(1999)

Project Finance Glossary: English/Russian and Russian/English(1999)

Transition Impact Retrospective(2001)

④ 경 제

Transition Report(정기보고서): 2000-2005

Working Paper: 중앙·동 유럽의 경제변화관련

BEEP's Dataset(2004)

Spotlight on South-eastern Europe(2004)

Strong Ties- Strong Economies(2005)

⑤ 환 경

Environments in Transition(정기간행물): 1997-2002

Policies Aspects of the Mandate of the EBRD(1993)

Political Aspects of the Mandate of the EBRD in Relation to Ethnic Minorities(1983)

⑥ 제 도

Basic Documents of the EBRD(1991)

Political Aspects of the Mandate of the EBRD(1993)

Political Aspects of the Mandate of the EBRD in Relation to Ethnic Minorities(1993)

⑦ 법 률

Law in Transition(정기간행물): 2000-2005

Guide for Taking Charges in Hungary(2004)

Guide for Taking Charges in the Slovak Republic(2003)

Model Law on Secured Transactions

Sound Business Standards

⑧ 파트너 자금

Technical Cooperation - Donor's Report(기부자 정기보고서): 2000-2005

EBRD's Technical Co-operation Funds Leaflet(2004)

EBRD-EU Cooperation in Russia(2003)

EBRD-EU Cooperation in Ukraine(2004)

EBRD-EU Cooperation in the Western Balkans(2005)

Italy and the EBRD(2004)

Japan and the EBRD(2003)

Mongolia Cooperation Fund(2004)

Taipei China and the EBRD(2002)

The United States and the EBRD(2005)

Turn Around Management Programme(TAM)(2004)

(3) 주 문

Bryan Whitford

EBRD Publications Desk

주   소 Once Exchange Square London EC2A 2JN, UK

전   화 + 44 20 7338 7553

팩   스 + 44 20 7338 6102

전자우편 pubsdesk@ebrd.com

EFTA
European Free Trade Association
유럽자유무역연합

1) 소재지

주   소 9-11, rue de Varemb CH-1211 Geneva 20, Switzerland

전   화 + 41 22 332 2626

팩   스 + 41 22 332 2699

전자우편 mail.gva@efta.int

홈페이지 http://www.efta.int

2) 설립배경

OEEC(Organization for European Economic Cooperation: 유럽경제협력기구) 회원 국들은 EEC(European Economic Community: 유럽경제공동체) 비 가맹국들을 포함하는 자유무역권을 설정하고 유럽 지역의 경제공동체를 만들 것을 제안하였으나, 1958년 11월에 협상이 결렬되었다.

그 후 1959년 11월 스톡홀름협약을 체결하고 이에 따라 1960년 5월에 영국, 덴마크, 노르웨이, 스웨덴, 스위스, 오스트리아, 포르투갈 7개국의 합의로 자유무역지역을 결성하였다. 당시 핀란드는 준 가맹국이었다. 1970년 3월 아이슬란드가 가맹하였으나 1973년 1월 영국과 덴마크가 EC에 가입하면서 탈퇴하였다. 1986년에는 포르투갈이 가입하였다.

1959년 11월 스톡홀름조약에 가서명하여 1960년 7월부터 발효하였다. 또한 1966년 말에는 공업품의 역내관세를 철폐하고 1969년 말까지 수량제한을 전폐하였다. 그러나 이 기구의 중심인 영국이 EC에 가입하면서 EFTA를 탈퇴함으로써 존재 의의가 없어지자, 잔류 각국은 각기 1972년 7월 EC와 자유무역협정을 체결하고 1973년 1월 1일 발효하였다. 그 후 상호 공업품 관세를 1973년부터 5년에 걸쳐 20%씩 삭감하고 약간의 적용 제외 품목을 남겼으며, 1977년 7월 EEC와 협정을 체결하여 양 회원국 간 공산품 자유무역 통로를 넓혔다. 1984년 1월에는 수량제한을 전폐하였다. 1994년 EC와 통합하여 EEA(European Economic Area: 유럽경제지역)를 결성하였다.

3) 설립목적

본 기구의 창립목적은 자유무역을 통하여 회원국의 경제발전과 번영을 도모하고 서유럽국가들과 긴밀하게 경제협력을 증진하는 것이다. 그리하여 전 세계의 무역확장을 돕는 것이다.

위의 목적과 함께, 현재 EFTA는 EFTA 조약(EFTA 회원간의 무역), EEA 협약(EFTA-EU 관계), EFTA 자유무역협정(제 3국가와의 관계)을 유지하고 있다.

4) 회 원

2005년 현재 활동하는 회원은 아이슬란드, 노르웨이, 스위스, 리히텐슈타인이다.

5) 한국과의 관계

N/A

6) 정보원

(1) 정보배포정책

① EFTA에서 발행하는 대부분의 간행물과 문헌은 홈페이지에서 무료로 볼 수 있다. 또한 간행물에 대한 최신 정보가 나왔을 때 전자우편을 이용하여 알림서비스를 받을 수 있다.

② EFTA 홈페이지에는 간행물, 공식발표문, 여러 가지 공식조약, 협정문들을 볼 수 있다.

(2) 간행물

Annual Report(정기보고서): 1998-2005

EFTA Bulletin(공보): 2000-2004

Fact Sheets
EFTA 조약, EFTA의 제 3국과의 관계, 제 3국과 기술협력, 유럽경제특구, 회원국 정보, EEFA와 EEA 의회위원회 등의 사실정보를 영문을 포함하여 여러 가지 언어로 제공한다.

EEA Info Kit(EEA의 모든 것)

EEA Supplement(1994-2005)
EFTA와 EU에서 EEA와 관계되는 사항을 홈페이지를 통해서 발표한다. 위원회의

공동 결정사항과 EEA 협정에 영향을 미치는 EU의 활동 등을 보고하며 하드카피로도 발행한다. 유럽연합의 공식 간행물이다. 노르웨이 언어와 아이슬란드 언어로보고한다. 전자우편으로 받아볼 수도 있다.

(3) 주 문

EFTA Secretariat, Brussels

주   소 74 rue de Tres B-1040 Brussels, Belgium

전   화 +32 2 286 1711

팩   스 +32 2 286 1750

전자우편 mail.bxl@efta.int

(4) 공식문헌

The EFTA Convention 2001(Vaduz Convention)

The EEA Agreement

EEA Enlargement Agreement

Agreement on a Standing Committee

The Surveillance and Court Agreement

Free Trade Agreements

Declarations on Co-operation

Bilateral Agreements and Additional Protocols related to EEA Enlargement

EROPA
Eastern Regional Organization for Public Administration
동부지역공공행정기구

1) 소재지

주   소 12M One Burgundy Plaza, 307 Katipunan Avenue, Loyola Heights,
          Quezon City, Philippines
전   화 632 434 8175
팩   스 632 928 5411
전자우편 eropa@eropa.org.ph
홈페이지 http://www.eropa.org.ph

2) 설립연혁

본 기구는 당시 필리핀대학교 행정대학원장이였던 Ramos의 주창에 따라, 1958년 2월 Saigon에서의 준비회의를 거쳐, 동년 6월 7일부터 21일까지 마닐라 및 바기오에서 개최된 공공행정에 관한 지역회의에서 기구헌장을 채택함으로써 발족하였다. 동 헌장은 1960년 12월 5일 발효한 후, 1962년 10월 9일 방콕 회의, 1968년 6월 27일 쿠알라룸푸 회의, 1971년 5월 9일 마닐라 회의 및 1973년 10월 31일 도쿄 회의에서 각각 개정안이 채택되었다.

3) 설립목적

① 역내 제국의 경제적·사회적 개발계획을 촉진하기 위하여 보다 효과적이고 적절한 행정제도의 채택을 조장함

② 공공행정의 가치와 중요성에 대한 인식을 증진함

③ 역내 정부행정 및 학술영역의 증진과 고급관리자 및 중간관리자의 행정관리기술

의 발전을 도모함

④ 역내 공공행정의 전문화를 조장함

⑤ 국제공공행정기구와의 협력을 유지 강화함

4) 회 원

회원에는 국가회원(정회원), 단체회원 및 개인회원(준회원)이 있다.

- 국가회원

  호주, 중국, 인도, 인도네시아, 이란, 일본, 한국, 말레이시아, 네팔, 필리핀, 태국,
  베트남.

- 단체 및 개인회원(다음 국가들에 단체 및 개인회원이 있다)

- 방글라데시, 브루나이, 라오스 인민 공화국, 파키스탄, 싱가포르, 스리랑카, 벨라
  루스 공화국, 캐나다, 체코 공화국, 모리셔스, 네덜란드, 사모아, 미국.

5) 한국과의 관계

한국은 1958년 기구설립 준비회의 때부터 대표를 파견하여 왔으며, 1962년 제 2차
총회시 정식 가입하였다. 각 총회 때 마다 대표단을 파견하고 있으며, 한국에서 여
러 차례 집행이사회와 총회를 주관하였다.

6) 정보원

(1) 새로 나온 간행물

*Theories and Practices of Mixed Economy Systems: A Comparative Look
at the Japanese Experience*

By Tomoji Ichinose

(2) 정기간행물 및 소식지

① 연구보고서: 본 기구는 지역회의, 세미나, 워크숍 준비를 위해서 또는 국가 및 국제기관의 요청에 의하여 연구를 진행하여 왔으며 지금까지 진행해온 연구의 목록을 볼 수 있다.

② 회의보고서: 지역회의, 세미나, 워크숍의 결과 보고서를 볼 수 있다.

③ 정기간행물로는 *Europa Journal*과 *Europa Bulletin*이 있다.

FEALAC
The Forum for East-Asia-Latin America Cooperation
동아시아 · 라틴아메리카 협력포럼

1) 소재지

주   소 110-787, 91-5 Doryeom-dong, Jongro-gu, Seoul, Republic of Korea

전   화 02 3703-2114

팩   스 02 2100-7999

전자우편 latinca@mofat.go.kr

홈페이지 http://fealac.mofat.go.kr/

2) 설립배경

1990년대 말 이래 21세기 경제 성장의 중심이 될 동아시아, 유럽, 북미, 중남미 중에서 동아시아와 중남미간 연계가 상대적으로 소원함에 따라 양지역간 이해 증진, 대화와 협력 제고를 위한 포괄적인 다자간 포럼의 필요성이 대두하였다. 이러한 점에 유의하여 1998년 9월 칠레를 방문한 고촉동 싱가포르 총리는 동아시아와 중남미 지역간 협력을 증진하기 위한 제도적 방안 모색의 필요성을 Eduardo Frei 칠레

대통령에게 공식적으로 제안하였다. 이에 따라 1999년 9월 싱가포르에서 동아시아-라틴아메리카 포럼(EALAF: East Asia-Latin America Forum) 제 1차 고위관리회의가 개최되었다. 2001년 3월 29일부터 30일까지 칠레 산티아고에서 제 1차 외무장관회의가 개최되어 포럼 명칭을 EALAF에서 FEALAC으로 변경하고 포럼의 목적, 협력 범위, 운영 방향 등을 담은 기초문헌(Framework Document)을 채택함으로써 FEALAC이 공식적으로 출범하였다.

3) 설립목적

동아시아와 라틴아메리카의 지역간 협력(Inter-regional Cooperation)과 상호 이해 증진을 목적으로 한다.

① 동아시아·라틴아메리카간 협력 증진의 필요성에 대한 일반 인식 제고

② 지역협력체로서의 FELAC의 차별성을 확보

③ 회원국간의 동질성보다는 다양성이 큰 지역협력체로서 회원국간 협력을 효율적으로 도출해 낼 수 있는 포럼 운영

4) 회 원

동아시아 15개국과 중남미 17개국이 회원으로 참가하고 있다.

- 동아시아 회원국
  한국, 중국, 일본, ASEAN 10개국(태국, 필리핀, 인도네시아, 말레이시아, 브루나이, 싱가포르, 라오스, 캄보디아, 베트남, 미얀마) 호주, 뉴질랜드.

- 중남미 회원국
  브라질, 멕시코, 아르헨티나, 칠레, 볼리비아, 콜롬비아, 에콰도르, 베네수엘라, 파나마, 파라과이, 페루, 우루과이, 쿠바, 엘살바도르, 코스타리카, 니카라과, 과테말라.

5) 한국과의 관계

한국은 창립 회원으로서 동 포럼의 활동에 적극 참여하고 있으며, 특히 동아시아

지역조정국으로서 FEALAC의 원활한 운영과 회원국간 입장 조율을 위해 노력하는 한편, 각종 프로젝트 발굴 등을 통해 FELAC의 발전을 도모하고 있다.

6) 정보원

(1) 정보배포정책

다음 정보를 FEALAC 홈페이지에서 무료로 제공하고 있다. 문헌의 언어는 스페인어, 영어, 한국어이다.

① FEALAC 공식문헌

기초문헌자료

- 외무부장관회의 결과자료
- 고위관리회의 결과자료
- 작업반회의 결과자료

② FEALAC 관련 참고자료

③ FEALAC 관련 뉴스

④ FEALAC 협력 프로젝트 보고서: 정치·문화·교육 분야, 경제·사회분야, 과학·기술 분야

IDB
Inter-American Development Bank
미주개발은행

1) 소재지

주　　소 1300 New York Avenue, NW Washington, DC 20577, U.S.A.

전　　화 + 1 202 623 1000

팩　　스 + 1 202 623 3096

전자우편 webmaster@iadb.org

홈페이지 http://www.iadb.org

2) 설립연혁

1959년 OAS 경제회의 후원 하에 워싱턴에서 서명, 설립하여 1979년 미주지역 이
외의 나라에 문호를 개방하였다.

3) 설립목적

회원국의 경제·사회 개발에 필요한 금융지원을 목적으로 한다.

4) 기　능

① 경제, 사회, 제도상의 개발 사업을 위한 다변적 금융지원

② 남미와 카리브해 지역의 사회통합 프로그램 실시

5) 회　원

현재 IDB는 47개국이 주도하고 있으며 그 중 26개국은 채무국이다.

아르헨티나, 오스트리아, 볼리비아, 브라질, 벨기에, 칠레, 콜롬비아, 코스타리카, 도

미니카 공화국, 덴마크, 핀란드, 프랑스, 독일, 가이아나, 이탈리아, 네덜란드, 노르웨이, 포르투갈, 한국, 스페인, 영국, 에콰도르, 엘살바도르, 과테말라, 아이티, 온두라스, 멕시코, 니카라과, 파나마, 파라과이, 페루, 우루과이, 베네수엘라, 미국, 트리니다드토바고, 바베이도스, 자메이카, 캐나다, 바하마, 수리남, 이스라엘, 일본, 벨리즈, 크로아티아, 슬로베니아, 스위스.

6) 한국과의 관계

① 1979년 이래 가입에 관심을 표명하여 왔고, 1987년에 정식가입 신청서를 제출하였다.

② 2003년부터 보스니아 헤르체고비나 지분인수를 통한 조기가입을 추진하였다.

③ 2005년 현재 한국은 미주투자기업(Inter-American Investment Corporation)의 회원이다.

7) 정보원

(1) 정보배포정책

IDB는 남미와 카리브해 지역의 경제·사회 발전과 관계되는 연구와 사업을 진행함과 동시에 각종 간행물을 발행하고 도서관을 운영하고 있다. 홈페이지에서 간행물 목록, 중요 문헌, 뉴스 등을 검색할 수 있다.

(2) 도서관

① 뉴욕에 위치한 Felipe Herrera 도서관은 미주개발은행의 지역통합사업 중 하나로 1960년 5월 IDB의 첫 총재이름을 따라 설립되었다. 남미와 카리브해 지역의 경제·사회발전에 이바지하는 자료 소장의 필요성을 느껴 설립되었다.

② 도서관은 100,000건이 넘는 특별 연구보고서와 기구의 활동을 포함하는 국제 문헌을 소장하고 있다. 각종 간행물이 도서관의 유용성을 증가시키고 있다. 도서관

은 1,000종이 넘는 연속간행물을 구독하고 있다.

③ 온라인 카탈로그 서비스를 이용하여 목록을 검색할 수 있다.

URL: http://www.iadb.org/lib/ENGLISH/collections_opac.htm

(3) 간행물

① 온라인 구매가 가능하다.

② 개발에 관한 다음 주제의 간행물이 있다.

- 경제, 금융
- 환경
- 세계화와 통상
- 정부와 시민사회
- 사회적발전의 뒷받침이 되는 시설물
- 사회적 문제점

(4) 소식지

8종의 소식지가 있다.

Ethics and Development

개발과 관련된 도덕, 사회적 자본, 기업의 사회적 책임, 자원 활동에 관한 정보 제공

Equidad

남미와 카리브해 지역의 가난과 경제적 불평등을 다루며 연구 활동, 현지 소식지, 출판물에 대한 정보 제공

Ideas for Development in the Americas

남미와 카리브해 지역의 발전과 연결된 경제적, 사회적 문제들과 최근 연구 활동에 관한 정보 제공

Infrastructure and Financial Market Review

사회의 기본적 시설과 금융시장에 관련된 IDB의 전략, 정책, 실행 재검토

Institute for Integration of Latin America and the Caribbean

무역과 통합에 관련된 기사제공

Microenterprise Development Review

소규모 융자시장에 관한 최근 소식 제공

Microenterprise Americas

소규모 융자에 연결되는 문제 분석 자료

Social Development

현재 진행되는 사업에 관한 소식이나 지역 통합과 관련된 사회적 문제점에 관한 내용

(5) 정기간행물

IDB AMERICA

남미와 카리브해 지역발전에 관한 소식을 제공하는 정기간행물로 교육, 보건, 환경 등 여러 가지 사회적 문제점을 다룬다. 영어, 불어, 스페인어, 포르투갈어로 발행된다.

(6) 비디오

Toward Sustainable & Equitable Development: Strategies for Latin America and the Caribbean.

주문: sdsinfo@iadb.org

Battered Lives, Broken Trust: When Men Abuse Women

주문: sds/soc@iadb.org

Creating the Future Today

주문: carmenma@iadb.org

(7) 온라인 구독이 가능한 정보원

IDBA Mérica

Price: Free

Availability: English, Spanish and Portuguese

Press Releases

Publication frequency: Daily

Price: Free

Availability: English, Spanish

보도 관계자만 이용 가능

Latin American Economic Policies

Publication frequency: Annual

Availability: English and Spanish

Microenterprise Development Review

Publication frequency: Twice a year

Availability: English and Spanish

Micro Enterprise Américas

Publication frequency: Annual

Price: Free

Availability: English and Spanish

Infrastructure and Financial Markets Review

Publication frequency: Quarterly

Price: Free

Availability: English

Ethics and Development

Publication frequency: Weekly

Price: Free

Availability: English, Spanish, Portuguese and French

Equidad

Publication frequency: Twice per year

Price: Free

Availability: English and Spanish

Social Development

Publication frequency: Twice per year

Price: Free

Availability: English and Spanish

E-Commerce Brief

Publication frequency: Quarterly

Price: Free

Availability: English

Inter - American Roundtable on Evaluation and Performance Management Bulletin

Publication frequency: Tri-Monthly

Price: Free

Availability: Spanish and English

(8) 주요 문헌

다음 목록은 IDB의 중요 문헌으로 홈페이지에서 무료로 이용할 수 있다.

IDB 2004 Annual Report

Office of Institutional Integrity 2004 Annual Report

Country Program Evaluation: Dominican Republic 1991-2003

Guidelines for the Development and Consultation of IDB Policies and Strategies

Enhancements to the Independent Investigation Mechanism

Auction Plan for Development Effectiveness

Portfolio Management, Performance and Results

Committee Chair Reports

(9) 연설문

IDB 총재, 부총재, 전임 총재들의 연설문을 볼 수 있다.

LAS
League of Arab States
아랍연맹

1) 소재지

주   소   Tunisia

홈페이지   http://www.arableagueonline.org

2) 설립연혁

1945년 3월 중동의 평화와 안전을 확보하고 아랍제국의 주권과 독립을 수호하기 위해 창설된 지역협력기구이다. 본 기구의 원 가맹국은 이집트, 시리아, 레바논, 사우디아라비아, 이라크, 요르단, 예멘 등 7개국이며, 연맹의 상설본부 및 사무국은 이집트 카이로에 설치되었다. 그 뒤 회원국은 확대되어 1999년에 21개국이 가입하였으며, PLO(팔레스타인 해방기구)도 회원자격을 얻었다. 아랍연맹 헌장에서는 모든 가맹국을 동등하게 대표하는 연맹의회에 최고 권위를 부여하고 있다.

1950년 4월 13일, '공동방위 및 경제협력에 관한 조약'이 조인되면서 군사적 방어조치에 대한 조정권도 갖게 되었다. 연맹사무소는 이스라엘 및 이스라엘에 지점을 둔 외국회사와의 무역 및 커뮤니케이션에 대한 총불매동맹(Arab boycott)을 관리하고 있다.

1979년 3월 이집트·이스라엘간의 평화조약이 조인되자 연맹은 이집트의 회원 자격을 일시 정지시키고 연맹본부를 튀니지로 이전하기로 결정하였다. 또한 1990년 이라크의 쿠웨이트 침공으로 연맹국간에 분열이 생겼다. 이집트는 1989년 다시 비공식적으로 아랍연맹의 회원국이 되었다.

3) 설립목적

회원국들의 정치적 협력을 촉진하고, 분쟁과 평화에 대한 파괴행위를 처리하며, 전문위원회의 활동을 통해 경제·커뮤니케이션·문화·사회문제 및 기타 문제에 대해 협력을 지도하는 것이다.

4) 회 원

21개국이 아랍연맹의 회원으로 참여하고 있다.

요르단, 아랍 에미리트 연합, 바레인, 튀니지, 알제리, 지부티, 사우디아라비아, 수단, 시리아, 소말리아, 이라크, 오만, 팔레스타인, 카타르, 코모로스, 쿠웨이트, 레바논, 리비아 아랍 자마히리야, 이집트, 모로코.

5) 한국과의 관계

N/A

6) 정보원

(1) 아랍연맹 관련 문헌

Arab League Documents

Agreements

UN Documents

General Documents

Security Council Resolutions on Palestine(1948-2002)

(2) 뉴스 및 선언문

아랍연맹과 관련된 소식과 사무총장의 활동, 그리고 연설문·선언문을 제공한다.

(3) 추가정보

아랍연맹 공식 홈페이지에서 제공하지 않는 정상회의 관련문헌을 포함하며, 역사적 기록에서부터 현재까지의 중요문헌을 "Arab Gateway" 홈페이지에서 제공하고 있다(URL: http://www.al-bab.com/arab/docs/league.htm).

Alexandria Protocol(1944. 10. 7)

Charter of the Arab League(1945. 3. 22)

Cultural Treaty(1946)

Arab League Declaration on the Invasion of Palestine(1949. 5. 15)

Joint Defence and Economic Cooperation Treaty(1950-1952)

Arab Charter on Human Rights(1994. 9. 15)

Arab Convention for the Suppression of Terrorism(1998. 9. 15)

NCM
Nordic Council of Ministers
북유럽각료회의

1) 소재지

주　　소　Store Strandstaede 18 DK-1255 Copenhagen, Denmark

전　　화　＋45 33 96 0200

팩　　스　＋45 33 96 0202

홈페이지　http://www.norden.org/

2) 설립배경

북유럽각료회의는 1962년 북유럽 국가들이 체결한 헬싱키협정의 수정안에 따라 1971년 2월에 설립된 것으로서, 회원국의 국무장관과 해당 사안의 주무장관으로 구성된다.

3) 설립목적

북유럽 국가들의 공동이익에 관련된 시안을 검토하고 그에 대한 협력 및 지원을 목적으로 한다. 본 기구의 기금은 경제적 투자와 과학기술의 연구·개발 및 문화·교육·사회복지·건강 등에 관련된 공동 기구나 공동계획에 주로 사용된다.

4) 회　원

덴마크, 핀란드, 아이슬란드, 노르웨이, 스웨덴

5) 한국과의 관계

N/A

6) 정보원

(1) 정보배포정책

① 간행물은 스웨덴어, 덴마크어, 노르웨이어, 핀란드어, 아이슬란드어, 또는 영어로 발행된다.

② 전자우편으로 간행물에 관한 새소식을 전송하는 서비스를 제공한다.

③ 연속간행물을 포함한 일반적인 간행물은 홈페이지에서 무료로 이용할 수 있으나 그 외는 구매해야 한다. 하드카피를 원할 경우에는 구매를 해야 한다.

④ 한국은 판매처가 없으므로 덴마크 판매처를 통해 구매하거나 홈페이지에서 직접 구매할 수 있다.

⑤ 각 간행물에 대한 짧은 요약문을 볼 수 있다.

⑥ 주제별 또는 검색기능(제목입력)을 이용하여 간행물의 목록을 볼 수 있다.

(2) 주제별 간행물

① 노동시장/작업환경

A Model Database for Salivary Cortisol in Occupational Studies

Cross-border Regional Optimal Solutions in Scandinavia

Productivity Growth in the Nordic Countries

Program for Nordisk Ministerråds Samarbejde på Arbejdsmarkeds- og Arbejdsmiljøområdet 2005-2008

② 지속가능형 발전

N/A

③ 생명윤리

How to Best Teach Bioethics

④ 아동/청소년

N/A

⑤ 건설/주거

Building Sector Regulations

Housing and Housing Policy in the Nordic Countries

⑥ 에너지

EU Emission Trading Scheme and the Effect on the Price of Electricity

Promotion of Renewable Energy Globally

Sustainable and Secure Energy Supplies

⑦ 산업/통상

Environmental Incentives and Nordic SMEs

Productivity Growth in the Nordic Countries

⑧ 영화/영상

A Study On The "Second Phase" of The Community Information Society Policy

Public Service Broadcasting I Den Digitala Framtiden Konferensrapport

⑨ 어 업

Nordiskt Fiske-, Jord- Och Skogsbruks - och Livsmedelssamarbete 2005-2008

Et Nordisk Løft For Verdiskapning Og Livskvalitet

Strategi For Genetiske Ressourcer For Fiskeri, Jordbrug, Skovbrug Og Levnedsmidler I Norden 2005-2008

⑩ 소비자 관계

Political Consumerism: Its Motivations, Power, and Conditions in the Nordic Countries and Elsewhere

⑪ 연 구

Gender & Violence

⑫ 고등교육

N/A

⑬ 정 보

The Helsinki Treaty

⑭ 통 합

Barrierer på Arbeidsmarkedet for Kvinner med Innvandrerbakgrunn
Nordisk seminar, Oslo 3-4 februar 2003

Integration och jämställdhet i Norden - Integration and Equality in the Nordic Countries

Minority Women in the Nordic Countries

⑮ IT

Information Technology - Strategy and Action Plan 2005-2007

⑯ 농업/임업

Development of the Nordic-Baltic Market for Organic Food

Methane Oxidising Bacteria as Environmental Indicators

Nordic GENE Resources

Nordiskt Fiske-, Jord- Och Skogsbruks- Och Livsmedelssamarbete 2005-2008

Projects Seen from a Gender and Equality Perspective

Strategi for Genetiske Ressourcer for Fiskeri, Jordbrug, Skovbrug og Levnedsmidler i Norden 2005-2008

⑰ 문 화

Norden Balkan Culture Switch

Verdensarv i Norden 2004

⑱ 식료품

Development of the Nordic-Baltic Market for Organic Food

Interactions between Infections, Nutrients and Xenobiotics

Nordiskt Fiske-, Jord- och Skogsbruks- och Livsmedelssamarbete 2005-2008

Safe and Wholesome Food - Nordic Reflections

Strategi for Genetiske Ressourcer for Fiskeri, Jordbrug, Skovbrug og Levnedsmidler i Norden 2005-2008

Threshold of Toxicological Concern(TTC)

⑲ 성, 평등

Jämställda Statsfinanser/Equality and Public Finances

Kön och Våld - Gender & Violence

Projects seen from a Gender and Equality Perspective

⑳ 입 법

Det Nordiske Lovsamarbeidet 2002-2005

㉑ 환 경

N/A

㉒ 근교지역

N/A

㉓ 마약 남용 예방

N/A

㉔ 북유럽 각료회의

Demokrati i Norden

The Dynamic Nordic Region

The Helsinki Treaty

㉕ 북유럽과 EU

Nordic Cooperation in the EU 2003

Submission of the Nordic Council of Ministers in Preparation for the new Northern Dimension Action Plan 2004-2006

㉖ 북유럽 회의

The Helsinki Treaty

㉗ 경 제

N/A

㉘ 지역 정책

Cross-border Regional Optimal Solutions in Scandinavia Nordic Regional Cooperation Programme 2005-2008

The ESPON Programme

Report no. 3 to The Nordic Council of Minister, NERP

㉙ 교육 협력

Evaluation of "Development of a School for All" Nordic - Baltic Cooperation in Special Needs Education 2000 - 2004

㉚ 사회보장/건강관리

A Model Database for Salivary Cortisol in Occupational Studies

Äldreomsorgsforskning i Norden

For Children in Our Neighbourhood

Health and Social Sectors with an "e"

Health and Social Sectors with an "e"

㉛ 언 어

N/A

㉜ 통 계

Nordic Statistical Yearbook 2004

The Nordic Countries in Figures 2004

㉝ 운 송

An Inventory of Upcoming Questions with an EU Connotation that are Suited to Cooperation Between the Countries around the Baltic Sea, and That May Be Favorably Influenced by such a Cooperation

CBA of Cycling

Mobility Management in the Nordic Countries

Pre-study on the Effects of Intelligent Transport Systems(ITS)

㉞ 교 육

Nordic Prison Education

Rethinking Nordic Co-operation in Higher Education

Rethinking Nordic Co-operation in Higher Education

㉟ 복 지

Äldreomsorgsforskning i Norden

㊱ 성인 교육

Nordic Prison Education

A Lifelong Learning Perspective

OAS
The Organization of American States
미주기구

1) 소재지

주   소 17th street & Constitution Ave.N. W., Washington, D.C. 20006, U.S.A.

전   화 + 202 458 3000

전자우편 multimedia@oas.org

홈페이지 http://www.oas.org

2) 설립연혁

1948년 8월 30일 콜롬비아의 산타페데보고타에서 개최한 제 9회 미주회의에서 이 기구의 헌장을 채택하였다. 미주상호원조조약과 차풀테펙협정(Act of Chapultepec)

에 따라 종전의 아메리카 지역 협력기구인 미주연합(Pan American Union)을 개편·강화하여 지역적 집단안전보장기구로서 모양을 갖추었다. 1951년 12월 캐나다를 제외한 모든 아메리카 지역 국가들이 참가하여 기구를 설립하였다.

3) 설립목적

평화와 정의의 질서를 달성하고, 각국의 유대와 상호협력을 강화하며, 회원국간의 분쟁 조정을 도모하는 것을 목적으로 한다. 또 그 주권·영토·독립을 지키며 집단안보체제를 마련하고 경제·사회·문화 영역에서 상호협력을 도모한다.

4) 회 원

- 출범회원(1948년)
  아르헨티나, 볼리비아, 브라질, 칠레, 콜롬비아, 코스타리카, 쿠바, 도미니카 공화국, 에콰도르, 엘살바도르, 과테말라, 아이티, 온두라스, 멕시코, 니카라과, 파나마, 파라과이, 페루, 미국, 우루과이, 베네수엘라.

- 출범이후 가입회원
  바베이도스, 트리니다드토바고(1967), 자메이카(1969), 그레나다(1975), 수리남(1977), 도미니카 공화국, 세인트루시아(1979), 안티과 바부다, 세인트빈센트그레나딘(1981), 바하마(1982), 세인트키츠네비스(1984), 캐나다(1990), 벨리즈, 가이아나(1991).

5) 한국과의 관계

한국은 1981년 영구 옵서버 국가로 가입하였다.

6) 정보원

(1) 간행물

① 홈페이지에서 각 출판물의 자세한 정보와 요약문을 볼 수 있다.

The OAS in Transition: 1994-2004

Annual Report

Toward the New Millennium: The Road Traveled 1994-1999

Americas Magazine
연 여섯 번 출간되는 OAS의 간행물이다. 1997년부터 출판되었으며 유료로 정기구독하거나 단행본을 구입할 수 있다.

② OAS의 각 부서별로 그 부서에 맞는 출판물을 담당하고 있다. 부서별로 다른 홈페이지를 운영하고 있으며, 'OAS Publication' 항목에서 이동할 수 있다. 출판물 목록과 도서나 문헌에 관한 자세한 정보를 제공한다.

- Art Museum(미술관련)

- Commission on Human Rights(인권)

- Council for Integral Development(완전한 발전)

- Office of Inter-American Law and Programs(북·남미법)

- Inter-Sectoral Unit for Tourism(관광)

- Department of Legal Affair and Services(법률관련)

- Division of Science and Technology(과학·기술)

- Summits of the Americas(정상회의)

- Library(도서관, OAS 문헌)

- Office of Sustainable Development and Environment(지속가능형 발전 및 환경)

- Office for Trade, Growth and Competitiveness(통상, 발전, 경쟁력)

- Unit for the Promotion of Democracy(민주화)

(2) 비디오

① Americas Alive

북·남미의 정치, 사회, 문화를 주제로 한 OAS 프로젝트를 다큐멘터리 형식으로 제작하였다. 유료로 주문할 수 있으며 홈페이지 내에서는 예고편과 개요를 볼 수 있다. 대부분은 스페인어로 제작되었고 영어로 자막이 나간다.

② 비디오 목록

Guatemala, The Color of Peace

The Panama Canal: Navigating Troubled Waters

A Farewell to Arms

Strength in Unity: Building Peace in Haiti

Women of the Americas

The Poisoned Land

The Mountains in Arms

Highlights of the Conference of the Americas

Juan Fernando Bastos: Profile of a Portrait Artist

Antonio Segui: Man of the Cities

Tomie Othake: Forms of the World

Gateway to the Americas

The Assembly of the Future

Origins of the OAS Charter

Guatemala: The Rugged Road Toards Democracy

The Secret of Fire

The Garden of the Hemisphier

Temples of Gold, Crowns of Silver

The Fruit of Paradise

Songs of the Americas

Faith Returns

Quest for Democracy, The Electoral Observation Missions of the OAS

③ 주 문

Rene Gutierrez

the Documents Librarian

전   화 202 458 6037

팩   스 202 458 3914

전자우편 rgutierrez@oas.org

OSCE
The Organization for Security and Co-operation in Europe
유럽안보협력기구

1) 소재지

주   소 Kaerntner Ring 5-7, 1010 Vienna, Austria

전   화 + 43 1 514 36 0

팩   스   + 43 1 514 36 96

전자우편   info@osce.org

홈페이지   http://www.osce.org

2) 설립배경

유럽안보협력회의는 1975년 8월 헬싱키선언으로 시작된 이래로 유럽안보에서 매우 중요한 위치를 차지하여 왔다. 유럽안보협력회의(Conference on Security and Cooperation in Europe: CSCE)는 미국과 캐나다를 포함한 35개국의 동·서구 국가들이 참여한 다자간안보협력회의로서 출발하였으나 1989년을 기점으로 동구권이 붕괴되면서 새로운 안보상황에 대처하기 위해 CSCE의 기능이 점차 강화되었고 1995년 1월 이래 유럽안보협력기구로 개칭되었다.

3) 설립목적

범 유럽 안보기구로 안보에 관한 다양한 문제점(군비 규제, 인권, 민주화, 반 테러리즘 등)을 분석해 보고 다음의 활동을 통하여 국제 안전 및 안보를 도모한다.

① 위협에 대한 조기경보

② 위기 저지

③ 위기 관리

④ 위기 후 재건

4) 회 원

유럽, 중앙아시아, 북아메리카의 55개국이 회원으로 참여하고 있다.

알바니아, 안도라, 아르메니아, 오스트리아, 아제르바이잔, 벨라루스, 벨기에, 보스니아 헤르체고비나, 불가리아, 캐나다, 크로아티아, 사이프러스, 체코 공화국, 덴마크, 에스토니아, 핀란드, 프랑스, 조지아, 독일, 그리스, 교황청, 헝가리, 아이슬란드, 아일랜드, 이탈리아, 카자흐스탄, 키르기스 공화국, 라트비아, 리히텐슈타인, 리투아니아, 룩셈부르크, 몰타, 몰도바, 모나코, 네덜란드, 노르웨이, 폴란드, 포르투갈, 루마니아, 러시아 연방, 산마리노, 세르비아 몬테네그로, 슬로바키아, 슬로베니아, 스페인, 스웨덴, 스위스, 타지키스탄, 구요고 연합 마케도니아 공화국, 터키, 투르크메니스탄, 우크라이나, 영국, 미합중국, 우즈베키스탄.

5) 한국과의 관계

N/A

6) 정보원

(1) 정보배포정책

① OSCE는 본 기구와 관계된 사업 및 활동에 관한 안내서를 출판한다. 또한 OSCE는 보고서, 소식지, 분석결과를 발표한다.

② 총 간행물 수는 200종이 넘으며 발행처, 지역, 활동, 간행물 종류별로 검색할 수 있다.

③ 홈페이지에서 무료로 제공하며 하드카피를 원할 경우에도 무료로 우편으로 발송한다. 주문은 홈페이지에서 할 수 있다.

④ 영어 외 다른 회원국의 언어로도 발행한다.

(2) 대표 간행물

다음 대표 간행물은 홈페이지에서 무료로 이용할 수 있다.

OSCE Annual Report: 기구의 연간 활동 보고(1993-2004)

OSCE Magazines: 각 부서마다 새로운 주제를 다루고 있다. (2000-2005)

OSCE Handbooks: OSCE의 연혁, 구성, 활동 안내서(2000)

(3) 문헌도서관(Document Library)

① OSCE의 문헌도서관은 1975년 유럽안보협력회의 시작당시 자료부터 보관하고 있고, 대부분의 문헌은 디지털화되어 홈페이지에서 이용가능하다.

② 문헌검색은 연대별, 최근문헌별, 또는 기구의 중요한 기관별로 할 수 있다.

SAMEO
Southeast Asian Minsters of Education Organization
동남아문교장관기구

1) 소재지

주　　소　Mom Luang Pin Malakul Building, 4th Floor, 920 Sukhumvit Road, Bangkok 10110, Thailand

전　　화　+ 66 2 391 0144

팩　　스　+ 66 2 381 2587

전자우편　secretariat@seameo.org

홈페이지　http://www.seameo.org

2) 설립연혁

동남아문교장관기구는 1965년 11월 30일 태국 방콕에서 라오스, 말레이시아, 싱가포르, 태국, 베트남, 유네스코 필리핀 의장, 미국 대통령의 특별보좌관이 모인 회의에서 정부간 기구로서 창설되었으며 기구헌장은 1968년 2월 7일에 서명되었다.

3) 설립목적

네트워크와 협력을 안정화시키고 정책입안자와 전문가들을 위한 지적 포럼을 준비하며 지속적인 인적자원개발을 장려함으로써 회원국간에 지역 전체의 양해, 협력, 목적 일치를 강화시키고 질 좋은 삶에 이르는 것을 주된 목표로 한다.

4) 회 원

- 정회원국(10개국)
  브루나이, 캄보디아, 인도네시아, 라오스, 말레이시아, 미얀마, 필리핀, 싱가포르, 태국, 베트남.

- 준회원국(7개국)
  호주, 캐나다, 프랑스, 독일, 네덜란드, 뉴질랜드, 노르웨이.

- 특별회원(1개국)
  International Council for Open and Distance Education(ICDE)

- 기부국가(1개국)
  일본.

5) 한국과의 관계

한국은 동남아문교장관기구로부터 회원국으로의 가입요청을 받았으나, 현재까지 가입을 보류하고 있다. 준회원국으로 가입시 상당한 부담금을 지불해야 하므로 한국은 옵서버 자격으로 회의에 참관하고 있다.

6) 정보배포정책

(1) 간행물

Journal of Southeast Asian Education
이 국제적 정기간행물의 주요 목적은 동남아시아 국가들의 교육에 관한 정책 계획 입안을 돕기 위한 정보와 분석을 제공하는 것이다. SEAMEO의 공식 간행물로서 특히 SEAMEO Regional Centers의 업무에 대한 이해를 증진시키는 역할을 한다. 또한

동남아시아 국가의 교육상 논점에 대한 폭넓은 인식, 고려, 분석에 대한 매개체이다. 동남아시아 지역 내와 이 지역과 세계 다른 지역간에 교육상 논점과 비교연구에 관한 견해를 상호 교환할 수 있도록 한다(URL: www.seameo.org/journal/).

SEAMEO Horizon

SEAMEO Forum

SEAMEO Council Report

High Officials Meeting Report

Centre Directors Meeting Report

SEAMEO Annual Report

Jasper Monograph

(2) 구독신청

SEAMEO Secretariat, 920 Sukhumvit Road, Bangkok 10110, Thailand

SCO
Shanghai Cooperation Organization
상하이협력기구

1) 소재지

주　　소　No. 41, Liangmaqiao Road, Chaoyang District, Beijing, 100600, China

전　　화　+ 86 10 6532 9806 / 6532 9807

팩　　스　+ 86 10 6532 9808

전자우편　sco@sectsco.org

홈페이지   http://www.sectsco.org

2) 설립연혁

1996년 중국, 러시아, 카자흐스탄, 키르기스스탄, 타지키스탄이 참가한 가운데 상하이에서 열린 5개국 회담에서 처음으로 거론되었다. 이어 2000년에 우즈베키스탄이 합류한 뒤, 2001년 6월 15일 상하이에서 정식 출범하였다.

3) 설립목적

설립목적은 회원국 상호간의 신뢰와 우호 증진, 정치·경제·무역·과학기술·문화·교육·에너지 등 각 분야의 효율적인 협력 관계 구축, 역내 평화·안보·안정을 위한 공조체제 구축, 민주주의·정의·합리성을 바탕으로 한 새로운 국제정치·경제 질서 촉진 등이다.

기본 이념은 국제연합헌장의 목적과 원칙 준수, 상호독립과 주권존중 및 영토 통합 존중, 회원국 사이의 내정간섭과 무력 사용 및 사용 위협 배제, 회원국 사이의 평등 원칙 준수, 모든 문제의 협의를 통한 해결, 역외 국가·기구와 적극 협력 모색 등이다.

4) 회 원

중국, 러시아, 우즈베키스탄, 카자흐스탄, 키르기스스탄, 타지키스탄

5) 한국과의 관계

N/A

6) 정보원

(1) 정보배포정책

상하이협력기구는 사무총장 인터뷰, 연설문, SCO 관련 뉴스를 제공한다. 이 외에도 관련 문헌을 무료로 제공한다(2001-2005).

(2) 중요 문헌

Shanghai Convention on Combating Terrorism, Separatism and Extremism

Declaration on the Establishment of the Shanghai Cooperation Organization

The Charter of Shanghai Cooperation Organization

Provisional Scheme for Mutual Relations Between the Shanghai Cooperation Organization and Other International Organizations and States

The Tashkent Declaration of the Heads of the States Participating in Shanghai Cooperation Organization

참고문헌

참고문헌

구자영. 1989. 국제기구자료의 활용을 조정하는 지적접근과 물리적 가용성. 창립 30주년 기념논문집. 서울: 이화여자대학교 도서관학과, 3-37.

김순규. 1992. 신국제기구론. 서울: 박영사.

김종수. 1980. 국제기구론. 개정판. 서울: 법문사.

大平善梧・横川 新(편저). 1978. 國際關係論. 東京: 北樹出版.

박영희. 1983. "도서관자료로서의 UN간행물에 대한 소고." *국회도서관*, 165(6): 41-51.

박재영. 1998. 국제기구정치론. 서울: 법문사.

성창수. 2001. UN자료이용과 UN기탁도서관 운영에 관한 연구. 석사학위논문, 한양대학교 교육대학원.

안용교. 1966. 국제기구론. 서울: 진명문화사.

외교통상부. 2005. "국가 및 기구정보." 〈http://www.mofat.go.kr/mofat/mk__a003/mk__b016/mk03__02.jsp〉. [2005. 2. 1].

외무부. 1994. 국제기구편람. 서울: 외무부.

이숙희. 2004. "국제연합 전문기구의 정보원과 이용에 관한 연구." *한국문헌정보학회지*, 38(2): 5-27.

이혁섭. 1987. 한국국제정치론. 서울: 일신사.

최종기. 1991. 현대국제관계론. 서울: 박영사.

Archer, Cliver. 1983. *International Organizations.* London: George Allen and Unwin.

Atherton, Alexine L. 1976. *International Organizations: A Guide to Information Sources.* Detroit: Gale Research Co.

Beauzethier, Barbara. 1991. "Reference Services for Intergovernmental Organizations' Publications: The Unesco Experience." In *Reference Service for Publications of Intergovernmental Organizations*, München; London; New York; Paris: K. G. Saur, pp.142-56.

Bindschedler, Ludolf L. 1983. "International Organizations, General Aspects." ed. Rudolf Bernhardt, *Encyclopedia of Public International Law*. Netherlands: Elsevier Science Publishers. Vol. 5.

Claude, Inis L. Jr. 1964. *Swords into Plowshares: The Problems and Progress of International Organization*. 3rd rev. ed. New York: Random House.

Cohen, Diana B. 1979. "User Guide to Publications and Documentation of the International Labour Office." *Government Publications Review*, 6: 157-59.

Conil-Lacoste, Michel. 1994. *The Story of a Grand Design: UNESCO 1946-1993, People, Events and Achievements*. Paris: Unesco, 1994. Passim.

Cunningham, Willis F. 1990. "A Reference/Documents Librarian's Treasure Map." *RQ*, 30(2, Winter): 249-60.

Dag Hammarskjold Library. "Depository Library Instruction." ⟨http:www.un.org/Depts/dhl/stlib13.htm⟩. [2005. 12. 15].

Dag Hammarskjold Library. 1995. *United Nations Documentation*. New York: United Nations.

Deibert, R. J. 1998. "Virtual Resources: International Relations Research Resources on the Web." *International Organization*, 52(1): 211-221.

Dimitrov, Theodore D. 1981. *World Bibliography of International Document*. Pleasantville, NY: UNIFO Publishers.

Duke University Perkins Library. 2004. *Intergovernmental Organizations Internet Resources by Subject*. ⟨http://docs.lib.duke.edu/igo/subject.html⟩. [2005. 8. 11].

Eckman, Charles. "The General Agreement on Tariffs and Trade and the World Trade Organization: Documentation and Publications of the GATT and WTO." In *International Information*, 2nd ed., Vol II: 71-107.

Fletcher, J. 1982. "International Comparative Statistics Produced by International Organizations." In *International Documents for the 80's: Their Role and Use*. ed. Theodore D. Dimitrov and Luciana Marulli-Koenig. Pleasantville, NY: UNIFO Publishers.

Food and Agriculture Organization of the United Nations. "Publications and Documents of the Food and Agriculture Organization." In *International Documents for the 80's*. Microfiche 3: 60-71.

Hainsworth, Susan. "The General Agreement on Tariffs and Trade and the World Trade Organization: Historical Overview, Present Structure and Functions of the WTO." In *International Information*, 2nd ed., vol II: 72-90.

Hajnal, Peter I. *Guide to Unesco*. London; Rome; New York: Oceana, 1983. Chapter 9.

Hajnal, Peter I.(ed.). 1997. *International Information: Documents, Publications, and Electronic Information of International Organizations*. Englewood, CO: Libraries Unlimited, Inc.

Hinds, T. S. 1985. "The United Nations as a Publisher." *Government Publications Review*, 12: 297~303.

Hopkins, M. 1980. "Documentation of Intergovernmental Organizations: A Critical Survey of Supply and Demand Situations in the United Kingdom." *International Social Science Journal*, 32: 371-372.

International Labour Office. "Publications and Documents of the International Labour Office." In *International Documents for the 80's*. Microfiche 3: 78-84.

Jacobson, Harold K. 1984. *Networks of Interdependence: International Organizations and the Global Political System.* 2nd ed. New York: Alfred A. Knopf.

Joint Inspection Unit. 1971. *Report on United Nations Documentation and on the Organization of the Proceedings of the General Assembly and Its Main Bodies.* Geneva: JIU.

Joint Inspection Unit. 1984. *Publications Policy and Practice in the United Nations System.* Geneva: JIU.

Kagan, Alfred(ed.). 1991. *Reference Service for Publications of Intergovernmental Organizations.* München; London; New York; Paris: K. G. Saur.

Marulli-Koenig, Luciana. 1982. "Documents of International Organizations: A Bibliographic Control and Coordination." In *International Documents for the 80's: Their Role and Use.* ed. Theodore D. Dimitrov and Luciana Marulli-Koenig. Pleasantville, NY: UNIFO Publishers.

Mingst, Karen and A. Margaret. 1995. *The United Nations in the Post-Cold War Era: Dilemmas in World Politics.* Boulder, CO: Westview Press.

Moody, Marilyn. 1986. "FAO Publications." *Collection Building,* 7: 39-42.

Parker, J. Stephen. 1984. "Unesco Documents and Publications in the Field of Information: A Summary Guide." *IFLA Journal,* 10(3): 251-72.

Pfaltzgraff, Robert L. Jr. 1977. *The Study of International Relations: A Guide to Information Sources.* Detroit: Gale Research Co.

Plano, Jack C. and Robert E. Riggers. 1967. *Foreign World Order.* New York: Macmillan.

Plano, Jack C. and Roy Olton. 1979. *The International Relation Dictionary.* 2nd ed. Kalamazoo: New Issues.

Sheehy, H. M. and A. Stevenson. 1999. "IGO Information Policy and the WWW: A Comparison of Five Organizations." *Journal of Government Information,* 26(4):

413-418.

Stoddart, Linda. "The International Labour Organization Library in Geneva." In *International Documentation*: 31-35.

United Nations. General Assembly, 39th sess. 1984a. *Publication Policy and Practice in the United Nations System: Comments of the Secretary-General.* New York: UN.

United Nations. General Assembly, 39th sess. 1984b. *Publication Policy and Practice in the United Nations System: Comments of the Secretary-General: Corrigendum.* New York: UN.

United Nations. General Assembly, 39th sess. 1984c. *Publication Policy and Practice in the United Nations System: Comments of the Administrative Committee on Co-ordination.* New York: UN.

United Nations Secretariat. 1995. *Introduction for Depository Libraries Receiving United Nations Materials.* New York: United Nations.

Wild, Kate. "Database Production and Dissemination." In *International Documentation*, 167-76.

Willetts, Peter. 1990. "Transaction, Networks and Systems," In A. J. R. Groom and Paul Tayler, eds., *Frameworks of International Co-operation.* New York: St. Martin's Press.

World Trade Organization. 1988. *Trading into the Future: Introduction to the World Trade Organization.* 2nd ed. Swiss: Geneva.

Yearbook of International Organizations. 16th eds. 1976. Brussels: Union of International Associations.

부 록

약 어 표

AALCO   Asian-African Legal Consultative Organization
           아·아법률자문기구

AARDO   Afro-Asian Rural Development Organization
           아·아농촌개발기구

ACC   Administrative Committee on Coordination
           국제연합 행정조정위원회

ACS   Association of Caribbean States
           카리브국가연합

ADB   Asian Development Bank
           아시아개발은행

ANCOM   Andean Community
           안데스 공동체

APDC   Asian and Pacific Development Centre
           아·태개발센터

APEC   Asia-Pacific Economic Cooperation
           아·태경제협력체

APO   Asian Productivity Organization
           아시아생산성기구

APPPC   Asia and Pacific Plant Protection Commission
           아·태식물보호위원회

APPU   Asia-Pacific Postal Union
           아·태우편연합

APT   Asia-Pacific Telecommunity
           아·태전기통신협의체

ASEAN   Association of Southeast Asian Nations
           동남아시아국가연합

ASOSAI   Asian Organization of Supreme Audit Institutions

	아시아최고감사기구
BADEA	Arab Bank for Economic Development in Africa
	아랍·아프리카 경제개발은행
BIPM	International Bureau of Weights and Measures
	국제도량형국
BIS	Bank for International Settlements
	국제결제은행
CCAMLR	Commission for the Conservation of Antarctic Marine Living Resources
	남극해양생물자원보존위원회
CIRDAP	Centre on Integrated Rural Development for Asia and the Pacific
	아·태지역농촌종합개발센터
COE	Council of Europe
	유럽회의
EBRD	European Bank for Reconstruction and Development
	유럽부흥개발은행
ECA	United Nations Economic Commission for Africa
	아프리카 경제위원회
ECE	United Nations Economic Commission for Europe
	유럽경제위원회
ECLAC	Economic Commission for Latin America and the Caribbean/Comision Economica para America Latina y ElCaribe(CEPAL)(스페인어)
	유엔중남미 경제위원회
EFTA	European Free Trade Association
	유럽자유무역연합
EROPA	Eastern Regional Organization for Public Administration
	동부지역공공행정기구
ESCAP	United Nations Economic and Social Commission for Asia and the Pacific
	아·태경제사회이사회
ESCAP/APCTT	Asia Pacific Center for Technology Transfer

	국제해사위성기구
INTOSAI	International Organization of Supreme Audit Institutions
	세계최고감사기구
IOC	Intergovernmental Oceanographic Commission
	정부간해양학위원회
IOM	International Organization for Migration
	국제이주기구
IPU	Inter-Parliamentary Union
	국제의원연맹
ISDR	International Strategy for Disaster Reduction
	유엔재난억제국제전략
ISO	International Organization for Standardization
	국제표준화기구
ITSO	International Telecommunications Satellite Organization
	국제통신위성기구
ITU	International Telecommunication Union
	국제전기통신연합
IUCN	International Union for the Conservation of Nature and Natural Resources
	국제자연보존연맹
IWC	International Whaling Commission
	국제포경위원회
JIU	Joint Inspection Unit
	유엔합동감사단
LAS	League of Arab States
	아랍연맹
NATO	North Atlantic Treaty Organization
	북대서양조약기구
NCM	Nordic Council of Ministers
	북유럽각료회의
OAS	The Organization of American States

	미주기구
OECD	Organization for Economic Cooperation and Development
	경제협력개발기구
OIC	Organization of the Islamic Conference
	이슬람제국회의기구
OIE	International Office of Epizootics
	국제수역사무국
OIML	International Organization of Legal Metrology
	국제법정계량기구
OPCW	Organization for the Prohibition of Chemical Weapons
	화학무기금지기구
OPEC	Organization of Petroleum Exporting Countries
	석유수출국기구
OSCE	The Organization for Security and Co-operation in Europe
	유럽안보협력기구
PIANC	Permanent International Association of Navigation Congresses
	국제상설항해협회
SAMEO	Southeast Asian Ministers of Education Organization
	동남아문교장관기구
SCO	Shanghai Cooperation Organization
	상하이협력기구
UN Document Centre	유엔문헌센터
UNAIDS	United Nations Programme on HIV/AIDS
	유엔에이즈계획
UNCC	United Nations Compensation Commission
	유엔보상위원회
UNCCD	United Nations Convention to Combat Desertification
	유엔사막화방지협약
UNCDF	United Nations Capital Development Fund
	유엔자본개발기금
UNCITRAL	United Nations Commission on International Trade Law

유엔국제무역법위원회

UNCTAD   The United Nations Conference on Trade and Development
유엔무역개발협의회

UNCTAD-UNDP Global Programme

The Global Programme on Globalization, Liberalization and
Sustainable Human Development
세계화, 자유화, 지속가능한 인간발달에 대한 국제프로그램

UNDP   United Nations Development Programme
유엔개발계획

UNEP   United Nations Environment Programme
유엔환경계획

UNESCO   United Nations Educational, Scientific and Cultural Organization
유엔교육과학문화기구

UNFCCC   United Nations Framework Convention on Climate Change
유엔기후변화협약

UNFIP   United Nations Fund for International Partnerships
유엔동반자관계기금

UNFPA   United Nations Population Fund
유엔인구기금

UNHCR   United Nations High Commissioner for Refugees
유엔난민고등판무관

UNICEF   United Nations Children's Fund
유엔아동기금

UNICRI   United Nations Interregional Crime and Justice Research Institute
유엔지역간범죄처벌조사기관

UNIDO   United Nations Industrial Development Organization
유엔공업개발기구

UNIDROIT   International Institute for the Unification of Private Law
사법통일국제연구소

UNIFEM   United Nations Development Fund for Women
유엔여성개발기금

UNITAR	United Nations Institute for Training and Research
	유엔훈련조사연구소
UNODC	United Nations Office on Drugs and Crime
	유엔마약 및 범죄사무소
UNOG	United Nations Office at Geneva
	유엔제네바사무소
UNOHCHR	Office of the United Nations High Commissioner for Human Rights
	유엔인권위원회
UNRWA	United Nations Relief and Works Agency for Palestine Refugees in the Near East
	유엔 팔레스타인 난민구호사업기구
UNU	United Nations University
	유엔대학
UNV	United Nations Volunteer
	유엔자원봉사단
UPU	Universal Postal Union
	만국우편연합
WB	World Bank
	세계은행
WFP	World Food Programme
	세계식량계획
WHO	World Health Organization
	세계보건기구
WIPO	World Intellectual Property Organization
	세계지적재산권기구
WMO	World Meteorological Organization
	세계기상기구
WTO	World Tourism Organization
	세계관광기구
WTO	World Trade Organization
	세계무역기구

색 인

국제기구명 국문색인

국제기구명 영문색인

· 저자 ·

홍현진　　· 약력 ·
(洪賢珍)
　　　　　연세대학교 문과대학 문헌정보학과(학사)
　　　　　University of Michigan in Ann Arbor 문헌정보학과(석사)
　　　　　연세대학교 대학원 문헌정보학과(박사)
　　　　　대우경제연구소 정보자료실 실장
　　　　　한국도서관협회 기획위원
　　　　　국립중앙도서관 장서개발위원
　　　　　문화관광부 문화기반시설 평가위원
　　　　　현 정보관리학회 편집위원
　　　　　　　문화관광부 국가도서관정책 자문위원
　　　　　　　전남대학교 사회과학대학 부학장
　　　　　　　전남대학교 사회과학대학 문헌정보학과 교수

　　　　· 주요 저서 및 논문 ·
　　　　『우리나라 공공도서관에 대한 평가지표 연구』
　　　　『웹 기반 데이타베이스의 품질평가 기준 개발에 관한 연구』
　　　　『국가문헌센터 건립 최적화 연구』
　　　　『문헌정보학의 연구방법론』
　　　　『한국도서관기준』
　　　　　도서관 경영정책과 정보서비스 분야에 약 50여편의 논문을 발표함.

노영희　　· 약력 ·
(魯榮姬)
　　　　　연세대학교 문헌정보학과 정보학 박사
　　　　　한국과학기술연구원(KIST) 자료실 연구원
　　　　　한국정보공학(KIES) 정보검색엔진개발팀 팀장
　　　　　이화여대 국제정보센터 자료실장
　　　　　현 건국대학교 문헌정보학교 교수

　　　　· 주요 저서 및 논문 ·
　　　　『개념기반 검색을 위한 시소러스 관계의 효과적 활용방안에 관한 연구』
　　　　『주제별 분산 지식베이스에 의한 개념기반 정보검색시스템의 성능향상에 관한
　　　　　연구』
　　　　『A Study on Automatic Text Categorization of Internet Documents』
　　　　『A Study on the Estimation of Performance of Concept-Based Information
　　　　　Retrieval Model Using the Web』
　　　　『기계학습 기반 피드백 과정을 통한 SDI 시스템의 성능향상에 관한 연구』
　　　　『문헌정보학 교육과정의 특성화된 프로그램 개발 및 활용에 관한 연구』
　　　　『인문과학과 예술의 핵심 지식정보원』
　　　　『2004 한국문헌정보학 교과과정』
　　　　『개념기반 정보검색 기법』
　　　　　외 다수

국제기구 지식정보원의 이해와 활용

• 초판 인쇄	2006년 9월 10일
• 초판 발행	2006년 9월 10일
• 지 은 이	홍현진 · 노영희
• 펴 낸 이	채종준
• 펴 낸 곳	한국학술정보㈜
	경기도 파주시 교하읍 문발리 526-2
	파주출판문화정보산업단지
	전화 031) 908-3181(대표) · 팩스 031) 908-3189
	홈페이지 http://www.kstudy.com
	e-mail(e-Book사업부) ebook@kstudy.com
• 등 록	제일산-115호(2000. 6. 19)
• 가 격	48,000원

ISBN   89-534-4702-X 93020 (Paper Book)
       89-534-4703-8 98020 (e-Book)